TRADE WORKING-LEVEL ENGLISH

개 정 판

무역실무영어

강호경 · 임목삼 공저

도서출판 두남

머리말

국제무역은 서로 다른 언어와 관습을 가진 매매당사자간의 거래이기 때문에 원활한 의사소통이 매우 중요하다. 보편적인 의사소통의 국제공용어로서 영어가 사용되므로 무역거래에서는 정확한 무역영어실력이 필수적이다. 그러나 영어실력을 갖추었다고 해서 무역영어실력을 갖추었다고 할 수 없다. 무역영어란 무역실무지식과 영어실력이 적절히 조화를 이룰 때 비로소 적절한 무역영어실력을 갖추었다고 할 수 있다.

언어는 사회 · 경제적 환경에 따라 지속적으로 변화되는 속성이 있으나 무역영어는 무역실무와의 유기적인 관계에 따라 변화에 순응하는 속도가 매우 느린 것이 특징이다. 특히 무역영어는 당사자간의 법리적인 책임소재가 명확하여야 하므로 문어체의 문장을 중심으로 한 표현이 자주 인용된다. 따라서 무역거래에서는 유사한 문장이 반복적으로 사용되는 경우가 많으므로 자주 사용되는 표현을 익혀두면 무역영어를 원활히 구사하는데 큰 도움이 될 것이다.

이러한 점을 감안하여 저자는 30여년 무역영어를 강의한 경험의 산물인 'model letter'를 수집·정리하여 국제무역실무의 상황을 쉽게 이해할 수 있도록 구성하였다.
한편 이러한 의도 하에서 본서는 두 가지 부문으로 나누어 구성되어 있다.

첫째, 제1부에서는 무역영어의 기초와 무역거래절차를 실무위주로 가능한 한 간략하게 서술하였고, 빈번하게 사용되는 무역서식의 이해와 활용을 위하여 중요서류의 설명을 실무적으로 설명하였다.
둘째, 제2부에서는 제1부에서 설명된 무역거래절차에 따라 진행단계별로 상황을 설정한 현장감 있는 'model letter'를 제시하여 효율적인 무역영어 학습을 제고할 수 있도록 하였다.

본서를 출간함에 있어 수많은 교수님들의 옥고와 한국무역협회의 발간물 및 내부자료가 큰 지표가 되었음을 밝혀두는 바이다.

본서를 출판하는데 도움을 주신 경원대학교 총장님과 교수님들에게 사의를 표하고, 아울러 어려운 출판환경에도 불구하고 미흡한 원고를 기꺼이 출간해 주신 도서출판 두남 전두표 사장님께도 깊은 감사를 드린다.

2011년 2월

공저자 씀

차 례

제1편 무역영어의 개요

Chapter 1 무역영어의 의의 및 범위 / 9

Chapter 2 무역서신의 기초 / 12

Chapter 3 무역거래절차 / 44

제2편 수출입 상황별 무역서신영어

Chapter 1 계약체결 전 / 165

Chapter 2 계약이행(계약체결 이후) / 259

Trade English

제1편

무역영어의 개요

제 1 장

무역영어의 의의 및 범위

제1절 무역영어의 의의

01 무역영어는 무엇인가?

무역거래에서는 상품을 팔고자 하는 뜻과 이를 구매할 의사가 합치될 때 비로소 매매가 성립하게 된다. 이때 매매당사자는 어떤 종류의 언어를 사용하여 자신의 의사를 상대방에게 정확하게 전달함으로써 자신의 이익을 최대화시킬 수 있느냐 하는 점에 관심을 기울이게 된다. 그러나 무역거래에서는 당사자 간에 별도의 합의가 없는 한, 영어를 사용하여 의사를 소통하는 것이 보통이다.

이러한 의사소통을 위하여 사용되는 영어를 상업영어(business english 또는 commercial english)라고 한다. 이와 같은 상업영어는 일상영어와 전혀 다른 것이 아니라, 일반영어를 사용하되 주로 상거래에서 사용되는 서신(通信文)을 지칭한다. 따라서 상업영어는 거래상 필요에 의하여 적용되는 표준영어를 말하며 그것은 편의상 만들어진 것에 불과한 것이다. 즉, 상업영어는 독특한 영역이 따로 있는 것이 아니라 국제적인 상거래에서 쓰여지는 일반영어에 기초를 두고 국제거래에 주로 사용되는 무역영어(trade english)를 지칭한다고 할 수 있다.

무역영어의 연구대상은 무역거래 중에서도 특히 재화(財貨)의 매매에 따른 쌍무적이고 능동적인 행동을 표현한 영어, 특히 무역서신과 전신문(電信文)을 그 대상으로 삼는다고 하겠다.

그러나 영어를 국어로 사용하지 않는 국가에서는 국제거래에서만 영어를 사용하게 되므로 한글을 사용하는 우리의 입장에서는 상업영어는 바로 무역영어(trade english)를 가르친다고 생각하는 것이 타당하다.

02 무역영어의 범위

앞에서 설명한 바와 같이 무역거래에서 사용되는 무역영어는 일반영어를 그대로 사용하되, 상거래에서 주로 사용되는 전문용어로 표현된 무역서신을 말한다. 따라서 좋은 무역서신이란 일반영어와 무역전문용어가 적절히 조화를 이루도록 작성된 문장으로서 작성자의 의도를 상대방에게 정확하게 전달할 수 있는 영작문을 지칭한다.

무역서신의 목적은 작성자의 의도를 상대방에게 전달하는데 있을 뿐 아니라 작성자의 의도대로 수신인(受信人)의 행동을 유발시키는 데에 더 큰 목적이 있다(The difficulty is not to write, but to write what you mean, not to affect your reader, but to affect him precisely as you wish.). 따라서 정확한 영어실력과 함께 무역거래에서 발생되는 무역실무에 관한 지식을 함께 갖추어야 비로소 무역서신을 효과적으로 작성할 수 있는 기틀이 마련되었다고 할 수 있다.

무역담당자가 좋은 무역서신을 작성하기 위해서는 다음과 같은 요건을 구비하여야 한다.

첫째, 우수한 영어실력을 갖추어야 한다. 따라서 작성자는 정확한 영문법의 습득은 물론이거니와 풍부한 어휘력도 함께 구비하여야 한다. 이때 사용하는 영어는 구성이 간단하고 내용이 길지 않아야 하며, 문법 등이 정확한 영어를 사용하여야 한다.

서신의 내용을 해석하기 어려운 영어로 작성하게 될 경우, 상대방은 작성자의 의도를 제대로 파악하지 못하게 된다. 따라서 무역서신은 상대방의 영어 실력을 감안하여 평이한 영어를 사용하되 지나치게 전문적인 용어는 피하는 것이 좋다(Making letters easy to read).

둘째, 무역과 관련된 전문용어를 정확하게 이해하여야 한다. 전문용어에 따른 당사자의 권리와 의무를 제대로 숙지하여야 할 뿐 아니라 무역 실무거래에 관한 경험과 풍부한 지식도 함께 갖추어야 한다.

그러나 상대방의 실무지식이 어느 정도인지를 알 수 없는 경우가 대부분이 때문에 지나치게 전문적인 무역용어는 사용하지 말아야 하며, 상대방의 업무수준에 맞추어 작성하여야 한다.

셋째, 자신이 취급하는 상품에 대한 해박한 지식은 물론 세밀한 원가계산을 할 수 있을 정도로 상품의 생산공정까지도 파악하고 있어야 한다.

넷째, 불필요한 시간낭비를 없애기 위하여 내도(來到)된 서신에 대하여는 그날에 회신하는 것을 원칙으로 하여야 한다. 자료수집 등으로 시간이 필요한 경우, 늦어도 72시간 이내에 답장하여야 하며, 상세한 정보를 제공한다는 구실로 답장을 지연시켜서는 안 된다. 만약 회신에 시간이 걸릴 경우, 그 이유를 상대방에게 밝히고 회신 예정일자를 예고해 준다면 매우 효과적인 서신이 될 수 있다.

제 2 장 무역서신의 기초

제1절 무역서신의 구성과 주요내용

무역거래에서 무역서신의 작성자는 내용과는 별도로 후일에 동 서신을 참조하거나 보관하기에 편리하도록 필요사항을 명시하게 되는데 이를 무역서신의 구성요소라 한다.

이러한 구성요소는 반드시 기재하여야 한다는 원칙은 없으나 이를 기재하는 것이 훨씬 편리하기 때문에 서신의 작성자들 사이에 널리 이용하게 되었다. 따라서 특별한 사유가 없는 한, 구태여 이러한 형식에서 벗어날 필요는 없을 것이다.

01 기본요소(basic parts)

무역서신에서 기본요소란 추후에 서신을 참조하거나 이를 인용하는데 편리하도록 하기 위하여 대부분의 서신에 기재되는 다음과 같은 6가지 필수적인 구성요소를 말한다.

1) 발신일자(date)

무역서신에서는 서신을 작성한 날짜를 기재하게 되는데, 이는 후일에 동 서신을 참조할 사항이 있을 경우를 위하여 표시하게 된다.

발신일자를 표기하는 방식도 년, 월, 일을 배치하는 방식에 따라 미국식과 영국식으로 구분할 수 있다. 미국식은 월, 일, 년도의 순으로 기재하며, 영국식은 일, 월, 년도의 순으로 기재한다.

영국식	미국식
24th March, 20##	March 24, 20##

발신일자는 날짜와 달은 알파벳으로 표기하되 년도는 아라비아 숫자로 표기하는 방식과 년, 월, 일 모두를 아라비아 숫자로 표기하는 방식이 있다. 그러나 년, 월, 일을 아라비아 숫자로 표기할 경우 상대방이 날짜를 잘못 이해할 우려가 있으므로 무역서신에서는 달은 알파벳으로 표기하는 것이 좋다. 왜냐하면 1/5/20##인 경우 1월 5일인지 또는 5월 1일인지가 명확하지 못하기 때문이다.

영국식	미국식
24/3/20##	3/24/20##

2) 수신인명(inside address)

편지봉투에 수신인의 주소와 성명이 기재되어 있음에도 불구하고 서신에 수신인에 대한 경칭(敬稱),주소 및 성명을 또다시 기재하는데 이를 수신인명(受信人名)이라 한다.

수신인명과 주소를 서신상에 기재하는 이유는 다음과 같다.

첫째, 편지가 우송 도중 봉투가 파손되었을 경우 수신인명으로 편지가 배달될 수 있다.

둘째, 편지 발송시 봉투와 편지의 내용물이 엇갈리지 않게 된다.

셋째, 유창봉투(window envelop)를 사용할 경우 봉투에 수신인의 주소, 성명을 재차 타자할 필요가 없다는 점이다.

수신인명은 대개 3행으로 구성되며 특정 수신인이 명기될 경우 적절한 경칭을 사용하여야 하고, 특정 수신인명이 명기되지 않을 경우 Mr.의 복수인 Messrs.를 사용하는 것이 일반적이다. 그러나 때에 따라서는 다음과 같은 다양한 경칭이 사용된다.

수신인명이 기재된 경우	수신인명이 기재되지 않은 경우
Mr. T. C. Yu	Messrs. The Manager
Chih Sheng Trading Co., Ltd.	Westwood Furniture Limited
32 Eustace Street,	58/54 Park Royal Road,
Taipei, Taiwan	London, NW 10 7JF, England

(1) 회사의 임직원 또는 회사명에 사용하는 존칭

수신인명을 기재할 때에는 존칭을 사용하게 된다. 존칭은 수신인의 성별이나 직위 등에 따라 적절히 사용하여야 하는데, 수신인이 박사 또는 교수 등과 같은 특별한 지위에 있는 경우에는 일반적인 존칭인 Mister, Miss 등이 아닌 박사 또는 교수 등과 같은 존칭을 사용하여야 한다.

Mr. : 남자에게 사용되는 존칭으로 상대방이 특별한 칭호를 갖고 있지 않은 경우에 주로 사용한다.

– Mr. Warren C. Reedman / Mr. Joshep V. Guilfoil

Esq. : Mr.와 동일한 내용의 경칭으로 영국에서 주로 사용하며, 원어인 Esquire 보다는 약자인 Esq.를 주로 사용한다. 이 존칭은 수신인의 성명 뒤에 붙여서 사용하여야 한다.

– Robert S. Grant, Esq. / Harry L. Nash, Esq.

Miss : 결혼하지 않은 여성에게 사용하는 존칭으로 복수형을 사용할 경우에는 정관사 the를 붙여서 사용한다.

– Miss Soya M. Porter / The Misses Jean & Tina Peterson

Ms. : 결혼여부가 분명하지 못한 여성에게 사용하는 존칭으로 단수로 사용한다.

– Ms. Anndy Lyon

Madam : 여성에게만 사용하는 존칭으로 기혼 여성이나 미혼 여성 모두에게 사용할 수 있으며 단수로 사용된다.

– Madam Judy R. Kanes Partnership

Mmes. : 두 명 이상의 결혼한 여성이나 2인 이상의 여성으로 조직된 회사나 단체에 사용하는 존칭이다.

– Mmes. Marry & Rose Antique Company

Messrs. : 영어의 Mister에 해당되는 Monsieur는 단수형으로는 사용되지 않으며, 복수형인 Messieurs도 약어인 Messrs.로만 사용한다. 회사명이 인명으로 되어 있는 경우를 제외하고는 회사명 앞에 사용하는데 우리가 사용하고 있는 귀중(貴中)에 해당된다. 그러나 상대방 회사명이 개인의 이름을 사용하였는지의 여부가 명확하지 못한 경우, 이 존칭을 사용하는 것이 가장 무난하다.

– Messrs. : Acar Enterprises, Ltd. /
Messrs. : Excelsior Supply Co., Ltd.

(2) 일반서신에서 많이 사용되는 존칭

예 Dr. : 박사 또는 의사에게 사용하는 존칭으로 남녀의 구별없이 사용한다.

– Dr. Alexsander Ramkin / Richard F. Hernniman M.D.

Professor : 대학교수나 교수를 지낸 사람에게 붙이며 남녀의 구별없이 사용하되 약자(prof.)는 사용하지 않는 것이 좋다.

– Professor Herman F. Finkerstein / Professor Charles H. Henning

Rev. : 성직자들에게 붙이는 존칭으로 Reverend의 약어이다. 성직자 중에서 높은 직책에 있는 사람에게는 The Right Reverend 또는 The Very Reverend 등 최상급 존칭을 붙인다.

Excellency : 일국의 대통령이나 대사 등 고위직에 있는 사람에게 사용한다.

The President, The Manager : 회사에서의 직위를 나타내는 존칭은 성명 앞에 쓰지 않고 성명 뒤에 쓴다. 그러나 성명을 쓰지 아니하고 직책명만을 사용할 경우에는 정관사 the를 붙여 직책명을 쓴다.

– H. G. Kennedy, President / The Manager / The Managing Director

3) 서두인사(salutation)

서두인사(序頭人事)는 본문의 인사와는 별도로 행하는 형식적인 인사말로서 영국식인 Dear Sir와 미국식인 Gentlemen이 있다. 그러나 미국식은 복수로만 사용하기 때문에 단수로 사용하고자 할 경우에는 영국식인 Dear Sir를 사용하여야 한다.

예 Gentlemen: 또는 Gentlemen/ Dear Sirs, 또는 Dear Sir,

그러나 작성자가 수신인과 친숙한 사이거나 종래에 거래가 빈번한 상대방에게는 Dear Mr. Karr와 같이 이름을 넣어서 사용하기도 한다.

4) 본문(body of letter)

무역서신의 핵심을 이루는 가장 중요한 부분은 본문으로, 본문의 내용은 제2부에서 다루게 된다. 그러나 본문을 시작할 때 간단한 인사를 하고 끝낼 때에도 인사를 하고 끝내는 게 상례이다.

5) 결미인사(complimentary close)

결미인사(結尾人事)도 본문을 끝내면서 하는 인사와는 별도로 상대방에게 경의를 표하는 의례적인 인사말로 서두인사가 시작인사라면 결미인사는 작별인사에 해당된다.

결미인사에는 구두점을 붙이는 경우가 많은데 이때는 주로 comma를 붙이며, 결미인사는 본문의 2~3줄 아래에 위치하도록 배열하여야 한다.

예 Yours faithfully, Faithfully yours,
Very truly yours, Yours very truly,
Sincerely yours, Yours truly,
Yours cordially, Yours respectfully,

6) 서명(signature)

서명은 서신에 효력을 발생시키는 중요한 사항이므로 서명권자가 친필로 서명하는 것이 좋다. 서명은 결미인사 한 줄 아래에 위치하도록 배열하되 회사명, 서명자의 서명, 성명 및 직책 등을 3~4행으로 구성한다.

우리나라에서는 서명을 많이 사용하지 않기 때문에 서명사용에 익숙하지 못한 점이 많다. 따라서 다음과 같은 사항을 유의하여야 한다.

첫째, 서명은 항상 일정하여야 한다.
둘째, 판독(判讀)하기가 쉬워야 한다.
셋째, 위조할 수 없어야 한다.

예 The Korea Bank Ltd.
Forest, Lim
Forest, Lim, Director

서명은 서명권자가 하는 것이 일반적이지만 서명권자가 장기간 출장 중이거나 서명을 할 수 없는 경우 대리 서명권자가 서명하되, 회사명 앞에 p.p.(per pro)를 붙이고 서명하여야 한다.

예 p.p. The Korea Bank Ltd.
Forest, Lim
Forest, Lim, Manager

만약 서명권자 또는 대리 서명권자가 서명을 할 수 없는 경우에는 서명란을 빈칸으로 놔두는 것보다는 서명권자가 아닌 다른 사람이라도 서명을 하여 서신을 발송하는 것이 좋다. 이러한 경우 상대방이 서명권자가 아니 다른 사람이 서명하였다는 사실을 알 수 있도록 회사명 앞에 by, for 등을 붙이고 직책은 명시하지 않는 것이 좋다.

예 by The Korea Bank Ltd.
Forest, Lim

02 보조요소(supplementary parts)

무역서신에서는 보다 완벽을 기하고 편리를 도모하기 위하여 앞에서 설명한 바와 같은 구성요소는 물론이거니와 기본요소에 추가하여 다음과 같은 보조요소들도 함께 사용된다.

보조요소는 필요에 따라 가감할 수 있으므로 서신의 작성자가 임의로 변경하여 사용하여도 무방하다.

1) 참고번호(reference number)

무역서신은 후일에 참고하여야 하는 경우가 많기 때문에 발신일자만으로는 충분하지 못한 경우가 많다. 이러한 경우 이를 보완하기 위하여 발신일자와는 별도로 무역서신에 일련번호를 부여하여 이를 참고하게 된다.

참고번호는 수신 국가마다 일련번호를 부여하거나, 서명자에 따라 일련번호를 부여하거나 또는 해당 년도에 따라 일련번호를 부여하는 방법 등 여러 가지가 있으나, 구분하기에 편리하도록 작성자가 임의로 기준을 만들어서 사용하면 된다.

예 No. kor/9411 No. bh/94/31 ref. No. 94131

2) 참고인(attention line)

무역서신의 내용만으로는 수신인을 파악할 수 없거나 또는 타부서로 잘못 전달될 우려가 있는 경우 등에 대비하여 서신을 수령하여야 할 수신인 이름을 명시하는 것을 참고인(參考人)이라고 한다.

예 Attention of Mr. B. H. Choi, / Attn. : Henry Harfield

3) 제목(letter subject)

무역서신의 내용을 요약하여 제목을 달아 줌으로써 수신인의 이해를 돕거나 주의를 환기시키기 위하여 붙이는 구성요소를 제목이라 한다. 그러나 무역서신의 내용이 하나의 제목만을 달기가 곤란한 경우에는 각 문단 앞이나 또는 문단 상단에 각각의 제목을 붙일 수도 있다.

이 구성요소는 표제건명(表題件名)이라고도 하는데 제목 밑에 선을 그어주거나 또는 제목 앞에 re, subject와 같은 단어를 붙여 주는 방법으로 사용한다.

예 re. : order No. 3579 / subject : Advance sample

4) 관련자 약호(identification mark)

무역서신에서 오타나 잘못이 발생할 경우, 이에 대한 책임 소재를 분명히 하기 위하여 서명자와 타자수이름의 머리글자를 따서 기재하는 것을 지칭한다.

서명자와 타자수의 이름 사이에는 〈 / 〉 또는 〈 : 〉을 삽입하여 두 사람의 이름을 구분하며 동일한 이름을 가진 타자수가 한 회사 내에 여러 명인 경우 일련번호를 기재하기도 한다.

예 KBL:3 BHC/sa HRR/jw

5) 우편물 종별 지시(mailing direction)

회사내의 우편물 취급담당자에게 등기(registered mail) 또는 속달(express delivery) 등으로 서신을 발송하도록 지시하기 위하여 기재하는 요소를 말한다.

그러나 우편물 종별에 관한 지시는 대부분 구두(口頭)로 이루어지기 때문에 이 구성요소는 많이 사용되지 않는다.

6) 동봉물 표시(enclosure notation)

무역거래에서는 서신에 주문서, 오파 또는 각종 서류 등을 동봉하는 경우가 많다. 이때 동봉물이 있다는 것을 표시하여 수신인의 주의를 환기시키고자 할 때 사용되는 구성요소이다.

단순히 동봉물이 동봉되어 있다는 사실만을 알릴 때에는 enclosure 등으로 표기하고, 동봉물이 무엇인지를 수신인에게 알리고 싶을 때에는 동봉물의 내용을 밝혀야 한다.

예 enclosure / enclosure : price list / Encls. : two pcs. of samples

그리고 동봉물을 반환 받고자 할 때에는 다음과 같이 표시한다.

예 enclosures : P. O. duplicate(1 to be returned)

7) 사본배부처(carbon copy notation)

무역서신을 수신인 뿐 아니라 제3자에게도 사본을 보내야 할 경우 사본배부처를 표시한다.

예 C.C. : L.A., N.Y., Chicago branches

8) 추신(postscript)

무역서신의 내용을 다 쓰고 난 후에 추가로 알려야 할 사항이 있는 경우에 주로 사용한다. 그러한 경우 무역거래에서는 부주의하다는 인상을 줄 우려가 있으므로 이의 사용을 억제하여야 하다. 그러나 상대방의 주의를 다시 한 번 환기시키고자 할 경우에는 효과를 발휘할 수 있다.

예 P.S. : Our order No. 122 to be shipped by December 21.

이상과 같은 보조요소에는 추가면(追加面; additional sheet)도 함께 포함시키는 경우도 있으나 추가면은 무역서신의 구성요소라 할 수 없으므로 여기에서는 생략하였다.

제2절 무역서신의 형식

01 무역서신의 구조

무역서신은 작성자가 직접 수기로 쓰는 경우는 거의 없으며 주로 컴퓨터로 작성한다. 이때 줄과 줄 사이를 한 줄 띄우는 single space가 있고, 두 줄을 띄우는 double space가 있다.

본문의 내용이 한 장의 letterhead내에 들어갈 분량인 경우에는 문제가 없으나, 내용의 양이 너무 적거나 또는 너무 많은 경우에는 줄 간격을 적당히 조절하여 본문의 내용을 letterhead 한 장 또는 두 장에 보기 좋게 배열하여야 한다.

무역영어에서는 서신의 작성일자, 참고번호 등과 같은 구성요소를 특정한 위치에 배치하여야 하는 원칙은 따로 없다. 그러나 작성자가 습관적으로 오랜 기간 동안 구성요소를 서신의 일정한 위치에 배열함에 따라 표준형식이 자연적으로 생겨나게 되었는데 이를 살펴보면 다음과 같다.

1) 수직식(垂直式)(block style)

무역서신의 기본구성요소 가운데 발신일자, 결미인사, 서명은 서신의 중간에서 시작하고 나머지 요소는 좌측여백(left margin)에서부터 시작하도록 배열하는 형태이다. 수직식 배열형태는 배열형태 중에서 가장 많이 사용되는 것이며 또한 가장 기본적인 것이다.

2) 전수직식(全垂直式)(full block style)

무역서신의 모든 구성요소를 좌측여백에 맞추어 배열하는 형태이다. 이 방식은 좌측여백에서 시작되기 때문에 작성하기는 매우 편리하다. 그러나 모든 구성요소가 좌측에 몰려 있기 때문에 균형감이 결여되어 답답한 느낌을 준다는 것이 단점이다. 과거 타자기를 이용한 문서작성에 용이하였다.

3) 반 수직식(半垂直式)(semi block style)

구성요소의 배열형태는 수직식과 동일하다. 그러나 본문의 내용은 문단이 시작될 때마다 좌측여백에서 5자 정도 띄운 후에 문장을 시작하고 둘째 줄부터는 좌측여백에서 시작한다.

4) 현수경사식(懸垂傾斜式)(hanging indented style)

이 형태의 구성요소 배열방식은 수직식 및 반 수직식과 동일하지만, 본문의 문단 모양은 반 수직식과는 반대의 형태를 취하게 된다. 즉, 본문의 문단이 새로 시작될 때에는 좌측 여백에서 시작하지만 둘째 줄부터는 모두 3~4자 띄어서 타자하는 형태이다.

5) 경사식(傾斜式)(indented style)

이 형태는 영국에서 주로 이용하는 배열형태로써 구성요소의 배열방식은 수직식과 동일하다. 그러나 구성요소가 두 줄 이상으로 구성된 경우, 첫째 줄은 좌측에서 시작하지만 둘째 줄부터는 3~4자 오른쪽으로 띄어서 배열하는 형태이다.

따라서 수신인명과 서명은 좌측에서 우측으로 경사지게 배열한 형태를 취하게 된다. 또한 본문의 내용도 한 문단이 시작될 때마다 좌측여백에서 3~4자 띄어서 시작하되 둘째 줄부터는 좌측여백에서 시작하는 배열형태를 말한다.

6) 간이식(simplified style)

이 배열형태는 앞에서 설명한 다섯 가지의 형태와는 달리 형식적이고 의례적인 서두인사와 결미인사를 생략하고 나머지 구성요소 모두를 좌측여백에서 시작하는 전수직식의 형태를 띄게 된다.

이 배열형태는 신속성과 간편성이 두드러지기 때문에 서류의 간소화와 사무능률을 향상시키는데 도움이 되는 형태이다.

서신의 배열형태

full block style

① HK Company
No.505, Sang Young bldg, 753-1, Sangwangsibri Dong, Sungdong Gu, Seoul, Korea

② September 3,

③ Mr. Robert
1646333rd Avenue
San Francisco, Calif. U.S.A

④ Dear ; Mr. John Adams,

⑤ Your name has been given by the Korea International Trade Association in your city as one of the leading importers of silk products in the United States.
We are one of the largest manufacturers and exporters in Korea producing all kinds of silk products including 100% Silk Scarves and Neckties using the latest computerized manufacturing facilities.
Our products are highly accepted in Japan, Spain, U.K., Germany, France, Central America and South America, the Middle East and all of Southeast Asia.
In order to diversify our existing market, we are interested in supplying our high quality products, at the most attractive prices and on-time delivery to you on favorable terms. Upon receipt of your detailed patterns or samples, we could send you our samples with price lists.
As to our credit standing, we refer you to the Korea Exchange Bank, or the Kookmin Banks, Myung-dong branch.

⑥ We are looking forward to your early reply.

⑦ Forest, Lim
Co-author, effective Letters

block style | full block style | semi block style

hanging indented style | indented style | simplified style

① Letterhead ② Date ③ Inside address

④ Salutation ⑤ Body of letter ⑥ Complementary close

⑦ Signature

02 구두점(punctuation)

영어는 반드시 구두점(句讀點)을 사용하여야 정확한 의미가 전달된다. 따라서 무역서신의 본문에는 반드시 구두점을 사용하되 작성자의 취향에 따라 본문을 제외한 나머지 구성요소에는 구두점을 사용하는 경우도 있고, 이를 사용하지 않는 경우도 있다.

구두점을 사용하는 방법에 따라 세 가지로 나누는데, 개방구두점(open punctuation)은 서신의 본문을 제외한 다른 구성요소의 끝에는 이를 생략하는 형식으로 최근 사용도가 늘고 있으며, 반대로 폐쇄구두점(closed punctuation)은 서신의 모든 요소 위 각 행 끝에 'comma'를 붙이고 구성요소가 2행 이상으로 되어 있을 경우 각 요소의 끝에 'period'를 사용하는 형식으로 'indented style'에 많이 사용되고 있다. 그러나 절충식 구두점(mixed punctuation)은 서신의 형식에 관계없이 가장 많이 사용되는 것으로 'salutation' 다음에 'colon'이나 'comma, complimentary close' 다음에 'comma'를 사용하고 본문 이외의 다른 요소 다음에는 구두점을 사용하지 않는 것으로 현재 가장 일반화된 구두점 처리 방법이다.

1) 개방구두점(open punctuation)

본문을 제외한 나머지 구성요소에는 구두점을 붙이지 않는 형태이다. 이 형태는 간편성 때문에 구성요소의 배열형태 가운데 전 수직식 또는 간이식과 함께 사용되는 경우가 많다.

2) 폐쇄구두점(closed punctuation)

이 형태는 모든 구성요소에 구두점을 붙이는 형태로서, 구성요소가 한 줄인 경우 'comma'를, 두 줄 이상으로 구성된 경우에는 각 구성요소 뒤에 'comma'를 붙이고, 동 구성요소의 마지막 줄에는 'period'를 찍는 방식을 말한다.

3) 절충식구두점(mixed punctuation)

개방구두점과 폐쇄구두점의 중간형태로 구성요소 가운데 본문과 서두인사 및 결미인사 뒤에만 구두점을 찍는 형태를 말한다. 서두인사는 미국식인 경우(Gentlemen) 'colon' 또는 'semi colon'을, 영국식인 경우(Dear Sir)인 경우 'comma'를 찍는다. 그러나 결미인사의 경우에는 미국식이나 영국식 모두 모두 'comma'를 사용한다.

예 구두점

open punctuation / closed punctuation / mixed punctuation

open punctuation	closed punctuation	mixed punctuation
① ———	① ———	① ———
② ———	② ———	② ———
③ ———	③ ———,	③ ———
④ ———	④ ———,	④ ———,
⑤ ———.	⑤ ———.	⑤ ———.
⑥ ———	⑥ ———,	⑥ ———,
⑦ ———	⑦ ———	⑦ ———

03 용지 및 봉투

1) 통신용 용지(letterhead)

무역서신의 발신자는 자신의 주소, 성명을 밝혀야 상대방은 누구로부터 발송된 서신인가를 알게 된다. 무역거래의 경우 발신자는 자신의 회사명, 주소, 우편사서함 번호, 전화번호, 팩시밀리 번호, 전신약호, 텔렉스번호, 이메일 주소, 상표, 거래은행명 등을 서신 용지의 상단 약 1/5 부분에 기재하는 것이 일반적인데 이러한 요소를 서두(書頭) 또는 letter head라 한다.

서신을 작성할 때마다 일일이 서두를 타자하는 것은 매우 불편하기 때문에 대부분의 회사에서는 서신용지에 이를 미리 인쇄하여 사용한다. 그런데 실무계에서는 서두가 인쇄된 서신용지를 'letterhead'라고 하므로 혼동하여서는 안된다.

2) 우편봉투(envelop)

(1) 봉투의 규격

무역거래에서는 발신인의 주소, 성명이 미리 인쇄된 장방형의 항공봉투를 사용하기 때문에 발신인명을 별도로 기재할 필요가 없으며, 수신인의 주소, 성명 등을 봉투에 기입하면 된다. 봉투는 크기에 따라 2종류를 주로 사용하는데 소형 6호 봉투는 동봉물이 없는 서신에 이용되며, 대형 10호 봉투는 동봉물이 있거나 여러 장으로 된 서신에 이용되지만 지금은 대부분의 회사가 이 대형 봉투를 이용하는 경향이 있다. 다음 요령에 의거하여 작성할 것을 권고한다.

(2) 봉투의 기재

인쇄된 봉투를 사용할 경우, 발신인의 주소는 봉투 전면의 좌측 상단이나 또는 봉투의 뒷면에 인쇄하여야 한다. 그러나 'letterhead'와는 달리 발신인의 회사명, 주소, 등을 3~4줄로 간단하게 인쇄하여야 한다.

수신인의 주소도 봉투의 우측 하단에 3~4줄로 기입하되 수신인의 주소는 전화번호, 텔렉스 번호, 이메일 주소 등은 생략하고 회사명과 주소를 간략하면서도 정확하게 기재하여야 한다.

봉투에 주소를 기재할 경우, 주소를 경사식(indented style)으로 배열하는 방법과 수직식(block style)으로 배열하는 방법이 있다. 서신형식이 'block style'이면 봉투도 'block style', 서신이 'indented style'이면 봉투도 'indented style'로 기재한다.

예 (Block Style)

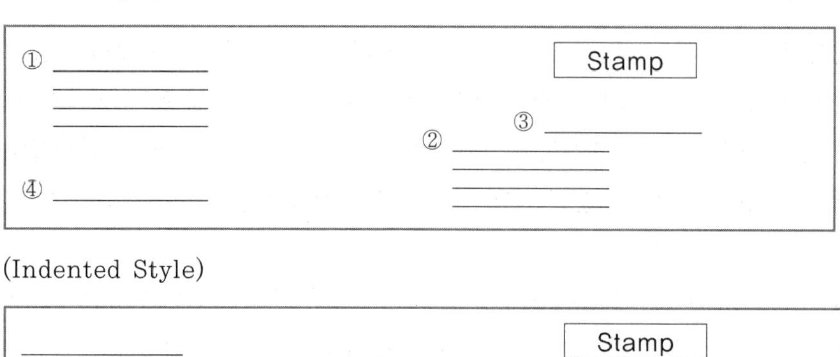

(Indented Style)

Stamp

③

②

④

① **반송인주소**(return address) : 발신인의 주소인데, 서신이 배달불능인 경우 반송되는 주소로서 봉투 전면의 왼편 상단으로부터 2행 밑에서 시작된다. 반송인 주소가 3행일 경우 'double space'로, 4행일 경우 'single space'로 기재한다. 또 주소 가운데 국명은 모든 활자를 대문자로 기재하는 것이 좋다.

② **수신인주소**(receiver's address) : 수신인 주소의 위치는 봉투의 가로 중심선에서 1~2행 밑에서 시작하는 것이 좋다. 이것은 서신의 'inside address'와 일치시키는 것이 좋다.

③ **우송지시**(mailing directions) : 우송방법을 지시하는 표시로 아래와 같이 기재한다.

예 Air Mail(항공편) / Special Delivery(속달) / Via Panama(파나마경유) / Registered(등기) / First Class(일종우편)

④ **우편물 취급지시**(mailing direction) : 국제우편에 있어서 비록 항공요금에 해당되는 우표를 부착하였다 하더라도 항공우편(air mail)이라는 표시를 하지 않으면 보통우편으로 발송된다는 사실에 유의하여야 한다.

무역서신은 대부분 항공우편으로 발송되지만 환어음 또는 운송관련서류 등 중요한 서류가 동봉된 경우에는 등기로, 긴급을 요하는 경우에는 속달우편 등으로 발송된다. 따라서 그러한 취급상의 지시사항은 봉투의 좌측 하단이나 우측 중간에 기재되어야 한다.

무역서신을 수신한 회사 내에서도 수신인이 직접 봉투를 개봉하여야 할 경우에는 "personal", 극비로 처리하여야 할 경우에는 "confidential" 등 취급상의 주의를 봉투 좌측 하단에 기재하여야 한다.

예 Personal; Private(친전) / Urgent(지급) / Photo Only(사진재중) / Attention of Mr. Kang(강씨 참조)

04 전자우편

1) 전자우편의 의의

전자우편이란 컴퓨터 전산망(이른바, 인터넷)을 이용한 정보전달 수단을 의미한다. 전자우편으로 전달할 수 있는 정보의 종류는 여러 가지 형태의 문서나 실행파일, 이미지를 모두 포함하기 때문에 형식에 제안을 받지 않고, 신속하게 실시간으로 교환할 수 있는 장점으로 인하여 오늘날 무역거래에서 개인 간의 통신수단으로 보편화 되고 있다.

2) 전자우편의 구성

전자우편의 구성요소는 일반 서신과는 달리 기본요소로서 수신인, 발신인, 제목, 서두인사, 본문, 결미인사 등이 있으며 보조요소는 발신일, 참고번호, 참고인, 첨부문서, 서명으로 구분되어 진다. 이는 전자우편의 특성 상 신속하게 발신인의 의사를 수신인이 확인할 수 있는 장점과 컴퓨터 전산망의 형식을 고려하여 구분한 것이다.

(1) 기본요소

① **수신인** : 일반적인 컴퓨터 전산망의 전자우편 포맷에서는 "To" 이하에 수신인의 이메일 주소를 기재한다.

② **발신인** : "From" 이하에 발신인의 이메일 주소를 기재한다. "Reply(답신)" 기능을 사용하면 자동으로 수신인과 발신인의 이메일 주소가 기입되기 때문에 전자우편을 주고받은 당사자가 업무의 연속성을 일목요연하게 확인할 수 있어 유용하다.

③ **제목** : "Subject" 이하에는 전자우편의 제목을 기재 한다. 이를 통하여 전자우편의 주요내용을 수신인은 쉽게 인식할 수 있으므로 가급적이면 신중하게 주제를 선정하도록 한다.

④ **서두인사** : 서두인사는 일반 서신의 경우와 같이 친숙한 경우를 제외하고 영국식인 "Dear Sir"(혹은 직위, 부서)와 미국식인 "Gentlemen"(복수인을 지칭함에 유의)을 사용하고, 친숙한 사이일 경우에는 이름을 기재하여도 무방하다.

⑤ **본문** : 전자우편은 일반 서신과는 달리 신속하기 때문에 실시간으로 서신의 내용을 확인할 수 있고, 여러 가지의 정보를 포함하여 작성할 수 있기 때문에 일정한 형식에 제안이 없이 자유롭게 구성할 수 있다. 그러나 이러한 전자우편의 특성 때문에 서신의 내용이 방대하거나 산만한 경우에는 오히려 수신인으로부터 외면을 받거나 발신인이 의도한 요구사항을 지나칠 수도 있으므로 문장은 가능한 간결하고 정확하게 작성하도록 한다.

⑥ **결미인사** : 일반 서신의 경우와 같이 본문의 내용이 종료되면 2~3줄 아래에 배열하도록 한다. 전자우편의 특성 상 고도로 함축적이거나 정확한 가격의 제시 등의 사유로 인하여 그 내용을 부각시키기 위하여 서두인사가 생략되면 결미

인사도 생략하도록 한다.

(2) <u>보조요소</u>

① **발신일** : 일반 서신과는 달리 전자우편의 발신일자는 이메일을 전송하게 되면 자동으로 전송일자와 시간이 표시된다. 따라서 전자우편의 서신에 기재할 필요성이 절대적이지 않다.

② **참고번호** : 일반 서신과 동일한 용도를 위하여 사용된다. 참고번호는 수신 국가마다 일련번호를 부여하거나, 서명자에 따라 일련번호를 부여하거나 또는 해당 년도에 따라 일련번호를 부여하는 방법 등 구분하기에 편리하도록 작성자가 임의로 기준을 만들어서 사용한다.

③ **참고인** : 일반 서신과는 달리 전자우편은 지정된 이메일 주소로 전송되기 때문에 타부서로 잘못 전달될 우려가 없으므로 이 문제로 인한 참고인을 별도로 지정할 필요성은 반감된다. 그러나 수신인이 전송된 서신을 확인하는데 있어 태만하거나 부인할 우려 때문에 추가로 참고인을 지정하여 동일한 서신을 보내는 것이 안전하다.

전자우편은 일반 서신과는 달리 실시간으로 여러 건을 전송하는데 있어 추가비용이 소모되지 않기 때문에 "Copies" 또는 "Carbon Copies"(사본송부 표시)를 활용하여 정확한 서신의 송부를 확인하도록 한다.

④ **첨부표시** : 전자우편은 추가문서를 첨부할 때 별도의 형식(시스템)을 사용하여 전송할 수 있으므로 일반 문서와 같이 본문에 별도의 첨부문서에 대한 기재를 하도록 한다. "Attach"를 이용하여 첨부문서 등의 정보를 보낼 수 있다.

⑤ **서명** : 결미인사 이후에 서명을 기재하도록 한다. 대부분의 전자우편의 시스템은 발신인의 이름과 연락처 그리고 이메일 주소를 정리된 일정한 형식으로 삽입하여 보내어지도록 하고 있기 때문에 이를 사용하도록 한다. 한편 일반 서신은 서명권자가 친필로 서명을 함으로서 서신에 효력이 발생되도록 하고 있으나 전자우편은 서신의 당사자가 아니어도 이메일을 제3자가 도용하여 보낼 수만 있다면 수신자 측은 그 진정성을 믿을 수밖에 없으므로 유의하도록 한다.(표현대리의 법리)

3) 전자우편 작성 시 유의점

전자우편은 발신인과 수신인이 실시간으로 무제한 서신을 주고받기 때문에 대화의 형식에 가까운 내용이 사용될 수도 있으나 일반 서신에 입각하여 예의에 어긋나지 않도록 주의하도록 한다. 다음은 전자우편을 보낼 때 주의사항이다.

첫째, 이메일 주소를 반드시 확인하고 보내도록 한다. 주소를 잘못기입하게 되면 적시에 서신을 전송할 수 없게 되어 계획에 차질이 발생하므로 유의하도록 한다.

둘째, 타인의 프라이버시를 존중하도록 한다. 발신인의 동의 없이 제3자에게 수신된 서신의 내용을 공개하거나 전송하여서는 안된다.

셋째, 정보의 유출과 위조 가능성에 대하여 대비하도록 한다. 전자우편은 계약서나 설계도면, 신원정보, 기업의 기밀을 주고받을 수도 있기 때문에 보안에 항상 주의를 다하거나 별도의 안전장치를 하도록 한다. 문서에 암호를 부여하는 것 등의 방법을 사용하거나 일반 서신을 병용하도록 한다.

넷째, 방대한 내용의 서신은 수신인에게 주의를 산만하게 하여 발신인이 의도한 바를 개진하는데 장애가 될 수 있다. 더불어 서신의 내용을 함축적이고 상징적으로 표현할 수 있는 제목의 선정에도 주의를 다하도록 한다.

다섯째, 전자우편 시스템 상호 간에 호환되지 않는 특수문자나 기호의 사용을 사용하지 않도록 한다. "흔글" 문서작성 프로그램에서 사용한 문자나 특수문자 등은 국제적으로 호환되지 않을 수도 있기 때문에 주의를 다하도록 한다.

마지막으로 서신의 내용을 상대방의 입장에서 작성하도록 한다. 가급적이면 주어를 "You"로 사용하여 친근감 있게 표현하도록 한다.

제3절 무역서신의 작성요령

01 내용의 구상

무역서신은 표현된 내용도 중요하지만 때로는 숨겨진 내용이 더 중요한 경우가 많기 때문에 서신의 작성자는 무역서신을 작성하기 전에 전달하고자 하는 내용을 구체적이고 정밀하게 구상하여야 한다. 따라서 어떤 내용을(what to say), 어떻게 말할 것인가(how to say)를 신중하게 고려하여 서신을 작성하여야 한다.

무역서신의 내용은 상인이 상품을 매매하기 위하여 거래를 제의하는 과정에서부터 상대방에게 인도될 때까지의 일련의 과정에서 발생하는 상황에 따라 천차만별이다. 따라서 무역서신을 작성함에 있어서 어떤 내용을 구상하여야 하는가는 한마디로 단정하기가 어렵다. 그러나 무역서신은 다음과 같은 요령으로 내용을 구상하면 훌륭한 서신이 될 수 있을 것이다.

1) 문어체 사용

무역서신의 내용은 문어체(文語體)로 작성되는 것이 원칙이기 때문에 구어체(口語體)의 표현을 사용하는 것은 적당하지 못하다. 따라서 특정한 사실을 강조하는 경우 등의 지극히 제한된 경우에만 구어체를 사용하고 일반적인 경우에는 문어체를 사용하여야 한다.

문어체에서는 구어체에 비하여 비교적 형식적인 면에 좀더 비중을 두는 경우가 많기 때문에 무역서신의 표현방법이 비교적 보수적인 색채를 띈다. 이러한 표현방법이 지극히 의례적인 것에 불과하더라도 가능한 한 이를 생략하지 않는 것이 좋다.

인사말이나 경칭을 사용할 경우 본문의 내용과 관련이 있는 것을 사용하되 상대방의 기분을 상하지 않도록 내용을 구상하여야 하며 본문의 내용과는 전혀 관계가 없는 표현 등은 삼가는 것이 좋다.

2) 공식적인 견해의 제공

무역서신은 가능한 한 작성자 개인의 의견이나 정보보다는 서신 발송회사의 공식적인 의견을 위주로 해서 내용을 구상하여야 한다. 작성자는 자신이 소속되어 있는 회사를 대표한다는 생각으로 공식적인 의견을 제공하되 상대방 우선주의(you attitude)로 서신의 내용을 구상하여야 한다.

따라서 서신에서 1인칭 주어를 사용할 경우, 단수인 I 보다는 복수인 We를 사용하는 것이 좋다. 이러한 서신에서는 작성자 자신을 가리키는 1인칭 주어를 사용하여야 할 경우가 있는데 이때는 "I" 보다는 "the writer"나 "the undersigned"를 사용하여 자신을 3인칭화 하는 것이 좋다.

한편 상대방 우선주의로 내용을 구상한다는 것은 무역거래에서 상품을 무상으로 제공하거나 상대방의 제안을 무조건 수락하는 등의 것이 아니고 상대방의 이해와 자신의 이해를 잘 조화시켜 상대방에게 자신의 뜻을 받아들이도록 한다는 것이다. 따라서 작성자가 상대방의 입장에서 상황을 판단하고 행동하되 서신의 내용은 가능하면 I 나 We 보다는 You 라는 대명사를 더 많이 사용하는 문장을 말한다.

3) 제목의 활용

무역서신 한장에 하나의 정보만을 제공하는 경우란 거의 없으며, 최소한 두 가지 이상의 다양한 정보를 제공한다. 따라서 서신을 작성하기 전에 먼저 제공하여야 할 정보의 내용을 동일한 주제별로 분류하고 이를 정리, 분석하는 것이 필요하다.

그리고 동일한 주제의 각 문단에 제목을 붙여 주면 상대방이 내용을 손쉽게 파악할 수 있게 됨으로 무역서신의 보조요소인 letter subject를 적극 활용하여야 한다는 것이다.

02 내용의 배열

1) 용건우선 배열원칙

서신의 수신인은 자신의 관심사나 이익과 직결되는 문제에 관해서는 관심을 갖게 됨으로 서신의 작성자는 상대방의 관심 분야가 어디에 있는가를 파악하여 이를 서신의 가장 앞부분에 배열하는 것이 소기의 목적을 달성하기가 쉽다. 특히 판매서신이나 또는 거래를 제의하는 서신의 경우, 서신의 앞부분에서 읽는 사람의 관심을 끌지 못하게 되면, 동 서신은 휴지통으로 직행하는 결과가 되어 아무런 성과도 얻을 수 없게 된다.

"Tell your story in the first paragraph and stop your message is completed."
즉, 이와 같이 용건을 앞부분에 배열하는 방법을 택하면 서신의 효과를 높일 수 있는데 이러한 원칙을 용건우선주의 원칙이라 한다. 용건우선주의 원칙은 자신의 의도를 직접적으로 표현할 수 있도록 단도직입적인 표현을 사용하여야 한다는 원칙이다.

내용의 중요도가 비슷한 경우에는 좋은 소식을 앞부분에 배열하는 낭보우선주의(good news first, bad news last)를 택하면 서신의 목적을 좀 더 효과적으로 달성할 수 있다.

2) 5단계 배열원칙

서신의 내용을 배열하는 순서는 상대방의 이해를 돕고 작성자의 의도를 좀더 명확하게 전달할 수 있는 방법을 택하는 것이 필요하다. 서신의 경우, 5단계 배열방법을 택하면 서신의 내용을 좀더 정확하게 전달할 수 있다.

(1) 서신을 작성하게 된 이유를 밝힌다. – [why]

서신에서는 먼저 시작인사를 하면서 상대방의 요청에 의하여 서신을 작성한 것인지 아니면 작성자가 필요에 의하여 자발적으로 작성한 것인지를 분명히 밝힌다. 특히 다른 거래선의 추천이나 소개를 받아 서신을 작성하게 된 경우에는 반드시 누구로부터 상대방의 주소를 알게 되었는지를 분명히 밝히지 않으면 좋은 결과를 기대하기란 매우 어렵다.

(2) 내용의 요점을 간략하게 설명한다. – [what]

무역서신에는 다양한 정보가 포함되어 있기 때문에 서신을 상세히 읽지 않으면 그 내용을 한눈에 알아보기가 어렵다. 따라서 상대방이 손쉽게 내용을 알아 볼 수 있도록 각 paragraph의 내용을 간략하게 요약해 준다.

(3) 상대방과 작성자의 요구조건 등을 상세하게 설명한다. – [amplifier]

판매제의 서신의 경우 자신과의 거래가 타 회사에 비하여 어떤 점이 유리한가를 상세히 설명하여 상대방의 행동을 유발시킬 수 있게 한다. 이 부분은 서신의 핵심부분으로 당사자간의 관심분야에 대한 문제점을 상세하게 설명하거나 또는 정보를 제공한다.

(4) 내용의 중심점을 설명한다. – [point]

일종의 결론에 해당되는 부분으로 작성자의 의도나 조치가 정당하다는 타당성을 입증하여 결론을 내리는 부분이다.

(5) 상대방에게 선처를 바란다는 뜻을 표명하거나 또는 요청하는 내용으로 서신을 끝낸다. – [closer]

이 부분에서는 서신을 끝내면서 상대방에게 선처를 바란다는 인사를 하고 마무리를 하는 부분이다. 이 부분의 내용은 본문의 내용에 따라 적당한 종료인사를 사용하여야 한다.

03 표현방식

동일한 내용이라 할지라도 표현방법에 따라 결과가 달라지기 때문에 서신의 작성자는 이점을 감안하여 서신을 작성하여야 한다. 따라서 다음과 같은 표현방식을 적극 활용하여야 한다.

1) 긍정적인 표현을 사용한다

하나의 사물을 표현하는 방법에 긍정적인 표현과 부정적인 표현이 있을 때, 무역서신에서는 긍정적인 발상으로 내용을 이끌어 가야 한다. 만약 상대방의 요구에 응하지 못할 경우에는 차선의 방법이나 대체방법을 명시하여 줌으로써 상대에게 최선을 다하고 있다는 인식을 심어 주어야 한다.

따라서 무역서신은 긍정적인 결과를 기대하면서 작성하여야 하며 부정적인 단어는 피하고 긍정적인 단어를 사용하여야 한다.

예

긍정적인 표현	부정적인 표현
adjustment	complaint
cooperation	refusal
honesty	dishonesty
satisfaction	discontent
willingness	hesitation

2) 5C의 원칙에 따라 작성하여야 한다

무역서신은 능률을 위주로 하므로 작성인이 의도하는 바를 간단, 명료하게 전달하는 것이 중요하다. 따라서 무역서신의 적절한 효과를 얻기 위해서는 5가지의 특징을 구비하여야 효과적인 서신이 될 수 있다는 것이다.

(1) 명료성(clearness)

"Make the letter so clear that can not be misunderstood." 즉, 작성자가 의도하는 바를 상대방에게 이해시키기 위해서는 무역서신의 표현방식은 명료하여야 한다. 서신은 문법적으로 정확하여야 하며 적절한 단어, 용어, 술어 등을 선택하여 사용하여야 상대방이 서신의 내용을 잘못 이해하는 일이 없게 된다. 또한 서신의 내용은 일관성이 있어야 된다.

만약 수신인이 두 번 이상 서신을 읽어야 한다면 그 서신은 명료하게 작성된 것이 아니라는 것을 입증하는 셈이 된다.

무역서신에서 작성자의 의도를 수신인에게 명확하게 이해시키기 위해서는 그 내용이 명료해야 한다. 그러기 위해서는 구두점(punctuation), 단어(word) 등이 정확해야 하고, 또 표현이 구체적이어야(concrete) 하며 대명사(pronoun)나 관계대명사는 지칭하는 것이 명확해야 한다.

	poor	better
대명사	Jones & Co. maintain excellent relations with their New York distributors, but they are still not doing as much advertising as they expect them to do.	Jones & Co. maintain excellent relations with their New York distributors, but the distributors are still not doing so much advertising as Jones & Co. expect them to do.
구두점	Before you order your stock records should be checked.	Before you order, your stock records should be checked.
구체적	Thank you for your recent order.	Thank you for your order No. 2945 of May 15.
	We will send you by airfreight two cartons containing 20 sets of calculators.	We will send you by airfreight two cartons each containing 20 sets of calculators.

(2) 정확성(correctness)

"A correct letter is accurate in its statements and also in its mechanics." 즉, 여기에서 요구되는 정확성이란 내용과 정보의 정확성은 물론이거니와 문법적으로 정확하여야 한다. 불필요한 부사, 형용사의 사용을 억제하고 두 가지의 뜻으로 해석할 수 있는 단어의 사용은 피하여야 한다.

poor	better
We received your valued favor of 5th instant.	We received your letter of May 15.
The market averages were up four points on Thursday.	The market averages climbed four points on Thursday.
The delivery of the stock certificates should be accomplished by you not later than noon, Thursday.	You should deliver the stock certificates not later than noon, Thursday.
This contract has a requirement that it be signed by you by June 8.	This contract requires your signature by June 8.
It is indicated that a diversification of products will be begun by this competitor.	Apparently, this competitor will begin to diversify his products.
Your check will be sent upon receipt of the enclosed form.	We will send your check when we receive the enclosed form.

(3) 간결성(conciseness)

"State the message as briefly as possible, but at the same time completely and courteously." 즉, 무역서신은 상대방이 읽기에 지루한 느낌을 주게 되면 내용이 제대로 검토되지 않거나 회신이 지연될 우려가 있다. 따라서 무역서신은 우선 간결하여야 한다. 그러나 간결하더라도 지나치게 생략하여 문장이 완전하지 못하거나 예의에 어긋나서는 안된다. 따라서 상대방에게 알리고자 하는 내용을 끝내면 바로 서신을 종결시키는 것이 간결화에 도움이 된다.

간결화(conciseness)는 요약(brief)과는 구별하여야 한다. 만약 두 페이지의 내용을 한 페이지로 축소하는 것은 요약(brief)은 되었다 할지라도 간결화(conciseness)가 이루어지지 못한 경우가 많다.

poor	better
You asked us when the new model of the bicycle came on the market. It is now available.	The new model of the bicycle is now available.
With regard to the Letter of Credit, we have already instructed our bank to amend by e-mail.	We have already instructed our bank to amend the Letter of Credit by e-mail.
Knowing that most workers today are eager for advancement on whatever kind of job they may take, I should like to inform you that in our company we promote all employees-even those who have not been with us for a very long period of time-just as soon as they have proved themselves capable of doing a good job.	Knowing that most workers desire advancement, we promote employees as soon as they prove capable.

※ 간결한 표현 : in fact(as a matter of fact), always(at all times), soon(at an early date), now(at this time), promptly(at your earliest convenience), all interested people(all the people who are interested), Mr. Smith says or thinks(according to Mr. Smith, in the opinion of Mr. Smith), because(due to the fact that), met him(held a meeting with him), to get(for the purpose of getting), can do(in a position to do), as requested(in compliance with your request), for(in the amount of), during(in the course of), if(in the event that), announced(made the announcement that), before(prior to), after(subsequent to)

(4) 예의(courtesy)

"Write the letter politely, sincerely and friendly so as to create good will." 즉, 무역거래에서는 비록 상대방과는 한번도 만난 본적이 없다 하더라도 간단하되 우호적인 인사를 하여야 한다. 또한 사소한 일로 인하여 너무 분노하거나 상대방을 의심하는 표현은 가급적 삼가 상대방에게 좋은 인상을 갖게 하여 다음 거래에 대비할 수 있도록 하여야 한다.

특히 서신 작성자의 마음이 안정되지 못한 경우에는 일정한 시간이 지난 후에 서신을 작성하여야 한다.

poor	better
We can not understand the reason of your claim because ~	We studied your claim carefully and concluded that ~
You are requested to open on L/C in our favor immediately.	Your prompt L/C in our favor would be much appreciated.
We are astonished at your news that you made a delay in shipment.	We are sorry to hear that there was a delay in shipment.
You are requested to answer im-mediately without fail.	Your prompt answer would be highly appreciated.
You have no right to be upset, for which we could not help the fact that our serviceman failed to correct the difficulty with your washer.	Thank you for telling us about the continuing difficulty with your washer. Our serviceman will make additional repair without delay.

※ 예의바른 표현 : "We are pleased~", "Thank you for~", "Will you please~", "It was nice of you to~", "I am sorry that~", "I appreciate~", "Please let me know if~", "May I ask you to~", "I am glad to~" 등.

(5) 개성(character)

"Character is present in substance of the letter if the ideas are original and show the individuality of the letter." 즉, 무역서신의 표현이 너무 상투적인 경우 오히려 좋은 거래를 망치는 결과를 초래할 수도 있다. 따라서 작성자는 자신의 의도를 있는 그대로 표현하여야 한다.

poor	better
In the event that this does not meet with your approval, please notify this writer as to your wishes.	Please let me know if you approve.
Please endeavor to terminate the investigation as expeditiously as possible.	Please try to end the investigation as soon as you can.
Thanking you for your kind attention to this order, we remain.	We shall appreciate your careful attention to this order.
The writer wishes to acknowledge receipt of your letter.	Thank you for your letter.
The favour of your early reply will be obliged.	I shall be glad to hear from you soon.

3) 많이 사용되는 표현

무역서신의 내용은 상황에 따라 내용은 각기 다르지만 그 표현방식은 비슷한 경우가 많다. 따라서 서신 작성자는 많이 사용되는 표현을 기억하였다가 유사한 문장을 인용한 후, 필요에 따라 내용을 약간씩 수정하여 사용할 수 있다. 무역거래에서는 비슷한 업무가 반복적으로 발생하기 때문에 동일한 상황이 연출될 경우에는 그대로 인용할 수 있기 때문에 아래와 같이 많이 사용되는 표현을 익혀두어야 한다.

(1) 시작인사를 할 때

가. 상대방의 통지를 받고 회신하는 경우

- ❑ Thank you for your letter of ~
- ❑ We are duly in receipt of your letter ~
- ❑ We thank you for your immediate response to our request for ~
- ❑ It is our great pleasure in receiving your letter dated ~
- ❑ we acknowledge with thanks your inquiry about ~

나. 신규거래를 제의하는 경우

- ❑ Through the courtesy of ~, we acquired your name ~
- ❑ We owe your name and address to ~

- ❑ We are indebted for the ~ for the name of your firm.
- ❑ We have learned from ~ that you are ~
- ❑ Your name and address was given by ~
- ❑ Reference is made to your advertisement in ~
- ❑ We have found your name in the directory.
- ❑ Your esteemed organization has been recommended to us by ~ as one of the~

다. 중단된 거래를 재차 시도하는 경우

- ❑ Please refer to our last letter of ~
- ❑ Though we have not continued our business relation since ~
- ❑ Six months have passed since you placed order with us ~
- ❑ During the last season, we have no communication with ~
- ❑ With reference to our circular letter dated May 26, in which ~
- ❑ We refer to the meeting with our director in the Mandarlin Hotel in your end.
- ❑ Further to our previous communication, we would like to provide you for~

라. 회신이 지연된 경우

- ❑ We are very sorry for not having replied you more sooner.
- ❑ Please accept our apologies for the delay in replying.
- ❑ Due to our president's business trip schedule, we could not attend to your inquiry.
- ❑ Forgive us for our belated letter.

(2) 상대방에게 통지할 때

가. 일반적인 소식을 통지하는 경우

- ❑ We are pleased to (inform) you that ~
- ❑ We have the pleasure of (informing) you that ~
- ❑ It is our great pleasure to (inform) you that ~
- ❑ This is to (inform) you that ~

- ❑ We advise (or announce) you that ~
- ❑ The purpose of this letter is to inform you that ~
- ❑ Please note that ~

나. 상대방에게 나쁜 소식을 통지하는 경우

- ❑ We regret to (inform) you that ~
- ❑ We are very sorry to have to draw your attention to ~
- ❑ We very much regret to (announce) you that ~
- ❑ To our greatest regret that we must inform you that ~

다. 신용조회를 요청하는 경우

- ❑ Your bank has been referred by ~
- ❑ Your name was given by ~ as their credit reference.
- ❑ ~ has advised us to get in touch with you concerning their standing.
- ❑ Your name is already familiar to us and please permit us to write to ask you about ~

라. 신용조회에 회신하는 경우

- ❑ In reply to your credit inquiry of July 21, ~
- ❑ Replying your inquiry of ~, we are pleased to advise you ~
- ❑ With reference to the above company, we have the pleasure in informing that ~
- ❑ In response to your inquiry of February 26, ~

(3) 상대방에게 요청할 때

- ❑ We shall much appreciate it if you will send us ~
- ❑ Please let us know (or have) ~
- ❑ We shall (or would) be much obliged if you inform us ~
- ❑ We would like to (receive) your (offer) ~
- ❑ Your kind cooperation in this matter would be appreciated.
- ❑ You are requested to send (or know) some samples ~
- ❑ You would oblige us by sending us your commission.

- ❏ It would be greatly appreciated if you would send us ~

(4) 자신의 회사를 소개할 때

- ❏ We take this opportunity to introduce ourselves that ~
- ❏ We take the liberty in introducing ourselves as ~
- ❏ It is our great pleasure to introduce our company to you ~
- ❏ As for our company, we have two modern factories ~
- ❏ As you may know, we are one of the leading exporters of ~
- ❏ Taking this opportunity, we are pleased to introduce our-selves to you that~
- ❏ We would like to introduce ourselves that we are dealing in the following items.
- ❏ We wish to introduce ourselves as one of the biggest ~

(5) 상대방에게 감사를 표할 때

- ❏ We wish to express our thanks to your whole-hearted reception which you paid to our president.
- ❏ Thank you for your message of sympathy regarding ~
- ❏ This is to express our sincere thanks for your cooperation.
- ❏ We wish to thank you for your letter of October 1 expressing your congratulations on ~
- ❏ We deeply appreciate your courteous letter of 10th July ~
- ❏ We heartily congratulation you on your recent opening a new wholesale house ~
- ❏ This is a note of our appreciation of your courtesy in sending us the ~
- ❏ Please accept our thanks for the copies of your catalogue you sent us.

(6) 서신에 동봉물이 포함되어 있을 때

- ❏ Enclosed you will find here ~
- ❏ Enclosed please find ~
- ❏ We enclose herewith ~
- ❏ Enclosed is our price list and catalogue.

(7) 신용조회처를 제시할 때

- ❑ We wish to refer you to ～
- ❑ Regarding to our reference, please contact ～
- ❑ Our standing will be obtained from ～
- ❑ As for our credit standing, you may check with ～

(8) 종료인사를 할 때

가. 상대방의 회신을 기다리는 경우

- ❑ We are looking forward to hearing from you in this matter.
- ❑ Since time is running short, we would appreciate your immediate reply.
- ❑ We highly appreciate your courtesy in advising this matter to our attention.
- ❑ We hope to receive your favor at an early date.
- ❑ We await the favor of your early reply.
- ❑ A prompt reply would greatly oblige us.
- ❑ Your detailed reply will have our utmost attention.
- ❑ For further information, please refer to us.

나. 상대방의 확인을 필요로 하는 경우

- ❑ Please confirm the receipt of this order as soon as possible.
- ❑ We request you to acknowledge our letter.
- ❑ Please let us have your confirmation of this order.
- ❑ We trust we shall be able to receive your confirmation soon.
- ❑ Your prompt confirmation will have our careful attention.

다. 상대방에게 오파 또는 견본 등을 요청하는 경우

- ❑ We shall be glad to receive your offer by return mail.
- ❑ We request you to send us your quotation.
- ❑ Kindly forward us the relevant catalogue and samples.
- ❑ Awaiting your further quotation as soon as possible.
- ❑ We would be interested in receiving your price list.

- ❑ Hoping to receive your best offer based on FOB.
- ❑ Your prompt offer will be appreciated.

라. 견본, 오퍼 등을 발송하는 경우

- ❑ It will be our great pleasure to serve you at any time.
- ❑ May we expect your tentative order by return mail?
- ❑ In reply to your inquiry of January 5, enclosed you will find an offer sheet for full range of our products.
- ❑ We hope that our prices will meet with your approval and induce good result for mutual benefits.
- ❑ If you can place an order with us now, we can ship the goods at 5% discounted price.
- ❑ We can give you immediate response from our stocks.
- ❑ Looking forward to your order confirmation near the future.
- ❑ Expecting your volume order within the end of this month.

마. 단순한 종료인사의 경우

- ❑ Best regards,
- ❑ With kindest regards,
- ❑ Thank you for your kind cooperation in advance, we remain,
- ❑ If you have any questions, please contact us.
- ❑ We thank you for this business and hope to serve you again.
- ❑ May we expect your full supports.
- ❑ With many thanks and kind personal regards.
- ❑ Let us wish your company a successful operation.

제 3 장

무역거래절차

제1절 수출입거래절차

01 수출거래절차

수출업자와 수입업자는 해외시장조사를 통하여 각각 거래처가 물색되면 신용조회(credit inquiry)의 결과에 따라 상대방에게 거래제의(business proposal)를 하게 된다. 이때 제의를 받은 상대방이 거래할 의사가 있으면 거래문의(trade inquiry)를 하면서 견본・상품목록 및 Offer를 요청한다. 동시에 자신의 신용조회처(reference)를 통보한다. 신용조회를 통하여 상대방의 신용이 확인되면 청약 전에 양당사자간 거래의 기초가 되는 일반거래조건협정서(agreement on general terms and condition of business)를 교환해 둔다.*

수출업자는 수입업자의 요청에 따라 서신, 팩시밀리 또는 e-mail 등의 방법으로 수입업자 앞으로 청약한다. 오퍼는 수출업자가 계약을 체결하겠다는 확정적 의사표시이므로 수입업자가 이에 동의하면 이는 'acceptance'(승낙)이 되어 당사자의 의사일치가 확인되므로 매매계약(sales contract)이 성립된다. 만약 수입업자가 수출업자의 오퍼

---

* 'case by case contracts'나 단기공급계약인 경우에는 일반거래협정서를 매매계약체결 전에 교환하지 않고 매매계약을 체결할 때 또는 후에 이면계약으로 약정하는 경우도 있다.

를 무조건 동의하지 않고 조건부 동의를 하거나 수정을 첨부한 동의를 하면 이는 승낙으로 간주되지 않고 'counter offer'(대응청약)가 되 계약이 성립되지 않고 최초의 청약자에게 발송되며 그 의사에 따라 계약의 성립여부가 결정된다. 청약과 승낙으로 계약이 성립되면 양당사자는 필요할 경우 별도의 계약서를 작성한다.

다음은 수출계약의 이행과정이다.

① 매매계약이 성립되면 계약서의 지급조건(terms of payment)에 따라 L/C 베이스인 경우에는, 수입업자의 요청에 의하여 L/C가 발행*되어 수출업자에게 발행된다. 그렇지만 지급조건이 non-L/C인 D/A계약서에 의한 거래의 경우에는 D/A계약서를 작성하여 한부씩 보유한다. L/C를 수취한 수출업자는 L/C상의 내용이 계약내용과 일치하는지를 점검하고 만약 불일치가 발견되면 수입업자에게 조건변경(amendment)를 요구하여야 한다.

② 무역자유화가 가속화되므로 대부분의 물품이 수출승인(Export Licence ; E/L)을 받지 않고 수출할 수 있으나 아직도 수출입공고나 통합공고 등에서 수출승인이 제한을 받고 있다면 추천기관의 추천을 받은 후 수출승인을 신청하여야 한다. 원칙적으로 승인권자는 각 부처의 장관이지만 공고에 의하여 그 권한을 협회나 조합 등의 단체에 위임하고 있다.

③ 수출승인을 받는 물품을 생산하기 위하여 자금과 자재가 필요하다. 수출업자가 수출상품의 제조·가공·매입 등에 소요되는 자금을 수출지원 금융제도에 따라 거래은행으로부터 융자받을 수 있고 무역어음의 할인을 통하여 필요한 자금을 조달할 수도 있다. 또한 수입금융을 이용하여 필요한 원자재를 해외로부터 조달할 수 있다. 이러한 수입금융, 즉 무역금융의 금리는 금융기관의 일반자금대출금리보다 다소 낮은 수준이며, 금리뿐만 아니라 자금 이용가능성 면에서도 우대되고 있다.

수출물품을 확보하는 방법은 수출업자가 자신의 공장에서 직접 생산하는 방식과 다른 제조업자로부터 완제품을 구매하는 방식이 있다. 전자의 경우 필요한 원자재를 국내에서 조달할 수도 있고 이를 해외에서 수입할 수도 있다.

---

* 'the issuing bank'와 'the applicant'는 2007년 대한상공회의소에서 발간한 『UCP 600 공식번역 및 해설서』에서는 '개설은행'과 '개설신청인'으로 표기하고 있으나 이시환 교수님(경원대)이 제기한 용어정의에 관한 논문을 인용하여 '발행은행'과 '발행신청인'으로 지칭하기로 한다.(이시환, "대한상공회의소 발간 'UCP 600 공식 번역 및 해설서'상의 문제점과 그 보완에 관한 연구", 무역상무연구 제38권, 2008, pp.71~91)

원자재나 완제품을 국내에서 조달할 경우 자신의 거래은행을 통하여 공급업자를 수익자로 한 내국신용장(local L/C)을 이용하거나, 외국환은행의 장이 내국신용장에 준하여 발급하는 구매승인서를 이용한다.

만약 수출업자가 필요한 원자재를 해외에서 조달할 경우 필요한 소요량을 계산하여 수입신용장을 발행하므로 해외로부터 외화획득용 원자재의 확보가 가능하다.

④ 수출업자는 신용장이나 D/A계약서 등에서 정해진 선적기일내에 물품의 선적이 이루어져야 하므로 물품의 운송을 위하여 운송회사와 운송계약을 체결하여야 한다. 실제로 운송계약은 수출업자가 선사에 선복요청서(Shipping Request ; S/R)를 제출하고 인수확약서(Booking Note ; B/N)를 교부하면 운송계약이 성립되고 나중에 발행되는 선하증권(Bill of Lading ; B/L)은 운송계약 성립의 추정적 증거(prima facie evidence)가 된다.

운송계약의 체결당사자는 통상 매매계약의 정형거래조건(trade terms)*에 따라 결정된다.

FCA나 FOB조건에서는 수입업자가 운송계약을 체결하고 CIF나 CIP조건에서는 수출업자가 운송계약을 체결한다. 그렇지만 오늘날은 화환어음(documentary draft)으로 대금을 결제하는 것이 일반적이므로 FCA나 FOB조건에서도 수출업자가 운송계약의 당사자가 되어 해상·항공·복합운송 등 운송계약을 체결하고 B/L·AWB·MTD 등 운송서류를 발급받아 환어음을 첨부하여 수출대금을 회수한다.

⑤ 물품이 수출업자로부터 수입업자에게 인도되기 위해서는 통상 운송과정을 거쳐야 하고 운송중에 생길지도 모를 위험을 커버하기 위하여 해상적하보험(marine cargo insurance) 제도가 이용된다. 보험계약의 체결과 보험료의 부담자는 통상 매매계약의 정형거래조건에 따라 결정된다. CIF조건과 CIP조건은 수출업자가 수입업자를 위하여 보험계약을 체결하고 보험료를 부담하지만 FOB나 FCA조건에서는 수출업자의 보험계약 체결의무가 없다. 이들 조건에서는 통상 수입업자 자신의 위험부담을 커버하기 위하여 자신의 비용으로 보험계약을 체결한다. 보험계약체결의 증빙서류로는 해상보험증권(marine insurance policy)이나 보험증명서(certificate of insurance)가 발급된다.

---

* 본서 제1편 제3장 제2절의 매매계약서 세부조항 중 'trade terms and governing law' 참조

⑥ 수출업자는 확보한 물품을 자신의 공장이나 창고 등 현물검사를 받을 수 있는 곳에 이를 장치한 후 세관에 수출신고(export declaration)를 하여야 한다. 수출신고는 특수한 경우를 제외하고 전자문서(EDI)로 작성된 신고자료를 통관시스템에 전송하여 이행된다. 수출신고는 화주, 관세사, 통관법인 또는 관세사 법인의 명의로 하여야 한다.

수출신고가 접수되면 세관은 서류심사와 물품검사를 거쳐 수출신고필증을 교부한다.

⑦ 수출통관을 끝낸 화물은 내륙운송을 거쳐 본선에 적재된다. 본선에 적재된 화물에 대하여 본선수령증(Mate's Receipt ; M/R)이 발급되면 수출업자는 선사에 이와 상환으로 선적선하증권(on board B/L)을 교부받는다.

만약 화물이 컨테이너에 적입된 경우 FCL화물의 경우에는 CY에서, LCL화물의 경우에는 CFS에서 각각 CY operator 또는 CFS operator에게 인도되고 부두수령증(Dock Receipt ; D/R)을 교부받아 이와 상환으로 수취선하증권(received B/L) 또는 복합운송서류(Multimodal Transport Document ; MTD)를 교부받는다.

⑧ 수출대금은 물품이 수입지에 도착하고 수입업자가 이를 확인한 후에 대금을 지급하게 된다면 수출거래의 안정성이 확립되기 어렵다.

L/C거래인 경우 수출업자는 선적하고 바로 거래은행과 체결한 외국환거래약정에 따라 환어음(bill of exchange)과 L/C상에 명기된 서류를 준비하여 자신의 거래은행에 화환어음(documentary bill of exchange)의 매입(negotiation)을 의뢰함으로써 수출대금을 회수한다.

D/A 계약서 베이스인 경우에는 환어음과 서류를 준비하여 거래은행을 통하여 추심(collection)을 의뢰하거나 추심 전 매입도 가능하다. 추심 전 매입의 경우에는 매입은행이 수입업자의 신용위험을 부담하게 되므로 이러한 위험을 담보하기 위하여 한국무역보험공사의 수출보험(export insurance)을 이용한다.

여기서 환어음은 수출업자가 수입업자에게 자신의 채권액을 지명인 또는 소지인에게 일정한 기일 및 장소에서 무조건 지급할 것을 위탁하고 유가증권이며, 선적서류(shipping document)에는 운송서류(transport document), 보험서류(insurance document), 상업송장(commercial invoice), 원산지증명서(certificate of origin) 등이 포함된다.

수출업자가 물품을 선적하고 수출대금을 수령하면 수입업자와 계약관계는 종료된다.

| 표 | 수출절차요약(화환신용장, CIF 조건)

순서	절차	내용 및 필요정보	관련기관
1	무역업등록	무역업 고유번호 신청(사업자등록증)	한국무역협회
2	품목선정	무역통계, 상품별 소비정보, 각국별 유망품목 시장조사 etc.	세계무역기구, 각국 상공부, 각국 무역통계, 대한무역투자공사, 한국 수출입은행, 해외투자정보, 외교통상부, 한국무역협회 수출입통계, 세계역정보 책자, 정부국제통상 담당관(시도지사), 관련 제품 인터넷 동호회, 관계국 컨설팅 업체 etc.
3	시장조사	국가별 무역통계, 상품정보, 시장조사서, 국가정보, 경제동향, 잠재적 구매력 현황 조사 etc.	
4	마케팅	무역포탈, 홈페이지, 관련업체 e-mail, 전시회 · 시장개척단 참여 etc.	
5	거래선 발굴	e-mail, fax, circular letter, inquiry	
6	신용조사	character, capital, capacity, country, currency etc.	대한무역투자진흥공사, 한국무역보험공사, 신용보증기금, 한국수출입은행, Kompass, D&B etc.
7	거래조건협의	결제통화 및 환율(환위험회피) · 결제방식 · 가격 · 품질 · 수량 · 선적 etc., 견본 송부 etc.	수출입공고(관련부처/관계기관), 외국환은행, 운송회사, 관세사, 공급(하청)업체 etc.
8	청약/승낙	무역계약서 작성	국제정형계약서 인용
9	계약체결	거래조건 최종협의후 양당사자 서명, 계약서 내용 검토(개별조항, 일반조항)	
10	대금결제 확인(신용장)	수출대금 회수의 안전성 검토(선지급/후지급-보증검토), 신용장 내용 검토(계약내용과 일치 여부, 독소조항 여부, 발행은행 신용상태, 선적기일, 서류, 네고마감일)	외국환은행, 한국무역보험공사(필요시 수출보험가입)
11	수출승인	수출금지 또는 제한품목 여부 확인-제한품목에 해당하는 경우 수출승인(E/L) 확보	관련부처나 단체에서 승인(의류 : 한국의류산업협회)
12	수출상품 확보	직접생산, 원자재 및 완제품 확보, 원자재수입자금(back to back L/C), 원자재구매자금(무역금융, 내국신용장, 구매확인서)	외국환은행, 공급(하청)업체
13	해상운송	선박 수배(선박스케줄-선명/출항일, CY명-CY마감시간, 세관명 확인), 선박회사에 S/R 송부-선박예약	해운회사, freight forwarder, 하주협회
14	적하보험부보	적하보험조건 검토 후 보험회사에 계약서 사본(신용장, 송장) 송부-보험증권 교부	보험계약자가 보험회사와 on-line으로 직접 계약을 체결
15	수출통관	관세사를 통하여 수출통관시스템 등록, 수출신고필증 발부(C/S 검사여부 확인), 보세구역 반입, 본선 적재 후 선사에서 선화증권 발급(원칙)	해운회사, freight forwarder, 관세사
16	서류매입	네고서류(L/C상 요구서류) 준비, 서류와 L/C의 조건일치 여부의 검토	외국환은행, 운송회사, 관세사, 대한상공회의소 etc.
17	관세환급	수출용 원자재 수입 후 해당량 수출시 납부했던 수입관세 환급	각 지방세관

02 수입거래절차

수출업자가 결정되면 상대방의 신용상태를 조사하고 조사결과 신용상태가 양호하다면 거래의 기초가 되는 합의사항인 일반거래조건협정서(agreement on general terms and conditions of business)를 교환한다.

양 당사자간 일반거래협정서가 교환되고 나면 수입업자상의 요청에 따라 수출업자는 청약하고 수입업자가 이를 승낙하므로 매매계약이 체결된다. 이 매매계약이 수출업자의 입장에서 보면 수출계약이 되고 수입업자의 입장에서 보면 수입계약이 된다. 일반적으로 수출업자가 'selling offer'를 보내지만 수입업자가 보낸 'buying offer'나 'counter offer'에 수출업자가 승낙하므로 계약이 성립되는 경우도 많다.

다음은 수입계약의 이행과정이다.

① 수입승인(import licence; I/L)은 수출입공고나 수출입별도공고 등에 의하여 수입이 제한되는 물품을 수입이 가능하도록 하는 절차이다. 즉, 수입물품이 수출입공고 등에서 수입이 제한되는 경우에 당해 제한조치에 합당한 수입요령에 따라 주무부처장 또는 조합으로부터 수입추천을 받음과 동시에 수입승인을 받아야 한다. 그리고 동 수입품목이 통합공고에 의한 요건확인품목인 때에는 세관에 수입신고하기 전까지 해당 개별법의 소관부처로부터 요건확인 등을 받아야 한다. 수입승인의 유효기간은 원칙적으로 1년이나 물품의 제조가공기간, 물품의 선적 및 도착기간 등을 감안하여 20년 범위 안에서 따로 결정할 수 있다.

② 수입승인기관의 수입승인을 받은 수입업자는 수입승인서를 첨부하여 거래은행에 신용장발행을 의뢰한다. 은행은 신용장을 발행하면 수출업자가 발행한 어음에 대해 지급책임이 있기 때문에 신용장 발행의뢰인(applicant)인 수입업자와 수입신용장발행약정의 체결 시 수입물품을 양도담보로 제공받음과 동시에 추가적인 담보를 확보한다.

신용장은 매매계약서 및 수입승인서상의 조건과 일치되도록 발행되어야 하며, 발행된 신용장은 발행은행(issuing bank)에 의하여 SWIFT로 통지은행(advising Bank)에 송부된다. 최근에는 전기통신(telecommunication)으로 발행되는 신용장 가운데 SWIFT(Society for Worldwide International Financial Telecommunication)*

* SWIFT는 '세계은행간 금융전산망'으로 세계 각국에 있는 회원은행 상호간에 온라인망으로

에 의한 발행이 가장 많다.

③ L/C 발행을 통하여 주문이 확정되면 수출업자는 물품을 생산하거나 조달하여 이를 수입업자 앞으로 발송하게 된다.

물품의 운송과 운송 중 위험을 커버하기 위하여 필요한 운송계약과 해상적하보험계약의 체결당사자는 일반적으로 매매계약시 선택되는 정형거래조건에 따라 결정된다.

FCA나 FOB와 같은 F-Group에서는 수입업자가 운송계약과 필요한 경우 해상적하보험계약을 체결한다. 실무적으로는 수출업자가 수출대금을 화환어음의 할인매각방식으로 회수한 경우 B/L을 포함한 선적서류의 첨부가 불가피하기 때문에 비록 F-Group에서도 매도인이 운송계약의 당사자가 된다.

또한 당사자간 채택한 정형거래조건이 CIF나 CIP인 경우에는 수출업자가 수입업자를 위하여 보험계약을 체결하므로 이때 수입업자는 자신이 원하는 담보조건을 매매계약 체결시 합의하여야 한다.

④ 신용장을 수령한 수출업자는 물품을 선적 또는 인도완료 후 신용장에서 요구하는 서류와 환어음을 발행하여 거래은행에 이를 매입의뢰 한다. 거래은행인 매입은행은 제시된 서류가 신용장의 조건을 충족하였는지를 검토한 후 충족되었다면 매입한 후 이를 수입국의 발행은행 앞으로 송부한다. 서류를 접수한 발행은행은 이를 심사한 후 신용장조건과 일치가 확인되면 발행의뢰인인 수입업자에게 선적서류의 도착을 통지한다. 발행의뢰인은 수입대금을 결제한 후 선적서류를 인도받아 수입통관절차를 이행한다.

⑤ 물품이 수입항에 도착하면 수입업자는 이를 하역하여 보세구역에 장치한 후 세관에 수입통관을 위한 수입신고를 한다. 수입업자가 관세 등을 은행에 납부하면 수입신고필증이 교부된다. 수입업자는 수입신고필증으로 물품을 수령하므로 수입절차가 종료된다.

한편, 수입업자가 수령한 물품이 계약과 일치하지 않으면 수입업자는 상대방의 계약위반으로 자신의 침해된 권리를 회복하고자 할 것이다. 이러한 구제의 조치가 'claim'이다.

클레임이 제기되면 이를 해결하려는 노력이 뒤따르게 된다. 즉, 화해, 조정,

연결하여 국제간의 자금결제 및 메시지 교환을 보다 신속하고 안전하게 처리하기 위한 국제은행업무의 자동화를 의미하며, 1973년에 설립된 비영리 협동조합으로 그 본부를 벨기에에 두고 있다.

중재 또는 소송 등의 여러 가지 방법이 있다.

▌표▐ 수입절차요약(화환신용장, FOB 조건)

순서	절차	내용 및 필요정보	관련기관
1	무역업등록	무역업 고유번호 신청(사업자등록증)	한국무역협회
2	품목선정	무역통계, 상품별 소비정보, 각국별 유망품목 시장조사 etc.	세계무역기구, 각국 상공부, 각국 무역통계, 대한무역투자공사, 한국수출입은행, 해외투자정보, 외교통상부, 한국무역협회 수출입통계, 세계역정보 책자, 정부국제통상 담당관(시도지사), 관련 제품 인터넷 동호회, 관계국 컨설팅 업체 etc.
3	시장조사	국가별 무역통계, 상품정보, 시장조사서, 국가정보, 경제동향, 잠재적 구매력 현황 조사 etc.	
4	마케팅	무역포탈, 홈페이지, 관련업체 e-mail, 전시회 참여 etc.	
5	거래선 발굴	e-mail, fax, circular letter, inquiry	
6	신용조사	character, capital, capacity, country, currency etc.	대한무역투자진흥공사, 한국무역보험공사, 신용보증기금, 한국수출입은행, Kompass, D&B etc.
7	거래조건협의	결제통화 및 환율(환위험회피)・결제방식・가격・품질・수량・선적 etc., 견본 송부 etc.	수출입공고(관련부처/관계기관), 외국환은행, 운송회사, 관세사, 공급(하청)업체 etc.
8	청약/승낙	무역계약서 작성	국제정형계약서 인용(가장 적합한 'seller'와 수입계약을 체결, 통상 외국 수출업자로부터 'firm offer'를 받은 후 이를 'acceptance'하여 수입계약을 체결)
9	계약체결	거래조건 최종협의후 양당사자 서명, 계약서 내용 검토(개별조항, 일반조항)	
10	대금결제 확인(신용장)	수입물품의 안전한 인도 검토(선지급/후지급-보증검토), 신용장 발행(계약서 내용과 일치 여부, 선적기일, 서류, 네고마감일)	외국환은행

순서	절차	내용 및 필요정보	관련기관
11	선적서류내도	수입화물의 선명과 도착예정일 확인(수출업체가 발송한 선적서류사본, 선박회사의 도착통지인 arrival notice, 은행에 내도한 선적서류 원본), L/G, T/R	운송회사, 외국환은행
12	수입대금결제 및 서류인수	수입업자는 발행은행으로 도착된 선적서류를 인수하고 sight인 경우 바로 대금을 결제하고 usance인 경우에는 만기일에 결제	
13	수입통관	수입대금결제(선지급/후지급) 후 항만 혹은 보세구역(컨테이너 화물의 경우 CY/CFS)에의 도착통지를 받으면 B/L원본을 운송회사에 제시하여 D/O 발급, 관세사를 통하여 수입통관시스템 등록 후 수입신고필증 발부(C/S 검사여부 확인)	외국환은행, 관세사, 운송회사
14	물품반출	수입신고필증 및 D/O를 제시하여 화물이 보관되어 있는 보세구역 혹은 CY/CFS에서 물품을 반출(수입관세 등 세금납부 후)	외국환은행, 보세창고
15	클레임	계약불이행에 대한 이해관계자에 대한 이의제기(손해배상청구)	대한상사중재원, 국제채권추심기관
16	관세환급	관련업체의 수출관세환급을 위하여 수출용원재료 수출이행기간 준수, 분할증명서, 기초원재료납세증명서 교부	관세사, 세관

제2절 수출입거래절차 관련 서류

수출입거래절차와 관련서류에서는 제2부의 수출입상황별 무역서신영어의 내용에서 다루는 서신의 내용과 구분하여 무역실무에서 사용되는 국제상품매매계약서식을 기준으로 수출입거래절차와 연계하여 구성하였다. 따라서 본문에서 설명되고 있는 서식은 앞서서도 언급한 네고서류와 수출입계약을 체결하기 위하여 사용되는 것이다. 다음의 표 가운데 국내에서 사용되는 서식은 가급적 배재하고 국제거래에 필요한 서식을 중심으로 설명한다.

▌표▐ 국제무역의 추진단계별 무역계약

<table>
<tr><th>추진단계</th><th colspan="2">계약의 종류</th></tr>
<tr><td>거래선 알선의뢰(marketing)
신용조사(credit inquiry)
자기소개서 발송(circular letter)/품목에 대한 문의(trade inquiry)
거래제의(business proposal)</td><td>서신(제2부)</td><td>계약체결 전</td></tr>
<tr><td rowspan="2">청약/주문(offer/order)
승낙/확인(acceptance/acknowledgement)
매매계약(sales contract)</td><td>서신(제2부)</td><td rowspan="2">계약체결</td></tr>
<tr><td>매매계약서</td></tr>
<tr><td rowspan="9">신용장 발행(issuing L/C)
수출입승인(E/L, I/L)
상품수배(arranging goods)
검사(inspection)
통관(custom clearance)
선적(shipment)
해상보험(marine/air insurance)
환어음의 매입(negotiation)과 네고서류
관세환급(drawback)</td><td>신용장 발행신청서, 신용장</td><td rowspan="9">계약체결 후
(계약이행)</td></tr>
<tr><td>수출입승인서(국내)</td></tr>
<tr><td>구매확인서 등(국내)</td></tr>
<tr><td>검사증명서(위탁)</td></tr>
<tr><td>수출입신고(국내)</td></tr>
<tr><td>선하증권</td></tr>
<tr><td>보험증권</td></tr>
<tr><td>환어음매입신청서, 송장 등</td></tr>
<tr><td>관세환급신청서(국내)</td></tr>
</table>

01 매매계약서

무역계약은 무역거래와 관련하여 체결되는 일체의 계약을 포괄하는 개념일 수도 있으나 일반적으로 무역거래 시에 매도인(seller)과 매수인(buyer)간에 체결되는 계약을 의미한다. 무역거래 당사자는 서로 상대방에게 매도인은 물품인도의무를 매수인은 대금지급의무를 지고 그러한 사항을 구속하기 위하여 무역계약서를 작성한다. 무역계약의 체결방법이나 무역계약서의 작성방법, 내용에 대하여는 당사자간에 합의한 어떠한 방법으로도 계약체결이 될 수 있으나 제3자에게 항변하기 위하여는 계약서를 작성하는 것이 가장 현실적이라고 생각된다. 대한상사중재원의 연구결과*를 보더라도 정식계약서를 사용한 무역업체는 약식계약서를 사용하거나 사용하지 않은 무역업체보다 무역클레임의 위험으로부터 비교적 자유로운 것으로 나타났다.

본문에서는 무역계약을 구성하는 보편적인 조항인 계약물품의 특정, 품질, 수량, 가격 및 포장조건과 관련된 조항과 그러한 계약의 이행조건의 중심이 되는 조항인 선적, 결제, 보험, 검사 및 클레임에 대한 조항 등을 중심으로 구성된 계약서를 설명한다.

1) 무역계약의 체결

매매계약을 체결하는 가장 일반적인 방법은 당사자간 공통적이고 포괄적인 합의사항을 미리 합의해 두고 가변적인 거래조건은 매거래시마다 'offer'와 'acceptance'에 의해 확정하는 방법이다. 전자의 경우를 일반거래약정서(general agreement) 혹은 포괄계약서(master contract)에 의한 계약이라고 하며, 후자의 경우를 매매계약서(sales contract) 혹은 개별계약서(case by case contract)에 의한 계약이라고 한다.

(1) 개별계약(case by case contract)

개별계약방법은 거래 건별로 특정계약조건을 우선적으로 또는 전반적인 조건을 일괄적(한꺼번에)으로 협의, 확정하여 수출입 본계약을 확정하는 방법으로서 통상 거래상대방과 최초 거래시나 건별 거래시에 활용하는 방법이다.

일반적으로 이용되는 개별계약방식에 의한 수출입계약서는 표면과 이면 양면으로 구성되어 있다. 무역계약서의 표면약정에 포함되는 사항은 거래건별로 확정하여야 하는 개별약정사항으로서 당해 거래시의 물품의 품질수준, 수량 및 가격 등 거래상품에 관한 사항과 선적일자, 결제방법 및 보험조건 등이 여기에 해당한다.

무역계약서의 이면약정사항은 무역에 관한 일반약정(general terms and conditions)으로서 무역계약에 대리인이 개입되지 않고, 계약상 권리와 의무의 당사자인 본인대본인계약(principal to principal basis contract)이라는 사항과 계약서 표면약정사항

* 산업자원부 · 한국무역협회 · 대한상사중재원, "무역클레임 실태조사", 2006.

인 품질, 수량, 가격 및 선적조건 등을 정하는 기준 등 개별약정사항을 해석하는 기준과 계약불이행과 관련한 조항으로서 불가항력조항, 클레임조항, 중재조항 및 준거법조항 등 수출입거래시 일반적으로 적용되는 공통사항이 여기에 포함된다.

개별계약방법으로 수출입계약을 체결할 경우 계약당사자는 청약(offer)과 수차례의 반대청약(counter offer)를 교환하는 방법으로 사전에 계약내용을 협의한 후 이를 확정하여 어느 일방이 통상 2부의 계약서를 작성하여 서명한 후 이를 다른 일방에게 송부하면 상대방은 이에 서명한 후 1부를 송부 각각 1부씩 보관한다.*

(2) 포괄계약(master contract)

포괄계약방법은 통상 동일한 거래상대방과 계속적으로 거래가 이루어지는 경우에 채택하는 방법으로서 이는 매거래시마다 건별로 모든 거래조건을 새로이 협의, 결정하여 수출입 본계약을 체결함에 따른 번거로움을 피하는데 적합한 방법이다. 포괄계약방법에서의 수출입거래당사자는 당사자 간의 향후 수출입 거래준칙에 해당하는 일반거래조건협정(agreement of memorandum on general terms and conditions of business)을 약정한다. 여기에는 개별 계약체결시 무역계약서 이면약정사항에 포함되는 무역거래 일반약정(general terms and conditions) 사항과 함께 거래건별로 수량과 인도 등을 오퍼나 오더를 통하여 확정하는 방법을 정한다.

이후에 건별 거래시는 포괄계약에서 정한 방법에 따라 간단한 오퍼(offer)나 오더(order)를 교환함으로써 무역계약을 확정한다.

2) 계약서 상용어구

(1) 동사

- ❑ shall: 'obligation'을 의미하고, 'shall not'은 부작위의 의무를 나타낸다.
- ❑ must: 'be required to'의 의미로 조건을 나타내며, 'shall'과 같이 의무를 나타내는 조동사로도 사용될 수 있다.
- ❑ will: 'shall' 보다는 다소 강제력이 부족한 표현으로, 계약서에서 당사자의 의무와 관련하여 will이 일관되게 사용되고 있다면 이는 계약서 초안자의 취향이므로

---

* 당사자 양측의 서명 중 어느 한 쪽의 서명이라도 기입되지 않을 경우에는 유효한 계약서로서의 입증가치를 상실하게 되므로 두 통을 발행하여 자회사가 서명을 한 후, 두 통을 상대측으로 발송하여 서명을 받고 그 중 한 통을 자회사 앞으로 반송하도록 하는 것이 필요하다.

굳이 'will'과 'shall'을 구분할 필요가 없겠으나 'will'과 'shall' 둘 다 사용되고 있는 경우에는 두 표현의 의미상 차이가 있는지 여부를 확인하는 것이 좋다.

예 "The quality of goods must be equal to the samples."

- may: 계약상의 권리, 권한, 특권을 나타내면서 법적 강제성을 지니지 않는 권리의 경우에는 'be entitled to'를 사용한다. 'may not'은 권리 없음을 나타낸다.

☞ 부정어를 주어로 하는 경우에는 'shall'을 사용하지 않는 것이 좋다. 즉, "누구도 이 구역에 들어와서는 안된다"라는 문장을 표현하는데 "No one shall enter this area"라고 하면 "Everyone is obliged not enter this area(들어와서는 안 될 의무가 있음)"와 "Anyone is not obliged to enter this area(들어올 의무가 없으므로 들어와도 되고 들어오지 않아도 됨)"라는 두 가지 의미로 해석될 수 있다.

☞ '~할 권리가 없다'라는 뜻과 'No'나 'Neither' 등의 부정어를 주어로 사용하는 경우의 금지에는 'shall'보다 'may'를 사용하는 것이 좋고, '부작위의 의무'나 '금지'를 나타내는 경우에는 'shall not'을 사용하면 된다.

(2) 관용어

가. 'here~'

- herein : 'here'는 'this Agreement', 'this Article', 'this sentence' 등을 나타내고 이것에 전치사 in이 붙어있기 때문에 '본 계약에서', '본 조항에서', '본문에서' 등을 나타내게 된다. 즉, "in consideration of the promises and mutual covenants herein contained,~", "any other provisions herein contained,~"
- hereinafter : 'here(본 계약) in(에서) after(이후에)' 즉, '이후 본 계약 중에서'라는 의미로 사용되는데 대부분의 경우 계약서 가운데 반복해서 사용되는 번거로움을 피하기 위해서 쓰인다. 특히, 전문에 기재되는 계약당사자에 대해서 '이후 ...라고 하는' 경우에 "hereinafter referred to as~", "hereinafter called~"
- hereby : '본 계약에 의해서'의 의미로 계약 속에 강조되는 조항에서 잘 쓰인다. 즉, "The Seller hereby confirms that~"과 같이 사용되는데, 'hereby'가 없어도 의미가 바뀌지는 않는다.

- ❑ hereto : '본 계약에', '본 계약에 대해서'라는 의미를 나타낸다. 즉, 계약당사자를 나타낼 때 "the parties to this Agreement" 대신 "the parties hereto"
- ❑ hereunder : "the condition under this Agreement" 대신에 "the conditions hereunder"(본 계약상의 조건)이라고 표현할 수 있다.
- ❑ hereof : "of this Agreement"의 의미로 즉, "in this Article 18 hereof"와 같이 사용한다.
- ❑ herewith : 'herewith'의 'with'는 'in connection with'라는 구의 'with'로부터 파생된 것으로 "in connection with this Agreement"를 의미한다.
- ❑ 기타 : 'heretofore'나 'hereunto'는 'up to the date of this Agreement'나 'before this Agreement'를 의미한다. 즉, 본 계약서가 작성 또는 발효될 때까지의 시간적인 경과를 나타내는 용어이다. "All expenses paid heretofore by the parties hereto shall be shared on an equal basis." 계약체결 이전을 표현하고자 하는 경우에는 "on or before the effective date of this Agreement."라고 하는 것이 좋다. 반대로 'hereafter'는 'after the date of this Agreement'의 의미로, 'hereafter'도 일정한 시점을 표현하기에는 애매한 용어이므로 "on or after the effective date of this Agreement"로 표현하는 것이 좋다.

나. 'there~'

'there'는 'this', 'it', 'that' 등으로 바꾸어 사용할 수 있고, 앞에 언급한 내용이나 문장을 수식할 때 사용한다.

다. thereof : 본 계약 이외의 문서를 의미한다.

예 "If the Buyer fails to perform any other agreement with the Seller or any provisions thereof, the Seller may forthwith terminate this Agreement."(이 문장에서 'thereof'는 'any other agreement with the Seller'를 의미한다)

라. 단서

주문에 대해 조건을 달아 제한시키는 구문으로 'provided that', 'provided', 'however', 'that', 'except that', 'subject to'가 있다.

❑ 'subject to…'는 '…에 따른다' '…을 조건으로 한다'의 의미로서 합의 또는 수용된 내용 및 항목에 따르는 조건이나 제한 등을 표시하는데 유용하다.

❑ 'unless otherwise required(specified)'는 '달리 합의된 바 없다면'

예 "Subject to the provisions of this agreements, the seller have to deliver the goods～"

마. 수량

❑ '～ 이상' : '～ 이상'은 당해 숫자를 포함하는 개념이지만 영어의 'more than'이나 'less than'은 당해 숫자를 포함하지 않으므로 주의해야 한다. 따라서 우리말의 '～ 이상'이란 개념을 영어로 표현하는 경우에는 'or more', 'or over', 'or above', 'or + 비교급' 또는 'not less than'을 사용한다.

예 1백만원 이상 : one million(1,000,000) won or more/over/above = not less than one million(1,000,000) won(※ no less than : only)

❑ '～ 이하' : '～ 이하'도 '～이상'과 마찬가지로 우리나라 말로는 당해 숫자를 포함하는 개념이지만 영어의 'less than'은 당해 수를 포함하지 않는 '미만'의 의미로 사용되므로 '～ 이하'를 표현할 때는 'or less(또는 below)'나 'or + 비교급' 또는 'not more than'을 사용한다.

예 100만원 이하 : one million(1,000,000) won or less/below = not more than one million(1,000,000) won(※ no more than : only)

❑ '～을 초과하다' : '～을 초과하다'는 당해 수를 포함하지 않으므로 그것보다 큰 수량을 나타낸다. 'more than', 'in excess of', 'over', 'exceeding' 등의 표현이 있다.

예 60일 초과 : more than sixty (60) days = in excess of sixty (60) days = over sixty (60) days

❑ '～ 미만' : '～ 미만'은 당해 수를 포함하지 않는다. 'less than', 'in short of' 등의 표현이 적당하다.

예 100만원 미만 : less than one million(1,000,000) won = in short of one million(1,000,000) won

바. 기간을 나타내는 어구

❑ 시기 : 'from', 'after'가 일반적으로 사용되며, 당해 일자를 포함하지 않는 것으로 해석된다. 당해 일자를 포함하거나 포함하지 않는다는 의미를 명확히 하고자 하는 경우에는 'inclusive 혹은 including'(당해 일을 포함하여), 'exclusive 혹은 excluding'(당해 일을 제외하고)'와 같은 표현을 병용한다. 그리고 당해 일을 포함하는 표현으로는 'on or after', 'commencing on/with', 'starting on' 등의 표현이 있다.

예) 2010년 4월 10일부터 60일 동안 :

- for the period of sixty(60) days from/after 10th April, 2010.(4월 10일을 포함하지 않는 경우)
- for the period of sixty(60) days from/after 10th April, 2010 (including) = for the period of sixty(60) days on or after 10th April, 2010 = for the period of sixty(60) days commencing on/with 10th April, 2010 = for the period of sixty(60) days starting on 10th April, 2010.(4월 10일을 포함하는 경우)

❑ 종기 : 'by'나 'till', 'up to', 'before' 등의 표현이 주로 사용된다. 일반적으로 'by'나 'till'은 당해 일을 포함하고 'before'는 포함하지 않는다고 하지만 반드시 통일적으로 사용되는 것은 아니므로 'inclusive or including' 또는 'exclusive or excluding' 등을 병행하여 사용하거나 'on or before'와 같은 명확한 표현을 사용하는 것이 바람직하다.

예) ABC shall deliver the Products to XYZ on or before 10th April, 2010

※ 시기와 종기를 같이 표현할 때는 'from~to', '~through' 등을 사용하는데, 양일을 포함하는지 여부를 분명하기 위해 'both including' 또는 'both excluding'이나 'commencing on/with ~ ending on/with' 또는 'starting on ~ ending on/with'와 같이 표현하는 것이 좋다.

예) from 10th April, 2010 to 30th May, 2010 / both inclusive 10th April, 2010 through 30th May, 2010 / both inclusive for the period between 10th April, 2010 and 30th May, 2010 / both inclusive for the period commencing on/with 10th April, 2010 and ending on 30th May, 2010

사. 기타

❑ 'Notwithstanding any provision contrary hereto' : 우선순위를 지정하는 조항으로 달리 규정된 조항이 있음에도 불구하고 동 조항이 최우선의 효력을 가진다는 뜻임 subject to와 반대의 개념

❑ 'endeavor' 또는 'best efforts' : 'without commitment'의 의미로 적극적으로 어떠한 의무를 부담하지 않고 단지 최선을 다한다는 의미이므로 법적 구속력이 없다. 따라서 계약서 안에서 이러한 문구가 발견되면 책임소재를 명확히 하여 문서로 남기도록 한다.

❑ 'Act or Omission' : 작위 또는 부작위로 'Act'는 법률상 또는 계약상 해야 될 일을 하는 것을 의미하고 'Omission'은 해야 할 의무를 하지 않는 것을 의미한다.

❑ 'Including, without limitation, ~' or 'Including, but not limited to, ~' : 구체적인 예를 열거하는 경우 그 열거된 것에만 한정되는 것은 아님을 명확히 하는 표현으로 우리말의 '~등' 정도에 해당한다.

예) The Seller shall not be held responsible for delays in delivery arising from cause beyond its control and without its fault including, but not limited to, acts of God, civil commotion, strikes, labor disputes, fires, floods, earthquakes and epidemics.

❑ 'as the case may be' : 상황에 따라, 경우에 따라 다를 수 있다.

예) If ABC is convinced that such claim has a good ground, ABC shall at its expense promptly supply XYZ with the shortage or replace the faulty Products with new Products conforming with the Specifications, as the case may be.

❑ 'at one's discretion' or 'for one's convenience' : 당사자의 자유재량에 따라

예) "If any Products or any parts thereof are found not to meet the specifications, Manufacturer shall, at its discretion, repair such Products or parts thereof or replace the same with other Products or parts to meet with the specification."

- ❑ 'deem/ consider/ presume/ regards/ treat' : ~라고 간주하다. 추정하다
- ❑ 'bona fide' : 실제로 정직하거나 또는 권리를 주장하는 사람이 그 권리에 하자가 있다는 사실을 깨닫지 못하고 있는 것을 의미하는 것으로 부사적으로 사용할 때는 'in good faith'라는 표현으로 사용할 수 있다. 즉, 선하증권의 양도인이 선하증권의 횡령자이거나 또는 절취자나 습득자와 같은 무권리자이더라도, 그것을 알지 못하고(즉, '선의'로), 또한 그것을 알지 못하는 대하여 중대한 과실이 없는 한, 배서의 연속이 있는 지시식 선하증권의 배서 · 교부를 받거나 또는 무기명식 선하증권의 교부를 받은 자는 선하증권 상의 권리를 취득한다.
- ❑ 'pro rata' : 비례하여, 비율에 따라
- ❑ 'in lieu of' : ~대신에
- ❑ 'instead of'(in place of) : ~와 같은 표현이다.
- ❑ 'prima facie' : '일단은', '추정적인'의 뜻으로서, 다른 반증에 의하여 전복될 때까지는 그 사실이 일단 진실이 되거나 합리적인 것으로 추정한다는 의미. 선하증권은 운송계약의 당사자인 운송인과 송화인 사이에서는 'prima facie evidence'가 된다.

3) 계약서 세부조항

계약서는 계약의 성립을 확인 · 입증하는 서류이므로 매도인이나 매수인이 발행하더라도 상관없으나, 통상 매도인이 발행하는 계약서로는 "Sales Note, Sales Contract, Confirmation of Order" 등이 있으며 통상 매매계약서라 하고, 매수인이 발행하는 계약서로는 "Purchase Note, Purchase Contract, Purchase Order" 등이 있으며 통상 주문서라 한다.

(1) 표제(title of agrement)

계약당사자나 제3자가 계약 전체의 내용을 이해할 수 있도록 하기 위한 것으로 "Sales Agreement, License Agreement, Agent(Distributor) Agreement"* 등과

---

* "Contract"와 "Agreement"는 모두 우리말의 계약에 해당하는 영문용어이지만 본디 영미법상으로는 단적인 합의인 "Agreement"와 계약은 별도의 개념이고 명확하게 구분되어 사용되어 왔다. 일반적으로 영미법상의 계약이란 당사자간에 합의(agreement)되고 그 합의에 법적인 구속력이 인정되는 것을 말한다. 합의라 함은 계약을 체결하려는 당사

같이 계약의 종류를 표시한다. 표제는 자체가 특별한 법적 효과를 가지게 되는 것은 아니며, 또한 표시 여하에 따라 계약내용이 영향을 받게 되는 것도 아니다. 실무적으로는 표제가 생략되는 경우도 많이 있다.

(2) 전문(non-operative part; premises)

가. 계약체결일자(date) 및 계약당사자(parties)의 확인

계약체결일자와 당사자가 표시된다. 계약의 효력발생시기를 별도로 명시해두고 있지 않은 경우 일반적으로 이 일자가 효력발생시기가 된다.

당사자의 표시에 있어서 계약 당사자의 동일성을 명확히 하기 위하여 개인인 경우에는 성명과 주소를, 법인인 경우에는 주된 사무소의 소재지, 정확한 법인명 및 설립준거법을 기재한다. 미국과 같은 연방국가인 경우에는 설립지와 주된 영업소(principal office or principal place of business)가 다른 주에 있는 경우가 많으므로 설립지와 주된 영업소를 모두 표시하는 것이 바람직하다.*

자간 의사표시의 합치를 말하는데, 합의는 청약에 대하여 승낙이 있으면 성립되는 것이지만 영미법상 합의만으로는 우리나라 민법 제531조에서 규정하고 있는 바와 같이 계약성립의 효력이 발생하지 않는다. 영미법상 합의가 법적 구속력을 가지는 계약의 효력을 발생시키기 위해서는 그 합의가 약인*(consideration)을 수반한 것이거나 또는 일정한 방식을 갖춘 것이어야 한다. 즉, 당사자간의 합의가 공공질서 및 강행규범에 반하지 않는 한 유효하다고 보는 대륙법계 국가와 달리 영미법계 국가에서는 일정한 방식을 갖추지 않았거나 약인이 존재하지 않는 단적인 합의만을 계약으로 인정하지 않는다. 하지만, 실무에서는 양자를 구별하고 있지 않기 때문에 “Agreement”와 “Contract”를 동의어로 사용하더라도 계약의 효력에는 차이가 없다. “Contract”와 “Agreement”는 모두 우리말의 계약에 해당하는 영문용어이지만 본디 영미법상으로는 단적인 합의인 “Agreement”와 계약은 별도의 개념이고 명확하게 구분되어 사용되어 왔다. 일반적으로 영미법상의 계약이란 당사자간에 합의(agreement)되고 그 합의에 법적인 구속력이 인정되는 것을 말한다. 합의라 함은 계약을 체결하려는 당사자간 의사표시의 합치를 말하는데, 합의는 청약에 대하여 승낙이 있으면 성립되는 것이지만 영미법상 합의만으로는 우리나라 민법 제531조에서 규정하고 있는 바와 같이 계약성립의 효력이 발생하지 않는다. 영미법상 합의가 법적 구속력을 가지는 계약의 효력을 발생시키기 위해서는 그 합의가 약인(consideration)을 수반한 것이거나 또는 일정한 방식을 갖춘 것이어야 한다. 즉, 당사자간의 합의가 공공질서 및 강행규범에 반하지 않는 한 유효하다고 보는 대륙법계 국가와 달리 영미법계 국가에서는 일정한 방식을 갖추지 않았거나 약인이 존재하지 않는 단적인 합의만을 계약으로 인정하지 않는다. 하지만, 실무에서는 양자를 구별하고 있지 않기 때문에 “Agreement”와 “Contract”를 동의어로 사용하더라도 계약의 효력에는 차이가 없다.

* 이는 당사자의 법적 지위와 대리인의 권한의 범위나 소송에서 당사자 자격 및 재판관할권 등을 명확히 하기 위해 필요한 내용이다.

계약당사자는 계약서중에 몇 번 반복해서 기재할 필요가 많은데, 계속해서 full name으로 표시하는 것이 번잡하므로 이후 당사자의 표시를 약칭하여 부르기로 명시하여 두는 것이 일반적이다.(즉, "hereinafter referred to as Seller or Buyer")

예 "This Agreement("Agreement") is made this [1st] day of [March, 2010] by and between [ABC Corp.], with its registered office at [140 West 51st Street New York, N.Y., U.S.A.] ("Buyer")and [KyungwonU Co., Ltd.], with its registered office at [65, Bokjeong-dong, Seongnam Si, Sujeong-gu, Gyeonggi-Do, Korea] ("Seller")"

영문계약서의 스타일은 "THIS Agreement~"로 시작하여 "~WITNESSTH" 다음에 계약조건이 명시되는데, 이는 계약서 전체를 한 문장으로 만든 중세*의 표기방법을 따른 것이다. 즉, 'THIS Agreement'를 주어로 하고, 'WITNESSTH'를 그에 대응하는 동사로 하며, 'WITNESSTH' 이하를 목적절로 하여 계약서가 구성된다. 중세의 양식을 사용하지 않고 현대적인 표현을 사용하여 "THIS Agreement is made~"로 표현하고 'WITNESSTH'를 생략하기도 한다. "THIS Agreement is made ~ by and between"은 계약서 영어의 특성중 하나인 동의어의 반복이다. 우리말로는 한 묶음으로 생각하면 된다. "ABC Corp., with its registered office at~"은 '~에 주된 영업소를 두고 있는'의 의미이다. 본 계약서에 설립지를 표시할 때에는 "ABC Corp, a company incorporated and existing under the laws of the State of California, having its principal place of business at~"와 같이 표시하면 된다.

나. 설명조항(recitals, whereas clause)

당사자들이 계약체결에 합의한 동기, 계약의 목적, 계약당사자의 사업내용 등이 기재되는 바, 법적 효력은 없으나 계약당사자의 의도나 목적을 분명히 해놓은 것으로 계약내용이 명료하지 않을 경우, 당사자의 진의를 파악하는 근거가 되며 당사자는 금반언

* 이는 앵글로색슨족이 지배하는 영국에 노르만인이 침입해서 정복할 때부터 시작된 것인데, 영어를 사용하는 앵글로색슨족과 노르만프렌치를 사용하는 지배계급과의 의사소통을 위해 'will and testament'(유언장)처럼 영어와 불어 동의어를 나란히 사용하는 방법을 택했던 것이다.

(禁反言; estoppel)의 법리에 따라 설명조항의 내용에 반하는 사실을 주장할 수 없다.

 WHEREAS, the Buyer desires to purchase from the Seller and the Seller desires to sell to the Buyer [five million sets of T.V.] during a period of [5] years.

NOW, THEREFORE, in consideration of the premises and covenants herein contained, the parties hereto agree as follows:

설명조항은 'WITNESSTH'라는 문언으로 시작되고 'WHEREAS' 조항과 'NOW, THEREFORE' 조항으로 구성되며 'THEREFORE' 조항에는 약인문구가 기재된다. 'WITNESSTH'는 직설법 3인칭 단수 현재형(witnesses)의 중세표현으로 이하의 내용을 보증한다는 의미이다. 'WHEREAS,'는 용어 자체적으로 특별한 의미를 지니는 것은 아니다. 'NOW, THEREFORE'는 대가의 존재를 확인하는 이른바 약인을 기재하는 것이 보통이다. 하지만, 당사자가 약인이 존재한다는 뜻을 계약서에 기재하였는지, 계약이 성립되었는지 관계없다.

다. 본문(operative part)

정의(definition)에 해당하는 내용으로서 계약에서 자주 사용되는 전문용어의 개념을 명확히 하고 이를 반복하여 사용할 경우 번거로움을 피하기 위하여 약호를 정의한다.

 Unless the context clearly requires otherwise, the following terms in this Agreement shall have the meanings attributed to them below;

(a) 'KNOW-HOW' means

(i) rearrangement of machinery layout

(ii) effective operation of machinery

(iii) technical improvement of training process

(b) 'TERRITORY' means the entire territory of Korea.

라. 실질조항(specific clauses)

① sale of goods

계약서 본문의 첫 항에는 대개 매매목적물이 되는 물품이 어떤 것인지를 밝혀둔다. 특히, 거래상대방 사이의 관습이 다른 국제거래의 경우에는 매수인이 구하고 있는 것과 매도인이 제공하려는 것이 동일한 것인가를 확실히 해두는 것이 필요하다.

'subject to' : '∼에 따라서', '∼을 조건으로'라는 의미로 'in accordance with'나 'under'와 바꾸어 쓸 수 있다. 'under the∼condition'의 의미는 '∼한 조건 하에서'라고 번역하기보다는 '∼ 상'으로 번역하는 것이 보다 자연스럽다. 또한 'subject to'는 'except for'의 의미도 가진다. 예컨대, 법률규정에 'Subject to the provision of this Act∼'라고 규정된 경우 그 의미는 '본 법에 별도의 규정이 있는 경우를 제외하고'의 의미로 'Unless otherwise provides∼'와 같은 의미이다.

'terms and conditions' : 조건이라는 의미인데, 'term'(단수)의 경우 '용어'나 '기간'의 의미하는 경우도 있으므로 주의하여야 한다.

② quantity, specification and quality

(a) 수량(quantity)

물품의 수량을 약정함에 있어서 유의하여야 할 점은 수량표시에 사용되는 단위, 수량의 기준시기 및 산화물에 대한 과부족(more or less)표시방법 등에 관한 것들이다.

ⅰ. 수량 등의 단위

단위는 상품의 성질과 관습에 따라 중량(weight), 용적(measurement), 개수(piece), 포장단위(package), 길이(length) 및 면적(square) 등 여러 가지로 나눌 수 있으며, 컨테이너의 경우 사용되는 TEU(Twenty feet Equivalent Unit)나 FEU(Forty feet Equivalent Unit) 등의 특수한 단위가 있다. 수량의 단위(unit)는 상품의 성질과 관습에 의해서 다음 중 1가지로 한다.

❑ 중량(weight) : 중량을 나타내는 단위는 'ton, pound(lb), kilogram(kg)' 등의 종류가 있는데 이중에서 'ton'의 경우는 'long ton, short ton, metric ton'을 구분 명시하는 것이 필요하다. 같은 'ton'이라도 다음과 같이 중량에 차이가 있기 때문이다.*

▌표▐ 중량톤의 비교

영국식	L/T (Long Ton)	1,016kg	2,240파운드(lb)
미국식	S/T (Short Ton)	907kg	2,000파운드(lb)
프랑스(대륙)식, 한국	M/T (Metric Ton)	1,000kg	2,204파운드(lb)

❑ 개수(Number)

1 dozen = 12 pcs(pieces)
1 gross = 12 dozen = 144 pieces
1 great gross = 12 gross 12×12×12 = 1728 pieces
1 small gross = 10 dozen 12×10 = 120 pieces

❑ 용적(measurement) : 용적은 용적톤(measurement Ton: M/T)을 기준으로 한다. 용적톤은 주로 선박회사가 화물의 운임을계산할 때 사용하는 단위로 1972년 이전에는 40 cubic feet(cft)를 1M/T로 하다가 현재는 1m^3(cubic meter: CBM)를 1M/T로 사용하고 있다. 액체나 목재 등을 측정할 때에는 'liter, gallon, barrel, cubic meter(cbm), cubic goot(cft)' 등의 용적단위가 사용된다. 한편, 목재의 경우에는 super foot(sft)가 사용되는데 1 S/F는 1square foot(1'×1' = 1 foot^2)이고, 480 S/F가 1M/T가 된다.

---

* 중량의 측정기준은
○ 총중량(gross weight) – 상품과 포상 재료를 합한(ware and tare) 총중량. ware & tare에서 ware는 상품의 중량이고 tare는 상품을 포장한 재료의 중량을 말하므로 ware & tare는 상품을 포장한 재로의 중량인 총중량을 말한다. 포장용기(tare)의 내용물(ware)의 총 무게가 일정한 면화나 소맥분 등에 적용한다.
○ 순중량(net weight) – 총중량에서 포장물의 중량을 공제한 즉, 포장이 없는 상태의 상품의 무게를 기준으로 하는 조건으로 비누나 화장품류의 소매거래에 사용된다. 또한 상품의 내용물만을 기준으로 하기 위하여 순중량에서 포장용기 및 충격완충제의 중량을 공제한 정미 순중량(net)을 사용하는 경우도 있다.
○ 법적중량(legal weight) – 상품의 겉포장의 무게는 공제하나 상품이 소매될 때 포장되어 있는 포장의 무게는 포함시킨 무게 등이 있다.

1 drum = 200 liters
1 wine gallon = 3.785 L = 231 cubic inch(미국식)
1 imperial gallon = 4.54 L = 277 cubic inch(영국식)
1 barrel = 158.984 L ≒ 159 L = 42 gallons(미국식: 315 gallons)

- 포장단위(package) : 포장단위 즉 곤포(bale), 상자(case), 포대(bag)과 같은 단위에 의한 때에는 그 안에 들어갈 수 있는 수효가 문제로서 이것은 관습상 정해져 있는 경우가 많으나 계약 시 이것을 명시함이 좋다. 계약서에는 "20 Cases Containing 30 pieces each" 등과 같이 표시해 두는 것이 좋다.
- 길이(length) : meter, yard, inch 등을 단위로 하여 거래된다.
- 면적(square) : 면적의 단위는 square foot(sft) 등으로 유리, 합판, 타일 등에 사용된다.
- 컨테이너 : TEU 또는 FEU 등의 단위를 사용하는데* TEU가 보통 운송 또는 통계의 단위로 많이 상용된다.

ii. 수량의 표시방법

개체물품(individual goods)이나 포장단위(packing units)로 거래하는 물품의 경우에는 정확하게 약정된 수량을 인도(선적)할 수 있기 때문에 이러한 화물의 경우는 수량표시방법이 별도로 문제가 되지 않는다. 그러나 비포장 상태로 거래되는 산화물의 경우에는 어느 정도의 과부족은 불가피하므로 상사분쟁을 미연에 방지하고 원만한 거래관계를 유지하기 위해 과부족용인조건(more or less terms)이나 개산조건(approximate term)을 사용하여 수량을 표시하는 것이 현명하다.

- 과부족용인약관(more or less clause) : 약정된 기본수량과 비교하여 약간 과잉되거나 부족한 수량을 인도(선적)하여도 계약위반으로 보지 않는 수량표시방법(조항)을 말한다. 즉, seller는 M/L Clause에서 표시된 한도(percentage)내에서 물품을 인도(선적)하기만 하면 수량문제에 관한 한 면책되는 것이다.

* 그밖에 45ft(high cubic: 중량대비 용적이 큰 화물) 컨테이너가 있다. 이러한 컨테이너의 폭과 높이는 8ft×8.6ft(high cubic 8ft×9.6ft), 8ft×8ft 2종류가 있다.

 "10% more or less at seller's option", "Seller has the option of delivering(shipping) the Goods with variation of 10% more or less on the contracted quantity", "Quantity shall be subject to a variation of 5% more or less at seller's option" 등과 같은 M/L Clause를 계약에 설정했다면 약정된 기본수량에서 10%이내의 범위에서 부족하게 인도되거나 과다하게 인도되더라도 계약이 이행된 것으로 간주된다.*

❑ 개산수량조건(approximate quantity) : 산화물의 경우 과부족용인약관을 설정하는 것이 좋으나 그렇게 하지 않고 기본수량 앞에 'about, circa, approximately, around, some' 등 의 표현을 써서 이와 비슷한 효과를 거둘 수 있다. 이를 개산수량조건이라 한다.**

❑ 최소주문량조건(minimum requirement) : 공산품의 경우 1회 주문량이 적으면 단위당 생산비가 많이 들고 운임과 보험료도 비싸기 때문에 사전에 "Quantity: An order shall be accepted so long as the quantity exceeds(is not less than) 500 dozen."과 같이 최소인수가능수량(minimum quantity acceptable)을 약정해 두는 것이 좋다. 또한 계절상품이나 대량생산이 불가능한 수공예품 등의 경우에는 "uantity: An order shall be accepted so long as the quantity is not more than 500 dozen."과 같이 1회 최대인수가능수량(maximum quantity acceptable)을 약정할 필요가 있다.

예) Buyer shall purchase the following minimum quantities of the Goods at the prices provided for the Article. If the Goods are shipped to the United States other than through Buyer, upon submission to Seller of valid evidence showing such shipment,

---

* 신용장통일규칙에서는 신용장 상에 금지규정이 없고 개체물품이나 포장단위로 수량이 표시되는 물품이 아닌 경우에는 설사 M/L Clause가 설정되어 있지 않다 하더라도 과부족이 인정되는 것으로 하되, 그 한도(범위)는 5%로 규정하고 있다. 결제조건이 신용장방식이 아닌 D/A나 D/P계약서인 경우에는 이러한 규정이 적용되지 않으므로, 계약서상에 과부족용인약관을 명시하여야 한다.

** 이에 대하여 신용장통일규칙에서는 개산수량조건으로 수량표시를 한 경우 그 기본수량의 10%의 범위내에서의 과부족(difference)을 허용한다는 취지를 규정하고 있다.

Seller shall pay Buyer five (5) percent of Seller's invoiced price for such butter, and the quantity so shipped shall be credited against the minimum purchase commitment of Buyer under this Agreement; every month during 2010, 800 pounds

❑ 필요수량계약(total requirement contract) : 매수인이 필요로 하는 양의 모두를 매도인이 공급하겠다고 약속한 계약으로 내용이 불확정적인 계약은 성립되지 않지만 'require'의 의미는 자의적으로 바란다는 뜻이 아니라 실제로 필요로 하던가 사용한다는 의미이다. 실재로 필요로 한 양은 자연적으로 결정되기 때문에 파는 사람이 사는 사람의 필요로 하는 양을 모두 공급하고, 사는 사람은 자기가 필요로 하는 양의 모두를 파는 사람으로부터 산다는 계약은 유효하게 성립한다.

❑ 생산물일괄계약(total output contract) : 한쪽 당사자가 그의 모든 생산물을 상대방에게 매도할 것을 약속하는 계약으로, 목적물은 불특정이지만 가공적인 계약은 아니다.

예 The seller shall sell exclusively to the Purchaser all packaging materials manufactured by the Seller in its factory at 896 Rosedale Boulevard, Newark, New Jersey, for the period beginning October 31, 2010, and ending September 31, 2010, at prices listed for such materials in Schedule A, which is annexed hereto.

iii. 수량의 기준시기

수량의 기준시기 역시 품질조건의 경우와 마찬가지로 선적시의 수량을 기준으로 하는 선적수량조건(shipped quantity terms)과 양륙시를 기준으로 하는 양륙수량조건(landed quantity terms)이 있다. 선적수량조건은 선적시점에 계측한 수량이 계약상에 명시한 수량과 일치하면 운송중에 수량의 증감이 있더라고 매도인은 이에 대하여 아무런 책임을 부담하지 아니하는 조건으로, 선적시의 수량을 최종적으로 하는 것이며, 정형거래조건의 E-terms이나 F-terms, C-terms가 이에 속한다. 양륙수량조건은 목적항에서 양륙시점에 계측한 수량이 계약수량과 일치하여야 하는 조건으로 만일 운송중에 수량의 증감이 있는 경우에는 매도인이 책임을 부담하게 된다. D terms이 양륙수량조건에 해당한다.

선적수량 또는 양륙수량이 계약수량과 일치하는지 여부는 선적지 또는 양륙지에서 상대방이 승인한 검정기관(surveyor) 또는 공인검량업자(public weighter)의 검사를 받아 그가 발행하는 중량 또는 용적증명서(certificate of weight or measurement)에 의하여 입증한다.* 수량검사방법으로는 일반 화물의 경우에는 일일이 실제로 측정하지만, 살화물(bulk cargo)의 상태로 대량선적하는 곡물, 광산물 등의 경우에는 본선에 적재한 채로 본선의 흘수(draft)에 의하여 계산하기도 하는데, 이를 흘수중량(draft weight)이라고 한다.

(b) 품질조건(quality)

품질조건은 거래의 목적물을 약정하는 것과 관련한 거래조건으로서 품목(item, commodity name)을 보다 구체적으로 표시하는 것을 말한다. 여기서 품질이란 통상의 개념으로 사용되어지는 물품의 질이라기보다는 포괄적인 의미로서 물품의 질뿐만 아니라 물품의 규격, 성능, 소재 등을 종합적으로 뜻하는 개념이다. 품질조건에서 가장 문제가 되는 것은 품질결정방법과 품질결정시기이다.

ⅰ. 품질의 결정방법

품질을 결정하는 방법으로는 견본을 기준으로 하는 방법(sale by sample)과 견본을 사용하지 않고 기술 또는 명세에 의하는 방법이 있다. 설명에 의하는 방법은 다시 규격매매(sale by grade or type), 표준품매매(sale by standard), 상표매매(sale by trade mark or brand) 및 명세서매매(sale by specification)로 나뉜다.

---

* 선적전검사(Pre-Shipment Inspection ; PSI)는 수출물품을 선적하기 전에 선적물품이 계약물품으로 적합한지 여부를 검사·확인하는 것을 말한다. 이와 같은 검사는 수입자가 자기 스스로를 위하여 또는 수입국정부가 수입국의 무역정책에 따라 선적지에서 행하는 것으로서 일반적으로 검사비용은 수입자가 부담한다. 선적후검사인 경우 수입국 세관에서 실시하는 공적인 검사는 수입물품이 수입신고한 물품과 일치하는지 여부에 대하여 확인하는 것이다. 그리고 수입자가 사적으로 검사하는 경우는 품질 또는 수량검사로서 수출자가 인도한 물품이 계약내용과 일치하는지 여부를 판단하기 위해 양 당사자가 그 신뢰도를 인정하여 지정한 전문적인 검사기관으로부터 검사보고서(surveyor's report)를 받고자 하는 경우이다. 통상 선적후 검사비용은 매수인이 부담한다. 정형거래조건에서는 물품의 선적전검사(PSI)가 매수인의 이해관계를 위하여 이행되는 경우에는 그 비용은 매수인이 부담하도록 하였으며, 또 그러한 검사가 수출국가의 당국에 의하여 요구된 경우에는 EXW 조건을 제외하고 그 비용은 매도인이 부담하도록 하였다.

❑ 견본매매(sale by sample) : 거래목적물의 품질을 제시된 견본에 의하여 약정하는 방법으로서 오늘날의 무역거래에서 가장 널리 사용되고 있는 방법이다.* 이는 매매당사자(parties concerned)가 제시한 견본(sample)과 같거나 비슷한 품질의 물품을 인도하도록 약정하는 방법이다.

견본을 견본제시당사자에 따라 분류하면 매도인이 보내는 매도인 견본(seller's sample), 매수인이 보내는 매수인견본(buyer's sample), 당사자 어느 일방이 제시한 original sample에 대하여 상대방이 그 형태나 색상 또는 규격이나 소재 등 그 sample 내용의 전부 또는 일부를 수정하여 제시하는 대응견본(counter sample)이 있다.

견본은 최소한 동일견본을 3개 이상 만들어 보관하게 되는데, 이를 보관자에 따라 분류하면 거래 상대방(매도인 또는 매수인)에게 보내는 것을 원견본(original sample)이라 하고, 후일 조회나 분쟁 시 입증용으로 사용할 목적으로 'seller'나 'buyer'가 보관하는 것을 보관견본(keep sample 또는 checked sample)이라 하며, 물품을 조달하는 경우에는 공급자에게 보내는 것을 제3견본(triplicate sample)이라 한다. 선적견본(shipping sample) 매도인이 선적시 선적품 중에서 매수인에게 보내는 견본을 일컫는데 이는 매수인으로 하여금 선적품의 품질이 계약물품과 일치하는지 여부를 확인하도록 하기 위함이다.**

계약시 견본품질을 표시할 때는 "the quality of goods to be shipped shall be same as (conforming to) the sample", "quality as per the sample", "quality to be fully equal to the sample" 등과 같은 엄격한 표현을 사용하면 물품이 견본

* 무역은 격지자간의 거래이며 선물거래가 대종을 이루기 때문에 매수인은 매입상품 전체의 품질이나 형상을 점검할 수 없다. 따라서 매도인으로부터 견본을 송부받고 이와 동질의 상품을 인도받는다는 전제하에 계약을 체결한다. 따라서 매매계약서나 일반거래조건협정서상에 매매시 품질의 기준이 견본임을 다음과 같이 명시할 필요가 있다. "Goods sold on sample shall be guaranteed by sellers to be similar to sample upon arrival at destination."

** 한편, 상품의 종류에 따라서는 선적시 견본과 동일한 품질을 유지하고 있던 물품이러다도 운송중 기후의 변화나 습도 등으로 품질에 다소 변화가 생길 가능성이 있는 경우에는 "moisture should not exceed 2% and admixture 1.5%"와 같은 조건을 명시할 필요가 있다.

과 조금만 달라도 인수거절 또는 클레임이 제기될 수 있으므로 "quality to be about the same as sample", "quality to be about equal to the sample", "quality to be similar to(or up to) the sample" 등의 표현이 클레임의 예방을 위해 바람직하다.

- ❏ 표준품 매매(sale by standard) : 농수산물이나 임산물과 같은 1차산품과 광산물과 같은 천연 채취산물은 공산품과 달라 크기나 형태 또는 순도나 함량이 일률적으로 동일하게 산출되지 않는다. 이는 특정한 유명상표가 있을 수 없고 또한 어떠한 일정의 규격이란 것도 있을 수 없으므로 위에서 설명한 여러 가지 품질약정의 방법에 의해 거래할 수 없다.
  따라서 이러한 물품의 거래에서는 일정한 표준품을 추상적으로 제시하여 대체로 그와 유사한 수준에 해당하는 품질의 물품을 인도하는 것으로 약정하게 된다. 이러한 품질약정방법을 표준품매매(sales by standard, sales by type)라 한다. 이러한 경우에는 인도상품과 표준품 사이에 품질상 차이가 있는 경우 그 정도에 따라 대금을 증감하여 지급하면 된다.

작성

매매계약서나 일반거래조건협정서에는 "Goods sold without sample shall be guaranteed by the seller to be almost equal to the fair average quality of season's crop at time and place of shipment"와 같이 명시하면 된다.

이러한 표준품매매의 방법은 F.A.Q.조건과 G.M.Q.조건, 그리고 U.S.Q조건의 세 가지 형태가 사용된다.*

F.A.Q.(Fair Average Quality: 평균중등품질조건)는 동종의 상품 중 그 질이 평균적으로 중급 수준에 상당하는 물품을 인도하도록 하는 품질조건으로서 '평균중등품질조건'이라 한다. 즉, 곡물이나 과일과 같은 상품의 선물거래를 할 경우 계약은 생산지의

* F.A.Q는 곡물이나 과실물 등의 거래시 주로 사용되는 것으로, 당해 지역에서의 전년도 수확물중 중등품 수준에 속하는 물품을 인도하면 Seller는 면책되는 것으로 하는 조건이고, U.S.Q는 주로 원면거래에 이용되는 것으로 공인표준기준에 의하여 보통품질을 표준품의 품질로 정하는 방식을 말한다. F.A.Q에서 표준품은 공인기관이 정하는 것이긴 하지만, 수확된 농산물중 평균중등품질을 정하므로 그 해 작황에 따라 중등품질이 달라질 수 있으므로 항상 일정하진 않다.

전년도 수확물의 평균중등품을 기준으로 삼고, 실제로 상품의 인도는 당해연도 수확물의 평균중등품으로 하는 조건을 말하며, 표준품은 법규에 의해 공공기관이 정한다.

G.M.Q.(Good Merchantable Quality: 판매적격품질조건)는 품질이 당해 물품의 성질과 상관습에 비추어 판매가 가능한 것 즉, 판매적격성(merchantability)을 지닌 것임을 Seller가 보증하는 품질조건으로서 보통 '판매적격품질조건'이라 한다. G.M.Q. 원목(timber, lumber)이나 판자 또는 냉동수산물 등과 같이 외관상으로는 좋게 보이지만 그 내부가 부식, 부패되거나 기타의 잠재하자가 내재되어 있을 가능성이 높은 물품의 거래나 아직 도착하지 않은 물품(goods to arrive)의 거래 시 채택된다.

U.S.Q.(Usual Standard Quality: 보통품질)는 주로 원면거래에 이용되는 것으로 공인표준기관에 의하여 인증된 보통품질을 표준품의 품질로 정하는 방식이다. 우리나라에서 수출되는 인삼이나 오징어 등의 경우 정부가 지정한 검사기관이나 수출조합에서 품질등급을 판정받아 구분해주도록 하는 조건이다.

- ❑ 규격매매(sale by grade) : ISO(International Organization for Standardization)나 우리나라의 KS(Korean Standard), 일본의 JIS(Japan Industrial standard), 영국의 BSS(British Standard Specification) 등과 같이 상품의 규격이 국제적으로 통일되어 있거나 혹은 수출국의 공적 규정에 의하여 정해져 있는 경우 그러한 기준에 의해 상품의 품질을 결정하는 방식을 말한다.

- ❑ 상표매매(sale by brand, trade mark) : "Nike, Nikon, Coca-Cola, Scotch Whiskey, Parker, Rolex, Korea Ginseng" 등과 같이 생산자의 상표(trade mark)나 브랜드(brand name)가 널리 알려져 있는 경우 그 상표나 브랜드를 기준으로 상품의 품질의 정하는 방식을 말한다.

- ❑ 명세서매매(sale by specification or description) : 물품의 자세한 명세를 조문에 규정하기 곤란한 경우에는, 별도의 물품명세서(specification)를 작성하여 이를 계약의 일부로 해두면 좋다.* 기계와 같은 물품인 경우에는 재료, 구조 등에 관해서 상세히 설명한 명세서에 기초하여 계약을 한다. 복잡한 기계류, 의료기구, 선박과 같은 경우 명세서, 설명서, 설계도 등에 의하여 품질을 지정하는 명세서 매매를 하게 되는 것이다.

---

* 계약서에 첨부서류가 있는 경우에는 이에 대해 "All Attachments shall be deemed to constitute an integral parts of this CONTRACTS"라는 문구를 두는 것이 좋다.

❑ 점검매매(sale by inspection) : 매수인이 현품을 실제로 점검하고 이를 인수·인도하는 매매이다. 확인매매(sale by approval)도 여기에 해당한다.

ii. 품질의 결정시기

품질결정시기는 용적화물을 기준으로 크게 나누어 선적시를 기준으로 하는 선적품질조건(shipped quality term)*과 양륙시를 기준으로 하는 양륙품질조건(landed quality term)**으로 나눌 수 있다.

계약상 별도의 명시가 없는 한 정형거래조건의 FOB나 CIF와 같은 F그룹이나 C그룹은 선적지 인도조건으로 선적지 품질을 기준으로 하며, DDP나 DAP, DAT와 같은 D그룹은 양륙지 인도조건으로 양륙지 품질을 기준으로 한다. 곡물류 거래는 일찌기 영국의 런던 곡물시장에서 정립된 T.Q.와 S.D. 그리고 R.T. 조건이 오늘날 계속 사용되고 있다.

❑ T.Q.(Tale Quale) : 곡물류의 선적품질조건으로 'Tale Quale'는 "As it is", "Just as they come"의 뜻이다. 즉, 수송중 상품의 변질에 대하여 매도인이 책임을 부담하지 않는 조건이다.

❑ S.D.(Sea Damaged) : 이는 원칙적으로는 선적 시 품질이 계약과 일치하는지 여부를 판단하는 선적품질조건이지만, 해상운송도중에 생긴 유손(濡損; wet, damaged by wet) 즉, 해수유(wet by sea water), 우유(wet by rain), 담수유(wet by fresh water), 증기유(wet by vapour), 습손(moisture damage) 및 이에 따른 부패, 곰팡이(mildew, mould), 발효 등의 품질손해에 대하여는 매수인이 claim을 제기할 수 있는 조건부선적품질조건이다.

❑ R.T.(Rye Term) : 곡물류의 양륙품질조건(landed quality term)으로 수송도중의 변질에 대해서는 매도인이 모든 책임을 지게 하는 조건이다.

---

* 거래상품의 품질이 매매계약과 일치하는지 여부를 판정하는 품질결정시기를 선적항에서의 선적시로 하는 조건으로 계약서상 "fair average quality of the season's shipment at time and place of shipment"와 같이 명시한다.

** 상품의 도착, 양륙, 도는 인도가 행해지는 목적항 또는 목적지에서 품질을 검사하는 조건으로 도착품질조건(arrival quality term)이라고도 한다. 계약서상에는 "Goods sold on sample shall be guaranteed by the seller to conform exactly to sample upon arrival at destination." 등으로 명시한다.

약정품의 품질불량시에는 매수인으로 하여금 그러한 품질불량에 대해 국제적인 공인 검사기관*의 증명을 받아 제시하도록 약정할 필요가 있다. 수입국에 그러한 검사기관이 없을 경우에는 수입지에 주재하는 수출국의 영사나 수입지의 상공회의소에 검사기관의 선택을 일임하고 그로 하여금 검사보고서를 작성하여 제시하도록 하는 것이 매수인의 부당한 트집을 방지할 수 있는 좋은 방법이다.

③ price

이 조건은 당사자의 이윤과 직결되는 것이므로 매매당사자의 관심이 가장 높은 조건이다. 가격조건에서 문제가 되는 것은 매매가격의 산정기준(basis of price)과 가격을 표시하는 통화(currency)이다.

수출물품의 가격은 물품의 제조원가에 이윤 및 운송비 및 통관비용 등 제요소비용을 합하여 결정되므로** 제반 수출입비용을 누가 부담할 것인가에 따라 수출단가가 달라진다.(정형거래조건에 따른다)

예를 들면, CIF 조건하에서 매도인은 선적항에서 물품을 본선의 갑판상에 인도한 때까지 그 물품에 관련된 모든 비용에 목적항까지의 운임과 보험료를 추가하여 부담하여야 하고, 매수인은 목적항까지의 운임과 보험료를 제외하고 물품이 선적항에서 본선의 갑판상에 인도된 때부터 그 물품에 관련된 모든 추가적인 비용을 부담하여야 한다. CIF 조건에 있어서 비용부담의 분기점(critical point)은 장소적인 측면에서 보면 선적항에서 물품이 본선의 갑판상에 인도된 때가 되지만, 비용한도의 측면에서 보면 매도인이 FOB 조건하에서의 모든 비용에 목적항까지의 운임과 보험료를 합산한 금액을 지급한 때가 된다.

상품가격을 표시함에 있어 자국통화로 할 것인지 상대국통화로 할 것인지 아니면 제3국통화로 할 것인지는 당사자가 합의하여 명시하여야 하는 바, 수출국의 통화를 사용하면 환율변동에 따른 위험을 수입업자가 부담하며, 반대로 수입국의 통화를 사용하면 환위험을 수출업자의 부담하게 된다. 제3국의 통화는 수출입 양국의 통화가치 변동이 심하여 거래의 안정성이 결여된 경우에 사용된다.

---

* 국제적으로 권위있는 검사기관으로는 Lloyd's Surveyor, Lloyd's Agent, SGS(Societe General de Surveillance S.A.) 등이 있다.

** 'margin'과 'commission'을 제외한 가격을 'net price'라 한다.

1. If no price has been agreed, the Seller's current list price at the time of the conclusion of the Contract shall apply. In the absence of such a current list price, the price generally charged for such goods at the time of the conclusion of the Contract shall apply.
2. Unless otherwise agreed in writing, the price does not include VAT, and is not subject to price adjustment.
3. The price indicated under price clause(contract price) includes any costs which are at the Seller's charge according to this Contract. However, should the Seller bear any costs which, according to this Contract, are for the Buyer's account (e.g. for transportation or insurance under EXW or FCA), such sums shall not be considered as having been included in the price under price clause and shall be reimbursed by the Buyer.

예 PRICE ESCALATION(adaption, revaluation clause)* ;

At every year end, the wholesale price published in the Journal shall be compared with the corresponding price at the end of previous year. Should there be any increase, or decrease, price shall be adjusted accordingly.

④ payment

결제조건에서 유의할 점은 결제시기, 결제방법 및 결제통화를 약정하는 것으로, 수출입대금의 결제는 선적시점을 기준으로 선지급(payment in advance), 후지급(deffered payment), 동시급(concurrent payment) 방식이 있다. 또한 결제방법으로는 현물인도 방식과 서류인도방식이 있으며, 서류인도방식은 다시 신용장방식과 무신용장 방식으로 나눌 수 있다.

(a) 환(transfer)

국제간의 대금결제는 환거래를 통해 이루어진다. 법률상 환이란 격지자간의 금전채

---

* 가격조정조항은 장기물품공급계약에 있어서는 이러한 조항을 둠으로써 원가의 변동을 기초로 차후에 대금을 재조정할 수 있도록 하기도 한다.

무를 현금을 수수(주고받음)하지 않고 결제하는 방법 및 절차로, 은행이나 우체국 등 제3자의 개입에 의하여 어음이나 수표 등의 신용수단을 통한 계정간 이체방식을 통하여 대차관계(貸借關係)를 청산하는 것을 말한다. 즉, 결제를 위해 직접 현금을 수송하지 않고, 제3자에게 자기를 대신하여 지급하도록 위탁하든지 아니면 자기가 가지고 있는 채권을 일단 제3자에게 양도하여 자기를 대신하여 채권을 징구시키든지 하는 지급위탁이나 채권양도의 방법에 의한다.

BILL OF EXCHANGE

No.______①__________ Date :______②______

③ Pusan, Korea FOR _______________④___________________

AT _____⑤_______SIGHT OF THIS FIRST BILL OF EXCHANGE(+SECOND OF THE SAME TENOR AND DATE BEING UNPAID)

PAY TO________________⑥___________________OR ORDER THE SUM OF

_______________________⑦_______________________________________

VALUE RECEIVED AND CHARGE THE SAME TO ACCOUNT OF _______⑧

__________ DRAWN UNDER __________________⑨___________________

____

L/C NO__________⑩________________DATED_____________⑪_________

________________ TO_______________⑫________________

___________________________________ ⑬

____

환어음

어음번호______①_________ 발행일 :______②______

③ Pusan, Korea 금액[數字]_____________④___________________

(동일한 기한 및 일자의 제2환어음이 지급되지 않은 경우) 본 제1환어음이 ⑤ 일람출급(또는 기한부)으로 ⑥ 은행 또는 그 지시인에게

___________________________⑦_____________________금액[文字]을 지급하십시오.

대가수취 하였으며 어음금액을 ⑧의 계정에서 청구하십시오.

본 어음은 ⑪ 일자 ⑨ 은행이 신용장 번호 ⑩에 의거하여 발행되었습니다.

____

___________⑫앞(지급인)___________ ⑬ 발행인

____

BILL OF EXCHANGE

No. ______ Date APR. 21, 2001 Korea

FOR US$1,500.00

AT X X X X SIGHT OF THIS **FIRST** BILL OF EXCHANGE (**SECOND** OF THE SAME TENOR AND DATE BEING UNPAID)

PAY TO **Kookmin Bank** OR ORDER THE SUM OF

SAY US DOLLARS ONE THOUSAND FIVE HUNDRED ONLY

VALUE RECEIVED AND CHARGE THE SAME TO ACCOUNT OF KANESHIN CO., LTD. 2-33-10 RYOGOKU, SUMIDA-KU, TOKYO 130, JAPAN

DRAWN UNDER SUMITOMO MITSUI BANKING CORPORATION (FORMERLY SUMITOMO BANK)

L/C NO. G/J-6567462 DATED 01MAR16

TO SMITUS33
SUMITOMO BANK, LTD.
THE NEW YORK, NY

E&T SYSTEM CO., LTD.

President S. H. Baik

337.23(20.5×13) 60g/m² (2000.7) K21 2-1

---

① **어음번호** : 특별한 의미는 없고 후일 참고할 필요가 있을 때 사용하기 위하여 기재한다. 기재하지 않아도 무방하다.

② **발행일** : 어음 발행일은 외국환은행이 어음과 함께 제시된 선적서류를 매입한 날짜이며 반드시 신용장의 유효기일 이내이어야 한다.

③ **발행지** : 환어음의 법적 효력은 행위지 법률에 의하므로 발행지를 꼭 표시하여야 한다. 발행지는 도시명까지만 표시해도 되므로 "Pusan, Korea"라고 기재하면 된다.

④ **숫자 금액** : 환어음의 금액은 상업송장금액과 일치해야 한다. 그러나 상업송장금액의 100% 이하로 어음을 발행하도록 신용장에서 요구하는 경우에는 그 조건에 따라야 한다. 그러한 경우 신용장에 다음과 같이 명시한다. "your draft at sight for______% of the invoice value"에서 90% 등과 같이 발행할 수 있는 어음금액을 표시하고 있다. 일반적으로 상업송장금액 전액에 어음을 발행할 경우에는 100% of invoice value 또는 full invoice value등과 같이 기재한다.

⑤ **지급 만기일의 표시**(결제조건) : 일람출급과 기한부 두 가지로 구분한다. 일람출급인 경우 "at xxxxx sight" 로 표시하며, 기한부인 경우는 at ________ days after sight 또는 at _____ days after B/L date와 같이 기재하면 된다. D/A방식인 경우 기한부와 같이 기재하면 된다. D/P인 경우는 이 난에 D/P라고 기재하면 된다.

⑥ **수취인**(payee) : 환어음 대금의 지급을 받는 자로 환어음에서 pay to 다음에 기재되는 것으로 통상 신용장 방식에서는 매입은행이 기재된다. 추심방식에서는 수출업자가 수취인이 된다.

⑦ **문자금액** : 어음금액을 아라비아 숫자가 아닌 문자로 표시하여야 한다. 예를 들어 미화 19,546불인 경우 "SAY US DOLLARS NINETEEN THOUSAND FIVE HUNDRED FORTY SIX ONLY"라 기재한다. 이것은 ④의 금액과 동일하다. 만약 서로 차이가 나면 문자로 표시된 금액을 어음금액으로 간주한다. 또한 표시하는 통화의 종류는 완전하게 기재하여야 한다. 즉 반드시 US Dollars(US $), Sterling Pound(Stg ￡)로 표시하여야 한다.

⑧ Value Received and Charge the Same to Account of ______________ : 이 난은 대가수취문구라고 한다. 어음 발행인이 어음의 對價(대금)를 수취하였으며 당해 환어음을 지급인이 결제하면 그 대금을 __________에 기재되어 있는 자에게서 대금을 청구하라는 의미이다. 따라서 __________에는 신용장의 Accountee(대금 결제인), 즉 수입업자가 기재된다. 이 문구는 법적인 필수문구는 아니나 오랜 상관행에 따라 계속 사용하고 있다.

⑨ **신용장 발행은행** : Drawn under__________ 에는 신용장 발행은행을 기재하며 D/P, D/A등 무신용장방식의 경우에는 공란으로 둔다.

⑩ **신용장 번호** : 신용장 번호를 기재한다. D/A, D/P인 경우에는 계약서 번호를 기재한다.

⑪ **신용장 발행일자** : 신용장상의 발행일자를 기재한다. ⑨, ⑩, ⑪의 "Drawn under Kyungwon Bank, Bokjeong-dong L/C NO G/S-571030 Dated Oct. 31, 2011."은 "2011년 10월 31일 경원은행 복정동지점에서 발행한 신용장 G/S-571030에 의거하여"라고 해석하면 된다.

⑫ **지급인**(drawee)**과 지급지** : To__________에는 지급인과 지급지를 기재한다. 지급지는 신용장에 달리 명시하지 않으면 도시 名만으로도 충분하다. 지급인은 신용장의 발행은행이나 또 다른 제3의 은행(상환은행)이 될 수도 있다. 환어음은 반드시 발행은행이나 기타 환어음의 지급인 앞으로 발행하여야 하며 어떠한 경우에도 발행의뢰인 앞으로 발행한 환어음은 인정되지 않는다. 만일 발행의뢰인 앞으로 환어음을 발행한 경우 은행은 이것을 단순한 추가서류로 취급한다. 통상 신용장에 지급인을 지시하는 문구는 "Documentary credit which is available by negotiation of your draft at sight drawn on _______"이며 이 문구 중 __________에 지급인을 기재하면 된다. 따라서 "on ______"은 "__________를 지급인으로 하여"라고 해석하면 된다. D/P, D/A 방식은 지급인이 수입업자이다.

⑬ **발행인** : 환어음을 발행하는 자는 신용장의 수익자 또는 신용장을 양도받은 경우에는 양수인이 되며 반드시 서명날인 하여야 한다. 사용하는 발행인의 서명 날인은 외국환거래약정 시 은행에 제출한 서명감과 일치하여야 한다.

환의 종류는 대금의 이동방향에 따라서 송금환(remittance)과 추심환(collection)으로 구분된다. 송금환은 채무자가 주도권을 쥐고 채무를 상환하는 방식으로 대금과 환의 이동방향이 같아 순환(順換)이라고 부르고 추심환은 채권자가 주도권을 쥐고 채권을 회수하는 방식으로 대금과 환의 이동방행이 반대로 움직여 역환(逆換)이라고 부른다.

(b) 결제수단

무역거래의 대금결제수단은 현금(cash)과 수표(check) 그리고 어음이 있다.

수표는 발행인(drawer)이 지급인(drawee or payer: 은행)에게 일정금액을 수표상의 권리자에게 지급할 것을 위탁하는 유가증권으로, 지급인이 은행에 한정되어 있고 만기가 없이 항상 일람출급이라는 점에서 어음과 차이가 있다.

어음(draft)은 어음의 발행인이 제3자(지급인)에게 일정금액(어음금액)의 지급을 약속하거나 제3자에게 그 지급을 위탁하는 유가증권으로 발행인이 지급인을 겸하고 언제나 주채무자가 된다. 어음은 약속어음(promissory note)과 환어음(bill of exchange), 화환어음(documentary bill of exchange)으로 구분되는데 약속어음은 어음발행인 자신이 일정일(만기)에 일정금액(어음금액)을 어음상의 권리자(수취인 또는 피배서인)에게 지급할 것을 무조건으로 약속하는 유가증권으로 발행인 자신이 지급인을 겸하고 발행인은 언제나 주채무자가 되는 반면 환어음은 어음발행인이 제3자(지급인)에게 일정금액(어음급액)을 일정일(만기)에 어음상의 권리자(수취인 또는 피배서인)에 지급할 것을 무조건으로 위탁하는 유가증권으로 지급인은 어음채무를 부담하지 않으나 일단 어음을 인수*하면 주채무자가 된다. 화환어음은 어음상의 권리가 운송중인 물품(운송증권)에 의해 담보되어 있는 담보부 어음으로 운송서류가 첨부되지 아니한 환어음을 무담보 환어음(clean bill of exchange)이라 한다.

(c) 결제방식

대금결제방식은 대금의 지급시기에 따라서 선지급(payment in advance), 동시지급, 후지급으로 구분되는데, 선지급 방식은 'CWO'(cash with order)**, 'advance

* 환어음의 지급인은 자신의 의사와는 관계없이 발행인의 지시만으로 지급인의 자격을 취득하는 것이므로, 지급인은 환어음상의 권리자에 대하여 어음채무를 부담하지 않는다. 그러나 지급인이 어음소지인의 인수제시에 대하여 어음채무를 부담할 의사표시를 한 경우에는 어음채무를 부담하게 되는데, 이를 인수라고 한다. 이러한 인수는 환어음의 지급인만이 할 수 있는데, 환어음의 지급인은 인수에 의하여 인수인이 된다. 인수문언+인수인(지급인)의 기명날인 또는 서명

** 수입업자가 수출업자에게 물품을 주문하면서 미리 대금을 송금하는 방식으로 송금방식 중에서 단순송금방식이 여기에 속한다.

payment' (or 'down payment'), 'progressive payment'*가 있다.

동시지급(cash on shipment) 방식은 현물상환급**(COD : Cash(or collection) On Delivery)과 서류상환급(CAD: Cash Against Document)으로 구분되는데 현물상환급은 물품의 인도 시 혹은 인도 후(예, COD 60days) 대금지급 COD 방식에 의한 대금결제는 수출자가 수출물품을 선적 후 수입지에 소재하는 자신의 대리인에게 선적서류를 송부(B/L상 consignee가 수출자의 지사 등으로 지시식 발행)하면 수입지에 있는 수출자의 대리인이 운송인으로부터 물품을 수령하여 매수인에게 인도하면 매수인이 대금을 결제하는 방식이고, 서류상환급은 서류의 인도 시 혹은 인도 후 대금지급 CAD 방식에 의한 대금결제는 수출자가 물품을 선적후 수출국에 소재하는 수입업자의 대리인에게 선적서류를 인도하면 수출지에 소재한 수입업자의 대리인이 서류와 상환***으로 대금을 결제하는 방식이다.

후지급은 수출업자가 물품을 선적하고 일정기간 경과 후 대금을 지급받는 이른바 신용판매방식(sale on credit)으로 추심방식이나 신용장 방식에서 기한부 환어음이 발행된 경우이다.

추심방식(collection)은 송금환과 반대로 채권자가 자금을 역청구하는 역환으로 지급지가 외국으로 되어있는 수표 또는 어음 등을 고객으로부터 매입하거나 의뢰받아 지급은행에 대해 직접 또는 거래은행을 통하여 대금을 청구하여 받게 된다. 발행형식에 따라 지급도조건(D/P : Documents against Payment)****과 인수도조건(D/A :

---

* 주문시, 선적시 및 현품도착후로 일정액씩 분할하여 지급하는 방식으로 선박이나 플랜트수출에서 사용된다.

** 주로 귀금속 등 고가품으로서 직접 물품의 검사를 하기 전에는 품질 등을 정확히 파악하기 어려운 경우에 활용된다. COD 조건의 매매에서 운송인은 매매목적물과 상환으로 매수인으로부터 구입대금을 넘겨받아 매도인에게 넘겨주던지, 대금이 지불되지 않은 경우 목적물을 매도인에게 반환하도록 되어있다.

*** 통상 수입자의 지사나 대리인등이 수출국 내에서 물품의 제조과정을 점검하고, 수출물품에 대한 선적 전 검사를 한 후 지급한다.

****수출자가 수입자와의 매매계약에 따라 자기 책임하에 수출물품을 선적하고 구비된 서류에 일람출급 화환어음(sight bill of exchange)을 발행・첨부하여 자기거래은행(추심의뢰은행)을 통하여 수입자 가거래하는 은행 앞으로 그 어음대금을 추심의뢰 하면 추심의뢰를 받은 수입국측 은행(추심은행)이 수입업자에게 어음을 제시하여 그 어음금액을 일람출급으로 지급받아 추심의뢰은행 앞으로 송금하고, 추심의뢰은행이 수출자에게 대금을 지급하는 거래방식이다. 한편, 외국환은행이 수표나 어음 등을 추심환에 있어 그 대금을 먼저 고객에게 지급하는 매입절차의 방식도 있는데 이를 추심전 매입(bill purchased)이라 한다. 이는 추심거래에 따른 결제의 지연과 수입업자의 신용 등에 따른 위험을 제거하기 위한 것으로써 수출보험과 함께 추심방식의 결제위

Documents against Acceptance)*으로 구분된다.

 송금환방식 ; If the parties have agreed on payment in advance, without further indication, it will be assumed that such advance payment, unless otherwise agreed, refers to the full price, and that the advance payment must be received by the Seller's bank in immediately available funds at least 00 days before the agreed date of delivery or the earliest date within the agreed delivery period. If advance payment has been agreed only for a part of the contract price, the payment conditions of the remaining amount will be determined according to the rules set forth in this article.

 신용장방식 ; If the parties have agreed on payment by documentary credit, then, unless otherwise agreed, the Buyer must arrange for a documentary credit in favour of the Seller to be issued by a reputable bank, subject to the Uniform Customs and Practice for Documentary Credits published by the International Chamber of Commerce, and to be notified at least 30 days before the agreed date of delivery or at least 00 days before the earliest date within the agreed delivery period. Unless otherwise agreed, the documentary credit shall be payable at sight and allow partial shipments and trans-shipments.

험을 이전하는 방법으로 사용된다. 추심 후 지급(bill collection)은 수표나 어음의 대금을 추신에 의해 추심은행으로부터 동 대금이 입금되었음을 통보받은 후 지급하는 방법을 말하는 것으로 은행입장에서는 결제위험을 완전하게 고객에게 이전하는 방법으로 사용된다.

* 일람 후 정기 또는 확정일 출급의 화환어음(usance bill of exchange)을 발행하고 수입업자는 그 제시된 어음을 인수함으로써 서류를 인도받은 후 어음 만기일에 대금을 지급하는 거래방식이다. 한편, 추심은행에 도착한 D/P 서류 중 환어음과 추심지시서에 D/P, 20 days after B/L date 등으로 표시되어 있는 경우가 있는데 이러한 경우를 기한부 D/P라 부른다. D/P Usance는 서류도착 즉시 추심은행이 수입업자에게 서류를 인도하고 대금을 수령하는 것이 아니고 명시된 기간 후에 수입업자로부터 대금과 교환하여 선적서류를 인도한다. 즉, 추심서류 도착시 수입업자에게 추심서류 도착 통지 및 열람케 하고 만기에 대금과 교환으로 서류를 인도하는 방식이다. 이는 결제대금의 활용도를 높이고 상품의 불일치 등에 따르는 클레임의 제기에 유리하기 때문이다.

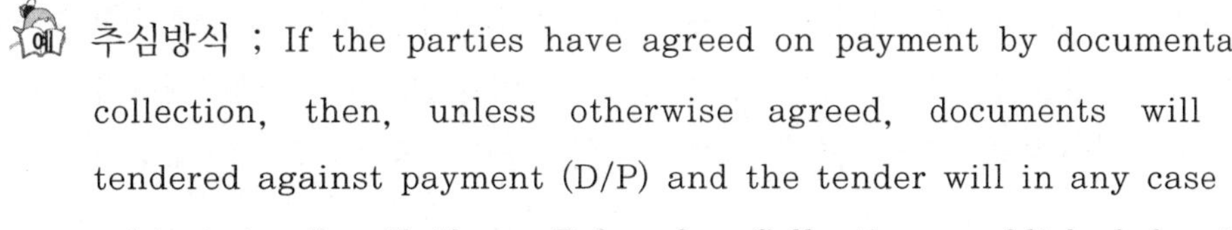

추심방식 ; If the parties have agreed on payment by documentary collection, then, unless otherwise agreed, documents will be tendered against payment (D/P) and the tender will in any case be subject to the Uniform Rules for Collections published by the International Chamber of Commerce.

상계방식 ; Unless otherwise agreed in writing, or implied from a prior course of dealing between the parties, payment of the price and of any other sums due by the buyer to the seller shall be on open account and time of payment shall be 30 days from the date of invoice. The amounts due shall be transferred, unless otherwise agreed, by tele-transmission to the Seller's bank in the Seller's country for the account of the Seller and the Buyer shall be deemed to have performed his payment obligations when the respective sums due have been received by the Seller's bank in immediately available funds.

무역매매의 특성상 물품의 인도와 대금지급이 동시에 이행되는 것은 거의 불가능하기 때문에 매도인은 통상적으로 매수인을 지급인으로 하는 환어음을 발행하고 물품을 선적한 후 취득한 B/L 등 선적서류를 첨부하여 화환취결에 의해 대금을 회수한다. 그러나 물품의 선적후 대금을 회수하기까지 상당한 기간이 소요되며 또한 매수인이 보다 유리한 조건을 제시하는 다른 매도인으로부터 물품을 수입하기 위해 계약을 취소할 수도 있고, 지급불능상태가 되거나 지급능력이 있어도 사소한 이유로 지급을 거절할 수도 있기 때문에 매도인은 수입업자로부터 대금을 지급받지 못할 수도 있는 신용위험을 부담해야 한다. 또한 매수인의 입장에서는 매도인이 무역계약을 체결한 후 계약조건에 일치하는 물품을 약정 기일안에 정확히 선적하고 그 증거서류를 약정된 기일 안에 제공할 것인가 하는 상업위험을 부담해야 한다.

If the parties have validly agreed on retention of title, the goods shall remain the property of the Seller until the complete payment of the price, or as otherwise agreed.

이와 같은 위험은 대금결제방식 중 송금과 같은 선지급방식이나 추심에 의한 후지급 방식으로 대금을 결제할 때 발생되는 문제점으로 이들 결제방식은 매매당사자 양측의 요구를 동시에 충족시키지 못하기 때문에 수입업자와 수출업자 모두에게 동시급 방식의 효과를 볼 수 있도록 고안된 것이 신용장이다.

신용장은 은행이 개입하여 매매당사자가 아닌 은행이 직접 그 대금지급을 약속하는 것이기 때문에, 수출업자는 수입업자의 지급이행여부와 관계없이 물품 선적 후 신용장 조건을 충족하는 일정 서류만 제시하면 은행으로부터 대금을 회수할 수 있고, 수입업자의 입장에서는 선적서류가 도착한 후에 대금을 지급해도 되며 또한 수출업자가 제공한 서류가 신용장조건에 일치하는지를 은행이 엄격히 심사하므로, 사기가 개입되지 않는 한, 선적서류를 인도 받고 대금을 지급할 때 계약조건에 일치한 물품이 정확히 선적되었는지를 확인할 수 있다.*

신용장방식을 포함하여 각 대금결제의 시기를 준수하지 못할 경우를 대비하여 다음과 같은 조건을 삽입하도록 한다.

예 1. If a party does not pay a sum of money when it falls due the other party is entitled to interest upon that sum from the time when payment is due to the time of payment.

2. Unless otherwise agreed, the rate of interest shall be 0% above the average bank short-term lending rate to prime borrowers prevailing for the currency of payment at the place of payment, or where no such rate exists at that place, then the same rate in the State of the currency of payment. In the absence of such a rate at either place the rate of interest shall be the appropriate rate fixed by the law of the State of the currency of payment.

⑤ shipment of the goods

선적은 상품의 인도 그 자체이거나 인도의 한 방법이 된다. 선적방법에 관해서는 정형거래조건인 인코텀즈에 묵시되어 있으므로, 계약시 유의해야 할 점은 선적시기, 분

* 신용장은 국제간 무역매매에 따른 대금결재를 원활히 하기 위해 은행이 일정한 조건의 선적서류가 제시되면 수입업자 대신 수출업자에게 대금을 지급하겠다는 조건부 지급약정서이다. 즉, 신용장은 은행이 수입업자를 위해 자신의 신용을 공여하는 것으로 불확실한 수입업자의 신용을 은행의 신용으로 대체한 증서인 점에 유의하도록 한다.

할선적 및 환적의 여부, 선적지연 및 선적일의 증명방법이 된다.

(a) 선적시기

선적시기(time of shipment)는 모월중 또는 모월모일 이전 등과 같이 구체적 월(月)이나 일(日)을 제시하는 특정일조건(specific terms)이 사용된다.

❑ 단월조건 : "Shipment shall be made during September, 2010"와 같이 X월 중 선적이라고 합의하는 조건을 말한다. 9월중 선적이라 하면 9월 1일부터 9월 31일까지 선적해야 한다.

❑ 연월조건 : "Shipment shall be made from September to October, 2001"과 같이 모월부터 모월까지 선적이라고 합의하는 조건을 말한다. 9월 1일에서 10월 31일까지 선적을 완료해야 한다.

❑ 특정일 이전 또는 이후 선적조건 : "Shipment shall be made till September 15, 2010*"이나 "Shipment should be made within three months after seller's receipt of L/C"** 등과 같이 선적기간을 합의하는 조건이다.

※ 신용장통일규칙에는 선적과 관련한 신용장상의 모든 기일 또는 기간과 관련하여 해석의 기준을 규정하고 있다.

- 'to', 'until', 'till', 'from' 등의 용어가 특정일과 함께 사용되었을 경우, 그 특정일자를 포함하는 것으로 해석한다.(예, "Shipment shall be made by May 10, 2010")
- 'after' 등의 용어와 함께 특정일이 표시된 경우에는 그 특정일을 제외하는 것으로 해석한다.
- 'on or about'라는 용어를 확정일자와 함께 사용하였을 경우 기재된 일자를 전후하여 5일(총 11일)이내에 선적해야 하는 것으로 해석한다.(예, "Shipment shall be made on or about 6. May")
- '전반기'(first half of a month), '후반기'(second half of a month)는 각각 양단일을 포함하여 1일에서 15일까지, 그리고 16일에서 말일까지로 해석한다.

* 2010년 9월 15일 당일까지 선적
** L/C를 수취한 다음날로부터 30일 이내

- '초순'(beginning of a month), '중순'(middle of a month), '하순'(end of a month)은 각각 양단일을 포함하여 당월 1일에서 10일까지, 11일에서 20일까지, 21일에서 말일까지로 해석한다.
- L/C상에 그 유효기일(expiry date)은 정해져 있으나 최종선적일(latest shipping date)은 정해져 있지 않은 경우 신용장의 유효기일을 최종선적일로 간주한다.
- 신용장 유효기일의 만기일이 은행 휴무일인 경우 당해 은행의 최초 영업 개시일까지 자동 연장된다. 하지만 이로 인해 선적기일까지 자동 연장되는 것은 아니다. 따라서 은행 휴무일인 관계로 신용장 유효기일이 연장된다 하더라도 선적은 당초의 유효기일까지 완료하여야 한다.
- 은행 휴무일은 법정 휴일과 은행 자체의 통상적인 휴일만을 의미하며, 천재지변이나 전쟁, 동맹파업, 직장폐쇄 같은 불가항력(force majeure)사유에 의해 은행업무가 중단되는 경우 신용장 유효기일과 제시기한은 연장되지 않는다.

❑ 즉시선적조건 : 선적시기를 특정하지 않고 "Shipment should be made as soon as possible."과 같이 즉시 또는 조속히 선적토록 요구하는 형식을 즉시선적조건이라 한다. 이와 관련한 용어로는 'as soon as possible', 'promptly', 'immediately' 등이 있다.*

(b) 분할선적

거래물량 또는 거래금액이 많은 경우 그 전부를 한꺼번에 선적하기가 곤란한 경우 또는 매수인의 판매계획이나 시황(market situation)에 따라 일시선적을 원하지 않는 경우 수회로 나누어 선적하기도 하는데 이를 분할선적**(partial shipment)

---

* 신용장통일규칙에서는 선적기일과 관련하여 'prompt', 'immediately', 'as soon as possible' 등의 표현은 국가마다 사람마다 해석이 다를 수 있으므로 사용하지 말도록 권고하고 있으며, 그럼에도 불구하고 그러한 표현을 사용한 경우에는 선적일이 명시되지 않은 것으로 간주하여 은행은 이를 무시하도록 규정하고 있다. 굳이 사용하고자 하는 경우에는 계약서상에 다음과 같이 그 의미와 조건을 명시하는 것이 좋다. "Prompt shipment means shipment within two weeks after receipt of L/C"

** 신용장 상 분할선적을 금지하지 않는 한 분할선적은 허용된다. 선적일 및/또는 적재항, 수탁지, 발송지가 다르더라도 선적이 동일한 항로를 운항하는 동일한 운송수단에 이루어진 것으로 표시된 운송서류는 그 목적지가 동일하다면 분할선적으로 보지 않는다.(반대로 선적일자는 같지만 서로 다른 운송수단에 나누어 선적하였거나 동일한 선

또는 할부선적*(shipment by instalments, instalment shipment)이라 한다. 거래당사자는 할부선적을 원하면 그 할부회수와 각 할부선적의 수량 및 각 할부분의 선적시기 등을 계약이나 신용장에서 미리 정해 두어야 한다.

예) September and October shipment should be equally divided.", "Half in September and the balance two months after.", "Shipment : 20c/s during September, and 30c/s during October, 2010."

※ 발행의뢰인이 분할선적을 금지하는 이유는 화물이 시차를 두고 각기 다른 날에 도착되는 것을 방지하기 위함이다. → 일반적으로, 정기선의 의한 개품운송의 경우에는 특정 선박이 특정 항로에 정기적으로 취항하게 되는 바, 이 경우 동일한 항로를 따라 운항하는 동일한 선박에 선적한 화물은 비록 그 선적일자 및 선적항이 다르다 하더라도 목적지가 같다면 모두 같은 일자에 도착하게 되므로 굳이 이를 분할선적으로 볼 필요가 없다는 것(최소 선적일자에 유념).

(c) 환적(transhipment)

일단 선적한 물품을 양륙하여 다시 다른 선박이나 그 밖의 운송수단에 적재하는 것을 환적이라 한다. 특수사정에 의하여 물품을 본선에서 일단 가양륙하여 다시 당해 선박 또는 다른 선박이나 다른 운송수단에 적재하는 재선적(reshipping)하는 것은 환적으로 보지 않는다.

물품은 타운송수단으로 환적할 때에 멸실(loss)이나 손상(damage)의 위험이 크므로 가급적 이를 피하는 것이 좋으므로 계약서에 "Transhipment is Prohibited"라는 조건을 명기한다.**

박에 선적하였다 하더라도 항로가 다르다면 이는 분할선적으로 본다)

* 할부선적은 매기간마다 어음발행금액이나 선적량을 미리 정해두고 정해진 기간에 정해진 수량을 선적하는 것을 말한다(분할선적은 분할선적 기간이나 선적량을 정하지 않고 최종선적일까지 분할하여 선적을 한다는 점에서 대비됨). 신용장 상 달리 규정하지 않는 한, 어느 기간의 할부분에 대한 어음발행이나 선적이 당해 할부분을 위해 허용된 기간내에 이행되지 못하면 그 기간의 할부분을 포함하여 이후의 모든 할부분에 대한 효력이 중지된다. 할부선적은 발행의뢰인의 상업적인 필요에 따라 요구되는 것이므로 각 할부분을 일괄하여 선적하거나 몇 회분씩 한꺼번에 선적하는 등 정해진 매기간과 수량을 위반해서는 않된다(분할선적에서는 가능).

** 계약서나 신용장상에 선적조건으로 'direct shipment' 또는 'direct steamer'이라고 명시된 경우에는 환적금지의 의미로 해석되며 관습적인 항로(customary route)로 항해할 것을 묵시적으로 나타내고 있다고 보아야 한다. 한편, 신용장통일규칙에서는 해양

ⓓ 선적일의 증명

선적일의 증명은 통상 선화증권의 발행일을 기준으로 판단된다. 신용장통일규칙에서는 선적선하증권(shipped B/L)의 경우 그 발행일을 선적일로 보고, 수취선하증권(received for shipment B/L)의 경우에는 후에 선적되었음을 나타내는 본선적재부기(on board notation)에 의해 표시된 날짜를 선적일로 본다고 규정하고 있다.

⑥ late delivery

약성된 선적기일 내에 선적되지 않으면 선적지연 또는 인도지연이 되며 이러한 선적지연이 매도인의 귀책사유에 의한 것인 경우 매수인은 매도인에게 구제를 요구하거나 계약을 해제할 수 있다. 하지만, 불가피한 선적지연에 대한 클레임을 사전에 예방하기 위하여 불가항력조항(force majure clause)*을 둠으로써 매도인이 어찌할 수 없는 사유에 의한 선적지연이나 이행불능에 대비하여야 한다.

불가항력의 사태가 장기간 지속되어 최초 연장된 기간내에 선적이 불가능한 경우, 매매계약 자체를 존속시킬 것인가 하는 문제가 발생하게 되는 바, 이에 관한 결정권은 매수인에게 부여하는 것이 통상적이다. 즉, 선적기간의 자동연장여부 및 계약존속여부의 결정 등에 관하여 다음과 같은 지연선적조건(delayed shipment clause)을 두는 것이 바람직하다.

선하증권이나 해상화물운송장의 경우 신용장상에 환적금지의 특약이 없는 한 환적을 인정한다는 취지를 명시하고 있고, 복합운송서류의 경우에는 환적금지의 특약이 있는 경우에도 환적의 표시가 있는 운송서류를 수리한다고 규정하고 있다.(복합운송은 그 성질상 환적이 불가피하기 때문)

* 당사자 일방의 지배범위 밖에 있는 사유로 인하여 그 당사자가 의무를 이행할 수 없는 경우에는 채무불이행책임을 면하며, 이러한 장애사유가 소멸된 후 즉시 의무를 이행한다는 규정을 불가항력조항이라 한다. 'force majeure'는 프랑스어로 '인간의 의사를 초월한 것으로 인간의 힘으로 지배할 수 없는 사유'를 의미한다.(이와 유사한 용어로 'frustration'(목적달성불능)도 있다) 이는 계약체결시 예견할 수 없었던 당사자의 책임으로 돌릴 수 없는 사유에 의해 사정이 현저하게 달라져 계약을 이행할 수 없게된 때에는 계약은 소멸된다는 법리이다. 하지만, 불가항력이 성립되기 위해서는 그 나름대로 일정한 조건이 충족될 필요가 있으나 단지 불가항력이라고 하는 것이 어떠한 사실 내지 사태를 나타내고 있는 것인가에 관하여는 구체적인 상황에 따라 달라지게 되므로 불가항력조항의 작성시 불가항력을 추상적으로 규정해서는 안되고 구체적인 경우를 예시하고 기재하는 것이 바람직하다. 특히, 동맹파업(strike)은 명시적으로 규정되지 않은 경우에는 불가항력사유로 인정되지 않는 경우가 많다.

 불가항력조항 ;

1. A party is not liable for a failure to perform any of his obligations in so far as he proves :
   (a) that the failure was due to an impediment beyond his control, and
   (b) that he could not reasonably be expected to have taken into account the impediment and its effects upon his ability to perform at the time of the conclusion of the Contract, and
   (c) that he could not reasonably have avoided or overcome it or its effects.
2. A party seeking relief shall, as soon as practicable after the impediment and its effects upon his ability to perform become known to him, give notice to the other party of such impediment and its effects on his ability to perform. Notice shall also be given when the ground of relief ceases. Failure to give either notice makes the party thus failing liable in damages for loss which otherwise could have been avoided.
3. Without prejudice to article 2, a ground of relief under this clause relieves the party failing to perform from liability in damages, from penalties and other contractual sanctions, except from the duty to pay interest on money owing as long as and to the extent that the ground subsists.
4. If the grounds of relief subsist for more than 00 months, either party shall be entitled to terminate the Contract with notice.

예 선적지연, 선적의 불이행과 그에 대한 구제조항 ;

1. When there is delay in delivery of any goods, the Buyer is entitled to claim liquidated damages equal to 0.00% or such other percentage as may be agreed of the price of those goods for each complete week of delay, provided the Buyer notifies the Seller of

the delay. Where the Buyer so notifies the Seller within 00 days from the agreed date of delivery, damages will run from the agreed date of delivery or from the last day within the agreed period of delivery. Where the Buyer so notifies the Seller after 00 days of the agreed date of delivery, damages will run from the date of the notice. Liquidated damages for delay shall not exceed 00% of the price of the delayed goods or such other maximum amount as may be agreed.

2. If the parties have agreed upon a cancellation date, the Buyer may terminate the Contract by notification to the Seller as regards goods which have not been delivered by such cancellation date for any reason whatsoever (including a force majeure event).
3. When article 2 does not apply and the Seller has not delivered the goods by the date on which the Buyer has become entitled to the maximum amount of liquidated damages under article 1, the Buyer may give notice in writing to terminate the Contract as regards such goods, if they have not been delivered to the Buyer within 00 days of receipt of such notice by the Seller.
4. In case of termination of the Contract under article 2 or 3 then in addition to any amount paid or payable under article 1, the Buyer is entitled to claim damages for any additional loss not exceeding 00% of the price of the non-delivered goods.
5. The remedies under this article are exclusive of any other remedy for delay in delivery or non-delivery.

⑦ packing and marking

매도인은 물품의 종류나 특성에 따라 그에 알맞은 포장을 해야 할 의무를 부담한다. 운송중 포장의 불충분으로 인해 물품의 멸실 또는 손상이 발생한 경우에는 운송인 및 보험자 모두 면책되므로, 이로 인한 손해는 전적으로 매도인이 부담하여야 한다.

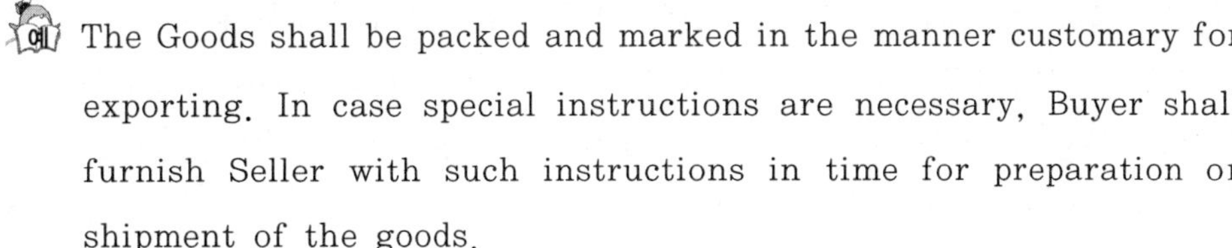
예 The Goods shall be packed and marked in the manner customary for exporting. In case special instructions are necessary, Buyer shall furnish Seller with such instructions in time for preparation or shipment of the goods.

(a) 포장의 종류

물품이 선적되는 모양은 곡물이나 광물같은 산화물(bulk cargo), 자동차나 선박과 같은 비포장화물(unpacked or naked cargo) 및 포장화물(packed cargo)로 나눌 수 있다.

포장에는 소매단위의 물품 개개에 대한 개장(unitary packing)과 물품의 수송이나 취급에 편리하도록 수개의 개장을 합친 내장(interior packing) 및 수개의 내장을 합쳐 수송 중 변질이나 파손을 방지하기 위한 큰 단위 포장인 외장(outer packing)으로 구분되고 개장과 내장은 상표, 제조자명, 제품의 성분이나 용량 등이 표시되어야 한다.

외장은 물품의 성질, 운송수단 및 거리등을 고려하여 골판지, 송판, 철강재, 방수재, 충격방지재 등 적합한 포장재가 사용되어야 하므로 어떠한 소재를 선택할 것인지에 관해 계약서에 약정해 두는 것이 좋다. 이때 물품의 성질, 운송수단과 거리, 환적여부, 포장비와 운임, 기후조건, 당사국의 포장규정이나 상관습 등을 고려하여야 하며, 과대포장(over packing)되지 않도록 유의하여야 한다.

(b) 화인(shipping mark)

화물의 특성에 맞는 적절한 포장을 하였으면 포장의 외면에 특정의 기호, 번호, 목적지, 취급주의 문구 등 각종 표기를 하는데, 이는 운송인 및 기타의 관계자가 타화물과 식별을 용이하게 하기 위한 것이다. 화인의 주요 부분은 기호 및 번호(mark and number)로서 선하증권, 상업송장 등에도 기재되어 화물과의 대조를 용이하게 한다. 화인이 없는 화물(No Mark Cargo: NM)에 발생한 손해에 대해서는 송화인(shipper)이 책임을 지게 되며 보험자도 보상하지 않으므로 화인의 내용이나 형태를 계약서에 명시하는 것이 좋다.

⑧ insurance

운송중인 물품의 멸실 또는 손상에 대한 위험을 담보하기 위해 매도인 또는 매수인은 보험계약을 체결한다. 매매계약 당사자는 누가 보험계약을 체결할 것이며, 보험금액은 얼마로 하고 담보조건을 어떤 조건으로 할 것인가에 대해 약정을 하거나, 별도의 약정이 없는 경우에는 정형거래조건에 따라 보험조건이 결정되게 된다.

기본적인 보험조건으로는 구증권의 경우 전손보험조건(Total Loss Only; TLO), 단독해손 부담보조건(Free from Particular Average; FPA), 분손담보조건(With Average; W/A), 전위험 담보조건(All Risks; A/R)이 있고 신증권의 경우 ICC(A), (B), (C)조건이 있다.

매도인이 매수인을 위해 보험계약을 체결하고 보험료를 부담해야 하는 경우는 CIF 조건과 CIP 조건이고, 다른 인코텀즈의 조건은 당사자 이익을 위해서 각각 부보하게 된다.*

⑨ warranty

영미법에서 'warrant'는 계약물품이 일정한 품질 또는 성질을 가진 제품에 일치한다는 것을 명시적 또는 묵시적으로 약속한다는 의미이고, 'warranty liability'는 실제의 인도된 물품이 위 담보된 내용의 것이 아닐 때에 매도인이 지는 손해배상책임을 의미하는 것으로 우리법상의 하자담보책임과 유사하다.

매도인의 담보책임은 인도된 물품이 계약시 제시된 물품명세서(specification or description), 견본(sample) 등과 일치하지 않는 경우에 발생하는 명시적 담보책임(express warranty), 통상적인 품질기준미달의 경우인 상품적합성의 담보책임(warranty for merchantability)**, 매도인이 매수인의 계약목적물의 특정용도를 알았음에도 공급된 물품이 그러한 목적에 적합하지 않은 경우 지게 되는 특정목적적합성의 담보책임(warranty for fitness for specific purpose), 원료 및 기술상의 하자에 대한 담보(warranty in materials and workmanship) 등으로 이루어진 묵시적 담보책임(implied warranty)으로 구분된다.

예 1. Each good(s) supplied by the Seller is hereby expressly warranted to be free from defect in material and workmanship under normal use and service.

---

* CIF 조건과 CIP 조건 매도인의 의무 제3항(A3)에는 보험자의 선정, 담보조건, 보험기간, 보험금액 및 보험서류 등에 관해 규정하고 있는데, 보험은 반대의 명시적 합의가 없는 한 평판이 좋은 보험자나 보험회사와 런던 보험자협회의 협회화물약관의 최저담보조건(ICC FPA 또는 ICC(C))이나 유사한 약관으로 부보되어야 한다. 최저부보금액은 계약금액의 110%로 하며 매매계약과 동일 통화로 부보되어야 한다.

** 판매적격품질(G.M.Q)인 경우

2. This Warranty shall be limited to a period of [00 months] after delivery thereof to the Buyer under storage in a roofed warehouse.
3. The above warranty shall not apply to the Good(s), which is used for a purpose for which it was not designed or which has been subject to normal wear and tear, damage caused by accident, misuse, abuse, damage occurring during shipment.
4. The Seller's liability under this warranty shall be IN LIEU OF ALL OTHER LIABILITIES OF THE SELLER for defect in material or workmanship of the Goods or ANY OTHER WARRANTIES, EXPRESS OR IMPLIED, statutory or at common law WHICH THE BUYER HEREBY WAIVES. In no event shall the seller be liable for consequential or indirect damages regarding the Goods.*

매도인의 매수인에 대한 명시적인 담보책임에 대하여 구체적인 예정손해배상금**을 포함한 조항을 구성하면 다음과 같다.

예 물품의 불일치에 대한 구제조항 ;

1. The Buyer shall examine the goods as soon as possible after their arrival at destination and shall notify the Seller in writing of any

* 해석 ; "4. 이 담보조항에 의한 매도인의 책임은, 상품의 재료나 기술상의 하자에 대한 매도인의 기타의 모든 책임으로 대신할 수 있거나, 명시적으로 또는 묵시적으로 매수인이 유보하는 성문법이나 보통법상의 기타 담보책임으로 대신할 수 있다. 그러나 어느 경우에든, 매도인은 상품에 관한 파생적, 간접적 손해에 대하여는 책임을 지지 않는다."

** 국제물품매매계약에서 계약위반에 대한 구제방법(救濟方法)은 다양하나 어떤 구제방법과도 병행하여 사용할 수 있는 것이 손해배상청구권이다. 그렇지만 이러한 권리를 행사하기 위해서는 상대방의 계약위반사실과 자신이 입은 손해액을 입증하여야 한다. 손해액의 입증은 경우에 따라서는 매우 어렵고 복잡하기 때문에 계약당사자는 계약서상에 상대방이 계약위반시 일정금액의 손해배상금을 지급하도록 미리 약정할 수 있다. 이를 손해배상액의 예정조항(liquidated damage clause)이라 한다. 공산품과 같이 손해배상액의 산정이 비교적 간단한 무역계약에서는 이러한 조항이 자주 사용되지 않으나 일차산품에 관한 국제표준계약서 등에는 보편적으로 사용되고 있다.
특히, 장기공급계약(long-term supply contract)의 선적이나 인도지연, 주요건설계약의 공사지연, 용선계약의 체선료조항(demurrage clause) 등에서 자주 볼 수 있다. 또한, 정확한 숫자로 계산하기 어려운 상업적 평판에 관한 손해 등에서 사용된다.

lack of conformity of the goods within 15 days from the date when the Buyer discovers or ought to have discovered the lack of conformity. In any case the Buyer shall have no remedy for lack of conformity if he fails to notify the Seller thereof within 12 months from the date of arrival of the goods at the agreed destination.

2. Goods will be deemed to conform to the Contract despite minor discrepancies which are usual in the particular trade or through course of dealing between the parties but the Buyer will be entitled to any abatement of the price usual in the trade or through course of dealing for such discrepancies.
3. Where goods are non-conforming (and provided the Buyer, having given notice of the lack of conformity in compliance with article 1 does not elect in the notice to retain them), the Seller shall at his option:
   (a) replace the goods with conforming goods, without any additional expense to the Buyer, or
   (b) repair the goods, without any additional expense to the Buyer, or
   (c) reimburse to the Buyer the price paid for the non-conforming goods and thereby terminate the Contract as regards those goods.

   The buyer will be entitled to liquidated damages as quantified under Remedies Clause for each complete week of delay between the date of notification of the non-conformity according to article 1 and the supply of substitute goods under article 3.(a) or repair under article 3.(b) above.

   Such damages may be accumulated with damages (if any) payable under Remedies Clause but can in no case exceed in the aggregate 5% of the price of those goods.
4. If the Seller has failed to perform his duties under article 3 by the date on which the Buyer becomes entitled to the maximum amount

of liquidated damages according to that article, the Buyer may give notice in writing to terminate the Contract as regards the non-conforming goods unless the supply of replacement goods or the repair is effected within 5 days of receipt of such notice by the Seller.

5. Where the Contract is terminated under article 3.(c) or article 11.4, then in addition to any amount paid or payable under article 3 as reimbursement of the price and damages for any delay, the Buyer is entitled to damages for any additional loss not exceeding 10% of the price of the non-conforming goods.
6. Where the Buyer elects to retain non-conforming goods, he shall be entitled to a sum equal to the difference between the value of the goods at the agreed place of destination if they had conformed with the Contract and their value at the same place as delivered, such sum not to exceed 15% of the price of those goods.
7. Unless otherwise agreed in writing, the remedies under this claim clause are exclusive of any other remedy for non-conformity.
8. Unless otherwise agreed in writing, no action for lack of conformity can be taken by the Buyer, whether before judicial or arbitral tribunals, after 2 years from the date of arrival of the goods. It is expressly agreed that after the expiry of such term, the Buyer will not plead non-conformity of the goods, or make a counter-claim thereon, in defence to any action taken by the Seller against the Buyer for non-performance of this Contract.

⑩ claim

무역거래에 있어서 '클레임(claim)'이란 매매당사자(수출업자 및 수입업자)의 일방(claimant)이 계약내용을 이행하지 않았을 때 그로 인하여 손해를 입은 당사자가 계약을 위반한 상대방(claimee)에게 손해배상을 청구하는 것을 말한다.

따라서 무역클레임은 양 당사자가 무역계약을 체결하였다는 것을 전제로 하여 계약당사자 중 어느 일방이 무역계약을 이행하지 않거나, 이행을 지체함에 따라 발생하며, 통상 기본계약상 상품자체에 대한 약정인 품질조건, 수량조건 또는 포장조건 등이 무역계약 당사자간에 제기하는 무역클레임의 대상이 된다. 또한 무역계약상 계약의 이행을 위한 약정인 선적조건, 보험조건 및 결제조건은 부수계약인 운송계약, 보험계약 및 환거래계약에 따라 클레임이 제기된다. 일반적으로 무역클레임은 일방이 계약조건을 위반하여 발생하는 경우가 대부분이지만 경우에 따라서는 시장상황이 악화됨에 따라 매수인이 매도인에게 가격인하나 인수거부 등 고의적으로 제기하는 이른바 'market claim'*도 적지 않다.

무역거래에 있어서 중요한 것은 사전에 클레임이 발생될 수 있는 소지를 줄이고 이를 예방하는 것이다. 무역클레임을 예방하기 위해서는 우선은 거래상대방을 제대로 파악하고 있어야 하며, 무엇보다도 계약을 명확하게 체결하는 것이 중요하다. 특히, 계약체결시에는 제품의 특성을 정확하게 파악하고 무역거래에서 예상되는 클레임사항을 미리 점검하여 반드시 클레임조항과 중재조항(arbitration clause)을 삽입하는 것이 바람직하다.

매매당사자간 클레임 발생과 관련하여 매매계약에 클레임조항(claim clause)을 두게 되는데, 'claim' 조항에는 3가지 주요한 내용이 포함되어야 한다. 즉, 클레임 제기기간, 클레임제기방법, 그리고 클레임의 증빙서류 등이다.

특히, 매도인의 입장에서 클레임조항은 매우 중요하다. 매도인은 매수인의 클레임이 제기기간내, 그리고 정해진 방법대로 제기되지 않거나 클레임을 입증할 서류가 없을 경우 클레임의 수리를 거부할 수 있기 때문이다.

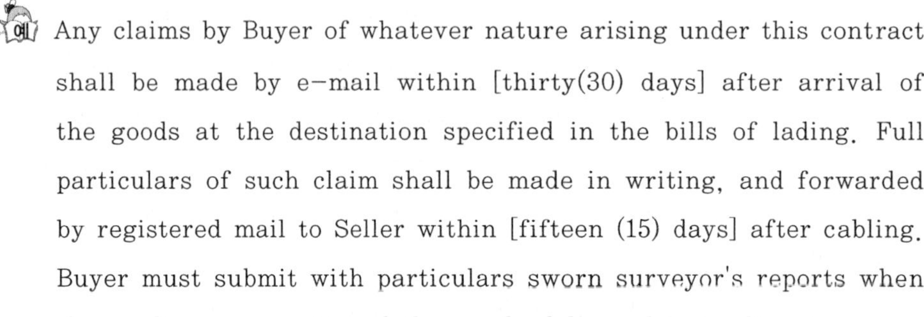

Any claims by Buyer of whatever nature arising under this contract shall be made by e-mail within [thirty(30) days] after arrival of the goods at the destination specified in the bills of lading. Full particulars of such claim shall be made in writing, and forwarded by registered mail to Seller within [fifteen (15) days] after cabling. Buyer must submit with particulars sworn surveyor's reports when the quality or quantity of the goods delivered is in dispute.

* 무역계약 성립 후 물품의 시세가 하락하여 손해를 입을 것으로 예상될 때 평소 같으면 클레임의 대상이 되지 않을 경미한 과실을 감가의 구실로 제기하는 클레임을 'market claim'이라 한다. 이러한 클레임은 부당한 것이므로 응할 필요가 없으나 경우에 따라서는 'market claim'인지 정당한 클레임인지 판단하기 어렵다. 또한 non-L/C의 경우 어음지급을 거부하겠다고 위협할 가능성이 있기 때문에 거래전 신용조사시 매수인의 도덕심을 잘 관찰하여야 한다.

⑪ breach, indemnity

어느 일방이 본 계약의 이행과 관련하여 제3자의 권리를 침해함으로써 제3자가 소송을 제기하고 상대방에게 손해배상을 청구하는 경우에는 먼저 그러한 사실을 당사자에게 통지함으로써 상대방이 소송이나 분쟁을 해결하기 위한 모든 단계에 참여할 수 있는 기회를 제공하여야 한다. 그래야만 반론을 제기할 수 있는 기회를 주고 그로 인해 손해배상의 범위를 줄일 수 있다.

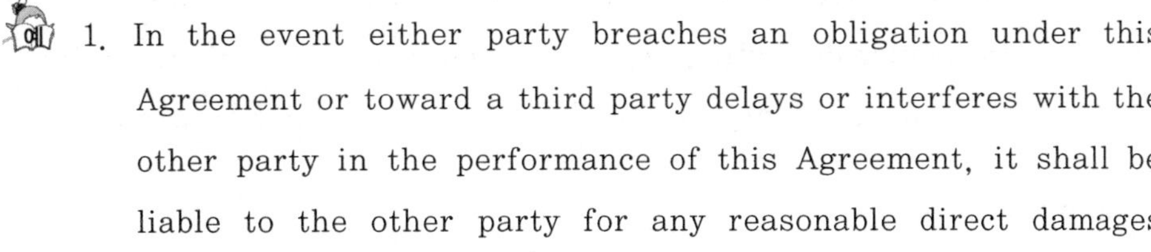

예 1. In the event either party breaches an obligation under this Agreement or toward a third party delays or interferes with the other party in the performance of this Agreement, it shall be liable to the other party for any reasonable direct damages thereby sustained by the other party.

In the event a third party commences any proceeding for which a party hereto intends to claim indemnity, such party shall promptly notify the other party and allow suitable participation in all stages of the proceeding and settlement thereof. Failure to promptly notify or allow equitable participation by the other party shall reduce the right of indemnity by the extent of actual resultant prejudice.

2. It is specifically understood and agreed by both parties that the Buyer shall be solely responsible for observance of any restriction against importation of the Goods imposed by any [federal or local authority in (U.S.A)] and shall defend and save harmless the Seller from any liabilities and obligations under the restriction or any claims arising out of the infringement of the restriction.

⑫ taxes/duties/contingent charges

조세, 관세 및 기타 비용의 부담조항으로서 이에 관하여는 계약서에서 구체적으로 명기하도록 한다.

1. Any duties, tariffs for import and export or other taxes or charges which are now assessed or imposed or which may hereafter be assessed or imposed by [U.S.A.] Government or other competent authorities other than [Korea] in connection with the Goods and/or transactions thereof shall be borne and paid by the Buyer.
2. Increase in freight, insurance premiums, and/or surcharge, due to war, threat of war, warlike conditions, port congestion or other emergency or contingency unforeseen or not existent at the time of concluding the Agreement, shall be for the Buyer's account.

⑬ infringement

권리침해조항(infringement clause)은 특허권・저작권・상표권 같이 배타성이 인정된 권리침해를 의미하는 것으로, 매도인은 자신이 공급하는 물품이 지적재산권 등과 같은 제3자의 권리를 침해하였다면 이에 대해 책임을 져야 한다. 이에 관하여 아래와 같은 조항을 둘 수도 있고, 또한 당사자가 모두 CISG*이 체약국인 경우 적용되어 CISG 제41조 및 42조에 따라 매도인이 이에 대하여 책임을 져야 한다. 하지만, 매수인이 제공한 도면이나 샘플에 기초하여 물품을 제작한 경우는 예외로 한다.

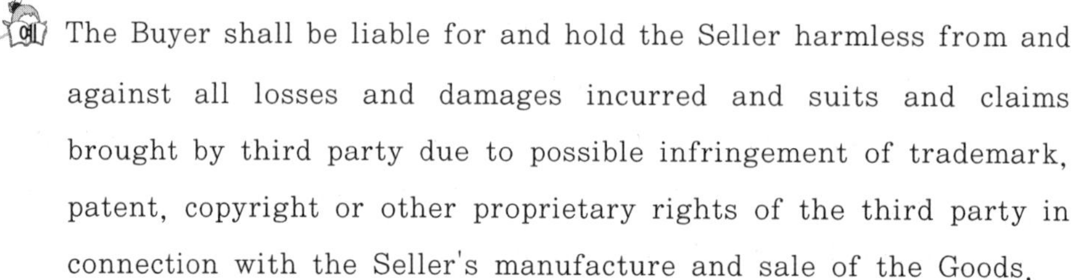
The Buyer shall be liable for and hold the Seller harmless from and against all losses and damages incurred and suits and claims brought by third party due to possible infringement of trademark, patent, copyright or other proprietary rights of the third party in connection with the Seller's manufacture and sale of the Goods.

1. The Buyer shall promptly inform the Seller of any claim made against the Buyer by his customers or third parties concerning the goods delivered or intellectual property rights related thereto.
2. The Seller will promptly inform the Buyer of any claim which may involve the product liability of the Buyer.

* 'United Nation Convention on Contracts for the Interaction Sale of Good's'(국제물품매매계약에 관한 협약)은 유엔국제법위원회(UNCITRAL)에서 제정・공표한 것으로서, 무역계약 성립과 매매에 관한 준거법 채택의 불확실성을 제거하기 위하여 만들어졌다. 우리나라는 2005년 3월 국회의 비준을 거쳐 그 효력을 인정하고 있다.

⑭ termination

계약관계는 계약목적의 달성 또는 계약기간의 만료로 인하여 종료되는 경우가 바람직 하지만, 그밖에 계약위반에 따른 해제 또는 계약목적달성불능(frustration)이나 불가항력(force majure)과 같은 일정한 사유의 발생(해제조건의 성취)으로 종료되는 경우도 있다. 전자의 경우를 'expiration'(만료)라고 하고 후자의 경우를 'termination'(종료)라고 한다.

또한 계약의 효력이 처음으로 소급하여 없어지는 것을 취소*(cancellation) 또는 해제**(avoidance)라 하고, 일정시점 이후의 장래에 한하여 효력이 상실되는 것을 해지(解止)라 한다. 계약이 취소 또는 해제되면 각 당사자는 상대방을 계약이 없었던 상태로 복귀하게 할 의무를 부담하는데, 이를 원상회복의무라 한다. 그러나 국제거래는 원상회복이 어렵기 때문에 이를 구별하지 않고 후자의 의미로 'terminate' 또는 'discharge' 등의 표현을 사용한다.

계약기간의 만료 및 법정해제권***의 행사에 의한 계약의 종료는 당연한 것이므로 계약서상 특별히 기재할 필요는 없으나, 해제조건과 약정해제권의 발생원인은 당사자의 합의에 의해 정할 수 있는 것이므로 신중히 고려하여 장래에 발생가능성이 있는 계약을 종료할 필요가 있는 사유를 빠짐없이 기재하도록 주의하여야 한다.

CISG나 우리 민법의 경우에는 계약을 해제하는 경우에도 이와 양립하는 구제수단으로 손해배상청구권을 행사할 수 있다.

---

* 당사자에 의한 계약의 취소는 특별한 법적 근거가 있는 경우에 한하여 한정되는 바, 그러한 예로는 사실의 존재에 관하여 중대한 착오가 있는 경우, 사기(fraud), 강박(duress), 부당압력(undue influence), 타방 당사자의 부실표시(misrepresentation)에 기한 착오(mistake) 등에 의해 계약이 체결된 경우, 약인이 결여된 경우 등을 일반적인 취소의 사유로 들 수 있다(이태희, 국제계약법, p.137)

** 채무자의 책임있는 사유로 인하여 중대한 계약위반(후발적 이행불능, 이행지체, 불완전이행 포함)이 발생한 경우, 상대방은 채무자에게 해제의 의사표시를 함으로써 계약을 종료시킬 수 있다.

*** 해제권에는 당사자가 계약에 의하여 발생시키는 약정해제권(민법 543조 ①)과 법률에 의하여 일정한 경우에 발생하는 법정해제권(민법 544 내지 546)이 있다. CISG의 경우 어느 일방 당사자의 의무의 불이행이 근본적 계약위반에 이르는 경우 계약을 해제할 수 있도록 규정하고 있다.

 1. The Agreement may be terminated upon occurrence of any of the following events:

i) Agreement in writing of the parties

ii) By the non-defaulting party, upon default by the other party in the performance of any of its obligations under the Agreement, if not remedied within [00 days] after receipt of written notice from the non-defaulting party;

iii) By the other party, upon either party's (a) making an assignment for the benefit of creditors, being adjudged bankrupt, or becoming insolvent; (b) having a reasonable petition filed seeking its dissolution or liquidation not stayed or dismissed within [sixty 00days]; or (c) ceasing to do business for any reason;

iv) By the Seller, if the Buyer fails to open relevant letter of credit by more than [00 full weeks] as stipulated in payment condition;

v) By either party, if a force majeure condition hereof makes it unreasonable to proceed with the Agreement in the foreseeable future.

2. Upon termination of the Agreement, neither party shall be discharged from any antecedent obligations or liabilities to the other party under the Agreement unless otherwise agreed in writing by the parties.

3. Nothing in the Agreement shall prevent either party from enforcing the provisions thereof by such remedies as may be available in lieu of termination.

⑮ arbitration

중재(arbitration)란 분쟁 당사자간의 중재계약에 따라 사법(私法)상의 법률관계에 관한 현존 또는 장래에 발생할 분쟁의 전부 또는 일부를 법원의 판결에 의하지 아니하고 사인(私人)인 제3자를 중재인으로 선정하여 중재인의 판정에 맡기는 동시에 그 판정에 복종함으로써 분쟁을 해결하는 제도이다. 아울러 국가공권력을 발동하여 강제집행할 수 있는 권리가 법적으로 보장된다.

보편적인 분쟁해결 방법에는 소송이 있지만, 급격히 증대되는 전문적이고 기술적인 분야의 모든 분쟁을 수용하기에는 한계가 있다. 이러한 이유로 최근에는 신속하고 저렴한 소송외 분쟁해결제도(Alternative Dispute Resolution: ADR)의 활용이 증가하고 있는데, 그 중 가장 대표적인 것이 중재이다.

중재에 의해 분쟁을 해결하고자 하는 경우에는 중재당사자간의 중재에 대한 합의 즉, “중재계약”(arbitration agreement)이 있어야 하는 바, 중재합의는 서면에 의한 별도 합의 또는 계약서상에 중재조항의 형식으로 체결할 수 있습니다. 우리 중재법은 '중재계약은 당사자들이 서명한 문서에 중재합의가 포함되어 있거나 교환된 서신 또는 전보 등에 중재합의가 포함되어 있어야 한다'고 규정하여 중재합의의 서면주의를 명문화하고 있다.

중재합의는 중재의 대상이 되는 분쟁이 발생하기 전에 미리 합의해 두는 사전 중재합의의 방식과, 이미 발생한 분쟁을 중재로 해결하기 위하여 합의하는 사후 중재합의의 방식이 있습니다. 전자를 중재회부계약(submission to arbitration)이라고 하고 후자를 중재조항(arbitration clause)이라고 한다.

분쟁이 발생한 후에는 상호불신과 의사교환 단절로 중재합의에 동의하지 않거나, 동의하는데 시간이 지체되어 분쟁해결을 지연시키는 경우가 많으므로 계약 체결시 계약서상에 중재조항을 삽입하는 사전 중재합의 방식이 매우 바람직하다.

중재합의가 유효하게 성립되어 중재절차가 순조롭게 진행되기 위해서는, 특히 외국기업과의 거래에서 중재계약을 체결할 때에는 중재를 행할 중재지, 중재기관 및 적용할 준거법 등을 정확하게 명시하여야 한다.

중재계약에 있어서 중재지, 중재기관, 준거법이 반드시 필요하다. 만일 분쟁이 발생하였을 경우 이러한 사항이 중재계약상 명시되어 있지 않은 경우에는 별도의 합의를 통해 확정해야 한다. 하지만, 일단 분쟁이 발생하고 나면 서로 자신에게 유리한 의견을 주장하려 하기 때문에 합의에 도달하기가 매우 어렵다. 따라서 중재계약 체결시에는 위 세 가지 사항을 명시하는 것이 좋다.

위 세 가지 사항 외에 당사자는 계약자유의 원칙에 따라 중재절차, 중재비용 부담방법, 중재인의 선정방법, 중재절차진행기간, 심문방법 등을 임의로 약정할 수 있다.(이른바, 임의중재) 그러나 분쟁당사자간 이러한 것을 합의하기가 쉽지 않기 때문에 오늘날 대부분의 중재는 그러한 절차를 전담하는 상설 중재기관에 의뢰하여 중재절차를 수행하고 있는데, 이를 기관중재라 한다. 기관중재의 경우에는 중재규칙(준거법)에서 이러한 사항들을 모두 미리 규정해 두고 있으므로 반드시 약정할 필요는 없다.

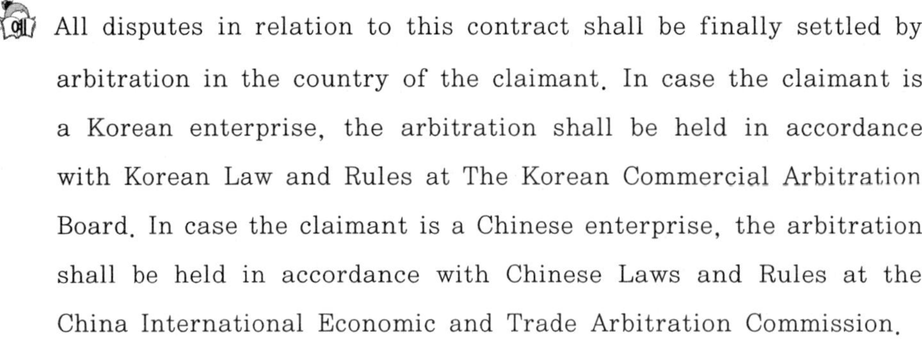

예) All disputes in relation to this contract shall be finally settled by arbitration in the country of the claimant. In case the claimant is a Korean enterprise, the arbitration shall be held in accordance with Korean Law and Rules at The Korean Commercial Arbitration Board. In case the claimant is a Chinese enterprise, the arbitration shall be held in accordance with Chinese Laws and Rules at the China International Economic and Trade Arbitration Commission.

예) All disputes, controversies, or differences which may arise between the parties, out of or in relation to or in connection with this contract or for the breach thereof, shall be finally settled by arbitration in Seoul, Korea in accordance with the Commercial Arbitration Rules of The Korean Commercial Arbitration Board. The award rendered by the arbitrator(s) shall be final and binding upon both parties concerned.

※ 분리가능성조항(severability clause)은 특정 조항이 무효가 되더라도 다른 조항은 이에 영향을 받지 않음을 선언한 조항이다. 중재계약은 독립성 내지 분리가능성을 갖는다. 중재조항이 포함된 계약의 주요부분이 어떠한 사유로 무효가 된 경우, 중재조항만큼은 유효하다고 보는 것이 국제적 통설이다. 이를 중재조항의 독립성 내지 분리가능성이라 한다. 국제계약에서 중재계약의 독립성을 확실히 하기 위하여 '분리가능성 조항'*을 두고 있다.

⑯ trade terms and governing law

정형거래조건은 국제물품매매에 적용되는 무역관습 또는 거래관습(trade usage 또는 trade custom)으로 국제거래에 종사하는 자가 일상 반복하여 행하는 거래행위 가

* "If any provision of this agreement should be found legally unvalid, void or unenforceable in whole or in part, the remaining provisions hereof shall not be effected thereby…" ; "즉, 주된 계약이 무효가 되더라도 중재합의는 당연히 무효가 되지 아니하고 유효하며 중재에 의하여 주계약의 효력을 판단받게 된다."

운데 상습적 또는 관례적으로 실행되어 분별있는 자가 국제무역계약당사자로서 동일한 상황에 있었다면 그 계약에 당연히 적용할 것으로 생각되는 정도까지 확립된 국제거래관행이 국제거래관습 또는 무역관습이다.

정형거래조건은 매매계약의 이행에 따른 법률적 문제들을 일일이 명시적으로 결정하는 대신 간결한 부호형태로 표시하고 있다. 정형거래조건은 매매당사자간 법률적 관계인 위험과 비용의 이전을 나타내는 인도조건적 성격과 단순히 가격채산의 기준이 되는 가격조건적 성격을 동시에 가지고 있다. 따라서 매매당사자들은 부호화된 어느 특정조건을 선택함으로써 위험 및 비용부담의 이전 등 당사자의 책임한계나 운송계약 및 보험계약의 체결에 관한 의무 부담자 등이 자동적으로 결정되게 된다.

무역거래에 사용되는 정형거래조건은 세계 각국에서 사용되고 있는 무역상의 용어나 약어가 그 해석이나 적용이 다양하여 무역거래에 있어서 오해나 분쟁을 일으킬 소지가 있다. 이에 정형거래조건을 국제적으로 통일하여 무역상인들이 임의로 선택할 수 있도록 하기 위해 민간국제기구인 국제상업회의소가 중심이 되어 제정한 것이 '정형거래조건에 관한 해석규칙'(International Rules the Interpretation of Trade Terms; INCOTERMS)이다.

인코텀즈는 각국 관행의 최대공약수를 모아 공통된 부호로 통일하고 이에 대한 통일된 해석규칙을 제정함으로써 거래관습을 국제적으로 통일한 것이다. 인코텀즈는 매매당사자간 명시적인 계약내용을 보완하고 인도나 위험의 이전과 같은 복잡한 법률문제의 해석기준이 되며 무엇보다 각국간에 상이하게 해석되는 정형거래조건을 국제적으로 통일함으로써 무역거래에서 발생할 수 있는 분쟁이나 오해의 소지를 줄일 수 있다.

인코텀즈에서는 매매당사자간의 권리의무에 관해 규정하고 있지만 이를 이행하지 않을 경우 당사자간의 권리구제에 관해 규정하고 있지 않다. 이점에 관해서는 당사자들이 그들 계약에 적용하기로 한 준거법에 따르게 된다. 준거법 조항은 묵시조항인 정형거래조건을 보완하지만 법률과 관습이 충돌할 경우에는 관습이 우선하게 된다. 현재 국제물품매매계약에서 준거법으로 사용되고 있는 CISG(국제물품매매에 관한 UN협약)에서는 제9조에서 "당사자는 그들이 합의한 관행 및 그들 사이에 확립된 관습에 구속된다"고 규정하여 관습 및 관행의 효력을 인정하고 있다.

국제거래에 사용되는 통일법은 모든 거래의 공통적・기본적 사항만을 규정하기 때문에 다양한 거래관습을 물리적으로 모두 규정하기는 불가능하며, 한번 제정되면 개정되기 쉽지 않은 '정태성'을 지니고 있기 때문에 거래환경이나 제도에 따라 계속 변화되어 가는 관습을 따라갈 수 없다. 따라서 법률상의 공백을 보충하기 위해서는 거래관습을 수용할 수밖에 없고 법률과 관습은 상호 보완관계에 있다.

 1. The Trade Terms under this agreement shall be governed and interpreted under the provisions of Incoterms 2010.

2. This Agreement shall be governed by and construed in all respects under and by the United Nations Convention on Contract for International Sale of Goos(1980).

3. In the event of conflict between the United Nations Convention on Contract for International Sale of Goos(1980) and Incoterms 2010, Incoterms 2010 shall prevail and govern.

⑰ assignment

계약상의 권리 또는 의무의 양도는 그 채권의 성질에 의하여 양도가 제한되는 경우를 제외하고는 원칙적으로 양도가 가능하다. 그러나 계약은 당사자간의 상호 신뢰를 기초로 하여 체결되기 때문에 각 당사자는 계약상대방이 누구인지에 대하여 중대한 이해관계를 가지고 있다. 때문에 양도금지의 특약을 두어 이를 인정하지 않는 경우가 많다. 또한, 계약의 양도에 관하여 조건을 붙이거나 일정한 절차를 요하는 경우에는 그 조건이나 구체적인 절차에 대해 계약상 명확히 규정하여둘 필요가 있다.

양도라는 의미를 지니는 용어로는 'assignment'와 'transfer'가 있는데, 'assignment'는 소송에 의해서만 청구 또는 강제할 수 있는 무체재산권의 양도에 사용되고 'transfer'는 물리적 점유에 의해 청구 또는 강제할 수 있는 유체동산의 양도에 사용된다.

예 Either party shall not assign this Agreement to any other person without the other parties prior consent in writing. In the event of assignment with the written consent of the other, the one shall not be relieved from its obligations under this Agreement and shall be held responsible for its performance.

⑱ amendment & entire agreement clause(계약의 수정 및 완전합의조항)

계약체결 이전에 존재하던 약속이나 합의사항의 효력을 배제하고자 할 경우 삽입하는 조항이다. 즉, 당해 계약서가 당사자간의 모든 합의사항을 기재하고 있고, 계약서가 작성되기 이전에 있었던 기타 모든 합의는 그것이 서면에 의한 것이든 구두약속이든 당해 계약에 흡수되어 소멸되므로 당사자는 계약서 작성 이전에 존재하던 당사자간의 합의를 계약내용으로 주장할 수 없다는 의미의 조항*이다(parol evidence rule을 구체화시킨 계약조항이다).

계약교섭 끝에 서면으로 계약서를 작성하더라도 완전합의조항을 두지 않으면 교섭과정에서 합의된 내용을 근거로 하여 상대방이 소송을 걸어올 때 항변하지 못하게 되는 경우가 발생하게 된다. 따라서 기존의 약정과 새로운 계약과의 관계를 명확히 함으로써 후일 분쟁예방과 해결에 큰 도움이 될 수 있다.

선하증권의 경우, 계약당사자간에는 운송계약의 추정적 증거가 되는 바, 이는 선하증권상에 기재된 내용이 사실과 다르다는 것을 입증함으로써 이를 반증할 수 있음을 의미한다. 또한계약서를 작성한 이후에도 양 당사자가 합의한 때에는 계약내용을 변경할 수 있지만, 서면으로 계약서를 작성한 후 구두로 중요한 계약조항의 변경이 이루어지게 되면 계약의 중요한 조항이 서면으로 되어있지 않는 상태가 되므로 통상은 다음과 같이 계약상 권리・의무의 내용을 수정하기 위해서는 양 당사자가 별도로 서면에 합의하여야 한다는 내용의 조항을 두게 된다.

"This Agreement constitutes the entire agreement between the parties, all prior representations having been merged herein, and may not be modified except by a writing signed by a duly authorized representatives of both parties."

⑲ effective date and term

계약기간은 'term' 또는 'duration'이라 하며, 계약효력이 지속되는 기간으로 계약의 효력발생시기에 대하여 특별히 표시하지 않은 경우에는 당사자의 의사를 추측하여 결정하게 되지만 통상적으로는 계약의 체결일**이나 계약서 작성일***로부터 효력이 발생하여 일정기간 지속된다.

---

* This Agreement can be modified or amended only by a writing signed by both of parties or their duly authorized agents

** 청약과 승낙에 의해 계약이 성립한 날

*** 계약서를 작성하여 양 당사자의 서명이 이루어진 날로 하거나 그 날짜가 명확하지 않은 경우에는 계약서 전문(前文)에 기재된 계약서 작성일

계약기일의 시기(始期)는 'commencing with', 'as of' 등과 같은 표현을 사용하고, 종기(終期)는 'by', 'till', 'ending on', 'on or before' 등을 사용하며, 때로는 'up to and including'을 사용하기도 한다.*

한편, 계약기간이 만료하면 계약이 소멸하지만 계약을 갱신(renewal)할 것을 약정하는 경우에는 그에 따른 절차**와 연장기간을 정하여둘 필요가 있다.***

예 "This Agreement shall become effective upon signing of the duly authorized representatives of both parties and remain in full force and effect up to [October 31, 2010] unless terminated earlier pursuant to Terminated Clause."

⑳ terminal wording(말미문언 혹은 후문)

증거조항(witness clause)이라고 하는 것으로 상기 내용을 증거로 계약체결을 선언하는 관용적 문구이다.

예 "IN WITNESS WHEREOF, the parties hereto have executed this Agreement as of the day and year first above written."

* "The term of this Agreement shall be three years from the effective date of this Agreement and shall be automatically extended for further three years provided that ~"

** 계약해제통지가 없으면 자동적으로 계약이 갱신되도록 하거나 일방 당사자에게 갱신 청구권을 부여하는 방법이 있다. 이때 갱신된 계약은 해제의 요건을 완화하여 계약관계의 해소를 쉽게 할 수 있도록 하는 것이 필요하다.

*** "The term of this Agreement shall be three(3) years from the effective date of this Agreement and shall be automatically extended for further three(3) year provided that PRINCIPAL shall give, at least three months prior to termination, a written notice to AGENT."

▌표▌ 무역계약서의 주요조항 내용

대분류	구체적인 계약사항	세부내용
기본조항	당사자(principal) 및 서명 계약확정문언, 계약체결일 계약의 유효기간(validity) 등	예> We as Seller confirm selling the following goods to Buyer on the terms and conditions as stated below and on the back hereof. 예> This Contract is made this [1st] day of [May, 2010] by and between [Forest Lim Corp.], with its registered office at [#5915 Tuxedo Terrace Los Angeles CA 90068 U.S.A] ("Buyer") and [HK Company], with its registered office at [#505 Sangyoung B/D 753-1 Sangwangsibri-Dong, Sungdong-Gu Seoul, Korea] ("Seller") :
	품질조건(quality)	❑ 품질결정방법 : 견본매매(sale by sample), 표준품매매(sale by standard), 규격매매(sale by type or grade), 상표매매(sale by brand), 명세서 매매(sale by specification/description) ❑ 견본매매에 의하는 경우 "quality to be as per sample"과 같이 견본과 같은 수준으로 약정하는 것이 좋다.

상품자체 조항	품질조건(quality)	❑ 명세서 매매의 경우 "The Specification of the Goods shall be prescribed and specified in specification attached hereto"로 규정할 수 있다. ❑ 품질결정시기 : 선적품질조건(shipped quality terms)과 양륙품질조건(landed quality terms)
	수량조건(quantity)	❑ 일반적으로 중량(weight)이나 수량(pieces) 등에 의하여 약정된다. ❑ 과부족용인약관(more or less clause) : 신용장통일규칙(UCP600)은 살물(撒物)이나 대량 화물일 때 동 조항이 없더라도 5%의 과부족은 허용하고 있다. ❑ approximate(about, circa) quantity : 신용장통일규칙(UCP600)은 10% 범위 안에서 과부족을 허용한다.
	가격조건(price)	❑ INCOTERMS 2010의 조건 중 하나를 기준으로 하는 것이 편리하다. ❑ 적출지 인도조건(shipment contracts : 예) EXW, FAS, FOB, CIF, CIP 등 ❑ 양륙지 인도조건(arrival contracts : 예) DAF, DES, DDP 등
상품자체 조항	포장조건(packing)	❑ 화인(shipping mark)의 표시 : main mark에다 목적항, 개수, 중량, 용적, 생산국 등을 표시한다. ❑ 포장의 견고성에 대한 의무는 매매조건의 여하에도 매도인에게 부과된다.

계약이행 조항	선적조건(shipment)	❑ 선적일 : UCP600은 선적일을 서류발행일이 아닌 실제 선적일을 기준으로 한다. ❑ 선적지(loading port) ❑ 분할선적/환적(partial/transshipment) ❑ 선적·양하의 제비용(free in, free out, free in & out)
	결제조건(payment)	❑ FPA와 ICC(C) ❑ WA와 ICC(B) ❑ A/R과 ICC(C)
	보험조건(insurance)	❑ 선급(advance payment), 즉시불 또는 일람불(at sight), 연불(deferred payment), 분할지급(installment payment) ❑ 서류 상환 지급(CAD : Cash Against Documents), 물품 인도시 지급(COD : Cash On Delivery) ❑ 신용장에 의한 지급(at sight L/C, usance L/C 등) ❑ D/P(documents against payment), D/A (documents against acceptance)
계약불 이행조항	불가항력조항(force majeure)	❑ 클레임 제기기간, 제기방법(서면) 등
	클레임 및 중재조항(arbitration)	❑ 중재조항, 중재기관, 중재 장소, 중재법
준거법 조항	정형거래조건(trade terms) 준거법(governing laws)	❑ INCOTERMS 2010, CISG, 국내법

02 신용장

신용장거래는 매매계약을 기초로 하여 성립되지만 신용장이 발행되고 수익자가 이를 수락하는 순간 매매계약과는 별도의 독립된 계약이 체결된 서류상의 거래라 할 수 있다. 즉 신용장은 분명히 매매계약 등에 근거를 두고 발행되는 것이다. 하지만 신용장거래 그 자체에 매매계약과는 별개의 독립성을 부여하고 있으며 서류만을 거래대상으로 하는 것이지 상품거래를 대상으로 하는 것이 아니다. 즉 은행이 수입업자가 상품의 질이나 계약상의 하자를 구실로 신용장상의 거래를 중지시킬 수 없는 것이다. 지급거절의 이유가 제출된 서류상의 하자에 기인해야지 매매계약이나 다른 이유를 들어 지급거절을 할 수 없다. 그러므로 신용장 발행시 신용장상의 제시서류 및 신용장 그 자체는 완전하고 정확해야 한다. 신용장 당사자 간의 해석에 따른 혼동과 오해를 방지하기 위하여 발행은행은 신용장 발행의뢰인이 신용장에 지나치게 상세한 내용을 서술하려는 시도를 제지하여야 하며 당사자 간에 혼란이나 오해를 야기시킬 용어는 가능한 한 사용하지 말아야 한다.

1) 신용장 발행신청

신용장 발행신청서와 계약서를 대조하여 신청인의 상호 · 성명 · 인감이 신고된 것과 일치하는지 여부, 신청금액과 계약금액의 일치 여부, 대금결제방법, 선적항, 도착항의 계약서와 일치여부, 품목 · 규격 · 단가 · 원산지 · 가격조건의 계약서와 일치여부, 선적기일과 유효기일은 'offer'의 유효기일 이내인가 여부, 분할선적과 환적의 허용여부(partial shipment and transshipment), 기본적인 선적서류와 보충적인 선적서류는 수입업자의 요구대로 기재되어 있는지의 여부를 우선적으로 확인하도록 한다.

(1) 신용장 발행절차

수입업자는 거래 외국환은행에 신용장 발행을 신청한다. 신청서류는 각 외국환은행마다 다를 수도 있으나, 일반적으로 수입신용장 발행신청서(L/C application), 상업신용장 약정서*, 수입승인서(import icence)**, 물품매도확약서(offer sheet)

---

* 은행소정 양식으로 발행은행과 신용장 발행의뢰인의 사이에 신용장 발행에 따른 계약서이다. 우리나라는 거의 대부분이 매 거래시마다 개별적으로 제출하는 방법을 택하고 있어 일반적으로 신용장 발행의뢰서 이면에 인쇄되어 있다.

또는 매매계약서(sale contract), 담보제공증서* 등의 서류를 신용장 발행 신청시에 제출해야 한다.

한편, 수수료는 일반재 수입시 3개월마다 0.25%를 기본요율(최대요율)로 적용하며 각 은행마다 업체신용도에 따라 차등 적용된다. 수출용 원자재, 계획조선용 원자재, 방위산업용 시설재 및 원자재 수입시는 3개월마다 0.1~0.2%를 기본 요율로 적용하되 각 은행마다 업체신용도에 따라 차등 적용된다.

(2) 신용장 발행신청서의 작성

① **발행일자**(date)

신용장 발행은행에 신청한 당일 날을 기재한다. 그러나 이 날이 신용장 발행일자가 되는 것은 아니다. 신청을 받은 신용장 발행은행은 확인업무 절차에 따라 약 1~2일 안에 신용장 내용의 전문을 통지은행에 발송하며, 전문발송일이 신용장 발행일자가 된다.

② **통지은행**(advising bank)

통지은행은 수입업자 거주지의 은행 중에 신용장 발행은행이 임의로 지정한다. 수출업자와 수입업자의 업무편의에 따라 수출업자가 수입업자에게 자신의 거래은행을 통지은행으로 지정해 줄 것을 요청하면 수입업자가 신용장 발행신청서상에 해당 은행을 명시하고 통상적으로 발행은행은 수입업자의 요청에 따라 해당 은행을 통지은행으로 지정하기도 한다. 그러나 수출업자가 사전에 수입업자에게 신용장 통지은행을 요청한 경우에도 통지은행 선택권은 발행은행이 갖는다.

③ **수익자**(beneficiary)**의 성명 및 주소**

수익자는 신용장에 의해 이익을 누리는 자이므로, 이 란에는 물품공급업자인 수익자의 상호, 이름 이외에 주소도 정확하게 표시해야 하며 회사명 등을 기입할 때 약호는 사용하지 않는 것이 좋다.

④ **발행의뢰인**(applicant)**의 성명 및 주소**

신용장 발행을 의뢰한 사람으로 수입업자를 말한다. 따라서 수입업자의 성명과 주소를 명기한다.

** 수입제한품목을 수입할 때 제출하며 매매계약의 내용과 일치해야 한다.

* 종전에는 신용장 발행시 수입대금 결제의 담보를 위하여 수입업자로부터 내국지급수단(현금 또는 금융기관의 자기앞수표)으로 수입보증금을 징수하였으나 현재는 업체의 신용상태에 따라 담보를 요구하거나 면제하고 있다.

⑤ 신용장 금액(amount)

신용장 한도금액(available amount of credit)을 표시하며 이 금액 이상으로 환어음을 발행할 수 없다. 금액은 숫자와 문자를 병기해서 기재한다.

예) US $ 123,456.24(U.S. Dollars One Hundred Twenty Three Thousand Four Hundred Fifty Six (and) Twenty Four Cents)

US $ 39,600(Thirty Nine Thousand Six Hundred U. S. Dollars Only)

※ 금액 앞에 'about', 'circa' 또는 이와 유사한 표현이 있는 경우에는 10%를 초과하지 않는 범위내의 차이를 인정한다.

⑥ 신용장 유효기간(expiry date)

발행은행은 신용장 발행일로부터 명시된 유효기일까지를 포함하는 기일까지 수익자에 대하여 지급확약을 하고 있는 것이다. 이란에는 장소까지 표시할 수도 있다. 기일표시는 각국마다 년월일의 표기순서가 달라 해석상 오해의 여지가 있으므로 반드시 월표시는 문자로 표시하는 것이 좋다. 날짜표시 앞에 'to', 'until' 등의 표현이 있을 때는 그날 자체도 포함하는 것으로 해석된다. 유효기간은 통상 선적일로부터 약 10~15일 가량을 추가한다.

예) 31th October, 2010

OCT 31, 2010

31, OCT 2010 in Seoul Korea

⑦ 어음의 금액 및 어음의 지급기일(tenor of draft)

환어음의 발행금액은 보통 invoice금액과 일치하여 for 100% of invoice value로 표기하는 것이 원칙이다. 그러나 T/T등과 혼합결제 방식인 경우에는 for 60% of invoice value와 같이 invoice 금액의 일정률에 대해 어음을 발행토록 하는 경우도 있다. 이와 함께 신용장상에 화물의 수량을 5%까지 초과해서 선적하였을 경우에는 송장금액은 신용장 금액을 초과하지만 환어음은 신용장 금액까지만 발행하여야 한다. 그러나 신용장상에 신용장의 금액이 "5% More or less in quantity and amount to be acceptable"이라고 명시되어 있을 경우에는 환어음의 금액이 신용장의 금액을 초과해서 발행할 수도 있다.

- at sight(일람출급)
  - reimburse(상환방식 : 발행은행이 지정한 상환은행으로 매입은행이 청구)
  - remittance(송금방식 : 매입은행이 지정한 은행으로 발행은행이 송금)
- usance at 90days after sight(일람후 정기출급 : 지급인에게 제시된 날로부터)
  - at 90days after date(일부후 정기출급 : 환어음의 발행일로부터)
  - at 90days after B/L date(특정일자후 정기출급 : 선적일로부터 90일)
- usance 신용장은 90일 동안의 이자에 대한 신용공여 부담을 누가지느냐에 따라
  - 해외은행에서 신용공여하면 overseas banker's usance
  - 수출업자가 신용공여하면 shipper's usance
  - 신용장 발행은행이 신용공여하면 domestic banker's usance이다.
- banker's usance일 경우에는 수출업자는 환어음상 지급기간을 'At~days after sight'와 같이 외상기간을 기재하여 발행하지만 어음대금은 at sight로 결제 받는다.

⑧ 운송서류(transport documents)

(a) bill of lading

i. 항구간 운송일 경우에는 'ocean B/L'을 요구해야 하며, 복합운송일 경우에는 'ocean'을 삭제해야 한다.

ii. consignee는 "to the order of 발행은행"이 가장 일반적으로 기재된다.

iii. 운임의 지급여부는 "FOB→collect", "CIF→prepaid"로 기재한다.

iv. notifiy party는 대부분이 수입업자(accountee)가 기재된다. 그러나 외국인수수입을 할 경우에는 제3자를 지정할 수도 있으며 2인 이상을 지정할 수도 있다.

(b) air waybill

i. Consignee는 해상운송과 달리 "consigned to 발행은행"처럼 기명식으로 발행된다.

ii. 운임의 지급여부는 "FOB→collect", "CIF→prepaid"로 기재한다.

iii. 'notifiy party'는 대부분이 수입업자(accountee)가 기재된다. 그러나 외국인수수입을 할 경우에는 제3자를 지정할 수도 있으며 2인 이상을 지정할 수도 있다.

⑨ 보험서류(insurance documents)

가격조건이 CIF/CIP가 아닌 경우에는 보험서류를 요구할 필요가 없다. 이는 수입업자가 자신을 위하여 보험에 가입하기 때문에 수출업자는 관계가 없다.

보험조건은 계약서상에 약정한 대로 구약관인 경우에는 ICC(A/R)/(WA3%, WAIOP)/(FPA) 등으로 기재하고, 신약관인 경우에는 ICC(A)/(B)/(C) 등으로 기재하면 된다. 부가조건이나 특약을 추가할 경우에는 ICC(A/R) with ICC(Wars) 등으로 기재한다.

⑩ 상업송장(commercial invoice)

상업송장은 당해 상품의 명세서인 동시에 대금청구의 구실도 겸하고 있다. 이 칸에는 수입업자가 필요한 통수를 표시하면 된다.

예 "in triplicate", "in quintuplicate", "in six copies"

⑪ 포장명세서(packing list)

포장명세서 난에는 필요한 통수를 표시하고 특별한 포장방법을 요구할 때는 이 칸에 표시하거나 별도 지시사항을 표시하기도 한다.

⑫ 기타 서류

영사송장, 검사증명, 원산지증명 등 기타 거래상에 있어서 특별히 요구되는 서류가 있을 때 이 칸에 표시한다.

⑬ 상품의 명세(commodity description)

이 칸에는 상품명 및 명세, 수량, 단가, 가격조건, 금액 등을 기재한다. 주의할 것은 선적서류에 명시될 상품의 명세는 신용장 조건으로 규정할 수도 있으나, 신용장 통일규칙에는 과도한 명세를 신용장에 삽입하려는 시도를 규제하고 있으므로 상품의 명세도 거래상 불가피한 것만 간단하게 기재하는 것이 요망된다. 상품명이나 명세가 복잡한 경우에는 대표적인 상품명세만 적고 "Details are as per offer No. 1349 dated June 10. 2010" 등으로 표시할 수도 있다. 그러나 반드시 가격조건과 금액만은 신용장 금액과 일치해야 한다.

작성

가격조건(price term)은 FOB, CIF, FCA, CIP 등으로 기재하는데 인코텀즈는 관련 개정년도를 함께 요구할 수 있다. 예를 들면, "FCA xxx(As per Incoterms 2000)"

로 기재할 수 있다. 이 경우에는 선적서류 중 가격조건이 기재되는 모든 선적서류는 동일하게 관련 개정년도와 함께 기재되어야 한다.

⑭ 선적지시사항

(a) 선적항, 도착항 및 선적기일(shipping expiry)

"shipment from" 다음에는 선적항을, "to" 다음에는 화물의 도착항을 표시하며, "latest" 다음에는 선적기한, 즉 상품의 최종 선적일을 기재한다. "latest date of shipment"는 최종선적일을 기재하고, "shipment from"에는 선적항을 기재하며, "shipment to"에는 도착항을 기재한다.

(b) 분할선적(partial shipments)

분할선적 여부를 표시하는 규정으로 분할선적을 허용할 경우에는 "permitted" 또는 "allowed"로 표시하고 금지할 경우에는 "prohibited" 또는 "not permitted"으로 표시한다. 분할선적에 대해 신용장에 표시가 없으면 분할선적을 허용하는 것으로 간주하게 되므로 분할선적이 곤란한 거래에서는 반드시 금지한다는 뜻을 명기해야 한다.

(c) 환적규정(transshipment)〉

환적규정 즉 환적가부를 표시하는 난으로 분할선적규정의 표시와 동일하다. 환적을 허용하는 경우에는 "permitted" 또는 "allowed"로 표시하고, 환적을 불허하는 경우는 "prohibited" 또는 "not permitted"으로 표시한다.

⑮ 수수료 부담

신용장 발행과 관련되어 발행지 이외에서 발생되는 모든 'banking charge'에 대하여 가끔 신용장거래 당사자간에 분쟁의 대상이 되기도 하므로 'banking charge' 부담자를 명확히 표시할 필요가 있다. 일반적으로는 수익자 부담으로 하는 것이 통례이다.

작성

- 수익자 부담일 경우 : for account of beneficiary
- 발행인 부담일 경우 : for account of accountee(applicant)

⑯ 서류 제시기간

수출업자가 조기에 선적할 경우나 분할선적이 허용되어 1차로 선적되는 분 또는 항해일수가 짧은 구간에서는 선적서류보다 화물이 먼저 도착하여 수입업자가 이자부담을 지는 경우가 종종 있기 때문에 실제 선적일과 선적서류가 도착되는 시점을 조정하기 위한 조건이다.

서류제시기간은 신용장의 유효기간 이내에서 유효기간보다 우선적으로 적용된다. 일반적으로 항해일수가 짧은 지역은 선적일로부터 7~10일 정도가 서류 제시기간으로 지정되고, 그렇지 않은 경우에는 21일이 지정되는데, 이는 선적일로부터 21일이 경과되어 제시되는 선적서류는 기간경과선적서류로 은행이 수리를 거절하기 때문이다.

⑰ 선박의 지정

수입업자가 특별한 선박을 지정할 필요가 있을 때는 선박회사명 또는 선박명을 지정하여 기재할 수도 있다. 선박의 지정이 없을 때는 수출업자가 선적기일에 맞추어 임의로 선적할 수 있다.

예 Shipment by Sea-Land Line
Shipment by Korean Airline

⑱ 확인신용장 허용 여부(confirmation)

수출업자와의 확인신용장 발행합의가 있을 경우에 표시한다. 확인수수료는 비용이 많이 소요되므로 충분히 합의하지 않으면 후일에 분쟁의 소지가 있으므로 계약체결시에 수출업자와 확인수수료를 누가 부담할 것인가에 대해 필히 합의해야 한다.

⑲ 기타 기재사항(special instructions)

신청서 다른 난에 기입되지 않은 추가적인 사항을 신청서 여백에 기재한다. 즉 선적서류 발송에 관한 일체의 지시사항, 선하증권에 대한 허용사항, 선적이행과 관련된 "performance bond" 이행보증의 발행요청, "agent commission"과 관련된 사항, 신용장이 양도가능한 경우에 그 내용을 표시하는 등 기타 특별히 요청하는 조건 또는 내용에 관한 문언을 기재한다.

취소불능화환신용장발행신청서
(APPLICATION FOR IRREVOCABLE DOCUMENTARY CREDIT)

고객용 (Reopen 구분 : □ 1차발행 □ 2차발행)

To : Kyungwon Bank 1. DATE:

※ Advising Bank : (BIC CODE :

※ 2. Credit No. : 용도구분 : (예시 : NS, ES, NU 등)

3. Applicant :

4. Beneficiary :

5. Amount : 통화 금액 (Tolerance : /)

6. Expiry Date : 7. Latest date of shipment :

8. Tenor of Draft □At Sight (□Reimburse □Remittance)
□Usance days (Usance L/C only : □ Banker's □ Shipper's □ Domestic)

9. For % of the invoice value

DOCUMENTS REQUIRED (46A :)

10. □ Full set of clean on board ocean bills of lading made out to the order of Kyongwon Bank mal "Freight ____________ and notify (□Accountee, □Other : ____________
Air Waybills consigned to Kyongwon Bank marked "Freight ____________ and "notify Accountee"

11. □ Insurance Policy or certificate in duplicate endorsed in blank for 110% of the invoice value, stipulating that claims are payble in the currency of the draft and also indicating a claim setting agent in Korea. Insurance must include : the institute Cargo Clause ____________

12. □ Signed commercial invoice in____________ 13. □ Certificate of analysis in____________

14. □ Packing list in____________ 15. □ Certificate of weight in____________

16. □ Certificate of origirn in issued by

17. □ Inspection certificate in issued by

18. □ Other documents(if any)

19. Description of goods and/or services(45A :) (Price Term)

Commodity Description		Quantity	Unit Price	Amount
(H.S CODE :)				
Country of Origin			Total	

20. Shipment From : Shipment To :

21. Partial Shipment : □Allowed □Prohibited 22. Transhipment : □Allowed □Prohibited

23. Confirmation : □

Confirmation charges : □Beneficiary, □Applicant

24. Transfer : □Allowed(Transfering Bank :)

25. Documents must be presented within days after the date of shipment of B/L or other transportation documents.

Additional Conditions(47A :)

□ All banking charges(including postage, advising and payment commission, negotiation and reimbursement commission) outside Korea are for account of □Beneficiary □Applicant
□ Stale B/L AWB acceptable □Charter Party B/L is acceptable □Third party B/L acceptable
□ Third party document acceptable □Combined shipment B/L is acceptable
□ T/T Reimbursement : □Allowed □Prohibited
□ Bills of lading should be issued by ____________
□ (House) Air Waybills should be issued by ____________
□ ( ) % More or less in quantity and amount to be acceptable
□ The number of this credit must be indicated in all documents
□ Other conditions :

※ Drawee Bank (42A) :

※ Reimbursement Bank(53A) :

Except so far as otherwise expressly stated, This Documentary credit is subject to the Uniform Customs and Practice for Documentary Credits (1993 Revision) International Chamber of Commerce Publication No. 500

위와 같이 신용장 발행을 신청함에 있어서 따로 제출한 외국환거래약정서의 해당 조항을 따를 것을 확약하며, 아울러 위 수입물품에 관한 모든 권리를 귀행에 양도하겠습니다.

		주 소
		신 청 인 (인)

인감 및 원본확인

수입(4040031, 210×297) 수입신용장발행신청서 NCR지 2매 1조(2002. 11개정)
상기 □는 선택(V) 표시를 위한 매크로 기능 추가

2) 신용장 양도신청

신용장의 양도란 신용장 상의 수익자가 향유하는 권리의 전부 또는 일부를 수익자가 지시하는 제3자에게 양도해 주는 것을 말한다. 원칙적으로 신용장은 비유통성 증서이므로 그 이용이 원수익자에게 한정되어 있으나 양도가능 신용장이라고 규정된 경우에 한하여 양도가 가능하다.

양도가능신용장(transferable credit)이란 수익자가 신용장 금액의 전부 또는 일부를 제3자(제2의 수익자)에게 양도할 수 있는 권한을 부여한 신용상을 말하고, 수익자가 신용장을 제3자에게 양도할 수 없는 신용장을 양도불능신용장(non-transferable credit)이라고 한다.

양도가능신용장에는 반드시 "transferable"이라는 문구가 신용장상에 표시되어 있어야 하며, 신용장에 별도의 명시가 없는 한 동일국내는 물론 제3국으로의 양도가 가능하다. 이러한 양도는 1회에 한하며 분할선적(partial shipment)이 허용되는 경우 분할양도가 가능하다.

따라서 양수받는 제2수익자는 복수로 존재할 수 있으나, 제2수익자가 제3자에게 다시 양도할 수는 없다. 양도된 신용장의 조건은 원신용장의 조건과 동일하여야 한다. 다만 ① 신용장 금액, ② 단가, ③ 선적기한, ④ 유효기간을 원신용장보다 적게 하거나 줄이는 것은 허용된다.

(1) 양도의 절차

원수익자가 신용장을 양도하려면 전부 또는 일부 양도신청서(application for advice of total(partial) transfer)를 양수자 즉, 제2수익자와 함께 서명한 후(또는 제2수익자와 맺은 계약서나 오퍼를 붙여서) 원신용장과 함께 양도 취급은행(일반적으로 통지은행)에 제출한다. 양도 취급은행은 동 의뢰서의 내용에 따라 원신용장 원본에 양도사실을 명기한 다음 양도통지서(transfer advice) 원본을 제2수익자에게 교부한다.

신용장양도 시에는 당해 L/C가 양도가능신용장인지의 여부, 당해 은행이 신용장상에 지급, 인수 또는 매입을 하도록 수권받은 은행인지의 여부, 원 수익자와 제2수익자 공동 연서에 의한 양도신청인지 여부(또는 오퍼계약서 제출), 1회에 한한 양도인지 여부, 분할양도의 경우 원 수출신용장 상에 분할선적을 허용하고 있으며, 분할양도금액 총액이 원 수출신용장 상의 금액을 초과하지 않는지 여부, 제시된 원수출신용장에 의하여 기 취급한 금융이 없으며, 기타 국내의 여건에 비추어 행정상 필요에 의하여 양도를 금지하는 기재 내용이 없는지 여부를 확인하여야 하고 구비서류는 수출신용장 원본과 양도신청서, 양도인 및 양수인의 인감필적 명판신고서가 준비도록 한다.

(2) 양도신청서의 작성

① 원신용장 번호
② 원신용장 최초발행일자
③ 원신용장 발행은행
④ 원신용장 총금액(Amend 포함)
⑤ 원신용장의 수익자(양도인)
⑥ 원신용장 발행 의뢰인(수입자)
⑦ 신용장 양도 신청일
⑧ 양도(분할) 받고자하는 금액
⑨ 최종선적일자
⑩ 유효기일
⑪ 상품 및 기타조건에 관한 설명
⑫ 양수자의 명판 및 인감
⑬ 양도인의 인감 및 명판

담 당	검토자		결재권자

APPLICATION FOR ☐Total ☐Partial Transfer

To : KYUNGWON BANK

⑦Date :

Re : ① L/C No.
② Dated
③ Issuing Bank
④ Amount
⑤ Beneficiary
⑥ Accountee

Gentlemen :

We hereby request you to transfer irrevocably all of our rights of the above mentioned credit to the transferee under the same terms and conditions of the original credit with exceptions indicated hereunder :

⑧ Amount to be transferred :
⑨ Lastest shipping date :
⑩ Expiry date :
⑪ Description of commodities and other conditions

Any amendment to the credit hereafter made is to be advised to ☐the first beneficiary
☐the second beneficiary

The original credit(including amendments to this date, if any) is attached herewith for your endorsement.

We agree to indemnify and hold you harmless against any and all losses, damages and expenses arising from your actions on this transfer.

This application is subject to the Uniform Customs and Practice for Documentary Credit, 2007 Revision, International Chamber of Commerce Publication No. 600.

⑫ Accepted by

Name and Signature
of Second Beneficiary

⑬ Your very truly

Name and Signature
of First Beneficiary

인감 및 원본확인

수출(4030031, 310×297) 수출신용장양도신청서 백상지 80g/㎡ (2002. 11 계정)

3) 신용장 조건변경 신청

신용장의 조건변경(L/C amendment)이란 이미 발행된 신용장에 의거, 상거래를 진행하는 도중에 그 신용장의 조건을 다른 조건으로 변경하고자 할 때 그 원신용장의 내용을 수정·변경하는 것을 말한다. 신용장의 취소란 이미 발행된 신용장을 철회하여 무효화시키는 것이다. 신용장은 무역거래의 계약조건에 의해 발행되어야 하며, 취소불능 신용장은 발행은행이 선적서류와 발행된 환어음이 신용장 조건에 일치하는 한 지급·인수할 것을 확약한 것이다. 그러므로 이들 약정은 신용장 관계당사자 전원의 동의 없이는 그 내용의 변경이나 신용장의 취소가 불가능하다. 또한 조건변경의 부분적 수락여부도 직접관계 당사자 전원*의 합의 없이는 유효하지 못하다.

신용장의 조건변경을 하여야 하는 경우는 일반적으로 다음과 같다.

(1) 신용장의 일반적인 조건변경 사유

가. 신용장 금액의 증감

신용장 금액의 감액의 경우는 감액변경으로 충분하다. 그러나 증액의 경우에는 수입승인의 변경이 선행되어야 하며(수입제한 품목일 때) 추가담보 및 지급보증의 추가확보가 요청된다. 발행은행으로서는 증액 변경의뢰를 받았을 때는 추가수수료를 발행에 준해서 징수한다.

나. 신용장 기한의 연장

기한연장이란 수출업자의 사정에 의하여 약정일까지 선적할 수 없을 때 선적기일과 유효기일을 연장하는 것을 말한다. 보통 수출업자의 요청에 의해 수입업자가 발행은행에 연장신청을 하게 되며 몇 번이든지 허용된다.

유효기일이 연장되더라도 선적기일 연장에 대한 문언이 없으면 최종 선적기일은 연장되지 않는다. 그러나 최종 선적기일이 명시되지 않았을 경우에는 유효기일을 선적기일로 간주하므로 유효기일의 연장은 자동적으로 선적기일의 연장으로 볼 수 있다.

다. 환적 및 분할선적(partial shipments and transshipment)

신용장에는 partial shipments나 transshipment**를 금지하였다가 direct line

---

* 신용장거래 직접관계 당사자는 발행의뢰인(L/C applicant), 발행은행(opening bank) 및 확인은행(confirming bank), 수익자(beneficiary)이다.

** 수입업자가 transshipment를 꺼리는 것은 파손위험이나 보험료가 높아지고 도난의 위험도 수반되기 때문이다.

이 없어 선적이 불가능할 경우에는 분할선적이 아니면 관행적으로 변경이 가능하다.

라. 선적항 및 도착항 변경

마. 품목변경

바. 기타사항

원신용장에 규격이나 품목 등 정의가 불충분하거나 기타 지시사항이 불충분하였다면 'amend'라기 보다는 추가사항으로 조건변경을 할 수 있으며 삭제할 사항은 삭제할 수도 있다.

사. 신용장의 취소

발행의뢰인으로부터 신용장의 취소의뢰를 받은 발행은행은 취소불능신용장의 경우 반드시 통지은행을 경유하여 수익자의 동의를 받아야 한다. 이와 같은 요청을 받은 통지은행은 수익자의 취소동의를 받으면서 신용장 원본을 회수하여야 하며 원본의 반송 요청이 있으면 이에 따르게 된다.

(2) 신용장 조건변경 절차

신용장의 조건변경은 1회에 한정된 것이 아니고 무제한으로 변경할 수 있으나, 취소불능 신용장의 경우는 관계당사자의 동의가 있어야 한다. 신용장의 조건변경은 신용장 발행은행 만이 할 수 있으므로 통상 발행의뢰인으로부터 "신용장 조건변경 신청서"를 받아 이를 통지은행을 통해서 수익자의 동의를 얻음으로써 그 절차가 끝나게 된다.

신용장의 조건변경을 위하여 신용장의 조건을 변경하기 위해서는 먼저 수입승인(I/L) 사항변경을 신청(수입제한 품목일 때)하여 수입승인 사항변경 승인을 받은 후 이 승인서와 함께 신용장 발행의 경우와 같이 발행의뢰인이 발행은행에 신용장 조건변경의뢰서(application for amendment to letter of credit)를 제출함으로써 이루어진다. 이의 통지도 신용장 발행에 준한다. 수입신용장 조건변경 신청서, 변경된 수입승인서(수입제한 품목일 때), 수익자와 신용장조건변경을 합의한 계약서 서신 등을 서전에 구비하도록 한다.

신용장 조건변경을 위한 구비서류를 준비할 때 신용장 발행의뢰인의 필적이나 인감 및 서명여부를 확인하고, 신용장번호·수익자명·품목·기타사항들이 원신용장 또는 계약서의 내용과 일치하는지 확인하도록 하며, L/C 금액을 변경하는 경우에는 지급보증을 요하는 경우에는 해당금액의 지급보증 획득여부 확인·증액시 수입보증금의 추가적립 여부·취소불능 신용장의 경우 감액은 원칙으로 불가능하지만 신용장의 당사자 합의에 의하여 가능하니 합의여부를 확인하도록 한다.

계약변경내용과 신용장 조건변경 신청서와의 일치 및 기재사항의 누락, 오류를 검토하고 이에 따라 「전문」 또는 「우편문안」을 작성한다. 취소불능신용장은 당사자중 어느 일방이라도 동의치 않으면 조건변경은 불가능하므로 조건변경을 할 때는 “Please confirm us beneficiary's consent” 등의 문언을 삽입하여 후일의 분쟁을 미연에 방지하는 동시에 그 결과에 따라서 필요한 절차를 취하도록 한다.

(3) 신용장 조건변경서의 작성

신용장 조건변경은 원신용장의 내용을 수정 변경하는 것이므로 신용장 자체에 관한 사항은 원신용장의 내용과 동일하게 기입하도록 한다.

① **신용장번호** ; 원신용장의 번호를 기입한다.

② **통화 표시** ; 달러인 경우 USD와 같이 영문 3자로 기재한다.

③ **수익자**(beneficiary) **성명 및 주소** ; 원신용장의 수익자번호 및 이름 이외에 주소를 정확하게 표시하며 약호는 사용하지 않는 것이 좋다. 수익자가 변경되는 경우에도 원신용장의 수익자를 기입하는 것은 마찬가지다.

④ **통지은행**

⑤ EDI-NO ; 신용장 발행시 부여한 EDI-No.를 기재한다.

⑥ **신용장 금액** ; 신용장 금액을 변경하는 경우라도 이 란에는 변경되기 전 원신용장 금액을 기입한다.

⑦ **신용장 유효기일**(expiry date) ; 유효기일 변경신청의 경우라도 원신용장에 표시된 유효기일을 기입한다. 해석상 오해를 없애기 위해서 월 표시는 문자로 하도록 한다.(OCTOBER 31, 2010)

⑧ **유효기일 연장** ; 변경된 유효기일을 기입한다. 단, 유효기일이 연장된다고 해서 선적기일 연장에 대한 지시가 없으면 최종 선적기일은 연장되지 않는다는 점에 유의하도록 한다.

예) 원신용장 유효기일 : Oct. 31, 2010 이고 변경된 유효기일 : Nov. 30, 2010인 경우에는 “The expiry date extended until Nov. 30, 2010”로 작성한다.

⑨ **금액의 증감** ; "amount increased(또는 decreased) by~" 다음에 순증감액을 표시하고 to 다음에는 증감변동 후 신용장 금액을 표시하도록 한다.

예) 원신용장 금액이 US$30,000이고 증액 US$ 20,000인 경우는 "Amount increased by US$20,000 to US$50,000", 원신용장 금액이 US$30,000이고 감액 US$10,000인 경우는 "Amount decreased by US$10,000 to US$20,000"

⑩ **선적기일 연장** ; 최종 변경된 선적기일을 표시한다. 날짜 표시 앞에 "to", "until" 등의 표현이 있으면 그날 자체도 포함하는 것으로 해석한다. 선적기일이 연장될 경우 유효기일도 동일한 기한만큼 연장해야 한다.

예) 원신용장 선적기일 : Sep. 30, 2010이고 변경된 선적기일 : Oct. 31, 2010일 경우에는 "The latest shipment date extended until Oct. 31, 2010"

⑪ **환적 및 분할선적**

예) 금지에서 허용은 "Transshipments are permitted(or allowed)"를 "Partial shipments are allowed(or permitted)"으로, 허용에서 금지는 "Transshipments are prohibited(or not permitted)"를 "Partial shipments are not allowed(or prohibited)"로 표기한다.

⑫ **선적항 및 도착항의 변경**

예) 선적항의 변경은 "Shipment from Kobe instead of Osaka", "Shipment from U. S. airport instead of U.S. port", "Shipment to be made from Los Angeles to Busan instead of from New York to Inchon" 도착항의 변경은 "Destination should be Incheon instead of Busan", "Destination changed from Busan to Inchon"로 표기한다.

⑬ **기타 변경사항** ; 일반적으로 금액의 변동이 있으면 단가, 수량 등의 변경이 있기 쉬우므로 그 변경 사항을 기입하고, 그 외 규격이나 품목 등의 명세, delivery 조건, tenor 등 당사자 간에 합의가 된 변경, 추가, 삭제사항을 기입한다. 그 외 신용장의 양도가능여부도 이 난에 표시한다.

 "This credit is transferable", "Unit price changed from @US$1,200 to @US$1,880", "Commodity size now should read 20cm×25cm instead of 8″×10″", "Please delete the special instruction #3", "Please insert the word 'in Seoul Korea on expiry date clause'"

고 객 용

취소불능화환신용장조건변경신청서
(Application for Amendment to Irrevocable Documentary Credit)
(□취소인 경우 ✔표시)

TO : **KYUNGWON BANK** Date :

Documentary Credit Number : EDI-NO :
Currency : Amount :
Beneficiary : Expiry date :
Advising Bank :
We request you to amend by (□TELECOMMUNICATION □ AIRMAIL) the captioned Documentary Credit

□ New date of expiry : (YY-MM-DD)
□ Amount increased By ______________ TO ______________
□ Amount decreased By ______________ TO ______________
□ All banking charges ______________
□ Credit is cancelled subject to beneficiary's concent
□ Latest date for shipment to (YY-MM-DD)
□ Other amendments

All other terms and conditions remain unchanged

위 기재사항이 틀림없음을 확인하고
신용장조건변경을 의뢰합니다.

년 월 일

지급보증 확 인	담당	결재

주 소
신청인
(인)

인감 및 원본확인

수입(4040021, 210×297) NCR지 2매 1조(2002. 11 개정)

4) SWIFT code의 내용

SWIFT(Society for Worldwide Interbank Financial Telecommunication; 국제 은행 간 자금결제 통신망)는 전 세계 은행들이 외국환거래와 관련된 각종 메시지를 신속·저렴·안전하게 교환할 수 있는 통신망으로 1973년 15개국 239개 은행이 창립하여 3년간의 시험을 거쳐 1977년부터 22개국 518개 은행을 대상으로 메시지 교환에 들어갔다.

우리나라는 1992년 3월부터 SWIFT를 통하여 고객송금, 신용장 발행 및 통지, 은행 간 자금이체, 외환거래 등 국제 금융 업무를 수행하고 있다. 통신메시지에는 서비스메시지, 시스템메시지 및 은행 간 메시지가 있는데 이중 은행 간 메시지는 성격에 따라 고객송금, 금융 기관 간 이체, 외환거래, 추심, 유가증권, 신디케이트, 화환신용장 및 지급보증서, 여행자수표, 특별송신메시지로 구분된다.

(1) SWIFT OUTPUT Code

- ❑ MT 700 : 'Message Type 700'으로 화환신용장 발행을 의미한다.
- ❑ MT 701 : 신용장 내용이 분량을 초과할 경우(약2,000자) 추가 페이지를 의미한다. 최대 3쪽까지 사용이 가능하다.
- ❑ MT 705 : 신용장 발행 사전통지(발행을 했다는 뜻은 아니다. 단지 정보사항을 의미)
- ❑ MT 707 : 신용장 조건 변경 통지문(amendment)
- ❑ MT 732 : 은행의 하자인수 통보
- ❑ MT 734 : 은행의 하자인수 거절 통보

(2) SWIFT massage code

① 27 : sequence of total - 전문의 총 쪽수 중에서 몇 번째 쪽인지를 표시한다.

예 1/1 - 총 1쪽으로 구성된 전신문의 1쪽이다.

② 40A : form of documentary credit - 신용장의 종류를 표시한다. UCP600에서는 아무런 언급이 없으면 모든 신용장은 취소불능신용장, 즉 irrevocable L/C라고 정의하였다.

예 'irrevocable' - 취소불능신용장, 'irrevocable transferable' - 취소불능 및 양도가능신용장

③ 20 : documentary credit number - 발행은행이 부여하는 신용장번호를 표시한다.

④ 31C : date of issue - 발행은행이 발행일자로 간주하는 일자를 표시한다. 아무런 표시가 없는 경우 이 전문이 발송된 일자를 발행일자로 간주한다.

⑤ 31D : date and place of expiry - 서류가 제시되어야 하는 마지막 일자와 장소를 표시한다. 신용장의 유효기일과 장소는 대부분 수출국이 되나 수입국이 되는 경우도 있으므로 수입국까지의 서류도착 기일을 잘 감안하여 미리 매입 의뢰해야 한다.

⑥ 50 : applicant - 발행의뢰인, 즉 수입업자가 된다.

⑦ 59 : beneficiary - 수익자, 즉 수출업자가 된다.

⑧ 32B : currency code amount - 신용장의 통화 및 금액을 표시한다.

⑨ 39A : percentage credit amount tolerance - 신용장 금액의 과부족용인 비율을 표시한다.

예) 03/03 - 수량과 금액이 3% 범위 내에서 과부족이 허용된다. 3% 덜 선적하여도 되고 3% 더 선적해도 된다는 의미이다.

⑩ 39B : maximum credit amount - 'Up to', 'maximum' 또는 'not exceeding' 중에서 한 문언을 사용하여 신용장 금액을 표시한다.

⑪ 41D : available with/by name, address - 'With' 다음에는 신용장을 사용할 수 있는 은행명을, 'by' 다음에는 신용장의 사용방법을 표시한다.

신용장을 취급할 때 이 부분이 중요하다. 신용장의 이용 방법에는 크게 3가지로 구분한다. 지급(payment), 매입(negotiation), 인수(acceptance)로 사용될 수 있는데 SWIFT 신용장의 경우, 41D 부분에서 그 사용 방법을 알아 볼 수 있다.

(a) 지급(payment)

지급은 41D에 명시된 은행이 서류와 상환으로 대금을 지급하겠다는 의미이다. 지급은 대금을 주는 행위를 말한다. 신용장거래에서의 최종지급은 발행은행이 하지만 발행은행이 신용장상에서 권한을 주고 있는 은행이 할 수도 있다. 신용장에서의 지급은 수출업자인 수익자가 서류를 제시하면 이와 교환으로 이루어진다. 만일 환어음을 요구하는 경우 그 환어음의 지급인(drawee)이 지급한다. 지급을 이행한 은행은 그 대금을 다시 돌려 달라고 하는 소구권을 행사할 수 있다. 지급에는 'sight payment'와 'deferred payment'가 있다.

(b) 매입(negotiation)

매입은 구매(purchase)행위를 말한다. 즉, 최종지급인으로부터 대금의 지급이 이루어지기 전에 다른 은행 또는 투자자들이 환어음을 산다. 원칙적으로 환어음을 사는데 연지급 어음과 일람지급 어음을 모두 살 수 있다. 그러나 UCP600에서는 환어음이 없이 서류만을 매입 할 수 있다고 규정하고 있다. 당연한 이야기지만 은행이나 투자자들이 환어음을 메입할 때는 이윤을 남기기 위해서 산다. 그러므로 어음의 액면가에서 이자 및 수수료를 공제하고 싸게 사거나 어음의 액면가를 모두 주고 샀다면 지급인에게 이자 및 수수료를 함께 청구한다. 매입을 한 당사자는 최종지급이 이루어지지 않는 경우 그 어음의 발행인 또는 배서인들에게 미리 주었던 매입대전을 돌려 달라고 할 권리를 갖고 있는데 이를 소구권 또는 구상권이라 한다.

(c) 인수(acceptance)

인수는 만기일에 반드시 지급하기로 하는 약속이다. 그러므로 연지급어음의 지급인이 어음상에 표시하여 이를 증빙한다. 환어음을 인수한 인수인은 어떠한 일이 있어도 그 어음의 만기일에 지급을 하여야 한다.

예 available with/by-name, address :

HK+SHANGHAI BANKING CORPORATION LTD, SEOUL, KOREA.

BY NEGOTIATION*

⑫ 42C : drafts at - 화환어음의 기간을 표시한다.

환어음의 지급기한은 'at sight'와 'usance'로 구분할 수 있는데, 'at sight'(일람불)는 매입은행이 환어음과 선적서류를 발행은행으로 송부하면 발행은행은 서류상의 하자가 없는 한 즉시 대금을 지급(payment)하는 조건이고 'usance'(기한부)는 발행은행이 서류를 인수만기일에 대급을 지급하겠다는

* HSBC SEOUL 지점에서 매입하도록 매입이 제한된 매입제한 신용장이다. 수출업자는 매입제한 된 은행으로 곧 바로 가서 매입을 의뢰할 수도 있고 자신의 거래은행과의 특별한 관계가 설정된 경우에는 자신의 주거래 은행에서 매입을 시키고 주거래 은행이 매입제한 된 은행으로 2차 매입을 의뢰하면 된다. 만약에 "ANY BANK BY NEGOTIATION"이라고 되어 있다면 아무 은행에서나 매입을 의뢰할 수 있는 자유매입신용장이다. 대부분의 신용장은 자유매입신용장이다.

확약이다.

 Draft to be drawn at sight for full invoice value.

⑬ 42D : drawee name and address - 화환어음의 지급인을 표시한다.
화환어음의 지급인은 발행은행이 되며 발행은행이 수권을 준 다른 은행이 될 수도 있다. 그러나 발행의뢰인은 drawee가 될 수 없다.

⑭ 42M : mixed payment details : 혼합지급으로 사용이 가능한 경우 그것들의 결정에 필요한 지급일자, 금액, 방법을 표시한다.(선대신용장)

⑮ 42P : deferred payment details - 후지급으로 사용이 가능한 경우 그것의 결정에 필요한 지급일자 또는 결정방법을 표시한다.

⑯ 43P : partial shipments - 분할선적이 허용되는지 여부를 표시한다.

⑰ 43T : transshipment - 환적이 허용되는지 여부를 표시한다.

⑱ 44A : on board/disp/taking in charge - 선적항 또는 발송지 또는 수탁지를 표시한다.

⑲ 44B : for transportation to - 최종목적지를 표시한다.

⑳ 44C : latest date of shipment - 최종선적일자를 표시한다.

㉑ 44D : shipment period - 선적이 가능한 기간을 표시한다.

㉒ 45A : describe goods and/or services - 상품 그리고/또는 standby L/C인 경우 용역의 명세를 표시한다. 신용장을 수취한 후 체결한 계약내용과 상이하다면 즉시 조건 변경을 요청하여야 한다.

㉓ 46A : documents required - 수출업자가 제시해야 할 서류에 관한 내용이다.

 + SIGNED COMMERCIAL INVOICE IN TRIPLICATE.*
(AN EXTRA COPY OF INVOICE FOR ISSUING BANK'S FILE IS REQUESTED.)

---

* 상업송장 3통(triplicate)을 첨부하라는 의미이며 상업송장에 서명을 하지 않아도 무방하다. 그러나 "Signed Commercial Invoice in Triplicate"처럼 'signed'라고 명시되어 있으면 서명을 하여야 하며 수익자는 적어도 1통의 원본(original) 상업송장을 제시하여야 하며 나머지 2통은 부본(copy)을 제시하여도 무방하다. 또한 3통 모두를 원본으로 제시하여도 된다. 만약에 "signed original commercial invoice in triplicate"라고 명시되었다면 부본 제출은 안 되며 당연히 서명된 원본만 3통을 제시하여야 한다.(2통-duplicate, 3통-triplicate, 4통-quadruplicate, 5통-quintuplicate, 6통-sextuple, 7통-septuple, 8통-octuple)

+ SINGED PACKING AND WEIGHT LIST IN TRIPLICATE.
+ FULL SET* ORIGINAL CLEAN** 'ON BOARD'*** MARINE**** BILLS OF LADING MADE OUT***** TO ORDER, ENDORSED* IN BLANK.

MARKED 'FREIGHT PREPAID'**, NOTIFY APPLICANT*** WITH

---

* 선박회사로부터 발급되는 B/L은 원본(original)이 모두 3통이다. 이 3통은 독립적으로 효력을 발휘하므로 이중에서 1통만 있어도 수입지에서 물품을 찾을 수 있다. FULL SET이란 이 3통 모두를 다 제출하라는 의미이다. 만약에 2/3이라고 명시되었다면 2통만 제출하라는 의미이며 보통 1통은 바이어에게 DHL 등 courier service로 직접 보낸 후 영수증을 첨부하라고 명시한다.

** 무사고를 뜻하며 선적한 제품 자체 및 그 포장에 별다른 하자가 없어서 B/L의 remark란에 특별히 하자에 관한 사항을 명시하지 않은 B/L을 말한다. 이와는 반대로 remark란에 어떤 하자 사항에 관한 언급이 있다면 foul(dirty) B/L이라고 한다. 그러나 현실적으로 선박회사는 foul(dirty) B/L을 거의 발급하지 않는다. 만약에 제품에 하자나 포장에 하자가 있다면 다시 돌려보내는 것이 관례이다.

*** 물품이 본선에 적재되었음을 증명하는 B/L을 뜻하는 것으로 B/L형식이 shipped B/L(선적선하증권)이라면 그 자체로 본선적재를 증명하고 있는 것이지만 수취선하증권(received B/L)인 경우는 별도의 본선적재부기(on board notation)가 있어야 한다.

**** 해상운송 B/L을 의미하며 대양을 항해하는 선박에 의한 선적과 관련하여 발행한다. Marine 대신에 'Ocean'이라는 용어를 사용하기도 하며 항공기에 의한 항공운송인 경우에는 AWB(Air Way Bill)이다.

***** 'TO ORDER'란 수입물품의 수하인을 지시식으로 작성하라는 의미이다. 그러므로 B/L의 consignee란에 'TO ORDER'로 작성한다. 이때 B/L의 소유주가 배서를 통해서 소유권을 이전한다. 만약에 'To the order of Kyungwon Bank'이라고 되어 있는 경우, 수입업체가 대금을 결제하면 경원은행이 배서를 하여 수입업체에게 교부하고 경원은행의 B/L의 양수인인 수입업체가 수입물품을 인도받게 된다. 신용장 방식에서는 대부분 지시식('TO ORDER' 혹은 'TO THE ORDER OF XX BANK') 방식을 이용하지만 특수한 경우나 기타 대금결제방식(송금방식, 추심결제방식)에서는 'consigned to xxx'또는 수하인 란에 특정인을 명시하여 그 특정인만이 물품을 찾을 수 있도록 하는 기명식을 요구하기도 한다.

* B/L에 피배서인을 지정함이 없이 배서하라는 의미이므로 누구누구 앞으로라는 피배서인 없이 자신(수출업자)이 배서만 하면 된다. B/L, 환어음, 보험서류 등에는 함부로 사인직인을 찍지 말고 전문가인 자신의 주거래은행의 외환계 담당과 상의하여 도움을 받는 것이 좋다.

** 가격조건에 따라 FOB계열은 운임이 후불이라는 뜻의 'collect'로, CFR 및 CIF계열에는 '운임지급필'을 나타내는 'PREPAID'로 표시한다. 'FREIGHT PREPAID'란 운임을 선지급하고 선지급하였다는 표시를 B/L상에 나타내라는 의미이며 운임의 선지급을 나타내는 용어로 "freight prepayable"이나 "to be prepaid"는 사용하지 않도록 한다.

*** 'notify'란 본선이 목적항에 도착하면 선박회사에서 화물을 찾을 사람에게 도착사실

FULL ADDRESS AND MENTIONING DC NO.*

+ MARINE INSURANCE POLICY** OR CERTIFICATE IN NEGOTIABLE FORM, ENDORSED IN BLANK FOR FULL CIF VALUE PLUS 10 PERCENT COVERING INSTITUTE CARGO CLAUSES(A) INCLUDING FROM WAREHOUSE TO WAREHOUSE, INSTITUTE WAR CLAUSES (CARGO) AND INSTITUTE STRIKES CLAUSES(CARGO), AND SHOWING CLAIMS PAYABLE AT DESTINATION IN THE CURRENCY OF THIS DOCUMENTARY CREDIT.
+ COPY OF APPLICANT'S FAX TO BENEFICIARY CERTIFYING THAT SHIPMENT SAMPLES HAVE BEEN APPROVED BEFORE SHIPMENT.
+ COPY OF BENEFICIARY'S FAX SHIPMENT ADVICE TO APPLICANT (FAX NO.XXX-XXXX-XXXX) DATED ON OR BEFORE SHIPMENT ADVISING NAME OF THE CARRYING VESSEL, SHIPMENT DATE, NUMBER OF CARTONS, QUANTITY AND VALUE OF THE GOODS TO BE SHIPPED AND NAME OF THE SHIPMENT COMPANY'S AGENT IN HONG KONG.
+ BENEFICIARY'S SIGNED CERTIFICATE CERTIFYING THAT ONE SET OF NON-NEGOTIABLE SHIPPING DOCUMENTS INCLUDING SIGNED COMMERCIAL INVOICE, SIGNED PACKING AND WEIGHT LIST AND MARINE BILL OF LADING HAS BEEN FAXED TO APPLICANT(FAX NO.XXX-XXXX-XXXX) ON OR BEFORE SHIPMENT.
+ INSPECTION CERTIFICATE ISSUED AND SIGNED BY TEXTILE LIMITED.

을 통지하게 되는데 이 통지를 의미하며 'APPLICANT'를 통지처로 하여 서류를 작성하라는 의미이다. 그러므로 'notify'란에 'applicant'의 상호와 주소를 함께 명시하도록 한다.

* "D.C NO."는 신용장의 번호이고 B/L상에 신용장 번호를 명시하라는 의미이다. 선박회사는 B/L 발급 시 해당란이 없으면 여백을 이용하여 신용장에서 요구하는 모든 사항을 명기하도록 하고 있다.

** 보험회사에 신용장 copy 및 invoice를 보내면 보험회사가 신용장 조건에 맞는 보험증권을 발급해 주게 된다.

㉔ 47A : additional conditions - 추가조건을 표시한다.

㉕ 71B : charges - 수수료가 수익자 측의 부담인 경우에 한하여 표시한다. 명시가 없는 경우 매입수수료와 양도수수료를 제외한 모든 수수료는 발행의뢰인의 부담으로 간주한다.

㉖ 48 : period for presentation - 선적 후 서류가 지급, 인수 또는 매입을 위하여 제시되어야 하는 제한기간을 표시한다.

㉗ 49 : confirmation instructions - 수신은행(receiving bank)앞 확인에 대한 지시사항이다.

예 CONFIRM - 수신은행에게 신용장의 확인을 요청한다.
MAY ADD - 수신은행에게 신용장의 확인을 허용한다.
WITHOUT - 수신은행에게 신용장의 확인을 요청하지 않는다.

㉘ 53a : reimbursing bank - 발행은행에 의하여 상환을 이행하도록 수권 받은 상환은행명을 표시한다.

㉙ 78 : instructions to the pay/acc/neg bk* - 지급은행, 인수은행, 또는 매입은행을 위한 지시사항을 기술한다.

㉚ 57a : advice through bank - 수익자에게 통지하기 위하여 경유하는 은행명을 표시한다.

㉛ 72 : sender to receiver information - 필요한 경우 발신은행이 수신은행에게 제공하는 정보사항을 기술한다.

* 'Pay'; paying, 'Acc'; accepting, 'Neg'; negotiating, 'Bk'; bank

신용장 SWIFT Message Type(MT700)

M / O*	Tag	Field Name
M	27	Sequence of Total
M	40A	Form of Documentary Credit
M	20	Documentary Credit Number
O	23	Reference to Pre-Advice
O	31C	Date of Issue
M	31D	Date and Place of Expiry
O	51a	Applicant Bank
M	50	Applicant
M	59	Beneficiary
M	32B	Currency Code, Amount
O	39A	Percentage Credit Amount Toterance
O	39B	Maximum Credit Amount
O	39C	Additional Amounts Covered
M	41a	Available with …By…
O	42C	Drafts at…
O	42a	Drawee
O	42M	Mixed Payment Details
O	42P	Deferred Payment Details
O	43P	Partial Shipments
O	43T	Transshipment
O	44A	Loading on Board/Dispatch/Taking in Charge at/from…
O	44B	For Transportation to…
O	44C	latest Date of Shipment
O	44D	Shipment Period
O	45A	Description of Goods and/or Services
O	46A	Documents Required
O	47A	Additional Conditions
O	71B	Charges
O	48	Period for Presentation
M	49	Confirmation Instructions
O	53a	Reimbursement Bank
O	78	Instructions to the Paying/Accepting/Negotiating Bank
O	57a	"Advise Through" Bank
O	72	Sender to Receiver Information

* 'M'; Mandatory, 'O'; Optional.

03 네고서류

1) 상업송장(commercial invoice)

국제무역에서 선하증권과 함께 필수적인 네고서류로 사용되는 'invoice'는 불어의 "envoyer"(send)에서 유래된 것이라고 한다. 물품의 거래가 원격지간에 행해지는 경우 매도인이 매수인 앞으로 해당물품의 특성과 내용명세를 상세하고 정확하게 작성하여 송부하는 선적화물의 계산서 및 내용명세이다.

국내 상거래에 이용되는 송장은 단순히 상품의 명세서나 안내장의 역할을 한다. 그러나 국제무역의 경우에는 명세나 안내장의 역할 뿐만 아니라 매매 당사자의 이름과 주소, 발행일자, 주문번호, 계약상품의 규격 및 개수, 포장상태 및 화인 등이 표시된 구체적인 매매계산서인 동시에 대금청구서이기도 하다. 그러나 송장은 무역거래상의 필수서류로 모든 신용장에서 요구하고 있으나 유가증권인 선하증권이나 보험증권과 같이 그 자체가 청구권이 있는 서류는 아니다.

송장은 이러한 성격 때문에 어떤 경우에는 그 거래계약의 존재 및 계약이행의 사실을 입증하는 자료가 된다. 또한 수입물품의 정확성 및 진실성을 입증하기 위한 세관신고의 증명 자료가 되기도 한다.

COMMERCIAL INVOICE

① Shipper/Seller KRGILTRA159SEO GILDING TRADING CO., LTD. 159, SAMSUNG-DONG, KANGNAM-KU, SEOUL, KOREA	⑦ Invoice No. and date 8905 BK 1007 OCTOBER 31. 2010 ⑧ L/C No. and date 55352 SEP. 13. 2010
② Consignee MONARCH PRODUCTS CO., LTD. 5200 ANTHONY WAVUE DR. DETROIT, MICHIGAN 48203 U. S. A	⑨ Buyer(if other than consignee) MONARCH PRODUCTS CO., LTD. 5200 ANTHONY WAVUE DR. DETROIT, MICHIGAN 48203 U. S. A
③ Departure date MAY. 20, 2007	⑩ Other references COUNTRY OF ORIGIN : REPUBLIC OF KOREA
④ Vessel/flight: PHEONIC ⑤ From: BUSAN, KOREA	⑪ Terms of delivery and payment F.O.B BUSAN L/C AT SIGHT
⑥ To DETROIT, U.S.A	

⑫ Shipping Marks	⑬ No.&kind of packages	⑭ Goods description	⑮ Quantity	⑯ Unit price	⑰ Amount
		NYLON OXFORD	60,000M	US$1.00/M	US$60,000
MON/T DETROIT LOT NO C/NO.1-53 MADE IN KOREA	420 DP X 420D MATERIAL. AS PER MONARCH PRODUCTS INDENT NO. T. 858		1208.06KGS.		

Signed by
⑱

① Shipper/Seller* ; 매수인에게 상품을 판매하는 개인 또는 법인의 이름과 주소를 기재하며, 대미 상업송장에는 우측상단에 Manufacturer's I.D. Code**를 기재하여야 한다.

※ MID의 작성

- 국명(최대한 2자) ; 국제표준화기구(ISO)에서 제정한 기준에 따라 기재하여야 하며 우리나라의 경우는 「KR」로 표시된다.
- 제조업체명(최대한 6자) ; 업체명의 처음 2단어(영문)에서 각각 최초의 3자를 인용하여 작성하여야 하고, 업체명이 1단어일 경우 3자로만 작성한다.(KOREA TRADING Co.는 KORTRA로 작성)
- 주소(최대한 4자) ; 거리 명 또는 사서함 번호가 있는 주소 중 가장 큰 숫자를 찾아 4번째까지의 아라비아 숫자를 인용하여 작성한다.(1145 MAIN STREET SUITE의 경우는 1145)
- 도시명(최대한 3자) ; 도시명의 처음 3자를 인용하여 작성한다.(SEOUL은 SEO)
- 기타 유의사항 ; 본사가 지방에 있고 서울사무소에서 모든 수출입 업무를 담당하는 경우에는 지방 본사의 MID Code를 기재하여야 하고, 대행수출의 경우에는 대행사인 수출업자의 MID Code를 기재하여야 한다.
- 작성예 ; KOREA TRADING CO., 1-2 Chongro Gu 813, Seoul Korea → KRKORTRA813SEO

② Consignee ; 상업송장은 수출상품의 계산서이며 대금청구서이므로 양도가능신용장인 경우와 신용장에서 달리 명시한 경우를 제외하고는 수익자가 발행의뢰인 앞으로 발행하여야 한다. 신용장에서 B/L을 지시식이나 발행은행 앞으로 발행하도록 요구하였다 하더라도 신용장에서 달리 명시하지 않았으면 상업송장은 발행의뢰인 앞으로 작성하여야 한다.***

* 신용장방식일 경우에는 신용장상의 Beneficiary를 기재한다. 그러나 신용장상에 "third party documents is acceptable"이라는 부가조건이 있으면 수익자 외 제3자가 발행하여도 무방하다.

** 미국은 외국상품에 대한 수입동향을 효율적으로 감시하기 위해 1987년 2월 2일부터 수입상품의 통관시 수출업체의 고유코드(Manufacturer's ID Code=MID Code)를 통관서류인 상업송장에 기재토록 하였다.

*** 이럴 경우 상업송장상의 'Consignee'와 B/L상의 'Consignee'가 일치하지 않는데 이

③ Departure date ; 화물을 적재한 선박이나 비행기가 출발하는 년, 월, 일을 기재하며 통상 B/L이나 AWB상의 선적일자와 일치시켜야 한다. 그러나 송장 작성시점에서는 선적 일자를 정확히 알 수 없는 경우가 있으므로 예상되는 선적일자의 7일 전후("on or about")로 기재하면 된다.*

④ Vessel/Flight ; 운송에 사용되는 선박/비행기 명칭을 기재하며, 여러 가지 운송수단을 사용하는 경우에는 주된 운송수단을 기재하면 된다.

⑤ From ; 운송수단이 출발하기로 예정된 항구, 공항 등의 명칭을 기재하며 이는 신용장에 또는 계약서상의 적재지(Place of loading)와 일치해야 한다.

⑥ To ; 운송수단의 최종 목적지인 항구, 공항 등의 명칭을 기재하며 신용장 또는 계약서상의 도착지와 일치하여야 한다.

⑦ Invoice No. and date ; 매도인(Seller)이 상업송장에 부여한 참조번호 및 송장 발행일을 기재한다.

⑧ L/C No. and date ; 신용장 번호 및 발행일을 기재한다.

⑨ Buyer(if other than consignee) ; 상품을 구매한 개인 또는 법인의 이름과 주소를 기재한다. 신용장 거래방식의 경우 신용장 발행의뢰인이 Buyer가 되며 Buyer와 Consignee가 같은 경우에도 Buyer의 이름과 주소를 다시 기재한다.**

⑩ Other references(또는 Remarks) ; 기타 참조사항 기재 난으로서 거래 상대방이 신용장이나 계약서에서 별도로 요구한 사항을 기재한다. 보통 원산지표시(Country of Origin)나 관련 계약서나 오퍼번호와 발행일자 등이 기재된다.(As per Sales Note No. 586 dated October 31, 2010)

⑪ Terms of delivery and payment ; 인도조건과 지불조건을 기재하여야 하며 지불조건은 INCOTERMS와 같은 정형화된 조건을 사용하여 정확하게 기술하고 사용통화도 US$ 등으로 명확히 표기한다.

에 대한 불필요한 오해를 불식시키기 위하여 상업송장상의 'Consignee'를 "For account & risk of Messrs"(비용과 위험을 부담하는 자)로 표기하기도 한다.

* 신용장상의 선하증권에 대해 "Full set of…notify party applicant and also notify ABC Co., Ltd."라는 문구로 되어 있는 경우 신용장 발행의뢰인(수입업자)과 ABC Co., Ltd.를 같이 기재하면 된다. 일반적으로 'Consignee'와 동일한 경우가 많으므로 "same as above"라고 기재한다.

** 매수인(Buyer)과 수하인(Consignee)이 다른 경우, 신용장 발행 의뢰인이 은행융자로 신용장을 발행하여 은행이 Consignee가 되는 경우 또는 매수인이 물품과 송장을 각각 다른 주소로 보내도록 요구하여 Consignee란에 창고 등의 물품수령인의 주소를 기재하는 경우에도 Buyer란에는 실제 물품대금 지급의 의무가 있는 Buyer의 이름, 주소를 기재하여야 한다.

예 신용장방식일 경우 "Letter of Credit, at sight" 또는 "Letter of Credit, at 90days after sight" 등으로, 송금방식을 경우 "Payment in advance" 또는 "30days after B/L date" 등으로, 추심환거래일 경우 "D/P, at sight" 또는 "D/A, at 90days after B/L date" 등으로 기재

⑫ Shipping marks ; 화인은 관련서류와 포장 상품의 대조 점검을 용이하게 하고 화물을 도착지까지 신속하고 안전하게 운송할 수 있도록 간단하게 표시하여야 한다.

⑬ No. & Kinds of Pkgs ; 포장 종류 당 포장화물의 개수와 각 물품의 포장형태를 drum, bale, box, case, bundle 등으로 기재한다.

⑭ Goods description ; 물품명세란에는 규격(Specification), 품질(Quality), 등급(Grade) 등 해당물품에 대한 정확한 명세를 기재하여 다른 어떤 물품과도 명확히 구별할 수 있어야 한다. 그리고 동 물품명세서는 신용장상의 표현과 완전히 일치하여야 한다.*

⑮ Quantity ; 송장금액 계산의 기초가 되는 최소단위당 수량을 기재하며 수량의 계산단위는 일반적으로 개수** 혹은 도량형***, 면적****에 의하여 계산된다. 수량결정시기(선적 수량조건 및 양륙 수량조건)와 과부족 용인조건(More or Less Clause)에 유의하고 가능한 구체적이고 정확한 문언으로 표시한다.

⑯ Unit Price ; 단위 수량당 가격을 기재.

⑰ Amount ; 단위당 단가에 수량을 곱하여 총금액을 계산한다. 그러나 제반비용을 첨가하여야 한다. 대량 구입에 따르는 할인이 있으면 차감하여 송장상의 금액(Amount)은 수입업자가 꼭 부담하여야 할 실 채무액이 표시되어야 한다.*****

⑱ Signed by ; 권한 있는 송장 작성자가 서명란에 서명한다.*

---

* 상업송장 이외의 기타서류에는 일반적인 용어(general term)로 표시할 수 있으나 상업송장에는 신용장상의 물품 명세와 일치되도록 하여야 한다.(ISBP Art. 58, 59, 60, 61)

** 상품수 : 갯수(Piece) 조(Set) 다스(dozen) 등, 포장수 : 상자(Case) 포(Bale) 부대(Bag) 등

*** 중량 : 톤(ton ; MT, L/T, S/T) 파운드(Lb, libra) Kg, 용적 : 입방 피이트(Cft : Cubic feet) 용적톤(M/T : Measurement Ton) 등, 길이 : 야드(Yard) 미터(Meter) 등

**** 평방 피이트(SF : Square Feet) 평방미터(SM : Square Meter) 등

***** 과거 UCP500에서는 신용장에서 허용된 금액을 초과하여 발행된 상업송장을 수리거절하도록 하였으나 UCP600 제18조 제b항은 수리할 수 있도록 개정하였다. 즉, 신용장 금액을 초과하여 발행된 상업송장에 대하여 수리는 하지만 결제 또는 매입은 신용장금액 내에서 하고 있도록 하고 있다.

2) 포장명세서

계약물품의 선적을 증명하기 위한 운송서류 중에서 선하증권이나 상업송장 같이 필수적 서류는 아니지만 중요한 부속서류에 속하는 것이 포장명세서(packing list)이다.

계약체결에 따른 선적화물의 포장 및 그 명세(품목명, 수량, 순중량, 총중량, 용적, 화인, 포장번호 등)를 기재하는 포장명세서에는 대금 관련사항을 명기하지 않고 각 규격별, 단위별로 일목요연하게 기재한다는 점이 상업송장과의 차이점이다.

포장명세서는 수출입통관절차에서 심사자료로 활용되고 양륙지에서 화물의 처리(분류 및 판매) 단계에서 이용된다. 그리고 중량 외에 각각의 용량이 표시되어 있으므로 선박회사가 운송계약을 체결할 때 일차적인 기준자료로써 활용될 수 있다.

① Seller ; 매수인에게 상품을 매도하는 개인 또는 법인의 이름과 주소를 기재

② Consignee ; 포장명세서는 상업송장의 부속명세서이므로 상업송장과 일치하여야 한다.

③ Notify Party ; 일반적으로 수입업자를 기재. Consignee와 같은 경우 "Same as Above"로 기재

④ Departure date ; 화물을 적재한 선박이나 비행기가 출발하는 년, 월, 일을 기재하며 통상 선하증권이나 AWB상의 선(기)적일 자와 일치시켜야 한다. 상업송장 작성 시에 일자를 정확히 알 수 없을 때는 예상되는 선(기)적일의 5일 전후로 기재하면 된다.

⑤ Vessel/Flight ; 운송수단인 선박이나 비행기의 명칭을 기재

⑥ From ; 운송수단이 출발하기로 예정된 항구, 공항 등의 명칭을 기재하며 신용장 또는 계약서상의 적재 지와 일치해야 한다.

⑦ To ; 운송수단의 최종목적지인 항구, 공항 등의 명칭을 기재하며 신용장 또는 계약서상의 도착지와 일치해야 한다.

⑧ Invoice No. and date ; 상업송장 번호 및 발행일을 기재

⑨ Buyer(if other than consignee) ; 상품을 구매한 개인 또는 법인의 이름과 주소를 기재. 신용장 거래방식인 경우 신용장 발행의뢰인이 매수인이 된다. 매수인(buyer)과 수하인(consignee)이 같은 경우에도 수하인의 이름과 주소를 다시 기재한다. 한편 매수인과 수하인이 다른 경우에는 매수인의 이름을 별도로 기재한다.

---

* 'handwriting' 뿐만 아니라 'stamp' 등도 가능

⑩ Other references(또는 Remarks) ; 거래상대방이 신용장이나 계약서에서 별도로 요구하는 사실을 기재

⑪ Shipping marks(화인) ; 화인은 관련서류와 포장상품의 대조 점검을 용이하게 하고 화물을 신속하고 안전하게 운송할 수 있도록 간단하게 표시해야 한다.

main marks	수입업자의 머릿글자, 대조번호, 목적지, 포장번호, 총중량의 5가지 요소로 구성되며 제반 화인 관련서류의 'Marks & No'란에 기재되어 화물과 화인관련서류의 대조점검(check)에 사용된다.
information marks	원산지, 신용장번호, 수입허가번호 등으로서 화물운송에 꼭 필요한 것은 아니지만 필요에 따라 기본화인과 구분하여 표시되는 것을 말하는데 이는 구매자의 요구가 있을 경우 화물의 포장에만 표시되고 화인 관련서류에는 표시되지 않는다.
cargo handing marks	화물의 취급, 운송, 적재의 요령을 나타내는 일종의 주의표시(cautionary symbol)로서 일반화물 취급표시와 위험화물 경고표시로 구분된다.

⑫ No. & Kind of pakgs ; 포장 종류 당 화물의 개수와 case, bundle, box 등 각 물품의 포장형태를 표기한다.

⑬ Goods description ; 물품명세는 규격(specification)이나 품질(quality) 뿐만 아니라 L/C No. 또는 모델 No.에 따라 정확하게 기재하여 해당 물품을 성격별로 명확히 구분할 수 있어야 한다.*

⑭ Quantity or net weight(수량 또는 순중량) ; 물품의 수량을 각 포장 Case마다 구분하여 기재해야 하며 수량의 계산단위는 다음과 같이 개수 혹은 도량형에 의하여 계산된다.

⑮ Gross Weight ; 순중량에다 외부 포장재료(또는 포장용기)의 중량을 포함한 총중량으로 B/L상의 중량과 일치해야 한다. 무게를 표시하는 단위인 Ton도 'gross weight'와 'net weight'를 구분 명시하도록 한다.**

* 신용장이나 계약서상에서 "Full details Packing List"나 "Size & Color Assortment"를 요구하는 경우에는 size와 color별로도 정확히 분류하여 작성해야 한다. 또한 L/C상에서 포장방법(packing method)을 요구했을 경우는 특별한 규정이 없더라도 그 내용을 반드시 포장명세서 상에 명기해야 한다.

⑯ Measurement(용적) ; 선적물품의 부피를 나타내는데 이는 B/L상의 필수 기재사항인 용적과 일치해야 한다. 통상 용적(measurement)의 계산단위는 CBM(cubic meter)을 주로 사용하는데 1M/T(measurement ton) = 40 cubic feet이다. 용적은 총중량 합계 및 순중량 합계와 함께 하단에 기재하는데 운송계약 체결이나 운임결정에 기본적인 자료가 된다.

⑰ Signed by ; 권한 있는 포장명세서 작성자가 서명 난에 서명한다.

PACKING LIST

<table>
<tr><td colspan="3">①Seller
Gil Dong Trading Co., Ltd.</td><td colspan="3">⑧Invoice No. and date
8905 HC 3108 Oct. 20, 2010.</td></tr>
<tr><td colspan="3">②Consignee(or For account & risk of Messrs.)
Monarch Products Co., Ltd.
P.O.Box 208
Bulawayo, Zimbabwe</td><td colspan="3">⑨Buyer(if other than consignee)
Monarch Products Co., Ltd.
P.O.Box 208
Bulawayo, Zimbabwe</td></tr>
<tr><td colspan="3">③Notify Party
Same as above.</td><td colspan="3" rowspan="4">⑩Other references
Country of Origin:
Republic of Korea</td></tr>
<tr><td colspan="3">④Departure date
Oct. 31, 2010.</td></tr>
<tr><td colspan="3">⑤Vessel/flight Phoenix   ⑥From BUSAN, KOREA</td></tr>
<tr><td colspan="3">⑦To
Bulawayo, Zimbabwe</td></tr>
<tr><td>⑪Shipping Marks</td><td>⑫No.&kind of packages</td><td>⑬Goods description</td><td>⑭Quantity or net weight</td><td>⑮Gross Weight</td><td>⑰Measurement</td></tr>
<tr><td>MON/T
Bulawayo
LOT NO
C/NO.1-53
MADE IN
KOREA</td><td>4200DX420D
Material,
As per Monarch
Products
Indent No T.858</td><td>Nylon Oxford</td><td>60,000M
1208.06Kgs.</td><td>1,317kgs</td><td>24.5CBM</td></tr>
<tr><td colspan="6">//</td></tr>
<tr><td colspan="3"></td><td colspan="3">Signed by
⑯</td></tr>
</table>

** 'gross weight'는 실제 계량을 하고 'net weight'는 단위당 중량×수량으로 결정되므로, 단위당 중량이 과다 계산되면 'net weight'가 'gross weight' 보다 많은 경우가 발생할 수 있으니 이 경우에는 수입신고필증 상 선적확인을 받을 수 없어 사후관리 및 관세 환급이 불가능하므로 유의하여야 한다.

3) 운송서류

(1) 해상선하증권

선하증권(bill of lading: B/L)은 운송인이 화주로부터 화물을 수령 또는 선적하였음을 나타내며 도착항까지 운송하여 증권의 정당한 소지인에게 화물의 인도를 약속하는 유가증권*이다. 또한 B/L은 운송계약의 증거서류이며 화물의 권리를 표시하는 권리증권(document of title)이다.

B/L 소지인은 B/L을 통한 채권적(債權的)·물권적(物權的) 효력을 갖는다. 채권적 효력이란 B/L 소지인이 운송인에 대한 운송계약상의 채무이행을 요구하고 불이행의 경우에는 손해배상을 청구할 수 있는 효력을 말하며, 물권적 효력이란 B/L을 통한 화물에 대한 권리로 B/L의 양도는 화물에 대한 권리가 이전됨을 의미하며 B/L을 통하여 화물인도 청구권을 갖는다.

오늘날 무역에서의 인도는 매도인으로부터 매수인에게 현실적 인도(actual delivery)가 이루어지지 않고, 선하증권을 포함한 선적서류에 의한 상징적 인도(symbolic delivery)로 이행된다. 특히 B/L은 환어음(bill of exchange)과 결부되어 화환계약을 통하여 매도인은 인도의무의 이행과 이에 대한 대금수령이 가능하게 되고, 화환계약에 개입하는 은행은 유통성 B/L을 물적담보로 확보하여 안심하고 매수인을 대신하여 대금을 결제하기 때문에 매도인이 발행한 화환어음의 결제가 가능하게 되어 결국 오늘날 무역이 이루어지게 된다.

특히, 환어음에 선적서류가 결합된 화환어음(documentary bill of exchange)은 다시 신용장제도와 결부하여 발행은행의 지급확약을 기반으로 격지자간의 무역거래를 가능하게 만들었다.**

가. 선하증권의 발행절차

① 송화인은 운송인에게 Invoice, Packing List, Shipping Request 등을 가가 1

---

* 유가증권(valuable instrument)은 재산권을 나타내는 증서로 권리의 발생, 행사 또는 증서를 통하여 이루어진다. 유가증권은 유통성유가증권(negotiable valuable instrument)과 준유통성유가증권(quasi negotiable valuable instrument)으로 나눈다. 전자는 권리의 발생과 이전이 증권을 통하여 이루어지는 것으로 주로 자기앞수표 등 소지인식 증권이 이에 속한다. 후자는 권리의 이전이나 행사에만 증권이 필요한 경우로 선하증권 등이 이에 속한다.

** 선하증권의 상징적 인도는 배서를 통하여 권리이전이 가능하다. 배서의 방법은 기명식, 지시식, 백지식, 선택무기명의 방법이 있다.

부씩 작성하여 제출하고 각 사본을 소지하고 있다가 선하증권 발행시 대조한다.

② 운송인은 등록된 검량회사에 검량한 후 증명서를 받는다.

③ 운송인은 적하 예약목록을 작성하여 본선과 선적업자에게 통지한다.

④ 운송인은 선적업자 또는 송화인에게 선적지시서(shipping order)를 교부한다.

⑤ 송화인은 선적이 완료되면 본선수취증(M/R : Mate's Receipt)을 본선에서 수취하여 운송인에게 제출한다.*

⑥ 운송인은 M/R에 의하여 선하증권을 송화인에게 교부한다.

⑦ 송화인은 선하증권과 제반서류를 갖추어 거래은행에 제출하고 상품대금을 회수한다.

⑧ 송화인은 거래은행을 통해 L/C 발행은행에 선하증권 및 선적서류를 송부하고 상품대금을 회수한다.

⑨ L/C 발행은행은 수하인에게 선하증권을 교부하고 대금을 회수한다.

⑩ 수하인은 교부받은 선하증권을 운송인에게 제출하고 화물인도지시서를 교부받아 화물을 인도받는다.

나. 선하증권의 작성

① Shipper ; 송화인의 성명 또는 상호를 기재하며 혼동이 예상될 때는 주소를 명기하여 명확히 하는 것이 좋다.

② Consignee ; T/T 방식이나 D/P, D/A 방식에서는 수입업자의 상호 및 주소가 기재되나 신용장 방식에서는 신용장상에 표시된 문구에 따라 “TO ORDER, TO ORDER OF SHIPPER, TO ORDER OF 발행은행명” 등이 된다.

기명식	피배서인(Endorsee)의 성명 또는 상호를 기재하고 배서인(Endorser)이 서명
	예) Endorsee : “Deliver to A.B.C Co., LTD.” Endorser : “Korea Trading Co., LTD.(Signature)”
지시식	피배서인으로 Order of A.B.C. Co., LTD.라고 기재하고 배서인이 서명
백지식	피배서인명을 기재하지 않고 배서인이 서명
선택 무기명식	특정의 피배서인 또는 본권지참인이라고 기입하고 배서인이 서명
	예) A.B.C. Co., LTD. or bona fide holder Korea Trading Co., LTD.(Signature)

* 컨테이너화물, 특히 FCL 화물은 송화인 포장(shipper's pack)이므로 운송인은 송화인이 신고한 물품명세를 그대로 B/L에 기재하여 발급하기 때문에 B/L상에 부지약관(不知約款; unknown clause)인 ‘송화인의 적입 및 계량’(shipper's load and count) 또는 “송화인이 …을 적입하였다고 함”(said by shipper to contain) 등의 문언을 삽입함으로써 운송인은 내용물에 대한 책임을 면할 수 있다. 물론 신용장 거래에서는 이러한 부지약관이 있는 선하증권도 무고장 선하증권으로 수리하고 있다.

③ Notify Party ; 대개 신용장에 “Notify Accountee”라 기재되며 신용장 발행의뢰인 즉 수입업자 또는 수입업자가 지정하는 대리인이 통지처(화물도착시 연락처)로 기재된다.

④ Ocean Vessel ; 화물을 수송하는 선박명이 기재된다.

⑤ Port of Loading ; 화물을 선적하는 항구명 및 국명이 표시된다.

⑥ Place of Receipt ; 송화인으로부터 운송인이 화물을 수취하는 장소로 “Busan CY” “Busan CFS” 등으로 표기한다.

⑦ Voyage No. ; 운송선박의 운송회사나 선박회사가 임의로 정한 일련번호가 기재되는데 1항차는 출발항에서 목적 항을 거쳐 출발항에 회항하는 것으로 한다. 수출·수입을 구별하기 위하여 “East, West, South, North” 등을 표기한다.

⑧ Port of Discharge ; 화물의 양륙항 및 국명이 기재된다.

⑨ Place of Delivery ; 운송인이 책임지고 운송하여 수하인에게 인도하여 주는 장소를 명기한다.

⑩ Final Destination ; 화물의 최종 목적지를 표시하나 선하증권에 운임이 계상되어 있지 않는 경우는 단지 참조사항에 불과하다. 그리고 복합운송이 아닌 경우에는 기재되지 않는 경우가 많다.

⑪ B/L No. ; 선사가 임의로 규정한 표시번호를 기재한다. 통상 선적항과 양륙항의 알파벳 첫 글자 또는 약어를 이용하여 번호를 일련번호로 쓴다.(예, “BO-5001”; Busan-Osaka, “HMBU-9001”; Hamburg-Busan)

⑫ Flag ; 선박의 등록국적을 나타낸다. 해상 사고 시는 국제적 관례인 기국주의에 의한다.

⑬ Container No. ; 화물이 적재되는 Container No.를 표기한다.

⑭ Seal No. ; Container에 적재된 화물에 봉인을 한 Seal의 일련번호를 표기한다.

⑮ No of CONT or other PKGS ; 컨테이너 숫자나 기타 포장갯수를 기재한다.

⑯ Description of Packages and goods ; 포장명세서 및 상업송장에 기재된 상품의 내용을 열거하여 기재하며, B/L No.도 통상 표시되어진다.

⑰ Gross Weight, Measurement ; 등록 검량회사에서 검측된 중량 및 용적이 명기된다. 포장명세서, 상업송장과 일치되지 않는 경우 “Remark”를 부기하여야 한다. 화물에 이상이 있으면 송화인에게 파손 화물보상장(Letter of Indemnity : L/I)을 요구하여 첨부시킨다. 수출입의 경우 포장명세서와 B/L이 상이한 경우 통관되지 아니하므로 세심히 작성되어야 한다.

⑱ Freight and Charges ; 상품의 운송에 따른 제반비용의 명세로 Freight, CAF, BAF, CFS Charge, Wharfage 등이 통상 표시되며 Through B/L인 경우는 Inland Charge가 표시된다.

⑲ Revenue Tons ; 중량과 용적 중에서 운임이 높게 계산되는 편을 택하여 표시한다. 즉 총중량과 총용적에 각각의 운임단가를 곱하여 총중량의 운임이 총용적 보다 클 경우는 "K/T"를, 총용적이 클 경우는 "CBM"을 표시한다.

⑳ Rate ; Revenue ton당의 운임단가 및 CFS Charge, Wharfage*, BAF, CAF의 Percent 등이 표시된다.

㉑ Per ; 용적단위 또는 중량단위로 표시하고 Full Container의 경우는 Van 단위로 표시한다.

㉒ Prepaid / Collect ; CIF조건의 수출일 경우는 Prepaid난에 운임을 계산하여 표시한다. FOB조건의 수출일 경우는 Collect난에 계산 표시한다. 또한 운임의 지불조건은 Description of Goods난에 "Freight Prepaid", "Freight Collect"라고 통상 표시되므로 혼동은 되지 않으나 간혹 기재되지 않는 경우도 있으므로 구별하여 각각의 난에 기재하는 것이 좋다. 또한 복합운송의 경우는 각 구간마다의 운임을 표시하여 계산하는 것이 복합운송을 명백히 표시하는 방법이다.

㉓ Freight Prepaid At ; CIF 수출조건인 경우 운임이 지불되는 장소를 나타낸다. 즉 화물이 부산에서 선적 운송되고 서울에서 운임이 지불되는 경우는 'Seoul, Korea'라고 기재한다. 본란에 체크가 되어있음에도 운임이 지불되지 않았다면 발행자는 특별한 상거래가 없는 한 B/L을 발행 교부하지 않는다.

㉔ Freight Payable At ; FOB 수출조건으로 운임이 수하인 부담인 경우에 수하인의 운임 지불장소가 기재된다. 운임이 지불되지 않으면 운송인 또는 대리점은 화물인도 지시서(D/O : Delivery Order)를 발행·교부하지 않는다.

㉕ No. of Original B/L ; Original B/L의 발행통수를 기재한다. Original B/L은 통상 3통을 한 세트로 발행하는데 그 숫자에는 제한이 없다. Original B/L에는 "Original", "Duplicate" 등의 문구가 있고 은행과의 거래를 위하여 "Negotiable"이라는 문구도 표시된다. Original B/L의 경우에는 발행통수에 관계없이 그 한 장이라도 회수되면 나머지는 유가증권으로서의 효력을 상실한다(상법 816조). B/L 사본의 경우는 "Copy Non-Negotiable"이라 기재되며 B/L Copy는 유가증권으로서의 효력이 없고 단지 참조적인 서류에 불과하다

* Wharfage의 경우 국내에서는 1톤 이하는 무조건 올림으로 산정하고 있어, 만일 7.001 CBM이라면 8CBM으로 계산된다.

Bill of Lading

①Shipper/Exporter ABC TRADING CO. LTD. 1. PIL-DONG, JUNG-KU, SEOUL, KOREA	⑪B/L No. ; But 1004
②Consignee TO ORDER OF XYZ BANK	
③Notify Party ABC IMPORT CORP. P.O.BOX 1, BOSTON, USA	

Pre-Carrage by	⑥Place of Receipt BUSAN, KOREA	
④ Ocean Vessel WONIS JIN	⑦Voyage No. 1234E	⑫Flag

⑤Port of Loading	⑧Port of Discharge	⑨ Place of Delivery	⑩ Final Destination(For the Merchant Ref.)
BUSAN, KOREA	BOSTON, USA	BOSTON, USA	BOSTON, USA

⑬Container No. ⑭Seal No. Marks & No	⑮No. & Kinds of Containers or Packages	⑯Description of Goods	⑰Gross Weight	Measurement
ISCU1104	1 CNTR	LIGHT BULBS (64,000 PCS)	4,631 KGS	58,000 CBM
Total No. of Containers or Packages(in words)				

⑱Freight and Charges	⑲Revenue tons	⑳Rate	㉑Per	㉒Prepaid	㉓Collect

㉓Freight prepaid at	㉔Freight payable at	㉖Place and Date of Issue October 30, 2010, Seoul Signature
Total prepaid in	㉕No. of original B/L	
㉗Laden on board vessel Date Signature October 31, 2010		㉘ABC Shipping Co. Ltd. as agent for a carrier, zzz Liner Ltd.

㉖ Place of Issue ; /L의 발행 장소가 기재된다.

㉗ On Board Date and Issue ; B/L의 On Board Date가 기재되며 선적일과 발행일자는 보통 일치된다. Date of Issue가 On Board Date 보다 늦을 수는 있으나 빠른 경우는 B/L의 선발행이 되므로 은행에서 매입을 거절당할 수 있다. On Board의 하단에는 B/L 발행자의 Signature가 표시된다.

㉘ Carrier Name ; B/L 발행권자의 Signature가 표시된다. B/L 발행권자는 은행에 Signature를 등록하고 있으며 일단 발행권자가 Signature 한 후 B/L을 수정할 경우에는 재발급을 하든가 또는 "Correction" 도장을 날인한 후 서명을 하여야 한다. 그러나 중량 및 용적 등 상품의 가격에 영향을 미치지 않는 부분에는 "Correction" 도장만 날인해도 유효하다.

(2) 항공화물운송장

항공운송에서 해상운송의 선하증권에 해당하는 서류는 항공화물탁송장(Air Consignment Note: ACN)과 항공화물운송장(Air Waybill: AWB)이다. 전자는 바르샤바협약(1929)에서 인정하는 운송서류이고 후자는 헤이그의정서(1955)에서 인정하는 서류이다.*

오늘날 국제항공운송에 있어서 발행되는 항공화물운송장은 IATA(International Air Transport Association 국제항공운송협회)에 의해 양식과 발행방식이 규정되어 있다(IATA RESO 600).

항공화물운송장은 화물의 수령을 증명하는 영수증, 운송계약의 체결을 나타내는 운송계약의 증빙서류, 그리고 화물의 권리를 나타내는 권리증권의 기능을 동시에 갖고 있는 선하증권과는 달리 화물의 수령을 나타내는 영수증과 운송계약의 증빙서류의 기능만 갖는다. 즉, 선하증권과 같이 화물의 권리를 나타내는 권리증권적 기능이 없을 뿐 아니라 기명식으로 발행되어 유통성이 없다.

항공화물운송장은 항공운송인의 청구에 따라 송하인이 작성, 제출하는 것이 원칙이지만 항공사나 항공사의 권한을 위임받은 대리점(또는 항공운송주선업자)에 의하여 발행되는 것이 통례이다.(화물수취증의 역할도 하게 된다) AWB는 송하인과 항공운송인간의 항공운송계약의 성립을 입증하는 운송계약서이다. 그러나 운송장은 12통(원본 3통 + 부본 9통)으로 구성되어 있어 그 전통(全通; full set)이 모두 운송계약서는 아니며 송하인용 원본이 이에 해당된다. 신용장방식거래에서 AWB 전통을 요구하더라도 수출자는 네고시 1통의 AWB(Shipper용)만 제시하면 된다.**

---

* 화물운송장에는 바르샤바협약과 헤이그의정서에 따라 항공사가 행해야 할 사항을 화물운송장 원본 뒷면에 명백히 규정하고 그 규정에 따라 위탁받은 화물의 운송에 대한 책임을 지도록 되어 있다.

** IATA Air Waybill 원본의 사용처 ; Original 1(for Carrier), Original 2(for

가. 항공화물 운송장의 작성

① Airport of Departure ; 출발지 도시 또는 공항의 3-Letter Code 기입

② Shipper's Name and Address ; 송하인의 성명, 주소, 도시, 국명이 기입되며 전화번호도 함께 기입해 두는 것이 좋다.

③ Shipper's Account Number ; AWB 발행 항공사의 임의로 사용된다.

④ Consignee's Name and Address ; 수하인의 성명, 주소, 도시, 국명, 전화번호 등을 기입한다.

> ※ 은행 또는 화물대리점이 수하인 란에 기재될 경우
>
> 실재 수하인은 Handling Information란에 기재하도록 한다. 이 경우 화물인도 항공사는 은행이나 대리점을 수하인으로 간주하고 명확한 지시가 없이는 타인에게 인도하지 않는다.(신용장방식거래에서 Consignee를 신용장 발행은행으로 기재하도록 한 경우 나중에 발행은행은 AWB Original 2(for Consignee)에 배서하고 화물인도 승낙서를 발급하여 신용장 발행의뢰인(수입업자)에게 화물의 수취를 위임하게 됨)

⑤ Consignee's Account Number ; 고객 분류를 위한 부호를 기입하며, 인도 항공사의 임의로 사용한다.

⑥ Issuing Carrier's Agent Name and City ; AWB 발행 화물대리점의 이름 및 도시 명을 기입한다.

⑦ Agent's IATA Code ; 대리점의 IATA Code를 기재한다.

⑧ Account Number ; AWB 발행 항공사의 임의로 사용한다.

⑨ Airport of Departure(Address of First Carrier) and Requested Routing ; 출발지 공항과 운송구간을 기재한다.

⑩ Accounting Information ; 특별히 회계처리에 관한 내용을 기록한다. 예를 들어 운송료 지불방법(현금, 수표, MCO*)이나 GBL번호** 등 기타 필요한 내용을 기록한다.

Consignee), Original 3(for Shipper)

* MCO(Miscellaneous Charges Order)는 추후 발행될 항공권에 관련하여 지불될 운임 또는 해당 승객의 항공 여행 중 부대 Service Charge를 선 징수한 경우 발행되는 지불 증표이다.

** U.S Government Bill of Lading 의 약어로 미국정부기관이 화물운송을 위하여 발행하는 운임지불 보증서로 운송명령 또는 의뢰, 화물취급 지시서, 화물인도증, 운임지불 보증서로 되어 있다.

⑪ Routing and Destination ; 예약에 의한 첫 구간의 도착지와 수송 항공사명을 기입한다. 이때 항공사명은 'full name'을 적는다. 최종목적지까지 2개 이상의 항공사가 수송에 개입할 경우 각 경유지와 해당구간을 수송하는 항공사명을 code로 기입한다. 한 도시에 2개 이상의 공항이 있을 경우는 도착지 공항의 3Letter Code*를 기입한다.

⑫ Currency ; AWB 발행국 화폐단위 Code를 기입하며 AWB에 나타난 모든 금액은 본란에 표시되는 화폐단위와 일치하는 것이어야 한다.(단, 'Collect Charges in Destination Currency' 란에 표시되는 금액은 제외)

⑬ Charge Code ; 항공사의 임의로 사용된다.

⑭ Weight/Valuation, Charge-Prepaid/Collect ; 화물운임의 지불방식에 따라 선불(PPD) 또는 착불(COLL)란에 '×'자로 표시한다. 화물운임과 종가요금은 둘 다 모두 선불 또는 착불이어야 하며 화물운임은 선불, 종가요금은 착불 등의 형태는 불가능하다.

⑮ Other Charges at Origin-Prepaid/Collect ; 화물운임과 종가요금을 제외한 출발지에서 발생된 기타요금을 지불방식에 따라 선불 또는 착불란에 '×'자로 표시한다.

⑯ Declared Value for Carriage ; 송하인의 운송신고가격을 본란에 기재한다. 화물의 분실이나 파손인 경우 동 금액은 손해배상의 기준이 되며 종가요금 산정도 동 금액을 기준으로 계산된다. 가격신고 방법은 일정한 금액을 신고하는 것과 무가격 신고(No Value Declared, NVD로 표시함)의 2가지 방법 중 화주가 임의로 선택할 수 있다.

⑰ Declared Value for Customs ; 세관통관 목적을 위해 송하인의 세관신고 가격을 기록한다. NCV(No Customs Value)도 가능하다.

⑱ Airport of Destination ; 최종 목적지인 공항이나 도시 명을 'full name'으로 기록한다.

⑲ Flight/Date ; 화주가 요청한 예약 편을 기입하는 것이 아니고 항공사 임의로 사용된다. 그러나 본란에 기입된 Flight가 확정된 것은 아니다.

⑳ Amount of Insurance ; 화주가 보험에 부보 하고자 하는 보험금액을 기록한다. 보험에 부보 하는 금액은 대체로 운송신고가격과 일치하며 보험에 부보하지 않을 때는 공백으로 남겨둔다.

---

* 3Letter code는 알파벳 3자로 구성한 세계주요도시 및 공항을 의미하는 것으로, ICN(인천), SEL(서울), DCA(워싱톤), HKG(홍콩), BJS(북경) … 등이 있다.

㉑ Handling Information ; AWB의 다른 란에 표시할 수 없는 사항들을 나타내기 위해 사용된다. 충분한 여백이 없을 때는 별도 용지의 사용이 가능하다. 일반적으로 화물의 포장방법 및 포장표면에 나타난 식별부호・번호, 수하인 외에 화물 도착 통보를 할 필요가 있는 사람의 주소・성명, AWB과 함께 동반되는 서류명, Non-Delivery로 인한 화물의 경우 최초의 AWB 번호를 기입, 인도불가시의 연락처 기입(In case of inability to deliver to consignee contract :), 기타 화물운송과 관련된 제반 지시 또는 참고사항 등이 기재될 수 있다.

㉒ Consignment Details and Rating ; 화물요금과 관련 세부사항을 기록한다.

Number of Pieces	화물의 개수를 기입, 총 개수는 아래의 합계란에 표시한다.
RCP(Rate Combination Point)	요율결합지점을 표시해 줄 필요가 있을 경우 해당도시 3Letter Code를 기입한다.
Actual Gross Weight	화물의 실제무게를 기입하며 합계중량은 아랫부분에 표시한다. BUC를 적용했을 경우는 사용된 ULD의 자중을 화물무게 아래에 적어둔다.
kg/lb	무게단위를 기입한다.(Kilogram : K, Pound : L로 표시)
Rate Class	화물요율에 따라 아래 Code중 사용된다. M(Minimum Charge), N(Normal under 45kg(1001b) rate), Q(Quantity over 45kg(1001b) rate), C(Specific Commodity Rate), R(Class Rate(less than normal rate), S(Class Rate(more than normal rate)), U(Pivot weight and applicable pivot weight charge), E(Weight in excess of pivot weight and applicable rate), X(Unit Load Device(as an additional line entry with one of the above)), P(Small Package Service), Y(Unit Load Device Discount)
Commodity Item Number	SCR이 적용될 경우 품목번호 기재, CCR이 적용될 경우 해당 Percentage 표시, BUC를 적용했을 경우 ULD*의 Rating Type을 표시

Chargeable Weight	화물의 실제중량과 부피중량 중 높은 쪽의 중량을 기입한다. 이때 소숫점이 있을 경우 이를 처리하여야 한다.
Rate/Charge	kg당 또는 lb당 적용요율을 기입한다. 최저운임 적용시는 최저운임 기입하고 BUC 적용시에는 해당 ULD의 최저적용운임(Pivot Charge) 기입하며 화주소유 ULD에 대한 ULD 할인금액을 기입하도록 한다.
Total	운임적용중량(Chargeable Weight)×요율(Rate/Charge) 금액을 기입한다. 서로 다른 요율이 적용되는 품목이 둘 이상의 경우의 총합계 금액은 아랫부분의 빈칸에 기입한다.
Nature and Quantity of Goods(Include Dimensions or Volume)	화물의 품목을 기입한다. 필요시에는 상품의 원산국을 기입하기도 한다.(부피중량이 적용되는 화물포장의 칫수를 최대가로×최대세로×최대높이의 순으로 표시하고 BUC 적용시 사용된 ULD의 IATA Code를 기입하며 본란의 여백이 부족할 경우 'Extension List'를 사용할 수 있다)

㉓ Weight Charge(Prepaid/Collect) ; 운임 지불방법에 따라 선불 또는 착불란에 해당화물의 운임을 기입한다.

㉔ Valuation Charge(Prepaid/Collect) ; 화주의 신고가격에 따라 부과되는 종가금액을 지불방법에 따라 선불 또는 착불란에 기입한다. 화물운임과 종가요금은 양자 모두가 선불이거나 또는 착불이어야 한다. 즉, 운임선불, 종가요금은 착불 또는 그 반대의 경우 등은 인정되지 않는다.

㉕ Other Charge ; 화물운임 및 종가요금을 제외한 기타비용의 명세 및 금액을 기입한다. 명세를 표시하기 위해서는 아래의 Code가 사용된다.*

* ULD(Unit Load Device)는 항공 화물을 담기 위한 컨테이너나 팔레트 등을 의미한다.
* Code는 금액 앞에 표시해야 하며 상기 제비용들의 귀속여부를 확실히 하기 위해 항공사 몫일 경우 C, 대리점 몫일 경우 A로 표시한다. 이 때 'A' 또는 'C'의 표시는 비용 Code와 금액 사이에 기재한다.(예-PU 'C' : 35.00)

AC	Animal Container	PU	Pick Up
AS	Assembly Service Fee	SO	Storage
AW	Air Waybill Fee	SU	Surface Charge
CH	Clearance and Handling	TR	Transit
DB	Disbursement Fee	TX	Taxes
IN	Insurance Premium	UH	ULD Handing
MO	Miscellaneous		

㉖ Total Other Charge ; 출발지에서 발생된 'Other Charge'란의 제비용은 선불/착불(Prepaid/Collect)로 구분하여 기입한다. 본란에 운임이나 종가요금을 제외한 항공사의 제비용과 AWB 발행수수료 중 대리점수수료는 기입하도록 한다. 기타 제비용은 기입할 필요가 없으나 착불 금액은 표시하여야 한다.

㉗ Total Prepaid ; 운임, 종가요금, 기타 제비용(항공사 수수료, 대리점 수수료 포함) 중 선불란에 표시된 금액의 합계를 기입한다.

㉘ Total Collect ; 운임, 종가요금, 기타 제비용 중 착불란에 표시된 금액의 합계를 기입한다.

㉙ Shipper's Certification Box ; 송하인 또는 그 대리인의 서명(인쇄, 서명 또는 Stamp)이 표시된다.

㉚ Carrier's Execution Box(항공화물운송장 번호) ; AWB 발행일자 및 장소, 항공사 또는 그 대리인의 서명이 표시된다. 월(月)의 표시는 영어로 'Full Spelling' 또는 약자로 표기하여야 한다.

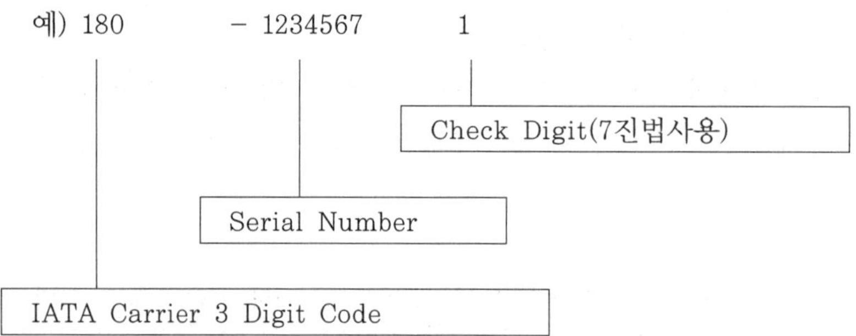

Shipper's Name and Address	Shipper's Account Number	Not negotiable **Air Waybill** *issued by* KOREAN AIR
		Copies 1, 2 and 3 of this Air Waybil are originals and have the same validity.
Consignee's Name and Address	Consignee's Account Number	It is agreed that the goods described herein are accepted in apparent good order and condition (except as noted) for carriage SUBJECT TO THE CONDITIONS OF CONTRACT ON THE REVERSE HEREOF. THE SHIPPER'S ATTENTION IS DRAWN TO THE NOTICE CONCERNING CARRIER'S LIMITATION OF LIABILITY. Shipper may increase such limitation of liability by declaring a higher value for carriage and paying a supplemental charge if required.
Telephone :		
Issuing Carrier's Agent Name and City		Accounting Information
Agent's IATA Code	Account No.	
Airport of Departure(Addr. of First Carrier) and Requested Routing		

TO	By First Carrier	Routing and Destination	to	by	to	by	Currency	CHGS Code	WT/VAL (PPD / COLL)	Other (PPD / COLL)	Declared Value for Carriage	Declared Value for Customs

Airport of Destination	Flight/Date	For Carrier Use Only	Flight/Date	Amount of Insurance	INSURANCE-If Carrier offers Insurance, and such insurance is requested in accordance with conditions on reverse hereof, indicate amount to be insured in figures in box marked 'amount of Insurance'.

Handling Information

No. of Pieces RCP	Gross Weight	kg / lb	Rate Class / Commodity item No.	Chargeable Weight	Rate / Charge	Total	Nature and Quantity of Goods (incl. Dimensions or Volume)

Prepaid	Weight Charge	Collect	Other Charges
	Valuation Charge		
	Tax		
	Total Other Charges Due Agent		Shipper certifies that the particulars on the face hereof are correct and that insofar as any part of the consignment contains dangerous goods, such part is properly described by name and is in proper condition for carriage by air according to the applicable Dangerous Goods Regulations.
	Total Other Charges Due Carrier		Signature of Shipper or his Agent
Total Prepaid		Total Collect	
Currency Conversion Rates		CC Charges In Dest. Currency	Executed on(date) at(place) Signature of Issuing Carrier or its Agent
For Carrier's Use Only at Destination		Charges at Destination	Total Collect Charges

ORIGINAL 3(FOR SHIPPER)

(3) 복합운송증권

복합운송은 복합운송인(MTO: Multimodal Transport Operator)*이 자기명의로 동일목적물에 관하여 서로 다른 2가지 이상의 운송수단 또는 방법에 의한 물품운송을 말한다.

복합운송은 해상운송이나 항공운송을 이용하여 항구에서 항구까지나, 혹은 공항에서 공항까지 구간의 운송뿐만 아니라 송화인의 문선에서 항구나 공항까지 그리고 도착지 항구나 공항에서 수화인의 문전까지 한사람의 운송주선인에게 의뢰하여 송화인의 창고에서부터 수화인의 공장 혹은 창고까지 물류의 전 구간을 책임지고 운송하는 'Door to Door' 서비스이다.

복합운송증권은 "Multimodal Transport B/L, Combined Transport B/L, Intermodal Transport B/L, Through B/L, FIATA B/L, Combined Transport Document(CTD)" 등의 다양한 종류가 있으나 국제복합운송주선업협회연맹(International Federation of Freight Forwarders Association; FIATA)이 1970년 도입한 FIATA B/L이 보편적으로 사용되고 있다.

가. 복합운송증권의 유의사항

복합운송증권의 경우 복합운송주선인에 의해서 발행되는 경우가 많으므로 "on board" 상태가 아닌 수취한 상태에서 발행되는 경우가 있어 문제**가 발생하기도 한다. 이 경우를 대비하여 선적부기 표시를(선적항, 선적일자와 서명권자의 서명) 확인하고, 운송인 명칭(carrier 또는 as agent of carrier)과 서명, 신용장에 명시된 발송지, 수탁지, 선적지 및 최종목적지가 기재되었는지, 용선계약***이 적용되었는지 확인한다.

---

* 1980년 MT조약상 "스스로 또는 대리인을 통해 복합운송계약을 체결하고, 송하인이나 복합운송사업에 참여하는 운송인을 대신하여 또는 그 대리인으로서가 아니라 주체로서 행위를 하며 또한 계약의 이행에 대한 책임을 부담하는 자"라고 정의되어 있으므로 운송주선인(freight forwarder)이나 무선박 공중운송인(NVOCC)도 복합운송인이 될 수 있다.

** UCP600 19조 (a) ii에서 발행 일자를 선적일로 본다고 하는 규정이 있지만 실제 매입은행에서 본선적재부기가 없으면 하자로 잡는 경우가 종종 있다.

*** 운송주선인이나 NVOCC가 용선을 하여 화물을 운송하는 경우가 간혹 있으므로 부의하도록 한다. 은행에서는 용선계약에 의한 복합운송증권을 수리거절한다.

나. 복합운송증권의 작성

① Consignor ; B/L의 양식에 따라 Shipper나 Exporter라고 된 B/L양식도 있다. 공란에는 송화인(수출자)의 이름과 주소를 기재한다.

② Consignee(Complete Name and Address/Non-Negotiable Unless Consigned to order) ; T/T 송금방식이나 D/P, D/A와 같은 비 신용장 방식에서는 일반적으로 수입업자의 상호와 주소를 기재한다. 신용장 방식에서는 신용장의 지시에 따라 "To order, To order of shipper, To order of opening(issuing) bank"가 된다.

③ Notify Party ; 화물의 도착 통지 처를 말한다. Consignee와 다른 물품의 이해관계가자가 통지처로 지정됐을 때는 그 업체의 연락처 등을 기재하며 일반적으로 송금방식 등 비신용장 방식에서는 Consignee와 같기 때문에 "Same as Consignee" 라고 표기해도 된다. 신용장 방식에서는 신용장의 지시에 따라야 하며 일반적으로 'Notify Accountee'라고 되어 있거나 'Notify Accountee and XXX'라고 통지처가 두군데인 경우도 있다.

④ Pre-Carriage by ; 본선에 선적하기 위해 모선까지의 Feeder선을 이용할 경우 Feeder선 명, 트러킹인 경우 트럭명 등을 기재한다.

⑤ Place of Receipt ; 송화인으로부터 운송인이 화물을 수취하는 장소이다. 일반적으로 "Busan C.Y., Busan CFS" 등으로 표기 되나 "Busan, Korea"와 같이 표기되기도 한다.

⑥ Vessel/Voyage No. ; 화물을 운송하는 선박 명을 기재한다. Voyage No.는 항차번호로 1 항차는 출발항에서 목적항을 거쳐 출발항으로 회항하는 것을 말하며 'East, West, South와 North' 등의 약자인 E. W. S, N을 함께 병기함으로써 출발항을 기준으로 수출인지 수입인지 구별할 수 있도록 표시하기도 한다.

⑦ Port of Loading ; 화물을 선적하는 항구를 말하며 "Busan, Korea"나 "Kobe, Japan"처럼 항구명과 국명을 표기한다.

⑧ Port of Discharge ; 화물의 양륙항과 국명을 기재 한다.

⑨ Place of Delivery ; 화물을 운송인이 책임지고 수하인에게 인도하여 주는 장소를 기재한다.

⑩ Final Destination ; 화물의 최종 목적지를 표시한다. 선하증권에 운임이 계상되어 있지 않은 경우는 단지 참고사항에 불과하여 기재되지 않은 경우도 많으나 최종목적지를 기재함으로써 다음의 운송수단과 경로를 예측하여 준비할 수 있다.

⑪ B/L No. ; 선사나 B/L 발행기관이 임의로 정한 번호를 기재한다. 일반적으로 선적항과 양육항의 로마자 알파벳의 머리글자를 이용하고 그 다음에 아라비아 숫자로 일련번호를 쓰는 경우가 많다. 하지만 반드시 그런 것은 아니고 발행인의 고유한 방법으로 표기한다.

⑫ Marks & Numbers ; 포장 겉면에 표시된 화물의 화인과 수량을 표기한다.

⑬ Container & Seal No. ; 화물이 적재된 'Container No.'와 Container를 봉인한 'Seal의 No.'를 표기한다.

⑭ Number and Kind of Containers or Package ; 포장의 숫자와 종류 또는 컨테이너의 종류와 수량을 표기한다.

⑮ Description of Goods ; 상업송장이나 포장명세서에 기재된 상품의 내용을 열거하여 기재한다. 바이어 측의 요구에 의해 H.S Code나 B/L No.가 기재되는 경우도 있다. 복합운송의 경우 부지조항("said to contain", 또는 "shipper's load and count")이 기재되기도 한다.

⑯ Gross Weight ; 화물의 총중량이 기록된다. 송화인이 선박회사에 직접 선적요청을 하고 선박회사가 지정하는 곳에서 화물을 인도하는 경우나 LCL Cargo의 경우 지정된 CFS에서 등록된 검정회사의 검측을 받을 때, Invoice, Packing List와 일치하지 않으면 문제가 될 수도 있다. 화물에 이상이 있으면 파손화물보상장(letter of indemnity)을 제출하고 무사고 B/L을 받을 수 있다. 하지만 FCL Cargo의 경우 컨테이너를 Door에서 적재작업 할 경우는 부지조항을 B/L상에 표시하는 것으로 이 모든 것을 갈음하고 있다.

⑰ Measurement(용적) ; 화물의 용적을 표시한다. 화물의 가로 세로 높이를 곱해서 CBM(I CBM=1 Cubic Meter = 1㎥ = 1m × 1m × 1m)을 표시한다.(예, 1m × 1.2m × 1.7m는 용적이 2.04 CBM)

⑱ CFS/CFS ; 선적항 CFS에서 양륙항 CFS까지 운송한다는 의미로서 LCL화물의 경우는 'CFS/CFS'(CFS to CFS), FCL화물의 경우는 'CY/CY'(CY to CY)가 된다.

⑲ Laden On Board ; 화물이 실제 선적된 날짜가 기재되며 선적일과 발행일은 보통 같다. 발행일이 선적일보다 늦을 수는 있지만 발행일이 선적일 보다 빠른 경우는 B/L을 선 발행한 것이므로 은행의 매입거절을 당할 수 있다. On Board 하단에는 선적일자가 기재되고 서명권자의 사인이 있다.

⑳ TOTAL NUMBER OF CONTAINER OR PACKAGE(IN WORD) ; B/L양식에 따라 이런 난이 있으면 컨테이너의 개수나 포장물의 개수를 아라비아 숫자가 아

닌 말로 풀어서 써주고 아라비아숫자는 ( )안에 병기한다.

㉑ Freight & Charge ; FOB조건의 경우는 “FREIGHT COLLECT”라고 기재하고 CFR이나 CIF의 경우에는 “FREIGHT PREPAID” 또는 “PREPAID ARRANGED”라고 기재한다.

㉒ FREIGHT PAYABLE AT ; FOB조건의 경우 공란에 “DESTINATION”이라고 표기하면 되고 CFR이나 CIF의 경우는 선적항과 국명이 기재한다.(예, SEOUL, KOREA.)

㉓ PLACE AND DATE OF ISSUE ; B/L의 발급장소와 날짜를 기입한다.(예, APR.20.2009 SEOUL, KOREA.)

㉔ NO. OF ORIGINAL B/L ; 본 서식에서는 B/L이 SURRENDER되었기 때문에 NIL이라고 표기 되었으나 일반적으로 B/L원본은 3통이 발행되므로 문자로 “THREE”라고 표기하고 괄호 안에 아라비아 숫자로 3이라고 기재한다.(예, THREE(3))

㉕ SIGNATURE ; 발행권자의 등록된 서명을 한다. 이 때 B/L을 운송인(carrier)으로서 발행하는지 대리인(agent)자격으로 발행하는 것인지 명확히 표기되었는지를 확인한다. 그리고 서명을 한 후 B/L을 수정할 필요가 있을 경우 재발급을 하든가 “CORRECTION” 도장을 날인한 후 수정한 곳에 서명을 하여야 한다.

㉖ FOR DELIVERY OF GOODS PLEASE APPLY TO ; 화물도착지의 선박회사 대리점이나 운송주선인의 대리점 주소, 전화번호 등을 명기한다.

Consignor

[illegible] O,

Consigned to order of

STEAM POWER CAR WASH
LOWER CAR PARK, MARKETPLACE
SHOPPING CENTRE, CNR FLOOD ST &
MARION STREET, LEICHHARDT, **

Notify address

SAME AS CONSIGNEE
**NSW, AUSTRALIA

KIFFA
KR M187

DSCCSYD08040166

NEGOTIABLE FIATA
MULTIMODAL TRANSPORT
BILL OF LADING
issued subject to UNCATD/ICC Rules for Multimodal Transport Documents (ICC Publication 481).

DONGSUE CONSOLIDATION CO.,LTD.

Place of receipt	BUSAN, KOREA
Ocean vessel: MAERSK JAUN 0807	Port of loading: BUSAN, KOREA
Port of discharge: SYDNEY, AUSTRALIA	Place of delivery: SYDNEY, AUSTRALIA

SURRENDERD

Marks and numbers	Number and kind of packages	Description of goods	Gross weight	Measurement
W/B NO.1 MADE IN KOREA ### Container & Seal No ### MSCU2969241/5154916	1W/BOX	SAID TO CONTAIN ONE (1) WOODEN BOX OF STEAM BOILER E-5 3EA STEAM HOSE, NOZLE 3EA STEAM GUN 13EA *PACKED IN A WOODEN CRATE *BTN/H.S CODE 8402.12.000	346.00 KGS	1.760 CBM

COPY
NON-NEGOTIABLE

LADEN ON BOARD
APR.18.2008

CFS/CFS

FREIGHT COLLECT
SAY : ONE(1) W/BOX ONLY.
*** ORIGINAL B/L HAS BEEN SURRENDERED ***

according to the declaration of the consignor

Declaration of Interest of the consignor in timely delivery(Clause 6. 2.)

Declared value for ad valorem rate according to the declaration of the consignor(Clauses7 and 8).

The goods and instructions are accepted and with subject to the Standard Conditions printed overleaf.

Taken in charge in apparent good order and condition, unless otherwise noted herein, at the place of receipt for transport and delivery as mentioned above.

One of these Multimodal Transport Bills of Lading must be surrendered duly endorsed in exchange for the goods. In Withness whereof the original Multimodal Transport Bills of Lading all of this tenor and date have been signed in the number stated below, one of which being accomplished the other(s) to be void.

Freight amount	Freight payable at	Place and date of issue
COLLECT FREIGHT US$88.00	DESTINATION	SEOUL, KOREA APR.18.2008
Cargo insurance through the undersigned ☐not covered ☐Covered according to attached Policy	Number of Original FBL's NIL	Stamp and signature
For delivery of goods please apply to: CAROTRANS OCEANIA PTY LTD. - AUSTRALIA TEL) +61 2 9384 7997FAX) +61-2-9384 7917 ATTN) EMMA ATKIN		DONGSUE CONSOLIDATION CO.,LTD. AS CARRIER

4) 보험증권

보험계약자(피보험자)의 신청을 보험자가 승낙하면 보험계약은 성립되며 보험자는 통상 보험증권(insurance policy)을 발행한다. 보험증권은 보험계약 성립의 증거로서 보험자가 피보험자의 청구에 의하여 교부하는 것으로 유가증권이 아닌 증거증권이어도 통상 배서 내지 인도에 의하여 권리가 이전된다.

(1) 보험조건

가. 구약관과 신약관

구약관은 분손부담보(Free from Particular Average; FPA), 분손담보(With Average; WA), 전위험담보(All Risks; A/R)조건으로 구분된다. FPA조건은 단독해손부담보조건이라고도 하는데 보통 담보되는 위험에 의해 발생한 전손과 공동해손은 보상되지만 단독해손인 분손은 원칙적으로 보상되지 않는 조건이다. WA조건은 단독해손 담보라고도 하며 전손과 공동해손은 물론 단독해손인 분손도 보험증권에 열거된 일반적으로 담보하는 위험에 의한 손해에 대하여는 모두 보상해 주는 조건이다. FPA조건은 법률 또는 약관에 의해 면책되는 것 이외의 모든 멸실·손상을 보상해 주는 조건이다. 즉 All Risks 조건의 경우에는 보통 담보하는 위험 이외에 보험증권에 열거되어 있지 않은 이른바 특약에 의해 담보하는 위험을 제외하고는 원칙적으로 모든 위험이 담보된다.

신보험약관은 종래의 A/R, WA, FPA조건을 개선하여 ICC(A), ICC(B), ICC(C)조건을 재정한 것이다. ICC(A)는 A/R조건과 동일하지만 ICC(B)와 ICC(C)는 종래의 WA나 FPA조건과 비교하여 그 내용에 변화가 있다. 종래의 WA나 FPA조건에서는 단독해손에 대하여 많은 제한을 가하였지만 신약관에서는 담보위험에 의한 손해로 인한 전손 또는 분손에 관계없이 보상하며 더욱이 소손해에 대하여도 보험자가 면책되지 않도록 하였다.

나. 추가담보위험

보험계약의 기본조건 중 ICC(B) 및 ICC(C)는 열거 책임주의를 취하고 있으므로 동조건 상에 규정된 부담위험으로 인하여 발생한 손해에 대해서만 보험자가 책임을 진다. 따라서 규정된 담보위험 이외의 위험에 대하여 부보하기 위해서는 특약을 필요로 한다. 특약에 의하여 추가보험료를 지급하고 부보 하는 위험을 부가위험이라 한다. ICC(A) 조건에서는 각종의 부가위험*이 포괄적으로 담보된다.

---

* Theft, Pilferage and Non-Delivery(T.P.N.D : 도난, 발하, 불착손), Rain &/or Fresh Water Damage(R.W.D. : 빗물 및 담수에 의한 손해), Contact with Oil &/or Other

다. 전쟁 / 동맹파업약관

ICC(A), (B) 및 (C)의 어떠한 조건으로 부보 하더라도 전쟁위험과 동맹파업위험은 면책되므로 이들 위험을 담보받기 위해서는 특약을 필요로 한다. 이에 대한 약관으로는 협회전쟁 약관(Institute War Clause : IWC) 및 협회동맹파업약관(Institute Strikes Clause : ISC)이 있다. 해상보험에 있어서의 전쟁의 개념은 국가 간의 전쟁상태 이외에 내란, 혁명 등 국내의 변란을 포함하며 동맹파업 위험은 노동쟁의, 소요, 폭동 등의 위험을 뜻한다.

(2) 보험증권의 작성

① Certificate No.(보험증권 번호) ; 보험자가 피보험자에게 보험 증권을 교부할 때 붙이는 일련번호이다.

② Assured(피보험자 또는 보험계약자) ; 수출입회사명을 기재하는데 CIF 계약의 수출인 경우 피보험자에 대하여 별도의 약정이나 지시가 없으면 수출업자 자신을 피보험자로 하여 수출환어음 매입 시에 백지배서(blank endorsement)에 의해 양도하도록 한다.

③ Ref. No.(참조번호) ; 보험자가 업무상 참조하기 위한 번호로써 통상 수출의 경우에는 신용장 또는 계약서 등의 번호를, 수입의 경우에는 상업송장 또는 계약서 등의 번호를 기재한다.

④ Amount insured(보험금액) ; 보험자가 보험계약자에게 보험사고가 발생하였을 때 지불하는 손해보전액 즉 보험금(loss or claim paid)이다. 보험금액은 당사자의 합의에 의하여 정해지지만 보험가액과 동액 또는 그 이하가 되어야 한다. 보험금액과 보험가액이 동액인 경우를 전부보험, 보험금액이 보험가액의 일부인 경우를 일부보험이라고 하는데 대부분의 해상보험은 전부보험(부보 최고가액)이다. 보험가액의 기준인 CIF/CIP 금액을 알 수 없는 경우에는 요구된 결제액, 매입액 또는 송장에 나타난 물품에 대한 총가액 중 더 큰 금액을 기준으로 산출한다.

⑤ Conditions(보험조건) ; 어떠한 보험조건을 선택하느냐 하는 문제는 보통 매매계약을 체결할 때에 매매당사간의 합의에 의해 결정된다.

⑥ Claim, if any, payable at(보험금지불지) ; 일반적으로 수출의 경우에는 화물의 최종 목적항이 기재되고 수입의 경우에는 당해 보험자명이 기재된다.

Cargo(C.O.O.C : 유류 및 타물건과의 손해), Breakage(파손), Leakage &/or Shortage (L.S : 누손, 부족손), Sweat &/or Heating(S.H. : 습기와 가열에 의한 손해), Denting &/or Bending(D.B : 곡손), Contamination(오염), Spontaneous Combustion(자연발화), Mould & Mildew(곰팡이로 인한 손해), Rats & Vermin(쥐 및 벌레에 의한 손해) 등

⑦ Survey should be approved by(손해사고 통지서) ; 피보험화물에 손해가 발생하였을 때 지체 없이 고지하여야 할 곳이다. 수출의 경우에는 최종 목적 항에 있는 보험자의 대리점의 상호 및 주소가 명시되고, 수입의 경우에는 보험자명이 기재된다.

⑧,⑨Local Vessel or Conveyance, From(interior port or place of loading) ; 화물의 출하지와 선적지가 다른 경우에 출하지로부터 선적지까지의 운송화물에 대한 부보시 기재하게 되는데 ⑧은 국내운송 수단이며 ⑨는 출하항 또는 출하지이다.

⑩ Ship or Vessel called the ; 화물을 적재하는 선박명이 기재된다.

⑪ Sailing on or abount ; 적재선박이 선적항을 출항하는 년월일 또는 예정 년월일을 기재한다. 특히 수출의 경우에는 선하증권상의 내용과 일치하도록 하여야 한다.

⑫ at and from ; 선적항

⑬ transshipped at ; 환적이 있는 경우 환적항

⑭ arrived at ; 양륙항을 기재한다.

⑮ thence to(최종 목적지와 운송수단) ; 최종 목적지가 내륙지방에 있어 양륙 항에 목적지가 상이한 경우, 운송약관에 따라 양륙항에서 최종목적지까지의 운송화물에 대하여 부보할 때 최종목적지와 운송수단를 기재한다.(예, 양륙항-New York / 최종목적지-Chicago / 철도이용 운송한다면, "thence to Chicago by rail"로 기재하거나 운송수단이 불명확하면 "land conveyance" 또는 "any conveyance"라고 기재)

⑯ Goods and Merchandiese(피해보험 화물의 명세) ; 화물의 품명, 수량, 화인 등을 신용장이나 선하 증권사의 기재내용대로 기입한다.

⑰ 보험증권의 발행지와 발행일 ; 발행일은 선하증권 발행일보다 우선되어야 한다.

⑱ 보험증권의 발행매수 ; 보통 2통이 발행되는데 보험자가 1통에 대하여 변제하면 나머지 1통은 무효가 된다.

⑲ 보험자의 서명 ; 해상보험증권은 보험자 또는 보험자의 대리인에 의하여 서명되지 않으면 안 된다. 다만 보험자가 법인인 경우에는 법인의 인장으로 충분하다. 우리나라에서는 보험회사의 해상보험 부문의 책임자가 서명하는 것이 보통이다.

⑳ 본문 약관* ; 개정된 보험증권의 신양식 본문약관은 종전양식의 본문약관보다 아주 간결하게 되어 있다. 그 내용은 준거법 약관, 타보험 약관, 약인 약관, 선서 약관으로 되어 있다.

---

* 난외약관 ; 종전양식에 있던 이태릭서체 약관과 대치된 것으로써 Important Clause(중요사항약관)라 하는데 클레임 발생시에 피보험자가 취해야 할 각종 조치 및 절차 등을 일괄 규정하고 있다.

LG Insurance Co., Ltd.
CERTIFICATE OF MARINE CARGO INSURANCE

Assured(s), etc ② THE SAMWON CORPORATION

Certificate No. ① 002599A65334	Ref. No.③ Invoice No. DS-101031 L/C No. IOMP20748
Claim, if any, payable at : ⑥ GELLATLY HANKEY MARINE SERVICE 842 Seventh Avenue New York 10018 Tel(201)881-9412 Claims are payable in	Amount insured ④ USD 65,120.- (USD59,200 XC 110%)

Survey should be approved by ⑦ THE SAME AS ABOVE		Conditions ⑤ * INSTITUTE CARGO CLAUSE(A) 1982 * CLAIMS ARE PAYABLE IN AMERICA IN THE CURRENCY OF THE DRAFT.
⑧ Local Vessel or Conveyance	⑨From(interior port or place of loading)	
Ship or Vessel called the ⑩ KAJA-HO V-27	Sailing on or abount ⑪ OCT 20, 2010	
at and from ⑫ PUSAN, KOREA	⑬ transshipped at	
arrived at ⑭NEW YORK	⑮ thence to	

Goods and Merchandiese ⑯ 16,000YDS OF PATCHWORK COWHIDE LEATHER	Subject to the following Clauses as per back hereof institute Cargo Clauses Institute War Clauses(Cargo) Institute War Cancellation Clauses(Cargo) Institute Strikes Riots and Civil Commotions Clauses Institute Air Cargo Clauses(All Risks) Institute Classification Clauses Special Replacement Clause(applying to machinery) Institute Radioactive Contamination Exclusion Clauses Co-Inssurance Clause Marks and Numbers as

Place and Date signed in ⑰ SEOUL, KOREA OCTOBER 20, 2010. No. of Certificates issued. ⑱ TWO

⑳ This Certificate represents and takes the place of the Policy and conveys all rights of the original policyholder(for the purpose of collecting any loss or claim) as fully as if the property was covered by a Open Policy direct to the holder of this Certificate.
This Company agrees lossed, if any, shall be payable to the order of Assured on surrender of this Certificate.
Settlement under one copy shall render all other null and viod.
Contrary to the wording of this form, this insurance is governed by the standard from of English Marine Insurance Policy.
In the event of loss or damage arising under this insurance, no claims will be admitted unless a survey has been held with the approval of this Compay's office or Agents specified in this Certificate.

SEE IMPORTANT INSTRUCTIONS ON REVERSE
⑲ LG Insurance Co., Ltd.

AUTHORIZED SIGNATORY

This Certificate is not valid unless the Declaration be signed by an authorized representative of the Assued.

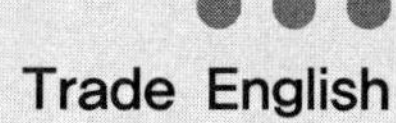

제 2 편

수출입 상황별 무역서신영어

제 1 장

계약체결전

제1절 일반통지 및 안내(general announcement)

무역거래시 당사자 일방의 주소나 전화번호 등이 변경되거나 또는 회사의 합병, 임직원의 이동, 전시회 개최, 상대회사의 방문 등 상대방에게 통지하거나 안내하여야 할 사항들이 많이 발생하게 된다. 이러한 사실은 주로 통지서 또는 안내서를 이용하여 상대방에게 정보를 제공하게 된다. 무역거래에서 통지서 등을 이용하여 다수인에게 제공하는 정보는 비밀을 요하거나 비공개의 사실보다는 일반화된 사실을 보다 신속하게 제공하거나 다시한번 상기시킨다는 관점에서 통지하는 자세가 필요하다.

통지서 또는 안내서의 경우 동일한 내용을 다수인 또는 불특정 다수인에게 보내기 때문에 작성자는 무역서신을 한 장씩 타자하여 발송하지 않고 발송할 수량만큼 인쇄하거나 복사하여 발송하는 경우가 많다. 그러나 안내장 등을 복사하거나 인쇄하는 것은 상대방의 주의를 끌지 못하기 때문에 바람직하지 못하다. 오늘날과 같이 정보의 홍수시대에 살고 있는 독자들이 인쇄물을 수취한 후 언뜻 보아 자신과 관계가 없다고 생각되는 경우 그대로 쓰레기통에 버리기 때문이다. 따라서 서신을 일일이 작성하고 이에 서명권자가 서명을 하여 보내는 것이 업무에 적극적이라는 좋은 인상을 상대방에게 심어 줄 수 있다.

model letter 1-1 [개업 안내]

개 요

한국무역주식회사에 근무하던 작성자가 봉제완구를 취급하는 새로운 회사를 창업하면서 자신은 지난 십수년간의 활동적이고 진취적으로 영업을 해 온 경험과 한국의 유수한 봉제완구 공장과 긴밀한 협조관계를 맺고 있어 저렴한 가격의 우수한 상품을 공급할 수 있다는 사실을 알리면서 카탈로그와 FOB가격이 명시된 가격표를 동봉하여 개업을 수입업자에게 알리는 내용이다.

Dear Sirs, April 23, 20##

We are pleased to announce you that we have just established① ourselves at the above mentioned address② as an exporter of stuff toys.

As you may well know that the writer③ has been doing business in this field④ during the last ten years in an active and progressive manner. From the view of our staff's experienced management and capability, we are sure that we can supply wide range of goods at very competitive price with superior quality. Such assurance will be proved by our wide and close business relationship⑤ with leading manufacturers of stuff toys in this end⑥.

For your reference, we are enclosing herewith two copies of our new catalogue for various type of toys. From which you will satisfy with up-to-date design and attractive colors. Also enclosed please find here a price list based on FOB Korean port.

We wish to have your patronage which you have given to the writer when he worked for HanKook Trading Co., Ltd.

Sincerely yours,
Korea Industrial Co., Ltd.

용어해설

① established ourselves as an exporter – 수출회사를 설립하다. 설립한다는 뜻의 동사로는 organize, commence, open, constitute 등이 사용된다.
② above mentioned address – 위에 명시된 회사의 주소 즉, letter-head에 인쇄된 발신회사의 주소를 지칭한다.
③ the writer – 작성자가 서신에서 자신을 가리킬 때 사용하는 용어, 본문의 1인칭을 복수로 사용하는 경우 문장의 내용 가운데 작성자 자신을 가리킬 때 I 라는 인칭대명사 대신에 「the undersigned」을 사용하는 경우가 많다.
④ in this field – 이 분야, 취급하는 품목, in this line of business, range of goods,
⑤ business relationship – 거래관계, business connection
⑥ this end – 작성자의 국가, 작성자가 소재하는 국가를 지칭할 때 our country 대신에 this end, this city, this country, this territory를 사용하기도 한다.

model letter 1-2 [이전 안내]

개 요

영국의 Westwood라는 수입업자가 사무실과 창고를 넓은 장소로 이전하면서 자신의 고객들에게 이전 사실을 자랑스럽게 알리는 이전 안내서이다. 단순히 회사의 이전 사실만을 알리는 딱딱한 서신보다는 자사를 홍보하면서 이전통지를 하는 것도 sales의 한 방법이라 할 수 있다.

Dear Sirs, 26th November, 20##

With the continued growth of this company① it has become essential for us to move to larger premises and we are now pleased to advise you that - as from 22nd December 20## - we shall be located in considerably larger office and warehouse premises. These will enable us to cope with the growth in volume in a more efficient way for some years to come.

We are particularly proud of giving this sign of confidence② in our continued growth at a time of severe recession③, and we are sure that we can count on your full support to give good services continuously to an ever widening circle of customers④.

Our new address will be as follows:

58-54 Park Royal Road
Park Royal
London NW10 7JF
Tel: 01-962-5353/8
E-mail: ahrtka@korea.com
Fax: 01-962-5359

Yours very truly,

WESTWOOD IMPORT LIMITED

용어해설

① this company – 무역서신에서는 자신의 회사를 지칭할 때 we 나 our company 등과 같은 1인칭을 사용하지 아니하고 3인칭화 하여 부르는 경우가 많다. 본 서신에서도 this company는 제3의 회사를 지칭하는 것이 아니라 자신의 회사인 Westwood사를 가리키는 것이다.

② this sign of confidence – 더 큰 장소로 이전한다는 자랑스러운 통지 즉, 이 회사가 좀더 넓은 장소로 이전한다는 통지내용을 말한다.
극심한 불황에도 불구하고 더 넓은 장소로 이전한다는 것은 동 회사의 영업이 성공을 거두고 있다는 것이 입증된다. 따라서 이전을 상대방에게 은근히 자랑하면서 이전을 알리는 안내서라 할 수 있다.

③ severe recession – 극심한 불황, 경기후퇴

④ widening circle of customers – 다양한 고객, 이 회사가 거래하는 대부분의 고객을 지칭한다. 고객이라는 용어로 client를 사용하기도 하며, 수입업자인 경우 외국의 생산업자를 our supplier라는 표현을 사용하기도 한다.

model letter 1-3 [휴가로 인한 작업계획의 안내]

개 요

생산업자가 여름휴가 기간을 고객들에게 알리면서 휴가기간동안 생산을 중단할 예정임으로 미리 그 동안에 필요한 물량을 알려주면 휴가 전에 생산을 완료하거나 휴가 직후에 바로 생산을 개시하여 작업에 지장을 주지 않도록 하기 위하여 작업계획을 통지하는 내용이다.

Dear Customer, May 11, 20##

Hudson World Trade Company is planning to have the summer vacation from July 29 until August 22, 20##.

As you know from above information, our factory will be closed and will not produce cedar wood slats① during the vacation period. So all the shipments which you can not order before June 15, will be effected after August 22nd.

We shall much appreciate it if you will② inform us your requirement③ of wood slats for August shipment④ not later than June 15 which you did not place order with us yet. Otherwise⑤ we can not guarantee August shipment. This is very important for us because we want to manufacture all needed products for August shipment before vacation period.

Many thanks for your continued support during last year.

Sincerely yours,
HUDSON WORLD TRADE COMPANY

용어해설

① cedar wood slat – 향나무 널빤지, 얇은 향나무 판자
② We shall much appreciate it if you will ~ – appreciate를 타동사로 사용할 경우 상대방의 호의에 대해 감사한다는 의미가 있기 때문에 자신의 행동과 관련된 조건절이 와서는 안된다. 또한 you 다음의 will을 생략할 경우 상대방의 행동을 요청한다는 의미가 없어지게 된다. 그리고 appreciate를 수동태로 사용할 경우(we shall be much appre-ciated it if you will~), if 이하의 절을 직접 받는 용법이 없기 때문에 it를 생략하고 if you will~로 사용해서는 안된다. 따라서 제1부 3장에 설명되어 있는 많이 사용되는 표현 가운데 3번의 요청하는 예문 중 ⑥번과 ⑨번의 형태로 사용하여야 한다. 그러나 oblige인 경우에는 사용이 가능하다(많이 사용되는 표현 3번의 ④ 예를 참조할 것).
③ your requirement – 귀사가 필요로 하는 상품의 양, 수요, 구매량, 생산자가 휴가를 끝나고 재차 공급할 때까지 사용할 수 있는 수량.
④ August shipment – 8월 선적, 선적이 8월 중에 이루어지는 것을 나타낸다. 선적을 나타내는 용어로는 shipment 또는 delivery를 사용한다. Shipment : August, 20## 로 표시될 경우 August 앞에 "by"라는 용어가 생략되어 8월말까지 선적하도록 지시하는 것으로 해석하여야 한다.
⑤ otherwise – otherwise는 앞의 문장 전체를 받아서 「6월 15일까지 주문을 하지 않으면 ~할 수 없다.」라는 뜻으로 사용되었다.

model letter 1–4 [전시회 개최 안내]

개 요

기술분야의 세계적인 전문견본시인 하노버 전문전시회가 금년에도 개최됨을 알리면서 동 전시회에는 약 50여개국의 5,000여명이 참가를 할 것이며 이 기회를 통하여 필요한 정보를 입수하고 상담의 기회를 마련해 볼 것을 권유하는 내용이다.

To whom it may concern①,

From April 13 to April 20, 20##, the Hanover Trade Fair②, the top worldwide comprehensive exhibition of the year for economical and technical field, will take place in this city again. Here the visitor will meet more than 5,000 exhibitors from more than 50 nations.

On a fair ground, consist of 23 large halls and an open air section, even the biggest machines and complete installations can be demonstrated as 'Live'③. This world's largest industrial fair will give you a unique chance for information and contacts.

Hanover Trade Fair provides its visitor with a new information service. The EBI systems④ will inform you on-the-spot in a second about products and exhibitors. There are hundred EBI terminals at conspicuous points throughout the fair grounds⑤.

The Korean-Deutsch Chamber of Commerce, representative of the Hanover Trade Fair⑥ in Korea, will provide visitors with all necessary information and help. Entry ticket for the duration of the fair, can be purchased at a reduced price at the office of this Chamber.

Best regards,
Korean-Deutsch Chamber of Commerce

용어해설

① to whom it may concern – 관계자 제위, 즉, 수신인이 확정되지 않은 경우에 수신인의 경칭에 갈음하여 사용하는 관용어, 불특정 다수인에게 발송하는 안내장에 주로 사용한다.

② Hanover Trade Fair – 독일의 하노버시에서 매년 개최되는 전문전시회, 하노버 전문 견본시(專門 見本市). 전문 견본시라 함은 특정 상품을 생산 또는 판매하는 전문업체들이 전시회에 참가하고, 그러한 품목을 전문적으로 취급하는 수입업자에게만 참관을 허용하는 전시회를 지칭한다. 이때 수입업자는 전시된 품목을 관람한 후, 구매할 의사가 있는 상품은 현장에서 수출업자와 매매 상담을 하고 때에 따라서는 계약까지 체결하게 된다. 이러한 전문 견본시는 수출업자에게는 자사의 상품을 홍보하고 수입업자와 직접 대면할 수 있는 기회를 갖게 된다. 그러나 전문 견본시임에도 불구하고 일반 관람객의 입장을 허용할 경우, 매매 당사자들 현장의 소란스러운 분위기로 인하여 상담에 응할 수 없게 된다.

③ demonstrated as 'Live' – 현장에 있는 것과 동일한 상태로 작동을 실현하다. 기계 또는 생산설비를 전시장에 설치한 후, 현장에서 생산하는 것과 동일하게 직접 생산하는 과정을 보여주어 수입업자의 구매의욕을 부추기는 홍보 행사의 일환이다.

④ the EBI system – 방문자에게 필요한 정보를 제공하는 전자안내시스템을 지칭한다.

⑤ fair ground – 전시장을 지칭한다. fair는 전문 견본시장을 가리키지만 최근에는 일반전시회도 fair라는 용어를 많이 사용하고 있다.

⑥ fair – 전문 견본시장

model letter 1-5 [전시회 참관 권유]

개 요

약 1,500 종류의 산업용 접착제를 생산하는 독일의 접착제 생산업자가 자사의 상품을 소개하면서 전문 견본시에 참가하니 자사의 전시장을 방문하여 줄 것을 요청하면서 참관의 편의를 위하여 입장티켓을 동봉한다는 내용이다.

Gentlemen: May 2, 20##

GERMAN CHEMICALS EXHIBITION (GCE '94)

The economic relations between the Republic of Korea and the Federal Republic of Germany have become closer during the last few years.

This letter is to advise you that we shall have a stand① at this important German Adhesives Exhibition. We shall participate in this exhibition and should like to invite you cordially to our stand. Our stand number is 108 B which will be in Exhibit Area 1.

Messrs. Isar-Rakoll Gmbh are one of the biggest manufacturers of adhesives② in Europe. We are offering more than 1500 different types of adhesives for industrial uses at very reasonable prices③ with prompt delivery. Glues and adhesives have become a very important raw materials in every furniture industries and a factory for streamlining in super-modern assembly lines④.

In order to facilitate to visit to our stand, we are enclosing an admission ticket here and should be very glad to welcome you personally at the exhibition. At a periods throughout the exhibition Mr. Rennie Stewart and Roderick Nimianu will be in attendance⑤.

We are looking forward to welcoming you at our stand and remain,

Yours faithfully,
Isar-Rakol Gmbh.

용어해설

① stand – 전문 견본시에 참가하는 회사가 전시장소로 사용할 수 있도록 칸막이를 한 공간, booth라고도 함.
② adhesive – 접착제류, 접착용 제품, 풀, glue
③ reasonable price – 저렴한 가격, 적당한 가격, 이와 유사한 용어로는 workable price, marketable price, favorable price 등이 있다. 이외 에도 best price, keenest price, lowest price, rock bottom price, competitive price, utmost price 등이 있다. 가격이라는 용어로는 price를 사용하는 것이 일반적이지만, 때에 따라서는 quotation을 사용하기도 한다. 또한 offer를 가격과 같은 의미로 사용하는 경우도 있다.
④ assembly line – 조립 라인, 접착제를 이용하여 접착을 하는 단계
⑤ Mr. ~ will be in attendance – 응접하다, 전시회에 상주하면서 수입업자의 질문에 대답하거나 현장에서 상담을 하는 담당자

model letter 1-6 [방문 통지]

개 요

수입업자가 서울 국제무역전시회에 자사의 회장이 참관한다는 사실을 한국의 수출업자에게 알리면서, 동 전시회에 참가하는 수출업자를 방문할 예정이니 동 기간동안에 미리 약속을 해 줄 것을 요청하면서 자사의 회장이 하얏트 호텔에 머물 예정임으로 약속시간을 전화로 확인해 줄 것을 요청하는 내용이다.

Dear Sir, April 27, 20##.

We have pleasure① in advising you that our chairman, Mr. Bernard Levy, will visit SITRA② between May 25th and 30th. We understand that you will be participating in this fair, so we should like to make an arrangement for a meeting between those dates. In the meantime, for our information and guidance, please forward at your earliest convenience③ full details of your lines together with any relevant catalogues④. For your information, our business is heavily active in international trade particularly in merchandising a wide range of⑤ electronic appliances in Middle East countries.

We should be grateful if you would kindly confirm the meeting and who will be representing your company. We suggest you to call him to arrange an appointment during his staying in Hyatt Hotel, Seoul since Mr. Levy has a very tight schedule.

Looking forward to hearing from you soon, we remain,

Sincerely yours,
Setha London Ltd.

용어해설

① have pleasure in advising – 즐겁게 통지한다. 이 표현은 구식표 현으로 구태의연한 의례적인 표현이므로 가능하면 We are pleased to advise 또는 we advise와 같은 현대식 표현을 쓰는 것이 좋다.
have the pleasure와 같이 정관사 the를 사용하면 of ~ing의 형태로 사용하여야 하며, the를 생략하면 in ~ing의 형태가 되어야 한다.

② SITRA – Seoul International Trade Fair의 약어로 서울 국제무역전시회를 지칭하며 1년에 한번씩 KOEX 전시장에서 개최된다.

③ at your earliest convenience – 당신의 형편이 닿는 대로, 조속히, 가능한 한 빠른 시간 내에, 그러나 무역거래에서는 시간을 다투는 경우가 많으므로 as soon as possible, soonest와 같은 뜻으로 사용된다.

④ catalogue – 카탈로그, 상품안내서, brochure, literature, illustrated, booklet, leaflet, printed matter, bulletin, particulars, flyer, feature, specification,

⑤ wide range of – 다양한 종류의, 취급하는 전 품목, 여러 종류의, 유사한 용어로는 full range of, various range of, complete range of 등이 있다.

model letter 1-7 [방문 통지]

개 요

수출업자가 자신의 한국 방문계획을 8월 24일자 서신으로 통지하였으나 그에 대한 회신을 받지 못하자, 재차 서신을 보내면서 자신이 9월 26일에 도착하여 28일 오전에 만나기를 희망하면서 자신은 플라자 호텔에 머물 예정임으로 수출업자의 한글로 된 주소와 담당자 이름을 호텔에 맡겨 두기를 요청하는 내용이다.

Dear Sirs, 13th September, 20##

we refer to our letter① of 24th August to which no reply has been received.

The writer will arrive in Seoul on September 26 and want to know whether the writer could have a business discussion with② your esteemed firm on Wednesday morning.

The writer will be staying③ at the Plaza hotel in Seoul and it is suggested that you leave a message at the front desk of Plaza hotel for him indicating your address written in Korean④ in order to guide taxi driver to your office and the person who in charge of export. It would be appreciated if you could meet the writer at the Plaza hotel at September 28 (Wednesday) morning at around 8:30.

Looking forward to hearing from you.

Yours faithfully,
Michael A. Dortheimer Pty. Ltd.

용어해설

① refer to our letter - 당사의 시신을 침고하다, 자신의 서신을 참고하고자 할 때에는 "··· acknowledge our letter"를 사용하는 것이 좋다.
② business discussion with - 업무에 관한 토의, 상품의 수출입에 관한 협상
③ will be staying - ~에 머물게 될 것이다.
④ your address written in Korean - 한글로 쓰여진 귀사의 주소, 수출업자의 회사를 방문하고자 택시를 이용할 때 한글로 쓰여진 주소를 택시 운전사에게 보이면 쉽게 찾을 수 있다.

제2절 거래관계의 개설(establishing business relations)

무역거래관계를 개설함에 있어 수출업자는 먼저 수입업자에게 알릴 필요가 있는 사항, 즉 회사의 설립, 주소의 변경, 담당직원, 판매조건, 대리점 설립 등을 통지하는 일반통지(General Announcement)의 서신과 수입국의 상업회의소(Chamber of Commerce)와 기타 관계에 거래처의 알선을 의뢰하는 거래처 소개의뢰서를 발송한다.

01 거래처 소개의뢰서

시장조사 이후 수출대상국이 결정되면 그 국가내의 거래처를 선정해야 한다. 거래처를 선정하기 위하여 무역유관기관*, 외국은행, 외교통상부 해외공관, 각국의 상공인명부(directory)**를 활용할 수 있다.

거래처소개의뢰서를 보낼 때 자사의 역사, 취급상품 및 규모 등을 소개하고 소개의뢰의 취지와 희망사항을 명기하며 신용조회처(reference)도 언급하도록 한다.

02 거래처 소개의뢰서의 주요표현

1) 자사소개

❑ We are the well-established exporter of [품목], having been in this business field for over [사업연수] years.

---

* 대한상공회의소(The Korea Chamber of Commerce & Industry), 한국무역협회(KITA), 대한무역진흥공사(KOTRA), 한국수입업협회(Korea Importers Association) 등

** 영국의 Kelly's Directory of Merchants, Manufacturers and Shippers, The most Comprehensive Guide to the World Trade, 미국의 Thomas Register of American Manufacturers, 일본의 Register of Merchants, Manufacturers and Shipper와 뉴욕의 Dun & Bradstreet Reference Book이 있다.

- ❑ We are one of the leading importers of [품목] with [사업연수] years of experience in this business field.
- ❑ We would like to take this opportunity to introduce ourselves to you as a well-established manufacturer of [품목명] in Korea.
- ❑ For the past [사업언수] years, we have enjoyed a good reputation in exporting various types of [품목명].
- ❑ We are one of the most reputable exporters of [품목명], with well-established business relations worldwide.
- ❑ Our goods have been in much demand by importers in [지역명].
- ❑ Our items have been highly accepted in [국가명] market, and we are also interested in diversify our market to your areas.

예

> "We have for 20 years been engaged in exporting various kinds of goods, in particular, machinery."
> "We have been in this business since 1960 and have very good connections with reliable manufacturers in our country."
> "We are exporters of jewelry, with well-established business contacts in Southeast Asia."

2) 소개의뢰

- ❑ Please send us (or let us have) a copy of the directory issued by~
- ❑ We have no contacts in your country, therefore~
- ❑ We do not have any good connections on your side yet, so~
- ❑ Since we lack any connections in your country~

"Please introduce to us a company which is not already represented in Korea."
"We have no contacts in Thailand, so we would highly appreciate all the assistance you could render in letting us have a chance of doing business in this particular line."
"We do not have any good connections in your country and, therefore, should be very grateful if you would help us to obtain a list of some reliable importers there who may be interested in this particular line."
"Since we do not yet have any particular business connections in your country, it would be deeply appreciated if you could kindly help us to obtain a list of several depend able importers who may be interested in this line of business."

3) 신용조회처

"For any information as to our standing, we are permitted to refer you to Kyungwon Bank, Seoul, Korea."
"As for our financing standing and business integrity, you may refer to our bankers, Kyungwon Bank, Seoul, Korea."

model letter 2-1 [소개의뢰서]

The New York Chamber of Commerce 13th September, 20##
99 Church St., New York
N.Y. 10007, U.S.A.

Dear Sirs,

We have been exporting Travel Bags for more than thirty years and are now desirous of opening connection with the most reliable firms of your country.

We shall be obliged, therefore, if you will kindly introduce us to any capable concerns in your country that are interested in this line of business.

As for* our standing and activities, we are permitted to mention Korea Exchange Bank, Seoul, as a reference.

Any information with which you may favor us will be much appreciated and we earnestly await your reply.

Very truly yours,

A & B Co., Ltd.
(Signed)
K. D. Hong
Manager

용어해설

① be desirous of ~ing - ~하고 싶다.(wish to~, desire to~, would like to~)**
② concerns - 회사(firms, companies)
③ line - 품목, 부문(item, field)
④ a reference - 신용조회처. 관사나 복수로 표시하지 않고 reference라고 하면 '참고' 또는 '문의'의 뜻이 된다.(예, "For reference we are sending you our new price-list.")
⑤ information - 정보, 자료. information은 단수로만 쓴다.
⑥ two pieces of information - 두 가지 정보
⑦ all kinds of information - 각종 자료
⑧ a lot of information - 많은 정보
⑨ favor~with - ~에게 보내다.

---

* as for~(문두에 사용), as to~, concerning, regarding, about, with regard (respect) to~(~에 관하여)

** to open connection with~, to do (doing) business with~, to open (opening) business with~, to open (opening) an account with~, to establish (establishing) a connection with~, to enter(entering) into business relations with(~와 거래를 시작하다)

model letter 2-2 [소개의뢰서에 대한 회신]

A & B Co., Ltd.　　　　　　　　　　　　24th September, 20##
C.P.O. Box, 777
Seoul, Korea

Dear Sirs,

In replying to your letter of September 13, 20××, we are pleased to suggest the following firms :

Messrs. X & Y Inc.
351 Fifth Avenue
New York, N.Y. 10118

Although these concerns are reliable and of good reputation here, we, of course, are unable to make ourselves responsible for them. For any information you may desire as to their standing, It is advisable for you to write directly to them, who will, no doubt, furnish you with references.

We hope our reply will be helpful and of service to you, and if there is anything more we can do for you, please do not hesitate to let us know.

Very truly yours,

The New York Chamber of Commerce
(Signed)
Authorized Signature

용어해설

① in reply to~ – ~에 대한 회신으로(in answer to, in response to, as you mentioned in)
② to suggest – to inform of
③ be reputed – 평판을 받다.(예, "We have enjoyed a good reputation for the past three decades.")
④ "~be unable to make ourselves responsible for credit(financial) standing." – "~ can't assume any responsibility for credit(financial) standing"

model letter 2-3 [거래처에 신규 거래처 소개의뢰]

Dear Sirs,

We would like to extend our business of Building Materials with some reputable firms in your district. Should you have any recommendable friends among your acquaintances for this line, may we ask you to introduce them to us?

The items at our strongest are Window Glass, Tile, Aluminium Roofing, Cement, etc. As we supply the manufacturers of those goods with imported chemical materials, we are in close and constant touch with them, and consequently, we are in a position to secure the most favourable prices and services.

Thank you very much for your continued cooperation and we shall be pleased to reciprocate always.

Yours faithfully,

용어해설

① extend A to B – A를 B까지 확장(enlarge)하다. A를 B에게 베풀다. A를 B까지 연장하다.(예, "We would like to extend our business to your market.", "Thank you for hospitality you extended to us.", "Please extend the shipping date to the end of this month.")

② may we ask you to~ – we wish to ask you to~

③ at our strongest – 당사가 가장 자랑하는

④ roofing – 지붕 재료

⑤ be in touch with – 접촉하다(contact)

⑥ be in a position to – 할 수 있다.(이와 같은 표기 대신에 can을 사용하는 편이 좋다)

⑦ to reciprocate – 보답하다.

model letter 2-4 [신규 거래처 소개의뢰에 대한 회신]

Dear Sirs,

We have received your letter of the 25th of March relative to your export of Building Materials, and pleased to recommend to you a house which is most intimately connected with us.

Messrs. D. Stallman & Co., Ltd.,
25, Castle Street
Bombay, India.

This company has been handling Building Materials as one of its main lines since 19 and enjoys reputation as one of the biggest three traders of this city in that direction.

Faithfully yours,

용어해설

① the 25th of March - March 25 혹은 25th March
② relative to - about, regarding
③ house - firm, concern, company
④ be connected with~ - ~와 관계가 있다.
⑤ handle - deal with, treat

model letter 2-5 [유관기관에 소개의뢰]

The Chamber of Commerce of
the United States
1244 East 42nd St.
New York, N.Y. 10017
U.S.A.

Gentlemen :

We are exporters of general merchandise, particularly toys, bamboo products, shell buttons, stationery, etc., but we have no connections in your market at present. We are looking for reliable firms with whom we can enter into business relations.

We should, therefore, appreciate it very much, if you would let us know the name of any reliable firms enjoying a good reputation in your city who are interested in importing our goods.

As to our credit standing, we wish to refer you to the attached letter of recommendation by the Korea Chamber of Commerce and Industry.

Your cooperation in this matter would be highly appreciated and we look forward to an early reply.

Yours truly,

용어해설

① general merchandise - 잡화(sundry goods, miscellaneous goods)
② bamboo product - 죽제품
③ stationery - 문구
④ at present - 현재(now), for the present - 현재로서는
⑤ we should appreciate it if~ - "we shall be obliged if~", "It would be appreciated if~"
⑥ wish to refer you to~ - ~에 조회하기 바란다.(예, "Please refer to the letter of recommendation.", "We wish to refer you to Kyungwon Bank, Seoul regarding our credit standing.")

model letter 2-6 [유관기관 소개의뢰에 대한 회신]

The Samhan Trading Co., Ltd.
15 3-Ga, Eulji-Ro, Joong-Gu
Seoul 100, Korea
Attention of Mr. Han

Dear Mr. Han :

In reply to your inquiry of May 14, we are pleased to suggest the following firms who may be interested in importing the merchandise you handle.

The Oriental Fancy Goods Co., Inc.
250 Fourth Ave., New York 10, N.Y.
Messrs. Adam & Co., Ltd.
39 4th St., New York 10, N.Y.

Although the above firms are of good repute, we do not assume any responsibility for their credit. They will supply you with references upon your request.

If you want to obtain any additional information, please do not hesitate to contact us.

Very truly yours,

① assume responsibility(liability) – 책임지다.

model letter 2-7 [수입업자 알선제안]

YOKO TRADING CO., LTD. October 31, 20##
P.O. Box 1600, International
Tokyo, Japan

The Chamber of Commerce, Seattle

Dear Sir or Madam :

We have been given your address through the courtesy of the American Embassy in Tokyo, and have this opportunity to contact you for the following purpose.

We are one of the leading firms in Tokyo, specializing in the export of Japanese Canned Provisions, especially Canned Tuna. Persons who are experienced and familiar with these industries best handle our products, and we think our products will be welcomed in your country on account of their superior qualities and attractive prices.

We are, therefore, interested in finding the first-class importers who would be in a position to handle our products in America.

We would appreciate any assistance you could give us in establishing contact with qualified importers, and if you require further information or samples we will be pleased to send it along promptly.

Pleased be informed that we are members of the Chamber of Commerce & Industry of Tokyo, and of the Japanese Traders Association.

Very truly yours,

Mizko Yamashi
Export Manager

용어해설

① P.O. Box 1600 International – 우체국 사서함 번호, International은 국제우체국을 말함.
② firm – 2인 이상의 합자회사로 경영되는 상사, 상업 통신문에서 company와 더불어 많이 쓰이는 상용어이다.
③ canned provisions – 통조림 식품.
④ canned tuna – 참치 통조림.
⑤ attractive price – 저렴한 가격(cheap price)
⑥ further information – 더 자세한 내용, 자료

model letter 2-8 [수입업자 알선제안에 대한 회신]

CHAMBER OF COMMERCE, Seattle

YOKO Trading Co., Ltd. November 3, 20##
P.O. Box 1600, International
Tokyo, Japan

Dear Yamashi

We have received your letter of January 14, 1980, expressing your desire to find the qualified importers who would be in a position of handling your products in America.

We are pleased to inform you that the gist of your said letter will be inserted in the forth-coming issue of our weekly bulletin, "The Chamber of Commerce News", for circulation to our members.

Interested firms will to contact you directly.

We hope that this arrangement we have made will result in your developing satisfactory business relations in this country and assure you of our cooperation at all times. And thank you again for your samples.

Very truly yours,

Robert Hully

용어해설

① gist - 주요 내용, 말하고자 하는 요점.
② forth-coming - 가까운 시일 내에 발생하거나 나타날.
③ bulletin - 신속하게 대중에게 알리기 위한 대개는 공식적인 소식이나 보고, 특히 한 조직이나 클럽에서 발행하는 작은 신문이나 소식지.

제3절 거래제의(business proposal)

거래선으로 선정된 특정인 혹은 불특정 다수의 거래선에 거래관계의 수립을 제의하는 것으로 매매계약의 체결, 대리점 및 판매점의 지정, 기술제휴 및 합작투자 등 다양한 형태가 있다. 본서에서는 유망 거래선에 자사의 취급물품과 거래조건 등을 간략하게 안내하여 거래권유 또는 거래제의(business proposal)와 특정상품에 대하여 전문가인 수출입상을 위하여 보내는 판매제의과 구매제의를 중심으로 본다.

01 거래제의서

거래제의 서한의 보편적인 내용의 구성은 다음을 포함시키는 것이 적절하다.
첫째, 상대방을 소개받은 경위 및 거래관계 개설을 희망하는 내용(목적)
둘째, 자사소개(취급품목, 거래실적, 거래지역 등)
셋째, 거래를 희망하는 품목이나 업무내용(수입, 수출, 대리점계약, 위탁판매 등)
넷째, 거래조건, 특히 결제조건(payment terms)
다섯째, 자사의 신용조회선*
마지막으로 가능하면 견품, 가격표, 카탈로그, 등을 같이 보내는 것이 좋다.

1) 거래선을 소개받은 경위

- ❑ We understand (have learned) from (through) A that you are ~
- ❑ We owe your name and address to~, who recommended you as one of the leading manufacturers of home electronic appliance.(~의 덕택으로 …하게 되다.)
- ❑ We are indebted for your name and address to ~, who inform us that you are specialists in machine tools.

* 처음으로 거래를 제의할 때는 신용조회처를 적어보내는 것이 거래상의 예의이다. 조회처로는 자사의 거래은행을 알리는 것이 통례이지만 때로는 자사와 오랜 거래관계를 통해 자사의 신용상태나 영업상태를 잘 아는 거래선이나 소속단체명을 알리는 때도 있다. 전자를 은행조회처(bank reference), 후자를 업자조회처(trade reference)라고 한다.

- ❑ Through the courtesy of ~, your name has come to us as ~
- ❑ We have found your name in A showing you as ~
- ❑ Your name was (has been) given through (by) A as ~
- ❑ Having found your name in the Directory of U.S. Importers and Exporters, we learn that you are a leading manufacturer of ~
- ❑ The British Consulate recommended you to us as one of the leading importers of ~

예

> "Your name has been given by the Korea Chamber of Commerce and Industry as one of the leading suppliers of musical instruments."
> "From the Korea Chamber of Commerce and Industry, we hear that you are one of the leading exporters of machinery in Japan."
> "Your firm has been recommended by Messrs. LMS Corp. with whom we have done business for over ten years."
> "We have understood* from our bankers, the Korea Exchange Bank, Head Office, Seoul, that you are one of the leading exporters of precision tools and instruments in the US."
> "We have been informed by the Korea Exchange Bank's Head Office in Seoul with which we have business affiliations that you are one of the foremost precision tools and instruments exporters in the US."

2) 자사소개

- ❑ We are exporters and importers of high-quality machine tools including~
- ❑ We are doing an extensive business in the manufacture and export of~
- ❑ We are one of the leading manufactures of Portland cement in Korea with annual production capacity of~

* 상대방이 먼저 거래문의서한을 보내와서 알게되다는 의미로는 'learn'을 사용하지만 제3자를 통해 간접적으로 들어서 알게된 경우에는 'understand'가 적당하다.

❑ For your guidance, we would like to inform that we are interested in importing all kinds of～

"We have established an import trade in Seoul."
"We have open an export trade in Korea."
"We are exporters of general merchandise and have been exporting these goods to India."
"Our firm is a Seoul-based trading concern having branch offices in the major trading centers of the world and handling a wide variety merchandise."
"We are a trading firm in Seoul with branches covering the world's principal trade centers and we handle a wide range of various goods."
"We are an importer-exporter of general merchandise, machinery and equipment, having a background of business background of more then 20 years."
"We have a proud record of more then 20 year in our business as an exporter-importer dealing in general goods, machinery and equipment."
"Being the top-ranking organization of the German Dairy centers, we are entitled to consider ourselves to be the sole representatives of this branch."
"For more then twenty years we have been established as a bicycle exporter and have connections throughout Southeast Asia."

3) 거래관계개설의 희망

❑ We desire to enter into business with you.

❑ We desire to do business with you.

❑ We desire to open an accounts with you.

- ❑ We wish to establish a connection with a firm which is interested in~
- ❑ We are desirous of opening a market for leather goods in your country.
- ❑ We are seeking reliable importers.
- ❑ We are looking for~
- ❑ We are anxious to enter into business relations with you.
- ❑ Having learned from ABC Chamber of Commerce that you are a reliable exporter, we are writing (to) you with a keen desire to open an account with you.
- ❑ We are writing you with a view to entering into business relations with you.
- ❑ The ABC Chamber of Commerce has recommended you to us as one of the leading company in this line~

예

> "We hope that we can soon enter into business relations with you which we are sure will lead to our mutual profit."
> "We would much like to establish a business link with you soon for our mutual benefit."
> "Since the information we have received concerning you from your references is quite favorable, we would be very pleased to enter into business with you as soon as possible."
> "We have received very favorable information about you from your references. We will be happy to commence business with you as soon as possible."

4) 관심사의 표현

- ❑ We are particularly interested in this type of product.
- ❑ We are interested in the goods you offer.
- ❑ We wish to purchase several types of Siamese toys.
- ❑ We are informed that you are interested in ...

- ❑ Our products are enjoying a good reputation in Singapore, Taiwan, and Australia, and you can be sure that they will help you expand your market.
- ❑ Our products are popularly received in Singapore, Taiwan, and Australia. We can assure you that they will contribute to expansion of your market.

> "We are particularly interested in securing a first-class account for electronic products."
> "We have special interest in opening a connection with top-ranking company specializing in electronic products."

5) 자사제품 소개

- ❑ Our products are enjoying a reputation in~
- ❑ Our Desk-top Calculators are well received in your country.
- ❑ You will be assured that those Silk Stocking will prove best sellers in your country.

> "Your customers will find this electric Insect Sprayer to be of excellent value and indispensable on the premises."

6) 거래조건

- ❑ The prices are based on FOB Busan, but CIF terms are also available upon your request.
- ❑ It is our business rule to receive a commission of 3% on the amount of Irrevocable Letter of Credit.
- ❑ We make it a rule to allow a discount of 3% for the quantity of 50 cases and upward.

> "As to the method of payment, we prefer all transactions to be based on the Irrevocable Letter of Credit."
> "As for payments, we would like to do all transactions on the basis of the Irrevocable Letter of Credit."

7) 신용조회처

- ❑ For our business standing you may ask Mr. A of your city, with whom we have had connections for many years.
- ❑ We are permitted to give you the following name as reference: The Bank of Korea, Seoul.
- ❑ Messrs. John & Co. of your city have an account with us and would give you detail about us.
- ❑ We would refer you to the Korea Exchange Bank, Seoul, as to our financial status.

> "As for financial standing and business integrate, you may please refer to our bankers, the Korea Exchange Bank, Seoul."
> "Our bankers, the Korea Exchange Bank, will be glad to provide you with information about our credibility and business status upon your request."

8) closing

- ❑ We would appreciate your prompt attention to this matter.
- ❑ Your prompt attention to this matter would be appreciated.
- ❑ Your kind cooperation in this matter would be greatly appreciated.
- ❑ We look forward with much interest to receiving a favorable reply from you soon.

- ☐ Your early reply (to this) will be highly appreciated.
- ☐ Should you like to have any further information, please do not hesitate to contact us by e-mail or fax
- ☐ If we can be of further assistance to you, please feel free to let us know. We are always at your services.

"We look forward to your favorable reply at your earliest convenience."
"We eagerly await your affirmative reply as early as possible."
"We are enclosing a catalogue, specifications, technical data, and a price list, and will be pleased to send samples upon request."
"Please examine the samples enclosed, and you will find that they meet the ISO standards."

model letter 3-1 [개발참여 거래제의]

Mr. Michael John October 31, 20##

Greystone Molding Co.

71 Western St.

New-York 21-7214

Dear Mr. Michael John

By way of introduction, we owned and operated properties in the Longtown West Area of New York City for over twenty years. One of the major accounting firms suggested we contact you regarding the development of one of these properties.

It consists of a plot of land, in excess of 28,000 square feet that is zoned to permit the building of approximately 340,000 square feet, for retail, commercial, hotel uses, and casino.

If you have any interest in being part of this development, please contact us directly at the above address, or call us at 222-222-2222(fax212-222-2222), and we would be happy

to send to you further information.

Very truly yours,
Richard Gear

용어해설

① property – 소유지, 토지(estate). personal property (동산), real property (부동산).

② a plot of land – 한 구획의 땅, plottage (부지).

③ is zoned to – ~으로 구획된, zone a district as commercial (어떤 지역을 상업 구역으로서 구획하다.)

model letter 3-2 [협력운영 거래제안]

Mr. Tom Allen October 31, 20##

Plus Investment Inc.

12 Mall St.

Washington, WA 90024

Dear Mr. Tom:

It was good of you to offer such kind of Joint Operation and I deeply appreciate it, however I feel that I must work things out on this end.

The communications technical staffs are evaluating them at this time. I, myself, am mapping out plans now, and I will let you know what develops.

Please let me know who the primary technical contact will be in your side.

Thank you again for your proposal.

Yours very truly,

Paul Lee

Marketing Director

용어해설

① work out - 산출하다, (계획 등을) 안전히 세우다. work things out within the organization (내부적인 계획을 완벽히 세우다.)

② map out - ~의 계획을 세밀히 세우다.

③ evaluate - 평가하다.

model letter 3-3 [거래제안]

TIMOTHY JONES BROS., INC. October 31, 20##
110 Park Avenue
New York 5, N.Y.

Gentlemen:

We learned from ISSAC Seoul that you are producing ski wears for export in a variety of materials.

There is a steady demand in this country for ski wears of great quantity. If prices are competitive, we would be able to sell a large quantity. Moreover if you would like, we can co-operate to produce even larger quantity of ski wears.

Would you please send us a copy of your catalogue, including prices and payment terms. We would appreciate if you could also send samples of the various materials of which the ski wears are made.

Thank you for your prompt attention

Yours truly,
John Wayne

용어해설

① competitive - 경쟁의, 경쟁할만한(가격이 저렴한)
② steady - 꾸준한

model letter 3-4 [거래제안에 대한 회신]

Dear Mr. Jones:

Thank you for your letter of October 15 requesting information on our ski shoes. We have the pleasure to enclose our latest catalogue and price list. On top of that, cuttings of various materials we regularly use in manufacturing are enclosed. Moreover, we are informing you that we would like to co-operate on product lines.

We also sending you other catalog containing various types of other leather products. If interested, please fax us item numbers so that we may send you samples to show our quality.

Thank you for your interest in our products.

Sincerely yours,

용어해설

① have the pleasure to~ - ~하게 되어 기쁘다.

② latest - 최신의(most recent)

model letter 3-5 [거래제안]

Gentlemen:

Your name has been given by the New York Chamber of Commerce as one of the reliable importers of Korean Silk Fabrics.

We are, therefore, writing you with a keen desire to have a business connections with you.

In introducing ourselves to you we are pleased to comment that we have been engaged in shipping Silk Fabrics of all descriptions to all over the world enjoying a good reputation for a good many years. Because of our excellent organization for conducting export business and close connections with the best sources of supply, we may state that should you favorably consider our proposal and favor us with inquiries for your specific requirements we are in a position to supply you with Al goods at competitive prices.

We are sending you separately a copy of our complete catalog in which we trust you will find some that would suit for your trade.

In regard to the terms of business, we make it our customs to trade on a Banker's Irrevocable Letter of Credit, under which we draw a draft at sight. If you would care to deal with us on this basis, we shall be pleased to give you further details of business.

For any information respecting our standing and reputation, we are permitted to refer you to The Bank of Korea, Seoul.

We look forward to your early and favorable reply.

Yours very truly,

용어해설

① has been given - 알았다. (= to be spoken us = to be introduced to us)
② Korean Silk Fabrics - 한국산 편직물.
③ with a keen desire to - ~할 것을 희망하여.
④ to enjou a good reputation - 호평을 받다.
⑤ the best sources of supply - 유력한 공급처.
⑥ Al - 최상의(best, excellent).
⑦ to draw a draft - 어음을 발행하다.

model letter 3-6 [거래제안에 대한 회신]

Gentlemen:

Thank you for your letter of August 1, in which you expressed your willingness to open an account with us. From your letter we are glad to learn that you are particularly interested in shipping Silk Fabrics, and in these we may state that we are thc specialists. Despite the fact that dullness rules the market now, we are able to do a fairly good business with you if you are in a competitive position.

But before we accept your proposal it is usual with us to take up the reference named. We shall, therefore, have the pleasure of communicating with you further as soon as we hear from the bankers suggested.

Thank you for your courtesy in making the proposal and hope we may soon be able to work with you to our mutual advantage.

Yours very truly,

용어해설

① to open an account - 거래를 개설하다.
② specialist - 전문 취급상.
③ to rule - 지배하다. 값을 부르다.
④ reference named - 지정된 조회처.
⑤ to our mutual advantage - 상호간의 이익을 위하여

02 판매제의와 구매제의

1) 판매제의

판매제의는 특정상품에 관하여 전문가인 수입업자에게 보내는 서신이다. 이때 수입업자는 비록 판매자에 관하여는 정확한 정보를 갖고 있지는 못하지만 상품 자체에 대하여는 상당한 지식을 갖고 있다. 따라서 판매제의 서신은 상대방에게 자신의 거래조건이나 상품 등이 타회사에 비하여 어떤 면에서 유리한 가를 구체적으로 설명할 수 있도록 내용을 구상하여야 한다.

model letter 3-7 [판매제의]

일본무역진흥공사로부터 주소를 알게 된 Plus라는 수출업자 자신의 상품을 판매하기 위하여 수입업자에게 거래를 제의하면서, 카탈로그를 동봉하여 서신을 보내면서 다이이치 은행을 자신의 신용조회처로 제시하는 내용이다.

Dear Sirs, July 30, 20##

We obtained your name and address through Japan External Trade Organization① and would like to take this opportunity to introduce our products.

For more than thirty years, we have been one of the leading② manufacturers and distributors of wide ranges of products such as stationery, office furniture, business machines and so forth.

Our products are very popular in various countries of the world and we hope that they will be meeting the same favour in your esteemed country③.

We herewith enclose our current price list④ of our stationery goods. Also our catalogue and samples⑤ are sent to you by separate mail⑥ for your information, therefore we would appreciate it if you could let us have your frank comment at your earliest convenience.

We wish to refer you to Daichi Kangkyo Bank, Marunouchi branch for our financial reference.

We hope that our offer⑦ will meet with your satisfaction and your prompt reply would be appreciated.

Your faithfully,

Plus Co., Ltd.

용어해설

① Japan External Trade Organization – 일본무역진흥공사, 우리나라의 대한무역진흥공사와 유사한 기능을 갖고 있다. 해외에 주재하면서 주재국의 수입업자들에게 자국의 생산업자를 홍보 및 소개를 하고 또한 자국의 수입업자에게도 상품 구매에 따른 정보를 수집하여 제공하는 시장 개척을 주임무로 한다.

② one of the leading manufacturer – 선두 생산업자의 하나, 최고의 회사라는 자부심을 갖고 있으나 그러한 표현은 너무 건방진 것 같은 인상을 줄 수 있으므로 겸손하게 이러한 표현을 사용하는 것이 좋다.

③ in your esteemed country – 귀 국가, esteemed라는 표현은 의례적이고 너무 상투적인 용어이기 때문에 무역서신에서는 사용을 자제하는 것이 좋다.

④ current price list – 현재의 가격표, 가격표는 오파와는 달리 상대방을 구속하는 서류는 아니며 단순히 가격을 알리기 위하여 매도인이 상품의 명세, 단가, 수량 등을 기재하여 작성한 서류이다. 매수인은 가격표에 명시된 가격으로 상품을 구입하고자 할 경우, 매도인에게 재차 가격의 유효기간 등을 확인 받아 두거나 오파를 받아 두는 것이 추후에 발생할 지도 모르는 분쟁을 예방할 수 있다.

⑤ sample – 견본, 상품의 일부를 뽑은 것으로 전체상품을 대표하는 것을 견본이라 한다. 견본은 상품에 따라 pattern(직물 등의 견본), samples (원료 또는 전체상품의 일부), swatch(종이 또는 가죽 등의 원본), specimen(동 · 식물, 서식 등의 견본) 등으로 표현한다.

⑥ by separate mail – 별도로 발송하다, 발송하는 서신에 함께 동봉하지 아니하고 별도의 우편으로 발송할 때 사용하는 표현이다. 유사한 표현으로는 under separate cover, under separate mail가 있다.

⑦ offer – 대외무역법에서 정하고 있는 오파의 정확한 명칭은 청약으로 민법에서 규정하고 있는 청약과 동일한 법적 구속력을 갖는다. 그러나 실무거래에서는 일종의 가격표와 동일한 것으로 인식하여 오파를 남발하는 경우가 많다. 이는 법률에서 규정하고 있는 청약이라는 용어보다는 단순히 가격을 알려주는 가격표의 역할을 하는 오파라는 용어로 더 많이 사용되고 있다. 따라서 두개의 단어가 전혀 별개의 것이 아니라 동일한 것이다. 유효기간이 명시된 청약은 철회불능이며 당사자 전원의 합의가 있어야 철회할 수 있다는 사실을 염두에 두어야 한다.

model letter 3-8 [판매제의]

개 요

유압재단기를 판매하는 일본의 전문 수출업자인 Big Trading Company는 자신이 판매를 대리해 주는 Morita유압상사의 유압기계에 대한 간단한 규격을 명시하면서 판매제의 서신과 함께 카탈로그와 가격을 동봉하여 매수인에게 구매할 것을 권유하는 내용이다.

Dear Sir,

We are an exporter of hydraulic paper cutting machine① in Japan. Our Manufacturer ①, Morita Hydraulic Machinery Co., Ltd. has long experience in developing and supplying the simplest and easiest to handle paper cutting machines, which are used in almost all the major manufacturing plants in Japan.

This time, we are looking for a chance to supply our machines to overseas paper manufacturing plants. Please see the front page of our catalogue. The left is our cutting machine for paper, and the right is for leather. This specification② is as follows :

	max power	stroke	bed area
for paper	7 tons	650 mm	650 X 900 mm
for leather	7 tons	300 mm	650 X 900 mm

* The cutter blade is made of special steel and last semi-permanently.
* Frame is also made of hardened steel.
* Dead bottom stroke③ point of the blade is accurately adjustable in easy manner so that you can obtain the best cutting efficiency.

Aside from the ones in our catalogue, we will manufacture many variety of cutting machines for your special design and request. If you are interested in④ our machine, please contact us for further informations and quotation⑤. Thank you.

Very truly yours,
Big Trading Corporation

용어해설

① hydraulic paper cutting machine - 유압식 종이 절단기
② our manufacturer - 자신이 거래하는 생산업자를 지칭한다. 자신이 대리점인 경우 본인(本人)을 가리킨다.
③ specification - 상품의 규격, 사양, 상품에 대한 설명, 카탈로그
④ dead bottom stroke - 절단기 움직임의 한 단위
⑤ be interested in - ~에 흥미가 있다. 즉 ~을 구매하고자 한다.
⑥ quotations - 가격, 견적, 때때로 오파를 quotation이라고 부른다.

model letter 3-9 [판매제의]

개 요

미국의 자물쇠 생산업자가 라스베가스 금고 전시회에서 만난 한국의 금고제작업자에게 자신의 자물쇠가 전시회에 참가한 대부분의 금고생산업체에 의해 채택되고 있다는 사실을 지적하면서 자사의 combination lock을 구입해 줄 것을 요청하는 구매제의 서신.

Dear Mr. Kum, August 14, 20##

Thank you for your letter of July 30, 20##.

The writer had met Mr. Kum of your house① during the last Las Vegas show. Mr. Kum may remember that many of safes, exhibited at the Las Vegas Show, had equipped② with our Sargent & Greenleaf combination lock③ on their products. There is a growing tendency to change combination lock instead of old type that your company is now using.

Under present manufacturing and marketing circumstances in the Asian market, we believe that this is the best chance for you to penetrate④ foreign market. Therefore please convince and persuade your customers that our combination lock will increase safety.

It should likewise be persuasible⑤ consumers in Korea and other cities⑥. Therefore, we encourage⑦ you to continue your efforts in this type of marketing. We would very much appreciate⑧ reading any comments and suggestions you might have to this type of marketing strategy.

Thank you for keeping us informed⑨ and best to your progress. We look forward to reading your comments in the near future.

With best wishes to you and your staff, we remain,

Sincerely yours,

Sargent & Greenleaf Corp.
Johhny Webster, Manager

용어해설

① house – 회사, your house는 귀사를 가리킨다.
② equipped – 갖추다. 장착하다. 여기에서는 금고에 combination lock을 부착한다는 뜻으로 사용됨.
③ combination lock – 숫자 맞추기 자물쇠, 숫자로 된 키를 눌러서 여는 자물쇠
④ penetrate – 침투하다. 시장을 뚫고 들어가다. penetrate Korean market 한국시장에 침투하다.
⑤ should be persuasible – 이해시킬 수 있는, 금고에 종전의 자물쇠 대신에 새로운 자물쇠를 부착한다는 사실을 납득시킬 수 있는
⑥ in your cities – 상대방이 살고 있는 도시를 가리키는 것이 아니라 상대방의 국가를 지칭한다. in your side, in your territory
⑦ encourage – 장려하다, 숫자마춤 자물쇠를 국내 및 해외에 대한 마케팅을 권장하다.
⑧ would very much apprecaite – ~을 해 주시면 감사하겠습니다. 상대방에게 요청하는 내용의 문장으로, 귀사가 자물쇠에 대한 의견이나 제안을 해 주시고 이를 읽을 수 있는 기회를 우리에게 주신다면 대단히 감사하겠습니다.
상대방에게 요청하는 내용은 1부 3장을 참조할 것.
⑨ keeping us informed – 계속 정보를 접할 수 있는 기회를 주신데 대하여, 또는 연락을 주신데 대하여 감사를 드립니다.

model letter 3-10 [판매제의]

개 요

색의 순도, 채도 등을 측정하는 계측기 생산업자인 Nippon Denshoku Kogyo사에서 외국의 수입업자에게 자사 기기의 우수성을 설명하면서 판매를 제의하면서 자신의 상품을 간략하게 소개하는 판매제의 서신

Gentlemen: January 28, 20##

As one of Japan's most successful manufacturers and exporters① of measuring instruments, specializing in color②, we wish you to know about our color measuring and difference calculating meters③.

Our instruments are widely employed in many fields of government offices. private companies, research laboratories, technical schools, colleges and quality control specialists in the industrial area. and our customers are satisfied with our equipiment.

Our color measuring and difference calculating machines provide scientific color control by numerically④ specifiying any color within visual range of⑤ normal observer.

An added feature⑥ is that our equipment can measure any type of paint, dyestuff, foodstuffs, chemical drugs, cosmetics, paper, fibers, fabrics, textile products, wood products, metal products, plastics, stationery goods, printed matter, synthetic resin and even flowers, vegetables, fruit, and internal organs of the human body⑦ etc.

We enclose herewith⑧ our product catalogue for your convenience and hope that you will read them through. We will be happy to hear your answer.

Yours very truly,
Nippon Denshoku Kogyo Co., Ltd.

용어해설

① manufacturer and exporters – 생산업자 겸 수출업자, 생산자가 직접 수출하는 경우에 많이 사용되는 호칭.
② in colors – 다양한 색깔의, 다양한 색상의, 이와 유사한 표현으로는 assorted colors가 있다.
③ calaculating meters – 측정기기, 색상과 색상의 차이를 측정하는 기기, 색차기(色差器)
④ scientific color control by numerically – 색깔을 수치로 환산하여 과학적으로 관리하는
⑤ visual range – 가시범위내의, 눈으로 볼 수 있는 범위내의 색
⑥ added feature – 동봉된 카탈로그, 설명서
⑦ internal organs of human body – 인간의 장기
⑧ enclose herewith – 동봉하다, 이와 유사한 표현으로는 Enclosed you will find here~, Enclosed please find~ 등이 있다.

model letter 3-11 [판매제의]

개 요

CMC라는 회사로부터 천연고무를 수입하는 수입업자의 이름과 주소를 알게 된 수출업자는 자사는 천연고무 및 라텍스의 수출업자로 활동하고 있을 뿐 아니라 농기구 및 산업기계 등을 수입하여 판매하는 회사라는 사실을 알리면서 천연고무의 견본과 함께 가격, 포장방법 및 결제조건 등을 명시하면서 판매를 제의하는 서신.

Gentlemen; August 30, 20##

Through the courtesy of① Messrs. CMC, we acquired your name and address as one of the importers of natural rubber in Korea. In this respect, we would like to offer our RSS-1 for your consideration.

We have the liberty to introduce ourselves as a BOI-registered exporter② dealing primarily in natural rubber and latex. Aside from this, we are also acting as local sole distributor③ of various imported agricultural and industrial machinery for Japan, Germany and Korea..

Enclosed is a sample of our RSS-1 for your examination and below is our best quotation:

Article : RSS-1
Price : US$1.50/kg C&F any Korean port④
Validity : Good until October 31, 20##
Packing : Packed in bales, weight : 33kgs/bale, wrapped in P.E. sheet, 540 bales/20 ft container⑤
Port of Loading : Main port of Phillipines⑥
Origin⑦ : Phillipines
Term⑧ : Irrevocable and Transferable L/C at sight⑨

We hope that you will interest in our products and place an order with us in the near future.

We look forward to your view and comments.

Very truly yours,
Sea Commercial Co. Inc.

용어해설

① Through the courtesy of – 의 호의로, ~로부터
② BOI-registered exporter – Board of Industry의 약어, 산업부에 등록된 수출업자
③ local sole distributor – 현지의 독점 판매업자, distributor는 수입업자로부터 상품을 구매하여 도매상 등에 판매하는 회사로서 수입업자와 도매상의 중간형태를 띄고 있다.
④ any Korean port – 한국의 모든 항구, 필리핀에서 한국으로 물품을 운송할 때 운임이 부산항이나 인천항 어느 쪽으로 운송하더라도 운임이 동일한 경우 수입업자가 편리하도록 한국내의 어느 항구에나 도착을 시키겠다는 뜻.
⑤ 540 bales/20 ft container – 20 feet 컨테이너에 540꾸러미가 적재될 수 있다는 뜻.
⑥ Main port of Phillipines – 필리핀의 모든 항구, 수출업자가 자사에 편리하도록 필리핀내의 어느 항구에서나 선적할 수 있도록 하면 추후에 발생하는 조건변경 등을 생략할 수 있어 이러한 표현이 많이 사용된다.
⑦ Origin – 원산지, country of origin을 간략하게 사용하는 형태
⑧ Term – 조건, 여기서는 지급조건을 가리킨다.
⑨ at sight – 일람불, 어음지급인이 대금을 지급하는 방식

model letter 3-12 [판매제의]

개 요

연필제조기계를 생산하는 회사가 최신의 안내책자와 가격표를 동봉하면서 자사는 유망한 연필기계 제조업체중의 하나이며 가격도 타 회사에 비해 경쟁력이 있는 가격임을 강조하면서 가격과 기타의 정보는 요구하는 즉시 제공하겠다고 밝히면서 구매를 권유하는 판매서신.

Dear Mr. Choi, Director　　　　February 23, 20##

Taking this opportunity, we are pleased to introduce our new brochure on all latest model① of pencil making machines. We are one of the foremost manufacturers of pencil making machinery in the world.

As you may know from our price list enclosed herewith②, our prices are very competitive③ with highest quality. All inquiries were given our utmost attention④ and other information regarding to the pencil making machines will be supplied upon request⑤.

Regarding to our reference⑥, please contact with Messrs. Hankook Industrial Co., Ltd. C.P.O. box 6996, Seoul, Korea.

We look forward to serving you in the field of pencil making machinery.

Sincerely yours,
WEGO Precision Machine Inc.

용어해설

① latest model – 최신형, 가장 최근의 모델
② herewith – 여기에, 이것에 의해
③ competitive – 경쟁력이 있는, 가격이 저렴한
④ utmost attention – 최대한의 배려
⑤ upon request – ~을 요구하자 말자, ~을 요구하는 즉시
⑥ our reference – 당사의 신용조회처, 당사의 재정조회처

model letter 3-13 [판매제의]

개 요

필기구 및 각종 선물용품을 취급하는 수출업자 자신의 상품을 수입업자에게 소개하면서 선물용 필기구, 보석상자, 가죽제품 등에 흥미가 있으면 카탈로그와 가격표를 보내 주겠다고 제의하면서 자신의 제품은 극동지역에서 대량으로 판매되고 있다는 사실을 알리면서 거래를 제의하는 서신.

Gentlemen: November 23, 20##

Your esteemed organization① has been recommended to us by Messrs. Global Machinery Co., Ltd. as one of the leading importers of gift items in Korea.

The purpose of this correspondence② is to introduce our new "Anson" brand writing instruments to you as novelty items for presentation for the freshman of University. Also to make you aware③ that our company manufactures a complete line of men's and ladies' costume jewellery④, fine writing instruments, jewellery boxes, leather goods and cigarette lighters.

Through many years of trading with Far East countries⑤ in the above field we have successfully developed very good business connections with our customers and have been obtained special orders from them. This has been fully demonstrated by the huge volume of exports toward far east.

We come to note that you are a reputable firm dealing in many of the above products and we therefore would like to enclose catalogue concerned which we feel might be of interest to you. Quotation and samples will of course be submitted upon request.

If this preliminary offer⑥ is of interest to you and you feel your firm is qualified, please write to us ASAP giving us full detailed information about your organization as well as the products you distribute there.

Your letter will be given our absolute consideration and our complete set of catalogues and price list will be sent at earliest convenience.

As for our credit standing, please refer to the American Gift Export Association in New Jersey.

Very truly yours,
Asnon International Inc.

용어해설

① esteemed organization – 귀사, esteemed는 상대방을 존중한다는 의미에서 붙인 존칭이지만 구식 표현이기 때문에 별로 사용되지 않는다.
② this correspondence – 이 서신, 이 편지
③ to make you aware – 귀사가 알 수 있도록
④ costume jewellery – 인조 장신구, 인조 보석
⑤ far east countries – 극동지역의 국가, 한국, 일본, 대만 등의 국가
⑥ this preliminary offer – 이 제안, 최초로 거래를 제안하는 이 서신

2) 구매제의

수입업자가 구매제의 서신을 작성하는 경우는 이미 상품에 대한 정보를 갖고 있는 경우가 대부분이다. 따라서 수입업자는 수출업자가 취급하는 상품에 대한 필요사항을 구체적으로 알려주어야 한다. 즉, 수입하고자 하는 상품에 대한 상세한 규격과 수량, 선적기간, 결제방법 등을 제시하여야 한다. 그리고 가능하면 희망구매가격을 제시하면 협상이 좀더 신속하게 이루어 질 수 있다.

model letter 3-14 [구매제의]

스리랑카의 수입업자인 Pan Asia사가 한국의 자전거 생산업자에게 구매를 제의하면서 상품의 가격이 저렴하고 품질이 우수하다면 시장성이 매우 좋을 것이므로 견본과 오파를 요청하면서 상공회의소를 자신의 신용조회처로 제시하는 내용이다.

Dear Sirs, February 2, 20##

We are pleased to① learn that you are one of the leading manufacturers and exporters of bicycle in Korea and take pleasure in wirting② our interest in importing this item from Korea.

We wish to introduce ourselves③ as an Import-Export Organization in Sri Lanka and have our own distributors and have contacts④ with all reputed merchants⑤ from the smallest to the largest throughout the country.

We feel there is a good market right now in our city for bicycle and bicycle parts. If the prices are competitive and the quality is good, it is possible for us to do some worthwhile business in this line.

Therefore, we request you to send us your quotation on the basis of CIF Colombo⑥ for the complete production of yours, accompanied by few samples and the catalogue or illustrations, etc. Upon receipt of your offer⑦ and finding same workable⑧ we shall thereafter place a firm order for our requirements on a Letter of Credit basis and give further orders regularly thereafter.

For reference you may contact Mr. J. Bently who works for International department of Chamber of Commerce in this city.

Thanking you and awaiting your early reply.

Yours faithfully,
Pan Asia Limited

용어해설

① are pleased to – ~를 하게 되어 기쁩니다, ~을 통지합니다. 즉, 통지할 때 많이 사용되는 용어
② take pleasure in wirting – 이 서신을 쓰게 되어 기쁩니다, 기쁜 마음으로 이 서신을 쓰는 바입니다.
③ wish to introduce ourselves – 자신을 소개할 때 사용하는 관용어구, take this opportunity to introduce ourselves that ~, take the liberty of ~~ing 등의 형태가 있으나 구태의연한 표현이므로 사용을 자제하는 것이 좋다.
④ contacts – 거래선, 연줄
⑤ reputed merchants – 명망이 있는 상인, 신용도가 높은 거래선
⑥ on the basis of CIF Colombo – CIF가격으로, 오파에 가격을 명시할 때 US$10.00/doz CIF Colombo 와 같이 표현하는 경우가 많다. 여기서는 보험료, 운임 포함 콜롬보 도착 가격이란 뜻임.
⑦ Upon receipt of your offer – 귀사의 오파를 받는 즉시, 귀사로부터 가격을 받자 마자
⑧ same workable – ~이 시장성이 있다면, 여기에서 same은 가격을 의미한다. 귀사의 가격이 저렴하고 품질이 우수하여 판매가 가능한 것으로 판명되면

model letter 3-15 [구매제의]

개 요

믿을 만한 출처로부터 수출업자의 주소를 알게 된 홍콩의 수입업자인 Delta Trading사에서는 자신의 거래선이 천여 개를 넘고 있다는 사실을 홍보하면서 한국제품을 수입할 의사를 밝히고 자신의 취급품목과 앞으로의 거래에 관하여 간략하게 소개하는 내용이다.

Dear Sirs,

We have learned from some reliable source① that you are manufacturers and/or suppliers of general merchandises② for export. We would therefore be grateful③ if you could kindly send us some catalogues of your products and price lists.

We are large wholesale distributors in Hong Kong specialized in④ Toys, Gifts, Novelties, Sporting goods and other Home products etc.

According to the market survey prepared by our marketing department, we have good connections with totally 1,354 retail outlets⑤ throughout Hong Kong. We have recently concluded agent contracts with three leading department stores in Hong Kong, acting as their agents for buying general merchandises from overseas.

Now we wish to import Korean commodities for a large variety of products⑥, however we must point out that the products you supplied should be up to our standard ⑦ as required. Substantial orders⑧ are expected from our clients, please inform us of the discount facilities⑨ you may allow on orders worth more than US$ 100,000.

If you are able to supply satisfactory products at truly competitive prices⑩, it is very likely that we will place an long-terms sales contract with you for the supply of the merchandise in question⑪.

We look forward to hearing from you in the near future.

Yours faithfully,
Delta Trading & Investmment Co.

용어해설

① reliable source - 믿을 만한 소식통, 출처를 알리고 싶지 않을 경우에 사용하는 용어이다. 그러나 무역거래에서는 가능하면 출처를 밝혀 주는 것이 좋다.
② general merchandises - 잡화제품, 일반상품
③ would be grateful - ~해 주신다면 대단히 감사하겠습니다. 상대방에게 요청하는 내용이다.
④ specialized in - ~에 전문화하다. ~을 전문적으로 취급하다.
⑤ retail outlets - 판로(販路), 유통경로, 이 서신을 작성하는 회사와 거래하는 소매상, retailer 소매상
⑥ large variety of products - 다양한 상품의, 다양한 종류의
⑦ our standard - 우리의 기준, 당사가 구입하는 품질의 표준
⑧ substantial orders - 대량주문, large order, volume order, quantity order, big order
⑨ discount facilities - 할인율, 할인해 줄 수 있는 가격의 범위
⑩ competitive prices - 경쟁력이 있는 가격, 저렴한 가격, reasonable price, best price, rock bottom price, keenest price, lowest price, workable price, utmost price, reasonable price
⑪ in question - 문의 중인, 상담 중인

model letter 3-16 [구매제의]

개 요

수입업자인 Nathan Care사에서는 자사(自社)의 취급품목에 학생용 가방을 추가하기로 결정하고 이를 한국으로부터 수입할 의사가 있음을 통지하면서 카탈로그와 FOB 및 CIF가격과 함께 포장명세와 납기 등을 함께 알려줄 것을 요청하는 구매제의.

Dear Sirs, 11th August, 20##

We would like to take this opportunity of introducing① ourselves to you that we are well established② importers, in this country, of a selected range of general merchandise.

As we are at the moment in the process of selecting further lines③ to expand our range④ for 20##, we have taken the liberty in writing this letter, with the view of establishing a business and agent relationship, if agreeable with your company. The major items of interest are as follow:

Soft touch totes, shopper, statchel⑤. Gadget tote.

With regard to these lines it would be appreciated if you could forward such catalogues and/or photographs⑥ or samples of your range, which you may be available for export to Australia. Would you also please forward prices on a competitive basis which will enable us to compete with other competitors already operating with similar lines in Autralia.

Please quote both FOB and CIF price⑦ together with packing details and shipping dates.

Our company looks forward with interest to your favorable reply and hopefully anticipates that this will further lead to a profitable business relationship between us.

Yours faithfully,
Nathan Care Distributors

용어해설

① take this opportunity of introducing – 이 기회를 통하여 ~을 소개하고자 한다. 이에 관해서는 model letter 3-5를 참조할 것.
② well established – 오래되고 신용이 있는 회사, 명망이 있는 회사
③ selecting further lines – 새로운 품목을 선택하다, 기존의 품목 이외에 새로운 상품을 취급하기 위하여 선택하다.
④ expand our range – 당사의 취급품목을 확대하다.
⑤ statchel – 책가방, 국민학생들이 등에 메는 책가방
⑥ catalogues and/or photographs – 상품의 특성상 카탈로그를 만들지 못하는 경우가 있는데 이때 카탈로그를 대신하여 사진을 이용하여 거래를 하는 경우가 있으므로 이를 의식하고 카탈로그 또는 사진 중에서 가능한 것을 보내 줄 것을 요청한다.
⑦ FOB and CIF price – 수입업자가 FOB가격과 CIF가격을 동시에 요구하는 경우가 종종 있다. 그 이유는 매수인이 직접 운송인과 운임을 협상하는 것이 매도인이 협상하는 것보다 유리할 경우 FOB가격으로 수입하고, 매도인이 협상하는 것이 유리한 경우에는 CIF가격으로 수입하고자 할 때 양쪽 가격을 모두 요구하게 된다.

model letter 3-17 [구매제의]

개 요

대한무역진흥공사에서 발간한 Korea Trade지에 게재된 광고를 보고 수입업자가 자사의 무역부장인 Mr. Eggers씨가 수입 상담차 한국을 방문할 예정이므로 좀더 효과적인 상담을 위하여 무역부장이 출발하기 전에 미리 견본과 가격을 보내 주어 이를 검토한 후 상담을 하면 서로가 좋은 결과를 초래할 것이라는 사실을 알리면서 가격과 견본을 요청하는 내용이다.

Reference is made to① the announcement in "Korea Trade" issued by Korea Trade-Investment Promotion Agency②.

Our company, established more than 70 years ago, is one of the largest importers of general products in New Zealand. We shall therefore appreciate receiving an offer on your range of razor.

Our general manager, Mr. W. E. Eggers, will have business trip to overseas at the beginning of December of this year. And he will stay two days in Seoul.

To enable us to decide whether this visit would be rewarding③, we want to receive your razor items that would be of interest to our company before his departure.

We have been asked by one of the government departments to submit a tender④ for the supply of 100,000 pieces of razor. We hope to know if you would allow us to participate in this tender and submit FOB offer⑤ on your behalf. The razor to be packed 100 pieces per box and samples would be required for the government department to test. Please be note that the closing date for this tender is the 25th of prox⑥.

Our standing⑦ will be obtained from The HongKong and Shanghai Banking Corporation, Auckland branch.

We would be pleased if we could have your earliest possible answer to this letter.

Yours faithfully,
Excelsior Supply Co., Ltd.

용어해설

① Reference is made to – to 이하를 참고로 하다. 신문 또는 잡지로부터 상대방의 주소를 알게 된 경우 상대방에게 출처를 알릴 때 사용하는 용어
② Korea Trade-Investment Promotion Agency – 대한무역투자진흥공사
③ would be rewarding – 좋은 결과를 맺나, 보납하다.
④ tender – 입찰, 여기에서는 상품입찰을 의미한다. 입찰에 의한 구매는 주로 정부가 건물이나 항만 등을 건설하기 위하여 발주하는 경우가 대부분이지만 사회주의 국가 내지는 통제경제를 실시하는 국가에서는 상품에 대한 입찰도 실시한다.
⑤ FOB offer – FOB가격을 의미한다. 무역거래에서는 offer를 가격이라는 뜻으로 사용하는 경우가 많다.
⑥ prox. – 라틴어로 proximo의 약자이며 다음달을 뜻한다. 그러나 이러한 표현은 불분명한 표현이기 때문에 가급적이면 사용하지 않는 것이 좋다. 일자나 달을 표시할 때에는 24th March or 5th January 등으로 정확한 날짜와 달을 표시해 주는 것이 좋다. ultimo 지난 달, instant 이번 달
⑦ our standing – 당사의 신용상태

model letter 3-18 [구매제의]

개 요

수입업자가 '아시안 소스'라는 잡지의 6월호 광고를 보고 수출업자가 취급하는 상품은 미국에서 매우 유망한 상품이 될 것이라고 알리면서 수입업자는 자사가 1948년에 설립되어 60여명의 영업부 직원들이 양질의 저렴하고 우수한 디자인으로 판매하여 수출업자들이 자사의 영업에 만족하고 있기 때문에 가격, 카탈로그 또는 사진과 함께 결제조건 등을 알려주기를 원하면서 미국의 소비자들은 생활을 윤택하게 하거나 또는 일을 좀더 쉽게 할 수 있는 그러한 상품을 구입하지만 가격이 저렴하여야 미국시장에 진입할 수 있음으로 최저가격을 보내 줄 것을 요청하는 구매제의 서신.

Dear Sirs, May 15, 20##

Reference is made to your advertisement in June issue of 「Asian Sources」.

Would you like to sell your products in the United States?

Are you searching for a firm① which could become your exclusive distributor② and with whom you could build a long term business relationship?③ If you have unusual products④ something new, we would like to explore the possibility to sell to this market. Your products which you recently advertised may be such items⑤.

This house has been doing import business since 1948. Our suppliers have been satisfied with our sales for them because we have steadily and surely increased our sales volume. We sell quality products at correctly priced⑥ and styled for this market⑦. Our sales organization now consisted of 60 salesman sells to distributors and wholesalers throughout 50 states⑧.

Please send us your catalogue or photographs⑨ along with price, delivery, terms of payment⑩, packing⑪ and other necessary information. Please keep in mind that the lowest price is a necessity if you want to enter the American market.

This is the richest country in the world and people are always buying those products⑫ for themselves and others, which they think will make life more interesting or work a little easier. Your firm could benefit from this situation and add to your profits for years come.

Your detailed reply⑬ will have our immediate and careful attention.

Sincerely yours,
Baumgarten

용어해설

① firm – 회사, 회사를 지칭하는 단어는 여러 개가 있으나 이 용어가 가장 보편적으로 사용된다.

② exclusive distributor – 독점판매인, 특정 지역을 독점적으로 공급하는 판매상

③ long terms business relationship – 오랜 거래관계, 장기간에 걸친 거래관계

④ unusual products – 특이한 상품, 눈에 뜨이는 상품

⑤ such items – 그러한 상품, 여기에서는 특이한 상품

⑥ products at correctly priced – 적정한 가격이 매겨진 상품

⑦ styled for this market – 이 시장에 알맞은 디자인의

⑧ through out 50 states – 50개주에 걸쳐, 미국의 50개주에 걸친

⑨ catalogue or photographs – 카탈로그 또는 사진, 카탈로그가 준비되지 못한 상품인 경우 사진을 보내 달라는 내용이다.

⑩ terms of payment – 지급조건, 상품매매에서 발생하는 채무를 결제하는 방법으로는 청산결제방식, 송금방식, 추심방식, 신용장 방식, 팩토링 방식이 있으며 그 중에서도 신용장 방식이 가장 많이 이용된다.

⑪ packing – 포장, 포장방법 또는 포장재질에 따라 상품가격에 차이가 나는 경우가 있다. 즉 골판지상자에 포장하는 방식보다 나무상자에 포장하는 방식이 포장비용이 많이 들게 된다.

⑫ those products – 그러한 상품, 즉, 새롭고, 생활을 즐겁게 하거나 또는 일을 좀 더 쉽게 할 수 있도록 하는 상품

⑬ detailed reply – 상세한 회신, 상품에 관한 정보, 가격, 납기, 포장 등에 관한 상세한 정보가 들어 있는 답장

model letter 3-19 [구매제의]

개 요

조립식 의자를 수입하는 회사가 싱가포르에 주재하는 한국영사관을 통하여 생산업자의 이름과 주소를 알게 되어 다양한 크기의 의자에 대한 카탈로그와 CIF 가격을 보내 줄 것을 요구하면서 수출업자가 보낸 편지를 받아 보고 이 상품과 관련된 의문점이 있으면 즉시 상품에 관한 정보를 요청하겠다는 내용의 구매제의 서신.

Dear Sirs, 18th November, 20##

Re : Knock down furniture①

We understand that your good office② is a manufacturer and exporter of the above captioned line of business for years from Korean Consul in Singapore③.

We are an old established company④ dealing in the same, and enter into business connections for mutual advantage.⑤ We would be obliged if you could send us catalogues of your knock down furniture in size and designs⑥ for our study. And kindly quote us the prices of this item on CIF Singapore.

Upon receipt of your letter, we will without the slightest hesitation⑦ write to request for any further information which may arise⑧ in this business.

We look forward to the pleasure of receiving an early reply and thanking you in anticipation⑨, we are,

Yours faithfully,
Sunrise Upholstery Pty. Ltd.

용어해설

① Knock down furniture – 조립식 의자, 접는 의자
② your good office – 직역하면 귀사의 사무실이라는 뜻이지만 여기에서는 「귀사」라는 뜻으로 사용되고 있다.
③ Korean Consul in Singapore – 싱가포르에 주재하는 한국영사
④ old established company – 오래된 회사, 명망과 신뢰가 높은 회사
⑤ mutual advantage – 양 당사자의 이익을 위하여
⑥ in size and designs – 다양한 크기와 다양한 디자인의
⑦ without slightest hesitation – 지체없이, 전혀 지체함이 없이
⑧ may arise – 발생할 수 있는, 일어날 수 있는

model letter 3-20 [구매제의]

개 요

코펜하겐에 소재한 수입업자가 KOTRA를 방문하여 수출업자의 상품을 소개받고 자신의 취급품목을 확대하기 위하여 이에 대한 카탈로그와 가격표 그리고 유사제품과 비교할 수 있도록 견본을 요구하면서 자사는 스칸디나비아 국가에 동 제품에 대한 판로를 확보하고 있기 때문에 좋은 거래관계를 유지할 수 있으리라는 내용의 구매제의 서신.

Dear Sirs, August 9, 20##

Re : All kind of ginseng

During the recent visit at KOTRA here in Copenhagen, the director, Mr. Gil-Bong Lee, presented to the undersigned① for your line of the above mentioned articles.

Since January 1980 we have great success in importing business with Korea and have already established our own trade channel② in the Scandinavian countries③. We are now looking for additional articles to our business activities and some of our business connections④ have asked us to procure your articles.

We should therefore be pleased to receive your export price list together with leaflets and brochures, showing your complete line. Furthermore we would like to receive some samples of your products, which enabling us to compare the quality and price with similar articles⑤.

It is our great pleasure to inform our banker, Barclays Bank Ltd., Stockholm branch as our credit standing.

Looking forward to hearing from you, we remain,

Yours faithfully,
Chemodan Ltd.

용어해설

① the undersigned – 작성자, 이 서신의 작성자, the writer
② trade channel – 무역 경로, 수출입 판매망
③ Scandinavian countries – 스칸디나비아 국가
④ business connection – 거래선, 이 회사와 거래하는 구매선
⑤ to compare ~ with similar articles – 유사한 상품과 비교하다.

제4절 조회(inquiry)

01 신용조회(credit inquiry)

1) 신용조회의 필요성

신용조회는 통상 Seller가 Buyer의 신용상태를 알아보기 위한 방법이지만, 거래제의를 받은 매수인이 구체적인 계약조건을 문의하기에 앞서 매도인의 신용상태를 확인하기 위한 목적으로 이루어진다.

2) 신용조회의 내용

기업의 신용상태를 검토하기 위한 조사항목은 신용조사의 목적에 따라 약간씩 달라질 수 있으나 주로 상대방의 경영자의 성격, 경영능력, 자본, 업계의 시황 등을 중점적으로 조사하게 된다.

첫째, character로서 최고경영자의 경영방침을 파악한다는 것이다. 경영자가 기업을 얼마나 성실하게 운용하는가에 따라 기업의 성격도 크게 달라진다. 따라서 기업의 신용도는 경영자의 성격에 크게 좌우된다고 할 수 있다.

둘째, capacity로 경영능력을 의미하는데, 기업이 채무를 만기에 제대로 상환할 수 있는가의 여부를 조회하는 것이다. 지불능력을 판단하기 위해서는 기업의 취급업종, 공장설비, 경영내용 등을 관찰하지 않으면 안된다.

셋째, capital로 자본을 뜻한다. 기업의 자금은 충분한가? 그리고 자금은 건전한 방법으로 조성되었는가 등을 점검하여야 한다. 이를 위해서는 자본의 조달상태와 조달자본의 운용상태를 나타내는 대차대조표 등을 분석하면 기업의 자본에 관한 정보를 수집할 수 있다.

이상과 같은 요인 이외에도 상대기업의 업종에 관한 시장상황과 기업이 보유하고 있는 담보능력(collateral) 등을 조사하여 상대방의 신용상태를 파악할 수 있다.

3) 신용조회처(reference)

상대방의 신용상태를 조회하거나 조사하는 방법은 다음과 같은 여러 가지가 있으나 외국의 저명한 신용조사기관이 발행한 신용조사 간행물이나 조사보고서 등의 자료를 이용하면 편리하다.

① 신용조사 간행물 – 기업의 신용상태를 알아보기 위해서는 신용조사를 전문으로 하는 조사기관에서 발행하는 간행물을 이용하면 된다. 그러나 기재내용이 간단하여 중소기업에 관하여는 상세한 정보를 얻을 수 없다는 약점이 있다.

② 은행(bank reference) – 신용조사방법 중에서 가장 손쉽게 이용할 수 있는 방법으로 자신의 거래은행이나 상대방의 거래은행에서 신용정보를 얻을 수 있다. 그러나 신용조회자가 직접 상대방의 은행에 신용조회를 할 경우, 상대은행은 자신의 고객을 보호할 목적으로 정보를 제공하지 않을 우려가 있다. 따라서 신용조회자는 자신의 거래은행에 요청하여 상대방의 신용정보를 입수하는 방법을 택하여야 한다.*

③ 동종업자 또는 거래선(trade reference) – 상대방이 제시하는 신용조회처 또는 동종업자(同種業者)에게 신용상태를 문의하는 방법으로 가장 널리 이용되고 있다. 그러나 이러한 조회방식도 형식적이거나 편파적으로 흐를 우려가 있음을 간과해서는 안된다. 왜냐하면 조회에 응하는 거래선 또는 동종업자가 정보제공에 성의를 보이지 않거나 또는 불분명한 정보를 의도적으로 제공하는 경우가 많기 때문이다.

④ 상업흥신소(mercantile credit agency) – 신용조사를 전문으로 하는 상업흥신소를 이용하면 비교적 정확한 신용정보를 입수할 수 있으나 조사에 따른 비용을 부담해야 한다는 단점이 있다. 우리나라에서는 상업흥신소의 활동에 제약을 많이 가하기 때문에 이들의 정보수집능력 등이 취약하다는 문제가 있다.

⑤ 상공회의소 – 기업의 대부분은 그 지역의 상공회의소에 가입되어 있으므로 상대방이 소재한 도시의 상공회의소에 문의하면 신용정보를 입수할 수 있다.

⑥ 해외공관 – 해외에 주재하는 우리나라의 공관이나 우리나라에 주재하는 상대방 국가의 대사관이나 영사관 등에 문의하면 정보를 얻을 수 있다.

⑦ 신용보증기금 – 신용보증기금법이라는 특별법에 의해 설립된 정부 금융기관인 신용보증기금에서는 신용조사를 전문적으로 하고 있으므로 저렴한 비용으로 신용조사를 할 수 있다.

---

* 은행조회처를 통해 신용조회를 하는 경우 유의해야 할 점은, 통상 은행은 자기 은행의 고객 또는 거래은행을 통해서만 정보를 제공해주기 때문에 은행조회처가 자사의 거래은행이 아닌 경우에는 은행조회처와 거래관계에 있는 자사의 거래은행을 경유하여야 한다.

⑧ 한국무역보험공사 – 무역업자의 신용위험이나 비상위험을 보전해 주기 위하여 설립된 한국무역보험공사에서는 수출보험을 인수하기 위하여 상대방의 신용을 조사하게 된다. 따라서 한국무역보험공사를 이용하면 전문적인 신용조사가 가능하다.

⑨ 수출입 조합 – 상대국의 수출조합이나 수입조합에 문의하면 상대방이 전문 생산업체인가 아니면 단순한 중개업자인지의 여부를 확인할 수 있으며 동 회사의 신용에 대한 정보도 입수할 수 있다.

4) 신용조회 서신의 내용

(1) 신용조회 요청(credit inquiry)

상대방의 신용을 확인하기 위하여 조사내용을 조회할 수 있는 대상 기관은 상업적인 전문조사기관과 동종업자, 은행 등이 있다. 상대방이 전문조사기관인 경우 신용조사신청서가 비치되어 있어 필요한 내용을 기재하고 조사비용을 부담하면 된다.

그러나 전문기관이 아닌 경우, 회신은 상대방의 호의에 전적으로 기대할 수밖에 없기 때문에 정중하게 요청하여야 한다. 따라서 전문 조사기관이 아닌 동종업자나 은행에 조회를 요청하는 경우 서신의 내용에는 다음과 같은 사항이 명시되어야 한다.

첫째, 상대방의 주소와 성명을 알게 된 경위, 즉 신용조회처로 지정한 회사명
둘째, 신용조사를 요청한 이유와 내용
셋째, 신용조사에 필요한 비용을 부담하겠다는 내용
넷째, 제공되는 정보는 비밀로 처리하겠다는 내용

신용조사의 요청에 대하여 회신을 할 것인가 아닌가는 어디까지나 요청을 받은 상대방의 뜻에 달려 있기 때문에 상대방에게 회신을 하는데 편리하도록 배려를 해야 회신을 받을 수 있게 된다. 따라서 이상과 같은 내용 이외에도 상대방이 회신을 할 수 있도록 반신용 우표와 수신인의 주소가 기재된 봉투를 동봉하여야 한다.

가. 신용조회 어구

❑ their reputation
❑ their general commercial reliability
❑ their business standing

- ❑ their business background
- ❑ their business integrity

"As we have had no previous dealings with the above-named company, we would like to request you to inform us about its reputation as well as its general commercial reliability."
"We have not had any business transactions with thc above company so far. Please advise us about that company's reputation and general business standing."

나. 조회선 · 조회의뢰

- ❑ Messrs. Lee & Co., of your city, have proposed to open connections with us and referred us to you as to their stability.
- ❑ We should be much obliged if you give us your report on the financial standing and reputation of the firm mentioned below, who wish to enter into business relations with us.
- ❑ They give us their bankers, The American Bank, as a reference.

"Messrs. Kim & Co. have recently given your name as a reference in their proposal to act as our agents."
"Messrs. Kim & Co. have recently mentioned your name as a reference in proposing to serve as our agents."

다. 첫 거래와 신용도

- ❑ From these facts we believe that you may be safe in dealing with them.
- ❑ This being the initial transaction we have had with you, we would request you to let us have the names of your references.
- ❑ This is the first business we have ever had with them, so before we commit ourselves to this transaction, we should like to have information from you on their credit and business standing.

"We believe that our future dealings with them will largely depend upon their credit standing and reputation."
"We trust that our business relations with them will mostly hinge on their financial respectability and reputation."

라. 조회의뢰

- ❑ We shall be pleased if you will inform us confidentially respecting their pecuniary resources, their mode of doing business and the general reputation they enjoy in business circles.
- ❑ We desire to know what you think of their business status, and to what amount we may safely grant them credit.
- ❑ Will you please give us a short history of your experience with the company in question?
- ❑ Will you please let us know whether you would consider it safe to extend a credit up to $1,000,000?
- ❑ Will you kindly furnish us your opinion of his solvency and reliability, especially his reputation for paying bills?

"Therefore, kindly inform us as to your past experiences with them and their financial ability as well as their reliability."
"So, we shall appreciate your information about their financial capability and reliability as well in view of your experiences with them."
"Kindly inform us of the business standing and reputation of Mr. Hwang who has expressed his desire to open an account with us in the line of Fancy Goods."
"We would like to receive your advice concerning Mr. Hwang's business standing and reputation since he desires to do business with us in Fancy Goods."

마. 영업상태 · 인품

- ❑ We are willing to accept their proposals if their business standing is satisfactory.
- ❑ The manager is honest and reliable.
- ❑ He is well liked by customers and employees.

"Should he prove trustworthy and his business standing satisfactory, we shall be ready to accept his offer."
"We will gladly accept his proposal if he is reliable and his business status good."

바. 기밀유지 · 협조약속

- ❑ Any information you may grant us will be held strictly confidential and for our files only.
- ❑ You can be sure that your communication will be used with the greatest discretion and reserve.
- ❑ Your information will be treated in absolute confidence.
- ❑ We shall be pleased to reciprocate at any time.
- ❑ We are willing to be of service to you in similar cases.

"All information you may extend to us will be held in strict confidence, and we hope to reciprocate the favor on a similar occasion."
"Please rest assured that any information you may grant us will be kept in absolute confidence and we shall be glad to reciprocate your favor in similar cases."

사. 기밀 책임

- ❑ Any information you may give us will be treated as strictly confidential.
- ❑ We assure you that we will hold your credit information strictly confidential.
- ❑ We provide this information as a personal opinion to be kept in absolute confidence and we will assume no responsibility whatsoever for it.

> "Any information you obtain for us concerning him will be considered strictly confidential without any responsibility on your part."
> "Any information you may receive for us about him will be treated as strictly confidential and you will in no way be responsible for it."

아. 경비부담

- ❑ We shall be glad to pay any expenses incurred in obtaining the information.
- ❑ We are willing to pay due expenses.
- ❑ Any expenses you may incur m connection with this inquiry, we will gladly pay.

> "Needless to say, for any expenses you may incur in connection with this inquiry please charge us."
> "We will, of course, take charge of any expenses you may incur in handling this inquiry."

(2) 신용조회에 대한 회신(reply to inquiry)

신용조회 요청에 대하여 회신을 하기로 결정한 경우, 작성자는 신속하고 정중한 문장으로 회신하여야 한다. 비록 회신으로 인하여 아무런 이익을 얻을 수 없다 하더라도 성실하게 회신을 해 주어야 한다. 따라서 너무 형식적인 내용은 피하고 가능한 한 상세하고 정확하게 회신을 하되, 다음과 같은 내용을 포함시키는 것이 바람직하다.

특히 기업의 신용조사서는 비밀사항에 속하기 때문에 함부로 제3자에게 공개해서는 안된다. 따라서 회신의 내용을 제3자에게 공개하지 않는다는 사실과 작성자는 요청에 의해서 작성한 것이지 결코 자발적으로 회신을 하는 것은 아니라는 사실을 명시하여야 한다. 또한 제공하는 정보는 후일에 그 내용이 변경된다 하더라도 통지할 의무를 지지 않는 다는 사실도 함께 명시하여야 한다.

첫째, 작성자는 신용조사의 내용에 대해 아무런 책임도 지지 않는다는 내용
둘째, 내용을 극비로 취급해 달라는 내용
셋째, 이 회신은 요청에 의해 작성된 것이지 자발적인 제공은 아니라는 사실
넷째, 제공된 내용은 후일에 변경된다 하더라도 자발적으로 통보할 의무를 지지 않는다는 내용

가. 회답

- ❑ In reply to your credit inquiry of August 5, we are pleased to say that ...
- ❑ The firm you mentioned in your inquiry enjoys a good reputation here.
- ❑ The firm in question has been dealing with us for a little over 20 years.
- ❑ We have received your inquiry of April 5 about Mr. Kwon.

> "The firm referred to in your inquiry of the 10th June is one of our business associates in this city."
> "The firm you cited in your inquiry of June 10 is one of our business partners in this city "

나. 신용상태 : 회답

- ❑ The firm in question is doing business extensively and is reputed to possess some considerable means.
- ❑ We found them prompt and regular in their settlement of account.
- ❑ We do not hesitate to give them credit to an amount considerably beyond the sum you mention.

"Since 1980 we have enjoyed a fairly large amount of business with the firm, and they are quite punctual and reliable in every manner of doing business."
"We have been doing business with that firm on quite a large scale since 1980 and we can assure you of their punctuality and reliability in every aspect of business."

다. 경영진 평가

- ❑ Mr Park, the president of the firm, is a businessman of long standing, well experienced and is rated as a man of ability in his area.
- ❑ We should like to recommend this gentleman whose credit is very reputable in financial circles here.
- ❑ Mr Hong is thoroughly experienced in the field of publishing.
- ❑ He is well liked by customers and employees.

"Mr. Cho, the executive director, shows a sense of responsibility whenever there are difficulties in transaction, and thus always enjoys a good reputation in business circles here."
"Mr. Cho, the executive director, is well reputed in business quarters here because he has always acted with responsibility whenever difficulty arose in business dealings."

라. Good Reputation

- ❑ From our past transaction with this firm, we believe that you may be quite safe in granting the credit you referred to in your letter.
- ❑ The firm enjoys the fullest respect in the business world and we consider it quite reliable for such a contract as you mention.
- ❑ You would not run the least risk in being represented by them and would be satisfied with their mode of doing business.

> "We are, therefore, quite pleased to say that this firm is well managed and trustworthy."
> "We, therefore, would not hesitate to say that this firm is well managed and reliable."

마. 책임회피

- ❑ Needless to say, we give this information without responsibility on our part.
- ❑ Please note that the above statement is made without prejudice.
- ❑ We are not held responsible for the above information.

> "It is understood that this information is a personal opinion, for which we assume no responsibility at all and we ask you to treat it with utmost discretion."
> "We would like to have it understood that this information is given as our personal opinion without responsibility on our part and we request that it be handled in perfect confidence."

바. 좋지 않은 평가

- ❑ We are sorry we cannot give you as favorable a report as we should like to give.
- ❑ We would advise you to proceed with caution in your dealings with this house.
- ❑ We are not inclined to commit ourselves beyond these statements.

> "In reply to your inquiry of January 5 about Mr. Kim's standing and reputation, we are sorry to inform you that our reply is rather an unfavorable one."

"We regret to say that our reply to your inquiry of January 5 about Mr. Kim's business status and reputation is a more or less unsatisfactory one."

사. 요주의

- Since not all the claims have been settled yet, we suggest you do business with him on a cash basis only.
- We regret to say that this firm has been rather slow in settlement of their accounts.
- It seems that you would run some risk in extending credit to the firm.

"In not a few transactions with him in the past, we were dissatisfied with the way he did business and we had difficulty in collecting past due payments."
"His manner of doing business proved disagreeable on quite a few occasions in our past dealings with him and we found it rather difficult to collect overdue payments."

아. 경계 권유

- We suggest that you exercise caution in dealing with this company.
- This company is considered financially weak and caution is advised.
- The financial condition of this company is doubtful; we would advise that you obtain something as security.

"Sometimes we had to resort to legal action in order to settle claims."
"On some occasions, we were obliged to seek legal action in settling claims."

자. 경계 촉구

- ❑ Caution is recommended.
- ❑ We would advise caution in dealing with this company.
- ❑ Caution will be needed in extending credit.

> "Therefore, we would like to advise you to refrain from opening an account with him on a credit basis."
> "For that reason, we are inclined to advise you not to open a credit account with him."

model letter 4-1 [신용조회 요청]

개 요

거래를 제 은 회사가 상대방이 제시한 신용조회처에 상대방 회사와의 거래 실적, 무역조건, 자본금, 주요고객, 역사 등에 관하여 조회를 하면서 회신내용은 일체 비밀로 부치며 상대방에게 아무런 책임도 지우지 않겠다는 조회요청에 관한 내용이다.

Gentlemen: December 1, 20##

Re: Drivestore MBS Ltd.

Your esteemed name and address has given to us as their reference① by the above captioned organization.

We will appreciate your giving us② the benefit of your experience with this company. If you are in a position③ to answer the question listed on the following, please reply to this inquiry using enclosed self-addressed envelop④ with international response coupon.

Your reply will be kept in strict confidence and will not involve you in any responsibility⑤.

Terms of trade⑥ :
Capital :
Line of business⑦ :
Legal form⑧ :
Main customers :
History :
Remarks :

Sincerely yours,
Times Products Ltd.

용어해설

① their reference – 그 회사의 신용조회처, 수입업자가 제시한 신용조회처를 지칭한다. credit reference, financial reference
② will appreciate your giving us – appreciate를 능동태로 사용한 문장으로 동명사인 your giving을 목적어로 받고 있다. appreciate는 조건절을 수반할 경우 ~을 해주시면 감사하겠다는 의미를 갖는다.
③ be in a position to – ~ 할 수 있는, can과 같은 뜻으로 사용된다. we are able to ~
④ sel-adressed envelop – 수신인 주소가 명시되어 있고 반신용우표가 붙어 있는 봉투.
⑤ will not involve you in any responsibility – 당신에게 어떠한 책임도 지우지 않는다.
⑥ terms of trade – 무역조건, 무역거래에서 매매당사자간에 체결하는 무역계약에 명시되는 다섯 가지의 기본조건이 있는데 첫째는 품질조건, 둘째는 수량조건, 셋째는 가격조건, 넷째는 선적조건, 다섯째는 결제조건을 들 수 있다.
⑦ line of business – 업종목, 여기에서는 취급하는 품목을 말한다.
⑧ legal form – 회사의 법적인 형태를 문의하는 것. 즉, 주식회사, 개 인회사, 합자회사, 합명회사 가운데 회사가 어떤 형태를 취하느냐를 문의하는 것이다.

model letter 4-2 [신용조회 요청]

개 요

자신의 거래선으로부터 판매대리점으로 지정해 달라는 요청을 받은 회사가 신용조회처로 제시된 회사에 대하여 얼마나 오랜 기간 동안 동 회사의 대리점으로 운영하였으며 그들의 영업실적, 정보의 제공 및 외상 수금에 대한 협조 등에 관하여 신용조회를 요청하는 내용이다.

Gentlemen: November 23, 20##

Re : Aismir C. Ltda.

We are considering the above firm as a sales representative① for Ecuador and they advised us they act in this capacity② for your firm.

We would appreciate your providing us with the following information:

1. How long have they been your representative ?
2. Is their sales volume satisfactory for the area they handle for you?
3. Do they respond to correspondence③ promptly and provide information regarding market and credit changes?
4. Do they sell to reputable customers with good paying records and do they assist in collecting delinquent accounts④?
5. Would you recommend them to us as capable representative?

Enclosed please find a self-addressed stamped envelope for your convenience in replying.

Should you ever require⑤ similar information from us, we would be most happy to help.

Thanking you in advance⑥ for your cooperation and reply, we are,

Sincerely yours,
C.J. Dreifuss Inc.

용어해설

① sales representative – 판매대리점, sales agent
② in this capacity – 이러한 자격으로 즉, 판매대리점 자격으로
③ respond to correspondence – 서신을 받고 즉시 회신하는지의 여부를 문의하는 것임. 얼마나 빨리 회신을 해 주는가 ?
④ in collecting delinquent account – 체불된 외상대금을 추심하는데 있어서 얼마나 성의 있게 노력을 하는가?
⑤ Should you ever require – 만약 귀사가 신용조회를 요청한다면. 가정법 문장에서 if를 생략한 형태임. 따라서 이러한 문장은 강세의 의미를 나타내는 형태로 should가 도치되어 있음.
⑥ Thanking you in advance – 상대방이 협조해 줄 것이라는 전제하에 미리 감사를 드린다는 뜻임.

model letter 4-3 [지역 대리점 조사에 대한 보고]

TO: General Manager

FROM: Market research-Manager

SUBJECT: Ground Handling agents survey in US/CANADA

DATE: July 5, 1998

Here is the report you requested studying the ground handling agents in US/CANADA region. I think you will find that it meets your expectations about the service level in the leisure industry.

I would like to mention that I found all the hotel managements and their employees extremely cooperative in every way. We traveled from Anchorage to Miami doing interviews and taking surveys for the material in this report. It was a most stimulating and enjoyable experience.

Sincerely,

Donald Paldo

① stimulating – 자극적인, 재미있는(exciting, interesting)

model letter 4-4 [신용조회 요청]

Dear Sir or Madam:

I have received a request for credit privileges from The Computer Store, Wichita(Ms. Grechen Rivers, owner). Your company was listed as a credit reference.

I would be very grateful if you would supply the following information about this customer:

1. Credit terms extended to the customer, including limits
2. A brief statement concerning the customer's promptness in meeting obligations
3. Your reservations, if any, about the customer's financial condition and general reliability

I assure you that the information supplied will be treated as confidential.

Thank you. (A copy of this letter and an envelope are enclosed for your reply.)

Cordially yours,

용어해설

① obligation – 의무, 채무, 채권.
② confidential – 신뢰할 수 있는, 기밀의.

model letter 4-5 [신용조회 회신]

개 요

수출업자의 부탁으로 수입업자의 신용상태를 조회한 후, 수입업자는 1965년에 설립되었으며 업무에 매우 진취적이고 채무의 변제도 매우 순조롭다는 것을 수출업자에게 알린다. 그러면서 이 회신은 비밀이며 출처를 밝히지 않는다는 것을 조건으로, 그리고 수입업자의 신용상태가 변경되더라도 사전에 통보하지 않을 것을 조건으로 작성한 회신이다.

Gentlemen: November 15, 20##

The company was constituted in 1965 with the purpose to act① as importers of various chemicals for different industrial use and the authorized capital② is US$50,000 which was fully paid in③.

Their business has been operated in an active and progressive manner under experienced management, and obligations are taken care of in a proper manner. And therefore we recommend them as responsible for their normal trade obligations④.

This letter is confidential⑤ and written without prejudice⑥, as a manner of business courtesy, with the understanding that its source and contents will not be divulged. The information and expressions of opinion are subject to change⑦ without notice⑧, and the accuracy of any statement herein is not guaranteed in any way.

Best regards,

Sincerely yours,
Zaraco Import and Export Agencies.

용어해설

① purpose to act – ~할 목적으로, ~ 영업을 할 목적으로
② authorized capital – 수권자본금, 주식회사 설립할 때의 자본금.
③ fully paid in – 전액 납부된, 납입된
④ trade obligation – 무역거래에서 발생한 채무.
⑤ this letter is confidential – 이 회신은 극비임, 이 회신의 내용은 극비로 처리해 주시기 바람.
⑥ without prejudice – 편견없이, 침해함이 없이
⑦ subject to – 변경을 조건으로 함, ~을 조건으로 함.
⑧ change without notice – 사전에 통고함이 없이 변경함, 예고없이 변경함.

model letter 4-6 [신용조회 회신]

개 요

수출업자의 부탁으로 수입업자의 신용상태를 조회한 후 동 수입업자는 대한 그룹의 적극적인 지원을 하는 회사이며 또한 KS 마크를 획득한 회사로써 은행에서는 우대 금리를 적용하는 건실한 회사로서 문의한 외상금액을 허용하여도 무방할 것이라는 의견을 수출업자에게 알리는 내용으로 자신은 이 정보를 제공한다 하더라도 아무런 책임을 지지 않겠다는 사실을 밝히는 신용조회 회신.

Gentlemen: February 9, 20##

With reference to the above, we are pleased to provide you with the enclosed credit information for which we are not liable.

We trust this information will be of value to you and hope to be of service at all times.

Please note that① any information contained herein is subject to the condition that it is to be treated as strictly confidential and no responsibility shall be assumed by this fund. Effort is made to② give correct information, but any opinion expressed herein is also subject to change without notice.

Commenced : In 1970
Legal form : Limited company
Line of business : Manufacturer
Item handled : Corrugated cardboard boxes.
Paid-in-capital : Won 1,100 million
Deposit balance : Medium 9 figures③
Loan balance④ : Moderate 10 figures

The firm name was changed from HanKook Packing Ind. Ltd. to the present one in December 1976.

Its products are allowed to carry the Korean Industrial Standard Marks⑤ from the Industrial Advancement Adminstration.

The subject⑥ is a member of Dae Han Blue Star Croup, a leading business conglomerate⑦ in Korea, which is composed of DaeHand Ltd., Blue Star Co., Ltd., International Co., Ltd. etc.

The subject is a high class company in this line of business and was designated as a prime rate company⑧ in June, 20## by the Hanil Bank Ltd.

Their financial statement⑨ indicates that profitability and liquidity⑩ are higher than the norm for this kind of industry.

In view of its long history, well reputed products⑪ and the support of the DaeHan Blue Star Group, the subject will be expected to enjoy active business activities.

Your proposed credit⑫ of USD 75,000 is considered agreeable.

Very truly yours,

용어해설

① please note that – 명령문의 형태로써 that 이하를 상대방에게 통지할 때 사용하는 표현임. ~에 유념하시기 바랍니다. 이 문장은 전신문에서 많이 사용되며 please be noted that의 형태로도 사용된다.

② effort is made to ~ – ~을 하려고 노력을 기울이다. make effort to ~와 같이 수동태로도 사용할 수 있다.

③ medium 9 figures – 5-6억을 가리킨다. low는 1-2, moderate는 3-4, medium은 5-6, high는 7-9를 나타낸다. 9 figures는 9자리 숫자 즉, 억 단위를 나타내며, 6 figures라 하면 십만 단위를 나타낸다.

④ loan balance – 대출 잔액, 대출해 준 금액을 말한다.

⑤ Korean Industrial Standard Marks – 한국공업표준마크, KS 마크.

⑥ the subject – 문제의 회사 즉, 신용조회의 대상이 되는 회사

⑦ business conglomerate – 기업군, 재벌기업을 지칭한다. 여기에서는 종합무역상사를 의미한다. 그러나 종합무역상사는 general trading company를 사용하는 것이 좋다.

⑧ prime rate company – 우대금리의 적용을 받는 회사, 은행으로부터 대출을 받을 때 저리의 대출 이자율을 적용 받는 회사

⑨ financial statement – 재무제표

⑩ profitability and liquidity – 수익성과 유동성, 현금화하기 쉬운 것.

⑪ well reputed products – 명성이 높은 제품, 잘 알려진 제품

⑫ proposed credit – 요청을 받은 외상금액, 신용금액

model letter 4-7 [신용조사 회신]

Gentlemen:

James & Co.

In reply to your inquiry of July 2 about the firm above-mentioned, we have pleasure in stating that they are most desirable merchants and agents. They have been engaged in Cutlery Business since 1920, and now have branch offices in Rangoon, Singapore, Tokyo, etc. The capital at their command is said to be at least U.S. $1,500,000.

We should say that if you open an account with them, you will find most straight-forward types of men, and if we were you, we should be very glad to trust them U.S. $200,000 - if they wanted.

This is of course without responsibility.

Yours truly,

용어해설

① James & Co. – 본 서간의 주제, James & Co.의 건(件).
② merchants and agents – 매매상 및 대리점.
③ cutlery – 식사할 때 사용하는 나이프, 스푼, 포크 등을 총칭하는 말.
④ straight-forwarded types – 정직한 유형.
⑤ to trust – 신용대부(거래)하다.

model letter 4-8 [신용조사 회신]

Gentlemen:

This will acknowledge your letter of May 13, 1997.

As far as we understand, the firm you inquired of is one of the oldest in this city and is highly spoken of, particularly, in the goods you are entrusting. It has been numbered among our valued clients since 1930 and maintains very substantial transactions with us.

The head of the company is a thorough man of business and enjoys a good reputation in the trade circles here. Hence, we might say that the said concern is enough qualified to be your agent for the merchandise you mentioned.

Please note, however, that this information is given to you without any responsibility on our part.

Yours truly,

용어해설

① This will acknowledge – 확인하여 드립니다.

② is highly spoken – 평판이 좋다.(has a good reputation)

③ valued clients – 주요한 고객.

④ substantial transaction – 실질적인 거래.

02 거래조회(business inquiry)

1) 거래조회 주요내용

주문을 위한 예비단계인 거래조회는 거래제의 서한이나 권유장을 받고 수출업자가 취급하는 상품 등에 관해 흥미를 가지게 되면 구체적인 거래조건을 문의하는 서한으로, 물품을 사고파는 거래의 흐름이 시작되는 첫 부분이다. 거래조회서신의 종류는 ① 견적서, 카탈로그, 견본의 송부를 요청하는 경우, ② 품명, 수량, 선적시기, 가격, 운송 및 보험 등의 거래조건을 문의하는 경우, ③ 구체적인 Offer의 발행을 요청하는 경우 등이 있다.

일반적인 조회를 위한 팩스나 서신에서는 카탈로그, 가격표, 견본, 견적서 등 원하는 정보를 간결하고, 분명하고, 정확하게 기술하도록 한다. 그러나 구입하고자 하는 가격의 하한선을 미리 제시할 필요는 없다. 이는 공급자가 제시한 가격선에 맞추어 견적을 할 수도 있으므로 밝히지 않도록 한다. 공급자들은 견적을 낼 때 대개 결제조건 등을 제안하기 때문에 해당사항을 언급하지 실수를 유발하지 않아야 한다.

2) 거래조회 주요어구

(1) 광고를 보고

- ❑ Having read your advertisement in the Korea Textile News of April 19, we~
- ❑ Having learned from Kelly's Directory that you are~
- ❑ This inquiry is about your advertisement that appeared in~

"We would appreciate receiving more detailed information on your new product, ABC, which you advertised in the April 17 issue of NEWSWEEK."
"We would like to know more about ABC, your newly developed product, which was advertised in the April 17 edition of NEWSWEEK."

(2) 관심의 표현

- ❑ We are interested in your goods.
- ❑ At present we are particularly interested in purchasing~
- ❑ We are interested in silk serge for suitings.
- ❑ We are interested in importing iron ore from your country.

> "We are particularly interested in this type of product, and would like to have more detailed information on the above item."
> "We have a special interest in this line of product and would therefore welcome more specific information about them."

(3) 문의서신의 서두에 사용할 수 있는 표현

- ❑ We have an inquiry for 500 dozen Rayon Handkerchiefs as per sample enclosed.
- ❑ We have many inquiries for these goods.
- ❑ If you can supply us with goods of superior quality at reasonable prices, considerable business will result.

> "During the last few weeks we have received several inquiries from some customers here about Vinyl Sandals of your manufacture."
> "Over the past weeks some customers here have made inquiries about Vinyl Sandals of your make."

(4) 거래개설 희망(삼가 알립니다)

- ❑ We are pleased to inform you that~
- ❑ We are glad to say that~
- ❑ We are happy to let you know that~
- ❑ We take pleasure in informing you that~
- ❑ We have pleasure in letting you know that~

"Your proposal of May 25 has interested us very much. We are pleased to say that your bankers have supplied us with favorable information about you and, therefore, we are quite willing to enter into business relations with you."
"We are glad to have received your proposal of May 25 which interests us. Your bankers sent us favorable information about you. We would be delighted to establish business relations with you immediately."

(5) 카탈로그 청구

- ❑ Please let us have your latest (general; abridged)catalog of ...
- ❑ We should be glad to receive a copy of each of your latest catalog.
- ❑ We shall appreciate receiving (your sending us) ...
- ❑ We should be obliged if you would send us a free copy of your booklet "Stereo System," advertised in Business Week.

"Please send us the latest catalog of your manufactures."
"We would like to receive the latest catalog covering your products."

(6) 견본요청

- ❑ Please send us samples of Silk Blouses as mentioned in your circular.
- ❑ Please send us a full set of samples of Christmas Novelties.
- ❑ Please send us, by return air mail, your samples of this type of gloves.
- ❑ At present we are particularly interested in receiving your samples of~

> "Will You please send us samples of Man's Cotten Hose, Women's Silk Stockings, and Men's Initial Handkerchiefs?"
> "Kindly send us your samples of Men's Cotton Socks, Women's Silk Hose, and Men's Handkerchiefs with initials."

(7) 카탈로그 및 가격표 청구*

- ❑ Please send us a copy of your illustrated catalog, informing us of your best terms and lowest prices on CIF Pusan basis.
- ❑ Please send us your quotations by return mail of the items listed below, together with terms of payment and largest discount.
- ❑ Please send us a full set of samples of Christmas Novelties, together with a price list.

> "We should appreciate it very much if you would send us an illustrated catalog and a price list indicating your best terms and quotations."
> "We shall be very grateful if you provide us with an illustrated catalog, together with a price list, showing your best terms and lowest quotations."

* 가격표, 카탈로그, 샘플 등 자료를 요청하는 표현 : "Please send us your catalogs and price lists.", "We would appreciate receiving your complete informations on your items.", "Please let us have the full details of your goods.", "We would like to have your best quote CIF Busan for your [품목명].", "Would you please quote us for your [품목명] immediately.", "On receiving your samples, we are ready to submit you with our best quotes.", "Your quote stated is only FOB Boston, but we prefer CIF Busan. Please let us know your CIF prices.", "Please advise us how soon you can fulfill our order.", "We acknowledge with thanks your catalogs and quotations."

(8) 송부의뢰

- ❑ Please send us~
- ❑ Please let us have~
- ❑ We shall be please to have~
- ❑ We shall be glad to receive~

> "We would greatly appreciate it if you could furnish us with your catalog, brochures, and price lists, together with some samples of your line, because we wish to introduce your products to our market."
> "We would be happy to introduce your products into our market. So, we would appreciate it if you would kindly supply with samples of your merchandise, together with a catalog, brochures and current quotations"

(9) 가격조건 문의

- ❑ Please send us, by return air mail, your samples of these types of gloves with your best prices delivered FAS Pusan.
- ❑ We appreciate your quoting the lowest possible CIF Pusan prices, delivery time and mode of payment.
- ❑ We should like to receive for these products your best possible prices in US$ CFR quotation.

> "At present, we are interested in receiving your samples and quotations in US currency on CFR Inchon basis of the following goods: ~"
> "Now we should like to receive your samples of the following goods and their prices quoted in US dollars CFR Inchon."

(10) 조건부 주문희망

- ❑ If your prices and quality meet with our approval (are satisfactory) we shall be able to give you a large order.
- ❑ If your prices are right, we can take the goods in quantity.
- ❑ We shall take quantities if your goods prove best sellers and your prices admit of a reasonable margin of profit.
- ❑ If you give us a really competitive quotation, we may place a substantial order.

> "If your price are competitive and your goods suit our trade, we shall be able to give you large orders."
> "If you prices are favorably competitive and your products are suitable enough to be well received here, we may place substantial orders."

(11) 할인

- ❑ We are prepared to give a 2% discount on (off) the above prices if ordered immediately.
- ❑ We allow a special discount of 2% on the order of five hundred pieces and upwards in order to secure your initial order.
- ❑ We are ready to make a quantity discount.

> "We are considering buying 100 bicycles of German make, and shall be glad if you quote the best discount off your list price for this quantity."
> "As we are contemplating purchasing 100 bicycles of German manufacture, we would be pleased if you quote us the best discount off your list price for them."

(12) 재고문의

- ❑ We do not have the goods in stock and it would take three months to make delivery.
- ❑ We are able to make delivery of the goods within ten days after receipt of order.
- ❑ We regret to inform you that the goods are out of stock at present and will not be available until after October.
- ❑ We are ready to ship the products upon confirmation of ...

"Please let us know whether you have a stock of them or how long it will take you to ship in case you have no stock."
"We wish to be informed whether you have them in stock and, if you do not, how soon you will be able to ship them."

(13) 상대방의 거래능력에 관하여

- ❑ Referring to your inquiry of~
- ❑ This refers to your letter of~
- ❑ Replying to your inquiry of~
- ❑ We refer to your letter of~

"We refer to your letter No.123, and would appreciate your informing us whether Jeil Chemical Co., Ltd. is now in a position to quote us for Monosodium Glutamate in bulk, packed in 100-lb. drums."
"With reference to your letter No.123, we will appreciate it if you let us know whether Jeil Chemical Co., Ltd. is now able to quote us for a large quantity of Monosodium Glutamate packed in 100-lb. drums."

3) 거래조회에 대한 회답(Reply to Inquiry)의 주요내용

거래조회에 대한 회답은 될수록 신속하고 정확해야 한다. 조속한 회답을 할 수 없는 경우에는 조회서신을 접수했다는 사실을 알리면서 형편이 정리되면 상세한 내용을 알려줄 것을 약속하는 것이 바람직한 태도이다.

거래조회에 대한 회답은 우선 감사의 표시로 시작하여 상대방이 알고자 하는 사항에 대해 빠짐없이* 간결하고 명확하게 작성하여야 하며, 경우에 따라 견본이나 카탈로그, 가격표 등을 동봉하는 것이 좋다.** 또한, 주문을 촉진하는 유력한 판단자료로 시황이나 시장동향에 관한 자료를 보내주는 것도 좋고, 조속한 주문이 유리하다면 그 점을 강조한다.

유의할 점으로 거래조회에 대한 답신은 가능한 긍정적인 표현을 사용하되, 조회한 품목이 없을 경우에는 대체품목을 권유하며, 부득이 하게 거래조회를 수용하기가 어려운 경우에는 그 이유를 설명하고 정중히 거절하여야 한다.

4) 거래조회에 대한 회답의 주요어구

(1) 회신의 서두

- ❑ We are happy to hear from you that you are particularly interested in～
- ❑ We are pleased to learn that you are interested in～
- ❑ We are glad to have been informed of your interest in～
- ❑ We take pleasure in learning that you have a special interest in～

> "We are glad to know that you are very interested in our Vinyl Sandals, and appreciate this opportunity of providing a quotation on this product as follow :～"
> "We are pleased to learn that you have particular interest in our Vinyl Sandals and we take pleasure in providing the following quotation on that product."

* 조회내용의 골자를 서신 앞부분에 기술함으로써 상대방의 기록을 새롭게 하는 것도 좋은 방법이 될 수 있다.

** 견품수배가 안될 때에는 별봉으로 송부한다고 언급한다.

(2) 송부통지

- ❑ As requested we are sending you separately a copy of the illustrated literature and the price list.
- ❑ We are pleased to send you herewith (under separate cover/separately/in a separate envelope/by air/by airmail/by parcel post) our most recent catalog (brochure/price list).
- ❑ Replying to (Answering/In reply to/In answer to/In response to/Referring to/With reference to/In regard to) your letter (inquiry) of ~ we enclose~

> "We are enclosing our most recent catalog and price list of all our electrical products for export as requested in your letter of December 5. We hope you will find a number of items that will interest you."
> "In response to the request made in your letter of December 5, we are enclosing herewith our latest catalog and price list of our electrical products for export, many of which we hope will draw your interest."

(3) 카탈로그 · 가격표를 보내며

- ❑ We are enclosing our most recent catalog and price list, and hope you will find a number of items that will interest you.
- ❑ On the enclosed price list you will note our rock-bottom quotations CIF Pusan.
- ❑ We hasten to send you our complete catalog, in which you will find a full description of our entire line of goods.

> "The enclosed price list and illustrated catalog will give you details of the products you may be interested in. If there is any other information you may need, please let us know."
> "You will find the enclosed price list and illustrated catalog informative about details of the products in which you may be interested. We will be glad to supply you with any other information you may require."

(4) 견본

- ❑ The enclosed sample will give you an idea of the kind of merchandise you want.
- ❑ The quality you require being out of production, we are sampling you the nearest we can find to it (the nearest that is available).
- ❑ Let us send you this design in place of the inquired about.

> "We wish you to closely examine the samples, and we trust that you will find our goods excellent and prices competitive."
> "We trust that your close examination of the samples will show that the quality of our goods is superb and our prices are competitive."

(5) 거절

- ❑ Unfortunately, however, we regret that we are unable to be of assistance to you.
- ❑ We are very sorry that we do not handle any of the items mentioned in your letter of~
- ❑ Regretting our inability to assist you on this occasion~
- ❑ We are sorry that we are not able to meet your requirement.
- ❑ We regret that we cannot comply with your request.

"We regret to say that we cannot render our service to you just now. The reason for this is that it so happens that the product is out of stock and that even during the (peak) season we sometimes fail to secure sufficient quantity to meet all the requirements from overseas."

"We regret to inform you that we are unable to accept your order at present because the products have run out of stock. Sometimes we cannot obtain the products in sufficient amount to satisfy the demand abroad even during the high season."

model letter 4-9 [수출안내서 송부요청]

KyungwonU Exporting Co., Ltd.
65, Bokjeong-dong, Seongnam Si, Sujeong-gu
Gyeonggi-Do, Korea

Gentlemen :

Thank you very much for your letter of June 10, proposing to do business with us in Electric Machinery.

From your letter we are glad to learn that you are specially interested in shipping Electric Machinery, and in these lines we may say that we are specialists.

We are prepared to accept your proposal so long as your goods prove suitable for our market in price and quality. Will you be good enough to send us a copy of your latest catalog and a price-list?

As to the settlement of account, we are agreeable to your terms.

We thank you for your courtesy in making the proposal and hope we may soon be able to work with you to our mutual advantage.

Yours very truly,
AMERICAN IMPORTING CO., INC.

용어해설

① specialists – 전문가
② be prepared to~ – ~할 준비가 되어 있다.
③ suitable for our market – 당시장에 적합한
④ the latest catalogue – 가장 최신의 카탈로그(the most up-to-date catalogue)
⑤ settlement of account – payment
⑥ be agreeable to your terms – 귀사의 조건에 동의하다.
⑦ to our mutual advantage – to our mutual benefit

model letter 4-10 [수출안내서 송부요청에 대한 회신]

American Importing Co., Inc. October 31, 20##
New York, U. S. A.

Gentlemen :

We acknowledge with thanks your letter of July 1, in which you expressed your willingness to open an account with us.

As requested, we have sent you separately one set of our complete catalog and enclose herewith our price list giving our lowest possible prices.

Before starting actual business, however, we should like to know if you would fall in with our general terms and conditions which we are enclosing. If you have no objection to any of the clauses, you are requested to sign it and return the duplicate to us, keeping the original with you.

We congratulate ourselves upon having opened relations with you and look forward to doing business for a long time.

Yours very truly,
KyungwonU Exporting Co., Ltd.

Inclos. 1. Price List
2. Memorandum

용어해설

① acknowledge - 수령하다(receive).
② willingness - 바램, 소망
③ sent you separately - under separate cover
④ fall in with - 찬성하다(agree to ; accept)

model letter 4-11 [교육 프로그램에 대한 조회]

Dear Sir or Madam:

Our speaker at this month's Management meeting mentioned that you have developed some excellent programs of instruction on listening.

I am arranging a series of communication seminars for our top executives, which will include instruction in writing, speaking and listening. I am especially interested in your materials on listening, but would welcome information about programs you may have on writing and speaking as well.

The seminars will begin October 16, so I don't have a lot of time to choose the materials. Would you therefore rush this information to me? I would be very grateful.

Sincerely yours,

top executives - 최고위 간부들, 경영위원들

model letter 4-12 [교육 프로그램 조회의 회신]

Dear Mr. Lee

I'm sending you immediately an instructor's manual, a sample tape, and a booklet describing other aids for the instructor.

You'll see that the basic textbook is programmed - that is, it can easily be used for individual instruction with immediate feedback and reinforcement. In addition to the textbook, there is a set of tapes on which conversations, directions, speeches, discussions (meetings), and other oral communication situations are recorded. Although this program can be used without an instructor, many companies prefer group instruction under the leadership of a teacher. The instructor's manual provides day-by-day classroom procedures and methods of evaluating performance.

I think this program may be just right for the listening segment of your communication seminars, Mr. Lee. It is being used by hundreds of business firms and government agencies, and the reactions we've received have been most enthusiastic.

We're in the process now of putting together a similar program on writing. Publication is scheduled for March of next year-a bit late for your first seminar, but perhaps in time for the second or third. I've made a note to send you a set of these materials just as soon as they are released. A prepublication flyer is enclosed.

At the moment, we have no publishing plans in the area of speaking, Mr. Lee. Have you seen "Talk'n Play", which is published by Color Press? I understand it is a multimedia program and is being favorably received by users.

The address of Color Press is 2000 Sheridan Road, Evanston, Illinois 62201.

Thank you for writing.
Cordially,

용어해설

① feedback – 피드백, 송환, (소비자의)반응, 의견.
② reinforcement – 보강, 강화, 증원.
③ enthusiastic – 열광적인, 열렬한.

model letter 4-13 [거래제의하면서 가격 조정가능 조회]

Dear Sir or Madam

We acknowledge your letter of the 1st May, together with the price for your Powder Milk, and are grateful for the supply of the samples, which quite up to our expectations.

We have studied your quotations with interest, and though your products have impressed us very favorably, we regret that business cannot be considered at the price stated, and therefore keener prices are necessary. As we intimated to you in our last letter, our requirements for Powder Milk are fairly heavy, and it is hardly necessary to remind you of the benefit likely to accrue to you from competitive prices.

It is our intention to place our orders with you, and we are prepared to take 100 cans for No. 10 and 200 cans for No. 12 respectively by way of trial, so that we trust you will make every effort to revise your prices.

Yours faithfully,

용어해설

① up to our expectations – 예상한 대로 좋다.
② keener prices – lower prices
③ requirements for ~ are fairly heavy – ~에 대한 수요가 대단히 크다.
④ to accrue to~from – 로 부터 ~가 생기다.
⑤ by way of trial – 시험적으로. (as a trial, for a trial)
⑥ to reverse – 수정하다, 개정하다, 여기서는 가격을 개정한다.

model letter 4-14 [거래제의하면서 가격 조정가능 조회에 대한 회신]

Dear Sir or Madam,

We note with regret from your letter of the 1st May that our prices are not low enough to meet your needs.

The high quality of our goods, which has caused them to gain your approval, cannot be maintained at lower prices. Reduction has already been made for a large order which you intend to place with us. Our prices barely cover the cost of production, and although you are so good as to give us an order for our Nos. 10 and 12, we deeply regret that we unable to make any further shading of prices.

We hope that you will consider the advisability of placing your order with us immediately.

Yours faithfully,

용어해설

① to meet your needs(requirements) – 당신의 소망에 따르다.
② reduction – 넓은 의미에서 할인.
③ barely cover the cost – 원가를 겨우 충당하다.
④ shading – 할인.(cutting)(to make～prices, to cut the prices finer)

model letter 4-15 [거래조회]

Sanders & Lowe Ltd.

The Sales Manager   Date 7 June 20##
Giaston Potteries Ltd.
Clayfield
Burnley BB10 1RQ

Dear Sir or Madam,

We are writing to you on behalf of our principals in Canada who are interested in importing chinaware from England.

Could you send us your latest catalogue and price-list, quoting your most competitive prices?

Our principals are a large chain store in North America and will probably place substantial orders if the quality and prices of your products are suitable.

We look forward to hearing from you soon.

Yours faithfully,
L. W. Lowe(Mrs)

용어해설

① on behalf of~ - ~을 대신하여(on one's behalf), in behalf of~ 을 위하여 (in one's behalf)
② chinaware - porcelain
③ competitive price - reasonable price
④ place substantial order - 대량주문하다.

model letter 4-16 [거래조회]

F. Lynch & Co. Ltd.

(Head Office), Nesson House, Newell Street, Birmingham B3 3EL
Telephone No. : 021 236 6571 Fax : 021 236 8592 E-mail: ahrtka@lynch.com

Your ref :
Our ref : Inq. C351
6 February 20##
Dear Sirs,

We were impressed by the selection of sweaters that were displayed on your stand at the Menswear Exhibition that was held in Hamburg last month.

We are a large chain of retailers and are looking for a manufacturer who could supply us with a wide range of sweaters for the teenage market.

As we usually place very large orders, we would expect a quantity discount in addition to a 20% trade discount off net list prices, and our terms of payment are normally 30day bill of exchange, documents against acceptance.

If these conditions interest you, and you can meet orders of over 500 garments at one time, please send us your current catalogue and price-last. We hope to hear from you soon.

Yours faithfully,

L. Crane
Chief Buyer

① selection of sweaters – 정선된 스웨트
② teenage – 십대의
③ place large order – place substantial order
④ trade discount – 동업자간의 할인
⑤ meet order – get order

model letter 4-17 [거래조회]

개 요

지난해 6월 이후 거래가 없던 수입업자가 자신의 고객으로부터 유아용 직물 조끼에 관한 문의를 받고 견본을 수출업자에게 발송하면서, 이 거래는 매우 중요하므로 한국 내에서 저렴한 가격에 우수한 상품을 생산할 수 있는 생산업자를 수배하여 10일 이내에 오파를 보내 줄 것을 요구하면서, 만약 오파를 할 수 없는 경우 견본을 되돌려 주면 일본에서 생산업자를 수배하여 수출하겠다는 사실을 알리는 내용이다.

Dear Sirs, 25th February, 20##

We refer to① our last letter of June 23 for discussing purchase Korean goods.

We have no business with you since last June but we have received an inquiry from very big distributors in England. We are enclosing a sample of infant knitted vest② and this is one of the very good selling items in London. Our client required lowest quotation for the same or similar type of the samples we sent. The quantities involved ③ is between 30,000 and 50,000 dozen per one shipment④.

We would ask your special assistance for this inquiry and kindly find suitable maker ⑤ as this inquiry is from our valuable client and very important for us to offer within 10 days. So if you can quote for the above articles then, please e-mail or fax your keenest price with samples.

If you can not offer, please urgently return the same sample to us for our working in Japan.

Yours truly,
Parbury Henty & Co. Pty. Ltd.

용어해설

① refer to – ~을 참고하다.
② infant knitted vest – 유아용 직물 조끼
③ quantities involved – 논의되고 있는 수량
④ per one shipment – 매 선적당, 한번 선적할 때마다 싣는 양, per one order와 다른 점은 one order 인 경우 주문량은 비록 클지라도 여러 번에 걸쳐 선적을 하게 되면 실제로 매번 선적하는 양은 소규모가 되는 경우가 있다. 소규모의 주문을 기피하는 수출업자에게는 매 선적당 싣는 수량이 중요하다.
⑤ find suitable maker – 적당한 생산자를 수배하다, 유아용 직물 조끼를 저렴한 가격에 공급할 수 있는 적당한 생산자를 수배하다.

model letter 4-18 [거래조회]

개 요

수출업자로부터 견본 및 카탈로그를 수취한 수입업자가 1회용 주사기가 감마선으로 소독된 제품이면 시험주문으로 200,000개를 구매할 것이며 품질이 우수한 것으로 판명되면 약 4배 이상을 주문할 것이라면서, 자신이 현재 취급하고 있는 대응견본(counter sample)을 보내 주면서 이와 동일한 제품을 공급할 수 있다면 CIFC 5% Jeddah가격을 제시해 줄 것을 요청하는 내용이다.

Dear Sirs, February 20, 20##

We thank you very much for your letter dated January 18th together with your catalogue for clinically syringes①. We apologize for not having been able to reply you earlier on account of the fact that your letter arrived late.

We have gone through② your catalogue and samples of syringes, we are interested in 200,000 packets of clinically clean syringes provided③ that syringes are to be sterilized with Gamma rays.

We enclose herewith a specification and samples that we have in mind. If you are in a position to supply us with the same quality, please then airmail us your respective counter sample④ along with your lowest CIFC5% Jeddah price for a trial order⑤ of 200,000 packets.

Although this is strictly a trial order, nevertheless it may be very possible that we can make the order four times as much. However this will depend entirely on the quality and price of the syringes. For this reason please make haste in sending us your respective counter sample.

We look forward to hearing form you in due course.

Yours faithfully,
Jafar Mohhamad Corp.

용어해설

① clinically syringes - 소독된 주사기, 임상용 주사기
② gone through - 샅샅이 조사하다, 자세히 검토하다.
③ provided - ~을 조건으로, 만약 ~이라면, on the condition, if,
④ counter sample - 대응견본, 상대방이 보내 준 견본에 대하여 자신이 구매하고자 하는 견본 또는 생산 공급할 수 있는 견본을 상대방에게 다시 보낼 때 이를 대응견본 또는 반대 견본이라고 한다.
처음으로 보내는 견본은 original sample, 상대방의 견본에 대응하여 보내는 견본은 counter sample, 상대방의 허락을 받기 위하여 보내는 견본은 advance sample, 선적이 이루어지고 난 후에 보내는 견본은 shipping sample이라고 한다.
⑤ trial order - 시험주문. 수출업자의 납기, 품질 등 무역계약의 이행여부를 시험하기 위하여 행하는 소량 주문으로 대개 첫 주문을 일컫는다, first order, test order, tentative order.

model letter 4-19 [가격요청]

개 요

빵, 과자 등을 생산하는 제과업자로부터 다양한 크기의 직각형 종이용기 10톤을 구입하겠다는 사실을 통지 받은 수입업자가 CFR Doha가격에 자신의 수수료 7.5%를 포함시킨 가격과 견본을 함께 보내 줄 것을 요구하면서 육각형의 용기도 구입할 의사가 있으나 아직 상자에 제과업자의 상표를 인쇄할 것인지의 여부는 결정이 되지 않았으니 가격을 받고 난 후에 이를 통지해 주겠다는 뜻을 밝히는 거래제의 서신.

Gentlemen;

We have an enquiry for various boxes from our customers and we invite your special attention to① the remarks mentioned at the end of this letter.

One of the confectionery making sweet, bread, cakes, pastry etc. is interested in purchasing 10 tons of rectangular hard-board boxes② in assorted sizes③ from the 2"x2"x2" box to the 18"x18"x10" box.

We are not able to give you more detailed information at this stage for the items but hope to do so after receipt of your complete sample set via air parcel together with catalogue and CFR Doha including our 7.5% commission.

The same bakery is also interested in importing full container load④ of card-board or thick paper hexagonal containers⑤ in assorted sizes. The question, as to whether⑥ the client concerned wants the cartons plain or printed with his name, can be decided after receipt of your tentative offers⑦.

With kindest regards, we remain,

Yours faithfully,
Alnoaimi and Partner

용어해설

① invite your special attention to – 귀사의 특별한 주의가 요청되다, 귀사가 특별히 배려해 주기를 바라다.
② rectangular hard-board boxes – 직사각형의 두꺼운 종이 상자.
③ in assorted sizes – 다양한 크기의, 여러 가지의 크기의
④ full container load – FCL, 화물을 한 컨테이너에 채울 수 있는 양의 화물, 이에 대응하는 용어는 Less Container Load (LCL) cargo가 있다.
⑤ hexagonal containers – 육각형의 용기, 육각형으로 된 종이용기
⑥ as to whether – ~에 의문이 있다. 고객이 상자에 자신의 상표를 인쇄할 것인지 아니면 인쇄를 하지 않은 상자를 구입할 것인지에 대하여 의문이 있다.
⑦ tentative offers – 임시적인 오파, 잠정적인 가격

model letter 4-20 [가격요청]

오랜 기간 동안 거래를 해 오던 수입업자가 자신의 경쟁사가 저가의 중국상품을 수입함으로써 상당기간 동안 거래가 없었음을 상기시키면서 새로이 수출업자의 제품을 취급하고자 하니 CIF가격을 보내 주되 자사의 디자인을 부착하여 수입할 수 있는 품목을 지정하면서 이 제품에 대한 가격도 함께 보내 줄 것을 요청하는 내용이다.

Dear Sirs, 10th August, 20##

Thank you very much for catalogues which you kindly sent on to us and we have done very fruitful business① with you over the years. The reason we had to exclude these particular items from our dealing items② was because our competitors have imported these products from China which were very cheaper than those we imported from you.

However, we are always anxious to continue our very valuable business and therefore, we would be obliged if you would kindly let us have best c.i.f. prices for the following items:

Items: 101, 101A, 114, 110, Q17, 111

Other lines which might be worth investigating③ would be the following items on which our own design and brand will be imprinted.

Items : T503, T531, T311

Please let us have prices of CIF European main port.

Thanking you and looking forward to favorable reply④ from you.

Yours faithfully,

Replex Distributors Limited
Michael Mckay

용어해설

① fruitful business – 이익이 많이 나는 거래, valuable business, workable business
② dealing items – 취급품목, 거래하고 있는 품목
③ worth investigating – 타진해 볼만한, 검토해 볼 가치가 있는
④ favorable reply – 호의적인 회신, 거래제의에 대해 승낙하는 답신

model letter 4–21 [가격요청]

개 요

그 동안 시황의 악화로 거래가 없던 수입업자가 최근에 새로운 장소로 이전하고 좀 더 활발하게 영업을 하고자 새로운 주문을 하면서 신발류에 대한 카탈로그와 가격을 요청하고 만약 유럽이나 미국지역으로 많이 팔리는 제품이 있을 경우 이에 대한 정보를 요구하는 내용이다.

Fax No. 1682 2 739 2744

Dear Sirs, 5th May, 20##

We have not been very active for some little time in the various lines① and decreased so rapidly due market recession. But we have moved to new and more extensive premises, and market situation② has changed to little active. We now hope to increase the particular department of footwear business③ very extensively, and in order to start business again, we are sending you herewith an order just for two numbers at previous price④ which we purchased from you.

However looking up your former catalogue, there are number of items which could be of interest to us. We may suggest to send us new and up-to-date catalogue of all the lines which you are manufacturing and all possible rough idea of the prices⑤.

We hope to develop certain items for this trade and if there is anything that you have dealt with European buyers or even the distributors in the USA.

Please let us have a few samples of same and we would like to have prices CIF Genoa for the following numbers :

PN 48, 49, 52, 20, 11, 26

As you will understand that we are now getting very active again and hope to renew our business relationship with you. So any lines or any items that you are exporting in quantities⑥ to UK or European markets. please let us know.

We are looking forward to hearing from you.

Yours faithfully,
Barons Import Corp.

용어해설

① various lines – 다양한 품목의, 다양한 종류의
② market situation – 시장 상황
③ footwear business – 신발류의 거래
④ two numbers at previous price – 두 가지 품목을 종전 가격으로, 그 동안 거래가 없었으므로 종전의 가격대로 수입할 수 있는지의 여부를 타진하기 위하여 주문하는 경우가 있다.
⑤ rough idea of the prices – 가격에 대한 개괄적인 아이디어, 정확한 가격이 아니더라도 대략적인 가격을 알려 달라는 의미임.
⑥ exporting in quantities – 대량으로 수출하는

제 2 장

계약이행(계약체결 이후)

제1절 청약과 승낙(offer and acceptance)

01 청약(offer)

1) 청약의 요건

청약은 피청약자의 무조건 · 절대적 승낙이 있으면 계약을 성립시킬 것을 목적으로 한 청약자의 피청약자에 대한 일방적 · 확정적 의사표시이다.

국제물품매매계약에 관한 UN협약에서는 청약의 확정성 요건으로 1인 또는 그 이상의 특정인에 대한 의사표시일 것, 충분히 확정적인 의사표시일 것(물품을 표시하고 있고 대금 및 수량을 정하고 있거나 이를 정하는 규정을 두고 있는 경우는 충분히 확정적이다), 승낙이 있는 경우 이에 구속된다는 의사표시가 있을 것을 들고 있다.

1인 또는 그 이상의 특정인에 대한 의사표시가 아닌 경우에는 당사자가 반대의 의사를 명확히 표시하지 않는 한 청약의 유인에 불과하며 이때는 상대방 당사자의 승낙이 있는 경우에도 계약을 성립시키는 효력이 없다.(불특정 다수의 유망 거래선에 카탈로그를 발송하거나 circular letter를 발송하는 경우)

확정적 의사표시인 청약은 청약의 유인(invitation to offer)과 구별되어야 한다. 청약의 유인은 청약의 준비행위에 불과한 계약체결의 예비교섭(preliminary negotiation)

단계로 이에 대한 상대방 당사자의 승낙이 있더라도 계약을 성립시키는 효력이 없다.

※ Offer는 시간적인 여유가 있을 때에는 항공편으로 송부하지만 대개는 팩스나 e-Mail로 발신하고 당일 또는 다음날 송부된 내용을 확인하는 편지를 보내는데 이를 'follow-up letter'(확인서신)라고 한다.

2) 확정청약(firm offer)과 자유청약(free offer)

청약에 승낙의 기간이 정해져있는지 여부에 따라 확정청약(Firm offer)*과 자유청약(Free offer)**으로 나뉜다. 비록, 승낙의 기간이 정해져있지 않다 하더라도 청약의 내용이 '확정적'(firm)이라거나 '취소불능'(irrevocable)이란 표시가 있으면 확정청약이 된다.

청약자의 사정에 따라 청약상에 일정한 조건부을 담고 있는 조건부청약(conditional offer)이 있다. 여기에 속하는 대표적인 것들로는 시장가격의 변동에 따라 청약된 가격이 변동한다는 내용의 시장변동조건부청약(offer subject to market fluctuation)***, 재고정리나 대금의 조기 회수목적으로 다수의 거래처에 오퍼를 내면서 재고가 있을 경우에만 유효재고잔류조건부청약(offer subject to being unsold)****, 한정된 수량의 범위내에서 먼저 승낙한 자와 계약이 체결되는 선매조건부청약(offer subject to prior sale)*****, 피청약자의 승낙을 청약자가 최종 확인을 하여야 계약이 성립하는 조건의 최종확인조건부청약(offer subject to seller's final confirmation)* 등이 있다. 조건부 청약도 일종의 자유청약에 해당한다. 그밖에 점검매매오퍼(offer on approval), 반품허용조건부 오퍼(offer on sale or return) 등이 있다.

---

* "We offer you firm 20,000lbs. of Article No. AK220 on the following conditions: ~"

** "We make you this offer subject to change without notice."

*** "We are pleased to offer you without engagement* as follows:~", "We are pleased to offer you subject to market fluctuation.", " The price subject to change without notice. because there isevery day indication that the cost of raw materials is rising day by day."

**** "We intend to clear this stock before the end of the year. The quantity is limited. So, we submit this offer to you subject to the goods being unsold."

***** "We remind you that this offer is made subject to prior sale."

* "We make this offer subject to our confirmation."

3) 청약의 주요어구

청약서신의 구성내용은 보편적으로 거래조회 또는 청약서신 발행요구에 대한 접수확인, 주요 거래조건*, 조속한 수락권고가 포함되도록 한다.

상황에 따라서 구매자 측의 조건을 판매자 측에 제시하는 역오퍼(count offer)를 보낼 수도 있다.

(1) 확정 오퍼

- ❑ We offer firm, subject to (your) reply (being) received here (or subject to your reply reaching here)
- ❑ We offer firm for (your) acceptance in our hands by July 10～(not later than July 10～)
- ❑ We offer, subject to our (final) confirmation～
- ❑ We offer firm, subject to (your) immediate acceptance by e-mail～

"We offer you firm, subject to your reply reaching us by August 15, Floor Lamps, brass, at US$60.00 per unit, CIF Los Angeles."
"We are making a firm offer, subject to your reply by August 15, on Brass Floor Lamps at US$60.00 each, CIF Los Angeles."

We have just e-mailed you the following offer:

Article: Ladies' Rubber Shoes
Quality: Our Sample No. 100, white
Quantity: 1,000 doz.
Price: $30.00 per doz. FOB Inchon.
Shipment: October/November
Payment: Draft at 60 d/s under Confirmed Credit

---

* 품명(commodity), 수량(quantity), 단가(unit price), 결제조건(terms of payment), 품질 및 규격(quality & spec), 원산지(origin), 발행일자 및 유효기간(issuing date & validity), 선적조건(shipment), 포장조건(terms of packing), 보험(insurance) 등.

(2) 지불조건

- As for payment, we ask you to open an Irrevocable Letter of Credit upon confirmation of sale.
- Drafts will be drawn at 60 days after sight under L/C opened in our favor.
- We allow a cash discount on payments made within ten(10) days of date of invoice.
- The terms of payment would be three months net, or 15% discount for cash on total invoice amount.

> "Our terms are cash with order."
> "Payments would be on the cash-with-order basis."

(3) 가격조절

- For orders 500 dozen and more we shall allow you a special discount of 2%.
- All quotations and sales are subject to the terms and conditions printed on the back of this page.
- Due to the rising cost of raw materials we are reluctantly compelled to raise our price by 3%.

> "All prices ate subject to variation without notice, in accordance with market fluctuation."
> "All the prices quoted are adjustable without prior notice, subject to market fluctuation."

(4) 주문 재촉

- This is a sort of a closeout, and we are sure that no other suppliers here are offering at such a low level.

- ❑ If you are interested in this lot, please let us have a e-mail reply by return, as the lot will in all possibility be sold quickly.
- ❑ Should you miss this nice chance, we are afraid you might not be able to get the same quality at this level.

> "Owing to the rush of orders from your country, all the mills will be fully engaged for some time to come. In these circumstances, the price we have offered is the very best and the delivery is the nearest possible."
> "The current rush of order from your country will keep all the mills here fully occupied for quite a while. Under these circumstances, we have offered you the very best price with the soonest possible delivery."

(5) 가격조절

- ❑ Will you please contact your manufacturer again to see if he can come down to this price level?
- ❑ We are afraid there is little prospect of doing business with you unless some substantial discount is allowed.
- ❑ We believe you can afford us a substantial discount off your list prices, which we see are quoted net cash.

> "Frankly, could shade our prices somewhat, but we could in no way go down to anywhere near the figures indicated in your letter."
> "To be frank, our prices could be abated somewhat, yet we could hardly bring them down to anywhere near the level your letter indicated."

(6) 인도조건

- ❑ We can deliver from stock.
- ❑ Our quotation includes delivery FOE Pusan.
- ❑ Delivery is required in three weeks.

> "We can promise delivery within 2~3 weeks of receipt of your order."
> "You will be assured of delivery within two to three weeks upon receipt of your order."

(7) 주의촉구

- ❑ Please give (We trust you will give) this order your prompt and best (careful) attention.
- ❑ Your early (careful) attention to this order will be appreciated
- ❑ We expect (rely on) a careful execution of this order.

> "Since this transaction is very important to us we would like you to give it your best attention to satisfy us in every aspect."
> "We expect your utmost attention to this transaction, which is very important to us, so that you will satisfy us in every way possible."

(8) 주문권유

- ❑ You will see from the enclosed price list that we have offered you every possible inducement to open up business with you.
- ❑ Did our price meet your approval?
- ❑ You will find the price we have offered very favorably compares with that of other houses.

(9) 가격

- ❑ We accept your limit even at a sacrifice and hope you will compensate us by ordering more from us in the near future.
- ❑ Unfortunately it is impossible to accept the price of~
- ❑ The goods ordered have risen in price of late and cannot be purchased today at your limit.

> "In anticipation of a large order from you we have cut our price to a point where the margin of profit is almost insignificant."
> "As we expect larger orders from you, our price has been cut down to where our profit margin is but nominal."

(10) 최저주문량

- ❑ We require a minimum quantity of 3,000 yards per design.
- ❑ We regret to say that we cannot afford to accept your order unless it comes up to a minimum of~
- ❑ The minimum order for this particular type of product is~
- ❑ It must be kindly understood that we are unable to accept your order unless it amounts to a one-lot shipment.
- ❑ We accept an order of at least 500 drums.

> "The minimum order for Rubber Shoes is 500 pairs, and the supplier also has informed us that this particular item is in short supply."
> "The minimum per order for Rubber Shoes is 500 pairs, while the supplier has notified us that this particular item is getting scarce."

model letter 1-1 [가격제시]

개 요

수입업자로부터 가격을 제시해 줄 것을 요청 받은 수출업자가 견본, 카탈로그 및 가격표를 동봉하면서 자사의 가격은 매우 저렴할 뿐 아니라 품질과 납기에서도 클레임을 받은 적이 없을 정도로 매우 우수하다는 사실을 알리면서 공업용 파라핀에 대한 CIF C5% 함부르크 가격표를 동봉하고 최저주문량은 5톤이며, 선적은 9월부터 가능하다고 알리는 내용이다.

Gentlemen;

Thank you for your letter of July 5, 20## and the contents of which were duly noted ①.

We take this opportunity to introduce ourselves to you that we are one of the largest manufacturers of paraffin wax and our qualities are superior to those of our competitors' and price is also very reasonable for our customers. You will be satisfied with our goods in quality and in price as our quotations may leave you some workable margins② to deal in. We are confident that our products never caused any disputes to claims③ for quality or delivery times④.

For your reference, we are enclosing here full range of our samples together with latest catalogue which are popular items in European countries. Enclosed please find here price list based on CIF C5% Hamburg for paraffin wax for industrial use⑤.

Regarding to the prices, please refer to our terms and conditions of payment described in our price list and our acceptable minimum quantities⑥ are 5 metric tons per one shipment and delivery will be effective from September.

Thanking you for your inquiry and looking forward to your early reply.

Sincerely yours,
Aladine Industries

용어해설

① the contents of which were duly noted – 내용을 잘 알게 되다, 상대방이 보낸 서신의 뜻을 잘 이해하다.
② leave ~ workable margins – 상당한 이익을 남기다.
③ any disputes to claims – 클레임을 청구할 만한 분쟁
④ delivery times – 납기, 수출업자가 선적해 줄 수 있는 기간
⑤ for industrial use – 공업용, 산업용
⑥ acceptable minimum quantities – 수락이 가능한 최저주문량, 수입업자의 주문량이 너무 작은 경우 이를 공급해 줄 수 없기 때문에 수출업자가 공급할 수 있을 정도의 주문량을 지칭한다.

model letter 1-2 [가격제시]

개 요

수입업자의 2월 23일자 가격요청 서신을 받은 수출업자가 3월말까지 회신이 도착하는 것을 조건으로 하는 자동차용 부속품에 관한 확정청약을 제시하면서 납기는 4월 25일부터 매월 2,500세트씩 납품이 가능하며, 포장은 5세트가 종이 백에, 5개의 종이 백이 골판지 상자에 포장되고, 20상자가 나무로 골격이 만들어진 팔레트에 포장될 것이라고 알리면서 팔레트 1개당 80달러의 비용이 들어가기 때문에 추가비용을 지불하여야 팔레트에 포장을 할 수 있다고 알리면서 이 기회를 통하여 좋은 거래관계를 발행하고 싶다는 의사를 밝히는 내용이다.

Dear Sirs,

We are duly in receipt of your inquiry dated on February 23, 20##.

We are offering firm① you on the following terms and conditions for under mentioned goods. This offer is subject to your reply reach here② before end March and delivery will be effective from April 25 for 2,500 sets per every month respectively③.

These goods will be packed five sets in 5 ply paper bag, five bags to a carton and 20 cartons will be palletized with a wooden frame④. Please note that the pallet charges costed us US$80 per each, therefore additional pallet charges to be paid to us if you want this kind of packing.

We hope this chance will lead both parties to a good business relations for mutual benefits⑤.

Yours very truly,
Mitchel Products Co., Inc.

용어해설

① offering firm – 확정적으로 오파하다, 가격을 확정적으로 제시하다.
② your reply reach here – 귀사의 회신이 이곳에 도착하는, 전보, 팩스 등으로 청약을 하는 경우 상대방의 회신이 빠른 시간 내에 도착하는 것을 조건으로 하게 된다. 이때 유효기간을 표시하는 방법으로 이러한 표현을 사용한다.
③ per every month respectively – 매월 마다
④ palletized with a wooden frame – 나무로 골격을 만든 팔레트, 팔레트라 함은 여러 개의 수출상자를 하나의 단위로 묶어 대형화하여 기계에 의한 하역과 양육이 가능하도록 함으로써 상품의 발하(拔荷), 도난 등을 방지하기 위한 포장 방법의 하나임.
⑤ for mutual benefits – 양 당사자의 이익을 위하여

model letter 1-3 [가격제시]

수입업자로부터 2월 3일자 팩스를 받은 수출업자가 2월 1일자의 자신의 텔렉스를 확인하면서 실크 블라우스를 FOB 10달러에 오파하면서 실크제품에 대한 주문이 예상되며, 이 주문은 수입국에 큰 영향을 미칠 것이기 때문에 지금 실크제품을 구입하지 못하면 가격이 더 비싸질 것이라고 알리면서 수출국에서는 실크제품이 유행할 조짐을 보이고 있어, 곧 수입국에도 영향을 미칠 것이라는 내용의 서신.

Gentlemen: February 7, 20##

We thank you for your fax of February 3 and now confirm our e-mail dispatched February 1 to offer the under mentioned goods.

Goods : Silk blouse in assorted colors①.

Price : US$10.25/ea. FOB Busan.

Shipment : June, 20##

Terms and conditions : By sight L/C in our favor②.

For your information, we may inform that it would be advantageous③ for you to purchase this goods at this time, as large orders for silk goods are expected to come for this season. We have no doubt④ that these orders will affect your market to a considerable extent⑤ and that any delay in purchasing will make you in a difficult position to buy and to pay higher prices.

The fashion trend in this territory is moving to a silk materials steadily so it will influence your market near in the future.

We hope our prices will suit you⑥ and wait the pleasure of serving you soon.

Yours faithfully,
Hood Fancy Inc.

용어해설

① in assorted colors – 다양한 색깔의, 여러 가지의 색이 섞여 있는
② in our favor – 당사를 수익자로 하는, 당사의 명의로
③ it would be advantageous – 이익이 될 것이다.
④ have no doubt – 의심할 바 없는, 틀림없는
⑤ to a considerable extent – 상당한 수준으로, 대량으로
⑥ will suit you – 귀사에 적합할 것이다.

model letter 1-4 [가격제시]

개 요

3월 7일자 서신으로 수입업자가 가격을 요청함에 따라 수출업자는 카탈로그와 오파를 발송하면서 카탈로그의 4페이지와 5페이지에 있는 기계는 현재 미국의 고객으로부터 대량주문을 받은 제품으로 일본제품에 비해 구조면에서나 효율성면에서 매우 우수할 뿐 아니라 가격은 생산비를 겨우 커버하는 수준으로 자신의 이익을 거의 무시하였기 때문에 아주 저렴하다는 사실을 알리면서 기계에 대한 정보가 필요하면 즉시 연락해 줄 것을 요청하는 내용이다.

Dear Sirs,

We are exceedingly delighted to learn from your letter of March 7 that you are interested in our machines, and we are pleased to send you herewith a copy① of our export catalogue and an offer sheet② No. 34-ASB.

We invite your special attention to our catalogue on page 4 to 5, for which we have recently received large orders from our valuable clients③ in USA. And we are confident④ that these machines are comparable favorably⑤ in regard to construction and efficiency with any of the Japanese products on sale in your market.

On the first page of the offer sheet our terms of payment are specified in detail. And as our prices have been covered only the cost of production⑥ and where our margins are almost negligible⑦, you will understand that these quotations must be rock bottom. If you have any further questions to our products, please feel free to write to us.

We will not fail to fill your order with our best attentions.

Very truly yours,
Filcon Machinery Co.

용어해설

① offer sheet – 청약서, 청약의 내용이 명시된 서류
② a copy – 사본 한 통, 여기에서는 사본이라는 의미가 아닌 카탈로그 1통이라는 뜻으로 사용됨.
③ our valuable clients – 당사의 고객, 당사로부터 상당한 양을 구입해 가는 고객
④ we are confident – ~을 확신하다, ~임에 틀림이 없다.
⑤ comparable favorably ~ with – 에 비해 나을지언정 뒤지지 않다.
⑥ cost of production – 생산비, 생산원가
⑦ are almost negligible – 거의 무시되다, ~이 계산되지 않다.

model letter 1-5 [가격제의]

Dear Mr. Robert, August 10, 20##

Thank you for your letter of August 5 inquiring about Jacket.
We are pleased to hereby submit an offer to you as follows.
We trust this offer is clearly a win-win proposition.
We look forward to receiving your favorable reply.

Article: Women's Jacket
Quality: Woolen textiles exactly like our sample
Color: Gray, Black, Brown, Red, Purple, Green
Price: US $ 300 each
Terms: FOB Inchon, Korea
Shipment: January-February 20##
Payment: By irrevocable and transferable Letter of Credit (L/C) in favor of us.

If you have any questions or need further information, please do not hesitate to call or fax me at any time. Thanking you again for contacting us, we look forward to hearing from you soon.

용어해설

① win-win proposition – 나도 이기고 상대방도 이긴다는 의미의 윈-윈식 사고
② irrevocable – 일단 시작되거나 결정된 것은 바뀔 수 없는, 취소 불가능한.
③ transferable – 어떤 장소나 직업, 위치에서 다른 곳이나 것으로 옮겨갈 수 있는. (~의) 소유권 을 다른 사람에게 넘길 수 있는.

model letter 1-6 [가격제의]

Dear Mr. Peterson,

Thank you for your letter of September 12 expressing your interest in our digital video system DVS-7.

In response to your inquiry, we are pleased to send you an estimate as follows:

Item: Digital Video System
Model: DVS-7
Quantity: 1
Price: US$8,000 CIF Sidney

Please note that the above price is not a firm offer.

The variable functions of this model is explained in detail in the enclosed brochure.
We are currently receiving a lot of orders from all over the world, and we hope you will place some orders.

We look forward to hearing from you as soon as possible.

Yours truly,

용어해설

① estimate - 성질, 가치, 크기, 수량 등을 평가하거나 어림잡아 계산하여 견적을 냄.
② firm offer - 오퍼의 유효기간 [회신기한]과 가격, 수량이 명시된 확정오퍼.

model letter 1-7 [가격제의]

Messers: Sea Food & Co. Date: June 30, 20##
86 Cannon St., East Hawk 2, New Jersey, U.S.A.
Attention: Michael Ben
Manager of Import Dept.

Dear Mr. Ben,

Thank for your fax dated June 1 last week. We appreciate your interest in our products.

We are to send you separately samples of Canned Mackerel-Pike.

Besides Canned Mackerel-Pike, we can supply you Canned Cuttle-fish, Seasoned in October if you are interested. We are pleased to send you an offer as follows:

Article: Canned Mackerel-Pike
Quality: Our Model No. 20
Quantity: 1
Price: US$2.5
Shipment: July-August, 1998
Payment: By irrevocable and transferable Letter of Credit

We usually deal on a 5% quantity discount for orders over 1,000 units.
We hope both samples and price will prove to your satisfaction.
We look forward to have your prompt reply.

Your very truly,

용어해설

① Canned Mackerel-Pike – 꽁치 통조림
② Canned Cuttle-Fish, Seasoned – 오징어 가미(加味) 통조림
③ will prove to – 시간의 경과나 경험상 반드시 그렇게 될 것이라고 여김.
(예, "Perhaps the book will prove to be useful, after all.")

model letter 1-8 [가격제의]

Dear Sirs,

We take the pleasure to offer you the following goods:

One full container-load of Polyester Palace,
Item No. AE-1234, Anti-Static Finish
at US$ 1.50 per yd., CIF Hong Kong
Shipment in May, 2000
Subject to your reply reaching us by Monday noon

We venture to say that there is no firm that could make you a more favorable offer. In view of the rising trend of the materials, we would advise you not to miss this opportunity.

Your truly,

용어해설

① Anti-Static - 정전기를 일어나지 않도록 하는, 정전기 방지용의
② finish - 끝내다, 완료하다, 마무리 하다, 끝손질 하다.
③ venture - 위험을 무릅쓰고 과감히 ~하다, 감히 ~를 감행하다.

02 승낙(acceptance)

1) 승낙의 요건

승낙은 피청약자가 청약을 수락함으로써 계약을 성립시키겠다는 의사표시로, 청약에 대해 동의를 표시하는 피청약자의 진술이나 기타의 행위가 된다. 다만, 침묵이나 무위는 그 자체로 승낙이 되지 않는다.*

승낙은 청약의 모든 조건에 대해 전적으로 동의를 표시하는 것이므로 절대적이며 무조건적(absolute and unconditional)이다. 따라서 승낙을 의도하고 있으나 청약의 내용에 추가, 제한 또는 변경을 가하는 청약에 대한 응답은 청약의 거절인 동시에 대응청약이 되며, 승낙으로서 효력이 발생하지 않는다.

영미법상 청약에 대한 응답이 청약의 조건을 그대로 수락하는 경우에만 계약이 성립하게 되는 바, 이를 경상의 원칙(mirror image rule)**이라 한다.

2) 승낙의 주요어구

승낙의 방식은 일정한 형식을 요구하는 것은 아니지만 청약자가 청약에서 승낙의 방법을 지정한 경우에는 지정된 방법에 따라 승낙을 하여야 하며, 이때 통신수단의 신속성을 고려하여 승낙하여야 한다.

(1) 오퍼수락

- ❑ We have accepted your offer of February 10 on 1,000 dozen Silk Handkerchiefs.
- ❑ Thank you for your e-mail offer of ~ which we accept on the terms quoted.

---

* 이는 일정한 상황하에서는 침묵이나 무위도 승낙으로 간주될 여지가 있다는 의미이다. 예컨대, 매수인이 매도인에게 보내는 'Inquiry'에서 확정청약을 요구하면서 일정기간 내에 회답이 없으면 승낙한 것으로 간주하라고 한 경우 매도인은 그러한 이해를 바탕으로 청약을 한 것이므로 침묵도 승낙으로 간주되어 계약이 성립하게 된다. 하지만 반대로 청약자가 청약을 하면서 일정기간내에 회신이 없으면 승낙으로 간주하겠다고 한 경우에는 침묵이 승낙으로 간주되지 않는다. 그 이유는 공정거래법상 청약자가 피청약자에게 승낙을 강요할 수 없기 때문이다.

** 이는 청약과 승낙의 내용이 서로 거울에 비추어진 상처럼 일치해야 한다는 것이다.

- ❑ The enclosed Purchase Note is in confirmation of our e-mail order dispatched this morning.
- ❑ We have pleasure in confirming our telegram just dispatched, accepting your firm offer of April 5 on 3,000 cases~

"We have pleasure in confirming our e-mail, accepting your offer of June 20 on 50 gross No. 10 Glass Fiber Bobbin, at $40.00 per gross CIF Hong Kong for September shipment."
"We confirm our e-mail acknowledging our acceptance of your offer of the 20th June on 50 gross Glass Fiber Bobbin No. 10 at $40.00 each CIF Hong Kong for shipment in September."

(2) 주문사절

- ❑ We since rely regret that we are unable to serve you at this time.
- ❑ We trust you will understand it is not lack of cooperation and goodwill but sheer necessity which makes it impossible for us to meet your wishes in this case.
- ❑ We are extremely sorry for not being able to meet your order at this time because this particular item has run out of stock.

"We regret to say that we are not in a position to accept your offer."
"We are very sorry for being unable to take your offer."

(3) 카운터오퍼-1

- ❑ This morning, one of our regular customers came up with a counter-offer for 50 "PRINCESS" Table Sets at Stg. £9.80 per set, CIF Pusan, for immediate shipment.
- ❑ We have pleasure in making a counter-offer, for the same quantity of fine silks at the greatly reduced price of 11,000 per piece.

"We are pleased to counter-offer, subject to our final confirmation, as follows:~"
"We are happy to make the following counter-offer, subject to our final confirmation."

"We are making this offer as a special inducement to take up this line. It is a proven seller and your customers cannot get better value anywhere else."
"This offer is a special one made as an incentive for your initiation in this line. It has proved a good seller and it would be impossible for your customers to obtain better value anywhere."

(4) 재고없음 안내

- ❑ We are very sorry to tell you that we no longer carry this design.
- ❑ Although we have tried every source of supply we know, we have been unable to get the size you asked for.
- ❑ The exact size you want is out of stock at present.

"We regret that Quality No.123 is sold out at present. And it will not be available again before the end of October. We can, however, offer the slightly better Quality No.124 instead, which is in stock and is perhaps even more suitable for your market."
"We are sorry to tell you that Quality No.123 has run out of stock and will not be available until after the end of October. But we can offer Quality No.124 as an alternative now in stock, which you will find slightly better and even more suitable for your market."

model letter 1-9 [오퍼승낙]

Dear Sirs,

We are glad to accept your firm offer of April 7 on 1,000 cases Tin Plates No. 50 at US$900 per 1,000 kgs. on CFR Pusan.

To confirm this business, we are sending herewith our Purchase Note No. 332.

Please note that the cargo is to be unloaded at Pusan.

For reimbersement, we have arranged with our bankers for an L/C to be opened by tele-transmission.

We accept this offer because the delivery is so attractive. We ask you, therefore, to do everything possible to ensure punctual shipment.

Yours faithfully,

Encl. Purchase Note

용어해설

① Tin Plate – 주석판

② be unloaded – 하역하다, 짐을 내려놓다.

③ reimbursement – 상환, 결제, 변제(payment)

④ by tele-transmission – 전신으로

⑤ punctual shipment – 적기(適期)선적(punctual; 시간(기한)을 엄수하는, 어김없는)

model letter 1–10 [카운터오퍼]

Gentlemen:

Thank you for your offer of September 21 regarding Weaving Sweater.

While appreciating your kind offer, we have to say that US$20.00 FOB per one seems too high for sweater. With that price, we could buy good quality sweater from Singapore.

The price you offered is about 30% higher than the level workable to us.
We hope you will be able to reduce the price.

Your favorable consideration of this matter and immediate reply would be greatly appreciated.

Yours very truly,

용어해설

① weaving sweater – 직물 스웨터
② workable – 성취될 수 있는, 실행할 수 있는
③ reduce – 줄이다, 낮추다, 떨어뜨리다

03 주문(order)

1) 주문의 요건

청약은 청약자가 판매조건과 함께 확정적인 판매의사를 피청약자에게 제시하는 'selling offer'가 일반적인 것으로, 피청약자가 먼저 청약자에게 구매조건과 함께 구매의사를 제시하는 경우 이를 주문('order' 혹은 buying offer)라고 하며 청약자가 이를 받아들여 그 조건대로 판매하겠다고 하는 의사표시를 주문승낙(acknowledgement)이라 한다.

2) 주문의 주요어구

조회나 견적 등과는 달리 주문과 관련된 서신은 일정한 형식을 취하는 것이 보통이다. 어떤 경우에는 서신을 작성하지 않고, 인쇄된 주문양식 만을 사용하기도 한다. 주문서에 의한 주문을 할 경우에는 주문서에 일련번호가 기재되므로 주문서 번호만으로 상호간에 주문내용의 확인이 가능할 뿐만 아니라 중요한 사항들이 누락될 가능성이 없다. 또한 주문시에 요구하는 일반적인 조건들이 인쇄되어 사용되므로 매번 같은 일을 반복하지 않아도 된다.

(1) 주문

- ❑ We are glad to hand you a small order by way of trial for the future.
- ❑ If this trial order turns out satisfactorily, we may consider stocking your brand.
- ❑ If the present order is satisfactory (gives us satisfaction), we shall repeat it on a larger scale.

"Though small in quantity, this is an important order since it will determine our future policy and we expect you to book this order at once."
"We expect you to realize the importance of this order, though small in amount, and book it immediately because our future policy decision will depend much upon it."

(2) 품질보증

- ❑ The quality must be up to the sample (equal to the sample).
- ❑ The goods must agree (comply) in every respect with our specifications.
- ❑ We assure you that the quality of the shipment is exactly the same as that of the advance-sample.

> "We will be pleased to place a repeat order, provided you guarantee the quality up to the former shipment."
> "We would like to place another order if you guarantee the quality is equal to the previous shipment."

(3) 수신확인

- ❑ We appreciate your kind acceptance of our offer for ...
- ❑ It is a pleasure to receive a trial order for ...
- ❑ We acknowledge your cable order of ... for ..., for which we thank you.

> "Thank you for your order for Chinaware which we confirm herewith as follows:~"
> "We confirm with thanks your kind order for Chinaware as follow s:~"

(4) 주문취소

- ❑ We reserve the right to cancel this order unless the goods are in our hands within one month from now.
- ❑ Please cancel our order No.101 for Electric Saw Benches and substitute (replace) it by the enclosed order No.103 for petro-driven type, same quantity.
- ❑ We received your cancellation before last Friday.

> "Please cancel our order No.100, your sales note No.200 for Christmas Tree Lamps. You have delayed shipping this cargo so long that it is now too late to be of use to us."
> "We are sorry to say that we have now to countermand our order No.100, your sales note No.200 for Christmas Tree Lamps. Your shipment of this cargo has been delayed so much that it is not of any use to us."

(5) 대체품 권유

- ❑ Type No.101 is not readily available. May we suggest Type No.102 which is slightly better in quality?
- ❑ However, we have an article similar in quality and enclose the sample and price for your consideration.
- ❑ May we recommend you our No.12 goods as a very good substitute for No.11? They are a little higher in price, but are superior to No.11, and will meet with a ready sale in any market.

> "Quality No.1 is no longer manufactured. In replacement, we recommend Quality No.2 which is an improved version of Quality No.1."
> "Quality No.1 is no longer available. However, we are sure you will be quite satisfied with Quality No.2 which is even better than Quality No.1."

model letter 1-11 [주문서신]

개 요

수출업자가 제시한 오퍼를 수락하기로 결정한 수입업자는 10월 선적을 조건으로 순환벨트 250개에 관한 주문서를 동봉하면서 수출업사에게 생산을 개시해 줄 것과 수출업자가 예정하고 있는 납품일사를 알려 줄 것을 요청하고, 예정 납품일자 1달 전에 미리 신용장 발행을 자신에게 요청해 줄 것 등을 요구하는 주문내용을 간략하게 명시한 통신문.

July 12, 20##

Subject : Endless Rubber Belt
Gentlemen:

We have the pleasure in informing you that our customer has accepted the following offer in full and you may therefore commence production①. Attached② is our purchase order No. S/SP/MBS- SPC.

No.	Description	Q'ty	Price	Amount
MBK-0948	MBK brand, endless rubber belt③.		FOB Kobe	
	Dia 150m/m	50 pcs.	US$10.00/piece	US$ 500.-
	180m/m	100 pcs.	12.50/piece	1,250.-
	200m/m	100 pcs.	15.00/piece	1,500.-
Total: 250 pcs. of endless belt			FOB	US$ 3,250.-

Delivery : October, 20##④
Payment : By L/C at sight⑤.

Please confirm your acceptance and advise us estimated delivery date⑥ in order to make necessary arrangement for import. And also you are requested to announce one month before shipment so we can ask our customer to open necessary letter of credit.

Yours very truly,
Affiliated Machinery Ltd.

용어해설

① commence production – 상품의 생산을 개시하다, 제품의 제조를 시작하다.
② Attached – 동봉된, 첨부된, enclosed와 동일하다.
③ endless rubber belt – 고무로 제작된 순환벨트, 원형의 고무 벨트
④ Delivery : October, 20## – 납기, 물품의 공급시기는 20##년 10월말까지, 납기는 shipment, shipping date, delivery date라고도 한다.
⑤ at sight – 일람불(一覽拂), 지급인이 환어음을 일람한 후 즉시 지불하는 형태
⑥ estimated delivery date – 예상납품일자, 예상된 선적일자, estimated time of departure ; ETD, estimated time of arrival ; ETA

model letter 1-12 [주문서신]

Dear Sir or Madam,

We are not satisfied with your shipment and the terms of your offer for 700 units. of the Color Copier (Model No. 40) in last month. It was not on time.

Please take this letter as our trial order for 100 units of your Color Copier. Enclosed please find our Order Form, No. 1111, which will give you the particulars of this order.

Please note that on-time delivery is essential to this order and we would reserve the right to cancel the order should you be unable to keep the above delivery date.

Your prompt confirmation to this is deeply appreciated.

Your truly,

용어해설

① particulars(details) - 이와 같이 복수형으로 쓰이면 '상세한 내용(명세)'이라는 뜻을 가진다.

② trial shipment - 품질확인을 위해 시험적으로 발송하는 물품, 과거에 선적을 해 본 적이 없는 지 역이나 선박회사 또는 항공사에 수송에 문제가 없는지 확인하기 위하여 시험적으로 행하는 발송.

③ reserve the right to(have the option of)~ - ~할 권리를 보유하다. ~할 (수 있는) 선택권을 갖다.

model letter 1-13 [주문서 동봉]

개 요

수출업자로부터 FOB 가격표와 카탈로그를 받은 수입업자가 첫 주문서를 동봉하면서 CIF로 작성된 주문확인서와 주전자의 견본을 요청하고 운임과 보험료를 적게 부담할 수 있도록 최대한의 노력을 기울여 줄 것과 Nedlloyd선박회사를 이용하면 컨테이너에 혼적(混積)시키기가 쉬울 것이라는 사실을 수출업자에게 알려주는 내용.

Dear Sirs, May 27, 20##

We have received per separate mail① catalogues and price list of your products based on FOB Busan. This permitted us to prepare a first trial order which we are numbering as HR/1 and which please find enclosed.

We expect to receive by return mail your confirmation of order② with quotation CIF Hamburg with insurance of 120% of value③ of merchandise.

We shall be much obliged if you do your best endeavour in order that the freight and insurance will be the minimum④ in this lot, taking into account that there is no commission involved in this transaction. Nedlloyd Shipping Co., Ltd. is putting their utmost efforts in order to combine shipments of different suppliers in⑤ one container when one sole order is unable to fill a container.

Samples : We need one or two pieces of sample per requested type⑥, as well as sample of tea kettle item Nbr. RB-100 and the RB-120.

Awaiting your interesting news, we remain, meanwhile,
With kindest regards,

encl; Order HR/1

Yours faithfully,
Martinez Hnos. S.R.L.

용어해설

① per separate mail - 별봉으로, 별도의 우편으로, by separate mail, under separate cover, cf. please find enclosed.

② confirmation of order - 주문확인서, 수입업자가 주문을 한 후 동 주문에 대해 수출업자가 작성한 확인서, 실무에서는 이러한 주문확인서를 요구하는 수입업자가 많다.

③ insurance of 120% of value - 상품가격의 120%에 해당하는 금액을 보험에 들다, 당사자간에 부보(附保)금액에 대한 별도의 약정이 없는 경우 송장가격의 110%를 부보하는 것이 일반적이다.

④ will be the minimum - ~이 최소화 되도록, 수입업자가 보험료와 운임을 가장 적게 부담할 수 있도록 보험에 부보하고 운송계약을 체결하도록 요청하는 내용.

⑤ to combine shipments of different suppliers in - ~에 다른 하주의 상품과 혼적하다(consolidate). 한 컨테이너에 화물을 채울 수 없을 경우(less container load cargo ; LCL cargo) 동일한 목적지로 향하는 상품을 같은 컨테이너에 혼적시키게 된다.

⑥ sample per requested type - 필요한 견본의 종류별.

model letter 1-14 [주문독촉]

Re: Digital Audio Systems order No. 87

Dear Sir or Madam,

We have not received your reply to our Fax No. 345 and our e-mail of 26 March, 20##.

We need the Digital Audio Systems of our order No. 87 very urgently. We appreciate to inform immediately when the goods will be delivered.

Thanks and best regards,

urgently - 긴급하게, 절박하게, 다급하게

model letter 1-15 [주문변경]

개 요

생산업자로부터 금박지 1 roll의 길이를 종전의 60미터에서 120미터로 변경한 사실을 통보 받은 수입입자가 9월 3일자 및 9월 7일자 수출업자의 전보도 수취하였음을 확인하면서 사신의 주문서 1182-1도 수출업자가 잘 받았는지의 여부를 확인하고, 종전의 주문인 60미터 짜리 금박지 200 roll 대신에 120미터 짜리로 100 roll만 주문하겠다는 사실을 통지하면서 120미터 짜리 금박지 100 roll에 대한 견적송장을 보내 줄 것을 요청하는 내용.

Dear Sirs, September 24, 20##

We acknowledge① receipt of your e-mails dated September 3 and 6 and confirm② our letter of October 24 with our purchase order No. 1182-1③.

We informed you that we want to buy hot stamping foil gold color only as we have in stocks for other colors. With regard to the length of the rolls for stamping foil, we requested 200 rolls of 60 meters each in our order. But you informed us your manufacturer have changed the measures④ to 120 meters per each roll. Therefore we need only 100 rolls of 120 meters for this time.

Consequently we will appreciate very much if you send us your proforma invoice⑤ for 100 rolls of hot stamping foil gold MS-G 2 of 120 meters.

Waiting for your soonest reply, with our kindest regards, we remain,

Sincerely yours,
Lapices Y Conexos S.A.
Santo Servantes Gonzales

용어해설

① acknowledge – 확인하다, 상대방의 서신 등을 받았음을 확인하다.
② confirm – 확인하다, acknowledge와 동일한 의미로 사용되지만 confirm은 자신이 발송한 통신문을 상대방이 잘 받았는지를 자신이 확인할 때 사용한다.
③ purchase order No. 1182-1 – 구매주문서 1182-1호, purchase란 단어를 사용하지 아니하고 단순히 order No. 1182-1로 표현해도 무방하다
④ change the measures – 단위의 변경, 여기서는 60미터짜리의 금박지를 120미터짜리의 길이로 변경한 사실.
⑤ proforma invoice – 견적 송장, 일종의 견적서 역할을 한다. 상품이 선적될 것을 가정하고 미리 작성하는 송장으로 가격표 또는 견적서의 역할을 하지만 국가에 따라서는 수입허가를 받기 위하여 오파 대신에 견적송장을 허가권자에게 제시해야 하는 경우도 있다.

model letter 1-16 [주문의 증액]

개 요

수출업자의 수량증가 요청에 대해 주문서 O/3655를 발송한 수입업자가 수출업자로부터 증액된 수량이 취급하기에는 아직도 너무 소량이라는 통지를 받고 실망하였음을 알리면서, 얼마 전 까지만 해도 상품번호 Rt-700, Rt-500 등의 수량이 적어도 주문을 수취하였음을 상기시키며 경기가 특별히 좋아지지 않는 한 수출업자가 요구하는 수량을 만족시킬 수 없다는 사실을 알리면서 수량의 증가 요청을 재고해 줄 것을 요구하는 내용.

Dear Mr. Bae, Date : 19th September, 20##

Thanks your fax Sept. 18, regarding our indent① O/3655. We were very disappointed to learn that our increased quantities are still unacceptable to you.

We have been dealing with your firm since 1986 but you never requested for these problems② with previous orders. Even when we ordered 500 boxes of Rt-700 you supplied and our biggest quantity in the past for item Rt-500 were 320 gross. And just a few months ago for our indent 0/3562, you supplied 1,000 boxes of Rt-700-4, so we can not understand your insistence on larger quantities③.

If our economy will be more buoyant④, we can increase these quantities of same but at present it is almost impossible.

We do not want to lose business connection with your firm. It has always been a pleasure to deal with you, but this is a serious problem for us and we can only ask your help in this matter.

Please go into this question⑤ again. We will wait for the time being till our quantities will be combined with your other client's order in order to reach your minimum runs⑥ for each items.

Regards,
N. H. Walton Inc.

용어해설

① indent - 주문, 주문서
② recall having these problems - 그러한 문제가 일어나지 않다.
③ insistence on larger quantities - 대규모로 주문할 것을 주장하는, 대량주문을 요청하는 주장.
④ buoyant - 오를 낌새의, 잘 뜨는, 호황의
⑤ go into this question - 이 문제를 조사하다. 연구하다.
⑥ your minimum runs - 귀사가 받아들일 수 있는 최저수량, minimum acceptable quantity

model letter 1-17 [주문오류 정정]

Dear Sir or Madam,

Thank you for your letter dated 16 March 20##.

However the unit price you listed in your order form is last year's price. We trust that a simple oversight might have been involved while preparing the order form.
Please refer to the enclosed new price on which we've agreed already.

And your order bears an apparent error in summing up the number of each order. Our calculation of the total number is 22,687 instead of 22,876.

Please clarify these again and send us a revised order form.

Sincerely,

용어해설

① unit price – 단가, (품목의) 개당 가격
② simple oversight – 단순한 오류, 충분히 있을 수 있는 오류
③ calculation – 계산, 계산의 결과, 추측, 예상
④ apparent – 명백한, 분명한, 외견상의
⑤ sum up – 총계[합계]하다
⑥ revised order form – 수정 주문서, 다시 고친 주문서

model letter 1-18 [주문의 확인]

개 요

주문서 1934-R에 의거하여 주문을 한 수입업자가 수출업자로부터 아무런 소식이 없자 주문서의 사본을 동봉하면서 자신의 주문을 수취하였는지의 여부를 조사해 줄 것을 요구하며 주문서를 이미 수취하였으면 어떤 조치를 취하고 있는지를 문의하면서 이미 생산을 개시했으리라 믿는다는 사실을 알리는 내용.

Gentlemen: August 25, 20##

On April 14, we sent you our purchase order No. 1934-R. We have not heard from you about it①.

Will you please investigate this matter at once to determine whether or not you have received our order. If you have, we shall be grateful if you will let us know what action is being taken②. For your convenience③ we are enclosing a copy of the original order.

Your cooperation will be appreciated.

Yours faithfully,

용어해설

① about it - 주문에 대한 소식, 주문서에 대한 수출업자의 확인
② is being taken - 어떤 조치를 취하다, 주문에 대하여 승낙 또는 거절 여부
③ For your convenience - 귀사의 편의를 위하여, 귀사가 편리하도록

model letter 1–19 [주문사절 및 변경요청]

Dear Sir or Madam,

Thank you for your letter dated 2 May 20##.

We regret to inform you that the items in your order No. 345 are out of stock at the moment. And we are unable to take your order due to a substantial backlog of orders for delivery within three months.

Should you find the possibility of adjusting your delivery requirements, please let us know. We will be more than happy to work for your company and, once we take the order, we would do our best to expedite the delivery of your order.

We would appreciate your soonest confirmation and thank you your interest in our products.

Sincerely,

용어해설

① out of stock – 재고가 떨어진, 매진되어, 품절되어
② due to(owing to, because of)~ – ~에 기인하는, 때문인, 당연한
③ backlog – (오래 타게) 난로 안쪽에 넣어두는 큰 장작, 주문잔고
④ expedite – 진척시키다, 신속히 처리하다.

model letter 1-20 [주문의 취소]

개 요

수입업자는 자신의 거래선인 수출업자가 항상 가격을 너무 비싸게 받는다는 의심을 갖고 있던 바, 타 수출업자로부터 5%의 수수료가 포함된 싼 가격으로 상품을 수입한 후 주문을 취소하면서 자기 회사는 남아연방에서 최대의 수입업자이며 만여개의 소매상에 물품을 공급하는 회사로서 FOB 최저가격을 다시 보내 주면 새로운 거래 관계를 개설하겠다는 내용.

Dear Sirs, 3rd September, 20##

With further reference to① our exchange of e-mails and our order No. 9219, we wish to advise you that we have received shipment of wooden tooth pick at US$3.00 per boxes with 5% commission② from other supplier in your country. We are therefore not prepared to accept delivery of the order③ which we have placed with you and have cancelled our application for the necessary letter of credit.

We have been buying from you for many years but we have always felt that you have overcharged④ us, and as a result we were suspicious about the items which you offered. We would like to point out that we are one of the largest distributors of sundry items⑤ in the Republic of South Africa, operating three warehouses in Cape Town, Durban, and Johannesburg. And also we have been supplying over 10,000 retail stores. Should you wish to trade with us, we suggest that quote us your lowest FOB prices. We will then try to build up some sort of relationship with you⑥.

Thanking you.

Yours faithfully,
F.H. Taylor & Co.

용어해설

① With further reference to – ~에 관하여, 텔렉스 교신에 관하여
② 5% commission – 5%의 수수료, 수출이 완료된 후에 수입업자에게 반환하여야 하는 수수료.
③ delivery of the order – 주문에 대한 납품, 물품의 인도
④ overcharged – 과다한 비용을 청구하다, 가격을 높게 부르다.
⑤ sundry items – 잡화제품, 일반상품, general merchandises
⑥ build up some sort of relationship with you – 거래관계를 개설하다, open an account with, establish business connection with, enter into business relationship with, make business relationship with.

model letter 1-21 [대체품 권유]

Dear Sir or Madam,

The Model ZX-1 Camera, ordered by your company on September 9, is currently out of production line.

As a substitute, we would suggest the Model SP-3 Camera. It would guarantee your company more reliability and better function without any additional cost to you. This is a 4% discount off the price of the new model. While we are confident that you will find the Model SP-3 Camera quite acceptable, we need your written confirmation in this regard so that we can avoid unnecessary misunderstanding and confusion.

We will greatly appreciate your soonest confirmation.

Sincerely,

용어해설

① be out of~ - ~을 벗어나서, ~이 없어서, 떨어져서
② substitute - 대신하다, 대리하다, 대용품
③ reliability - 신뢰도, 확실성, 믿음직함
④ additional cost - 추가비용

model letter 1-22 [반품]

Dear Sir,

We are returning the Porcelain 3 cases which are delivered on 6 August 20##.
These are goods we did not order. They will be sent via courier on 25 August, marked for your attention.

용어해설

① porcelain - (조개란 뜻에서 나온) 자기류. 도자기
② via~ - ~을 경유하여 (by way of), ~에 의하여 (by means of)
③ deliver - (물건, 편지를) 배달하다, 인도하다.

model letter 1-23 [반품에 대한 환불]

Dear Sir or Madam,

We duly received the returned shipment.

We trust failed to meet the requirements of your company. Please accept our deep apology for your dissatisfaction with our product. We have today posted to your account a credit for US$ 5,000 the amount you had paid us for the said shipment.

Looking forward to the pleasure of serving your company again in the near future. We apologize again for the inconvenience caused by a clerical oversight.

Sincerely,

용어해설

① fail to meet - 응하지 못하다, 충족시키지 못하다.
② inconvenience - 불편, 부자유, 귀찮은 일
③ clerical - 서기의, 사무의.(clerical error; 오기(誤記))

제2절 매매계약서신(contracts)

매매계약서신에 관한 주요어구는 다음과 같다.

1) 매매계약의 확인 및 계약서의 송부

- ❑ We are pleased to confirm our sale to you of the following goods on the terms and conditions set forth below.
- ❑ We are pleased to confirm having sold to you the following goods on the terms and conditions stipulated below.

"We as Buyer confirm having bought from you as Seller the following goods on the terms and conditions stated below and on the back hereof."
"We, the Buyer, confirm our purchase from you, the Seller, of the following articles in accordance with the terms and conditions stipulated below and on the back hereof."

2) 매매계약서 송부-1

- ❑ We take pleasure in enclosing an indent we have received from our client, Mr. H. Jones for 100 dozen Rubber Shoes.
- ❑ We enclose here with our Indent No.200 for the above and should appreciate it if you would kindly ship them as early as possible.
- ❑ By our e-mail No.50, we have confirmed this order and accepted your order. Shipment will be effected on October 1 with SS Arirang.

"Confirming our exchange of e-mail, we now enclose the captioned Sales Note for 50 Desk-Top Electronic Calculators. We hope you will find it in order."
"We confirm our exchange of e-mail and accordingly enclose herewith the captioned Sales Note for 50 Desk-Top Electronic Calculators. We hope it is correct and satisfactory in every detail."

3) 매매계약서 송부-2

- ❑ Kindly return the duplicate copy of the Sales Contract to us signed by yourselves and the buyer so that we may complete our application for Dried Fruits subsidy.
- ❑ We are enclosing another order for the same items and appreciate having your confirmation of this order and your Sales Note in duplicate.

"We enclose, in quadruplicate, the following Sales Contracts covering your orders on which we will be applying for the payment of subsidy."
"We hand you enclosed, in quadruplicate, the Sales Contracts covering your orders which will serve as the basis of our application for the pertinent subsidy."

4) 매매계약서 송부 인사

- ❑ Please be assured that we shall spare no effort to satisfy your wishes.
- ❑ Thank you for this order, which shall have our best attention.
- ❑ We thank you for this order and ask that we may be allowed to~

"We hope our products will satisfy you and you will let us have the chance of serving you again. And it is our hope that this first business will be the beginning of a long and happy association."
"We hope our goods prove satisfactory to you and ask you to allow us to serve you again. We also hope that this first transaction will lead to happy, lasting business relations between you and us."

제3절 대금지급(payments)

01 신용장에 관한 주요어구

1) 신용장 발행 요청

- ❑ We have arranged with our suppliers to effect shipment of the contracted goods on the S/S "Pacific Transport".
- ❑ The goods are in stock and the first available steamer sails on the 10th May. We have, therefore, asked you to open the credit by SWIFT. Sales Note No.101 is enclosed.
- ❑ In order to ensure that the parcels reach you, all of the seven parcels have been sent under registered mail.

> "The goods are now ready for shipment, only waiting for the arrival of your letter of credit. And we are hoping that the covering letter of credit will reach us in time for shipment."
> "The goods being ready to be shipped, we are now awaiting the arrival of your letter of credit, which we hope will reach us in time."

- Now that everything is ready, we await the early arrival of your L/C.
- We will await your contract covering this order, and would appreciate your e-mailing us the Letter of Credit number as soon as the Credit is opened.
- The goods will soon be ready for shipment. Would you please open an L/C immediately so as to enable us to ship them on time?
- We will soon be ready for shipment of the goods and, therefore, ask you to please open a letter of credit as soon as possible to enable us to effect the shipment on time.

- We e-mailed you inquiring as to when your buyer would establish a Letter of Credit for this contract, and you advised us the buyer would attend to this in a week or so. So far we have not had any further report on this matter. Will you please check into this matter immediately?
- In case the Buyers fail to provide such a Letter of Credit for the Sellers as set forth above, the Sellers shall have the option of reselling or holding the contracted goods on the Buyer's account or risk.
- The Letter of Credit to cover your intial order for the above-mentioned goods has not yet arrived. You may have arranged it already. If not, will you do it at once?
- The Letter of Credit covering your first order for the goods listed above has not yet come to hand. It may have been arranged already. If not, would you please have it arranged immediately?

2) 신용장 발행 통보

- The Letter of Credit has been opened through the ABC Bank, and we shall let you know the number of the L/C (during the course of) next week.
- In order to cover the amount of the purchase, we have arranged with our bankers an Irrevocable Letter of Credit in your favor.

> "We have instructed Bank to open an irrevocable letter of credit in your favor for the sum of US $10,000 valid until December 10."
> "We have arranged with the Bank to open an irrevocable letter of credit in your favor amounting to US $10,000 effective until December 10."

- We have already opened the L/C in question with the Commercial Bank, and trust you will receive it in the next few days.
- We are pleased to inform you that the above L/C has been opened and the particulars are as follows:
- We have opened with the Commercial Bank an L/C in your favor for US $1,000.00 available until June 10.
- We have the pleasure to inform you that we have established with the Commercial Bank an L/C in your favor for US $1,000.00 in force until the 10th June.
- The Letter of Credit has been opened for the full value of the Import License and any overdrawing will create serious complications on our side. You are requested, therefore, to shortship a few batteries.
- The Letter of Credit is established for a total of US $50,000.00 covering the FOB price plus ocean freight stipulating shipment by November 15.
- In order to cover this order we have instructed our bankers to open an irrevocable L/C in your favor for the value of $1,000 available till July 30th, and you will be duly notified of it through their correspondent in Seoul.

3) 신용장 수령 통지

- ❑ We have just been informed by the National Bank of New York, Seoul, that they received through their Head Office in your city an irrevocable Letter of Credit opened by you, No.4321, to cover your order No.1234.
- ❑ We have received your L/C today, but regret to say that no amendment had been made. Again, we must ask you to refer to our letter of May 1.
- ❑ Against this shipment we have drawn on you at sight for the invoice amount under the L/C No.1004 issued by The Bank of America. So we ask you to honor it upon presentation.
- ❑ The Commercial Bank here has advised us that the L/C No.12345 has been opened in our favor to cover your order for 1,000 rolls of wire netting.
- ❑ We have just been informed by the Commercial Bank here that the L/C No.12345 has been established in our favor covering your order for 1,000 rolls of wire netting.

4) 선적 및 유효기간 연장요청

- ❑ We are sorry we have shortshipped your Order No.202. Would you please extend the shipment and the validity of the L/C up to 30th April and 15th May, respectively?
- ❑ In these circumstances, we would like to request you to please extend your Credit by e-mail to the following effect:
- ❑ Letter of Credit C-1001 was extended to July 31. This is not sufficient. Kindly have this Letter of Credit extended immediately to August 21.
- ❑ We are cabling you tonight asking for a two-week extension on the Letter of Credit covering your Order No.222 for 200 sets of Transistor Radios.
- ❑ We are asking you by e-mail tonight to please extend for two weeks the Letter of Credit for your Order No.222 for 200 sets of Transistor Radios.
- ❑ We would suggest that you make the credit as flexible as possible by stating that it is for General Merchandise, and that partial shipment is allowed.
- ❑ With the year-end rush approaching, we cannot afford to lose any

time in booking the ship's space. We ask you, therefore, to extend the shipment time and the validity of the L/C for two weeks respectively and e-mail us to that effect by return.

- ☐ When opening future Credits, please allow 45 days from the established date of the Letter of Credit to give us enough time to arrange the shipping date prior to the expiry date.
- ☐ In future, we would like to have 45 days from the opening date of the Letter of Credit so that we may have ample time to effect the shipment before the expiry date.
- ☐ The Letter of Credit came in yesterday, but we regret to find that our supplier cannot get the shipment here before the extension of the shipping time-November 30.
- ☐ We received the Letter of Credit yesterday However, we regret to learn that our supplier is unable to meet the shipping time-November 30. So, we ask you to extend the validity and the shipment date of the Letter of Credit to December 30 and December 20 respectively.

5) 신용장가격과 매매대금의 차이를 지적하는 표현

- ☐ We have to point out to you that the amount of L/C No.1212 is short by $555.00 to cover the 55,5551bs. Please have the credit amount increased to $40,555.00 by your customers at once.
- ☐ We find the L/C in order except for the unit price. It should read 81c instead of 80c. We shall appreciate your immediate amendment to the L/C.
- ☐ We have your Order No.810 and wish to point out that the correct unit price should be $4,800 to cover the inspection fee, instead of $4,770 as shown in your order No.810. No doubt, this was overlooked, and the $30.00 will, we hope, be included In the total amount of the L/C when it is opened.
- ☐ Your Order No.810 which came to us shows the unit price as $4,770, instead of $4,800 to cover the inspection fee of $30.00. This is an apparent oversight, and we hope the inspection fee will be reflected in the total sum of the L/C when you open it.

model letter 3-1 [신용장 발행 통지]

개 요

수출업자의 주문확인서를 받은 수입업자가 자신의 거래은행에 신용장의 발행을 의뢰하였다는 사실을 알리면서 원 신용장은 며칠 후에 도착할 것이라고 통지하면서 신용장의 내용을 간략하게 명시하는 내용.

Dear Sirs,

We acknowledge with thanks receipt of your letter reference 8220 with the confirmation of our trial order.

We inform you that we have requested for the issuing① of the corresponding letter of credit to the bank of London & South America Ltd. of this city, according to the following conditions.

Total value② : US$35,480.00

Shipment : From any port of Korea③

Transshipment④ and Partial shipment : allowed.

Condition of payment : L/C at 90 days after shipment⑤, interests are at our account⑥.

We shall much appreciate if you ship the goods as soon as possible in a consolidated container through conference line. Although the letter of credit was ordered to be opened per e-mail, it will be possible to you to receive original L/C from advising bank some days after due to a certain restriction of foreign exchange⑦ in our country.

With our best regards,

Yours faithfully,

Ohacli Import

용어해설

① have requested for the issuing – 발행을 지시하다. 신용장은 수입업자가 발행하는 것이 아니라 수입업자의 거래은행에서 발행하기 때문에 수입업자가 은행에게 발행을 요청하게 된다.

② total value – 총 금액, total amount

③ any port of Korea – 한국의 모든 항구, 한국의 어느 항구에서 선적하더라도 목적시에 도착하는 일자는 거의 차이가 없기 때문에 수입업자는 구테여 한국의 특정 항구명을 표시할 필요가 없다.

④ transshipment – 환적, 출발항에서 최종목적지까지 한번 이상의 다른 배에 선적될 때 이를 환적이라고 한다. 신용장상에 환적을 금지하지 않는 한 환적은 허용된다.

⑤ 180 days after shipment – 선적으로부터 180일 후에, 환어음의 만기를 표시하는 방법으로는 특정일자 표시방법(June 10, 20##), 특정일로부터 일정기간후의 일자를 표시하는 방법(60 days after the date of shipment or 180 days after the issuance of B/L date), 일람 후 일정기간후의 일자를 표시하는 방법(90days after sight) 등이 있다.

⑥ interests are at our account – 이자는 당사의 부담임, 물품대금을 일정기간 후에 지급하는 경우 그 동안의 이자를 누가 부담하느냐에 따라 seller's credit 와 buyer's credit이 있다. 여기에서는 수입업자가 부담하도록 규정하고 있으므로 seller's credit이 된다

⑦ restriction of foreign exchange – 외환에 대한 제한, 예를 들면 일정한 금액을 금융기간에 예탁을 해야 외환을 사용할 수 있도록 하거나 또는 일람불 신용장을 발행하지 못하도록 규정하는 경우 등이 있다. 이러한 외환의 규제는 주로 개발도상국에서 실시하는 경우가 많다.

model letter 3-2 [신용장 발행 통지]

개 요

수입업자가 수출업자 앞으로 한국외환은행을 통하여 양도가능 신용장을 발행하였으므로 곧 수출업자에게 도착할 것이라는 사실을 알리면서 내포장의 도안이 준비되는 대로 속달편으로 보내 줄 것을 요구하면서 이번 선적분에 대하여 특별히 주의를 기울여 빠른 시일내에 선적해 줄 것을 요청하는 내용.

Dear Mr. Chung,

It is our great pleasure to advise you that today we issued a transferable L/C① No. 87/EKI/00587/0156 for US#24,890 against your proforma invoice No. 424-PI in your favor through Korea Exchange Bank in Seoul. We trust that it will be in your hands within few days through advising bank②. Please kindly effect the shipment our order at your earliest convenience③.

If the sketch of the inner case is ready, please send it to us for our reference by express mail. Meantime, we solicitously request you to pay your utmost attention④ to the quality of this shipment. Your best cooperation in this matter will be very much appreciated.

Thanking you, we remain,

Yours very truly,
Space Import

용어해설

① transferable L/C – 양도가능신용장, 수익자가 양도은행에 대하여 신용장의 전부 또는 일부를 제3자에게 양도하도록 지시할 권리가 있는 신용장을 말한다. 양도가능신용장은 반드시 transferable이라는 용어가 명시되어 있어야 한다.
② advising bank – 통지은행, 신용장 발행은행으로부터 신용장을 수익자에게 전달하도록 부탁 받고 이를 이행하는 은행으로 통지은행은 신용장의 진위성 여부를 확인할 의무가 부과된다.
③ at your earliest convenience – 귀사가 편리한 가장 빠른 시일내에
④ pay your utmost attention – 최대한의 주의를 기울이다, 귀사가 최대한 신경을 써 주시기를 원한다.

model letter 3-3 [신용장 발행 통지]

Dear Sir or Madam

Your Sales Note No. 21 has been received. Having found it correct, we enclose the duplicate duly signed by us.

We have arranged with The Royal Bank of Singapore for an Irrevocable Letter of Credit in your favor for US$178,900. The advising bank, The Ace America in your city, will send you the L/C shortly.

We require our order urgently, so please expedite shipment as soon as possible.

Your attention will be appreciated.

Yours faithfully,

용어해설

① having found it correct – 그것에 하자가 없으므로
② the duplicate duly signed by us – 당사가 정식 서명한 부분
③ arrange with – 수배하다
④ advising bank – 통지은행
⑤ expedite shipment – 선적을 서두르다

model letter 3-4 [신용장 발행 통지]

Gentlemen:

Please find enclosed an order sheet and a bank for US $2,000.00 covering the opening order for item LMS-1031. We would appreciate your prompt arrangements for the shipment.

For further orders, we are willing to establish letters of credit through our bankers, Kyungwon Bank. Bokjeong-dong branch, under which you may draw drafts at 60 days after sight.

We are also interested in importing models which are at present available only in your domestic market. Will you kindly send us brochures for them as soon as possible, so that we may let our sales promotion department check market feasibility here.

Very truly yours,

a bank (cheque) : 은행수표

model letter 3-5 [신용장 발행 독촉]

개 요

수입업자의 주문서 ER-35/P를 받고 신용장이 발행되기를 기다렸으나 선적기일인 2월 15일이 다가옴에도 불구하고 신용장이 도착되지 않자 이에 관한 문의 팩스를 보낸 수출업자가 2월 5일까지의 선적은 생산업자의 생산계획상 도저히 불가능하다는 사실을 알리면서 10일이내에 456,000달러의 신용장을 발행해 줄 것을 요청하는 내용.

Dear Sirs, January 14, 20##

We confirm our telefax of January 12.

The letter of credit to cover your order No. ER-35/P of December 5, has not been received although the delivery has to be made① before 15th February as contracted.

And also we regret to inform you that the delivery, you requested prior to 5th February, is not possible because of manufacturer's production schedule. We have therefore been compelled to request you to instruct your banker② to issue a letter of credit within 10 days as follows :

L/C amount : US$456,000.- FOB Busan to BangKok
Commodity : 14 inches of color monitor
Unit price : US$95.00/set
Quantity : 4,800 sets
Delivery : 15th, February, 20##
Carrier : Orient Overseas Container Line③
Partial shipment and transshipment : To be allowed
Expiry date : February 28, 20##

In order to avoid unnecessary time for waiting the L/C, we have instructed our supplier to arrange production④.

Yours faithfully,
Buffalo International Corp.

용어해설

① delivery has to be made – 물품의 인도가 이루어져야 하는
② your banker – 귀사의 은행, 귀사가 거래하는 은행으로 신용장을 발행하는 은행, 여기서는 은행원이라는 의미는 전혀 없음.
③ Container Line – 컨테이너 선박회사, 컨테이너선을 정기적으로 운행하는 운송회사, 정기선사(定期船社)를 liner라 한다.
④ to arrange production – 생산을 준비하다.

model letter 3-6 [신용장 발행 독촉]

Dear Sirs,

On 13th May, we received your order for 20 cases of Personal Computers.

The goods will soon be ready for shipment and we are thinking of sending them by the m/s "Calla" which is scheduled to sail from Pusan towards 25

May. However, your L/C to cover this order has not reached us yet.

Please arrange with your bank to issue a letter of credit for your order of 13th May.

We trust that you will attend to this matter without delay.

Yours faithfully,

용어해설

① be scheduled to sail – 출항 예정인
② toward 25th May – 5월 25일을 경과하지 않는 기한 내에서 5월 25일경.(예, "on or about (approximately) 25th May"는 5월 20일부터 5월 30일까지) 총 11일간 사이
③ to cover~ – ~에 관한, ~에 해당하는
④ attend to~ – 수배하다, ~에 관심을 두다

model letter 3-7 [신용장 발행 독촉]

Dear Sirs,

Contracts Nos. 101 103 and 105

For the above contracts we have not yet received your L/C. In our implicit confidence in you, we have so far been in the habit of shipping to you all your orders including those still uncovered by your L/C. However, that has occurred so frequently that bankers now take an exception to the practice, and refuse to give us cooperation to this procedure.

At the same time, we wish you to note that most of your contracts are too small for separate shipments. Unless a B/L covers at least 5,000yds, the lot would be definitely uneconomical because of the various charges involved.

May we suggest that a solution of the problem will be for your firm to open your L/C in such a way that your L/C always leaves a balance of $5,000, that is, in the form of a Revolving credit.

It would seem that one reason why your L/C tend to be delayed is because they are opened after our Sales Note reaches you. We shall appreciate it if you will open your L/C directly a contract is closed by Fax.

In case you require a duplicate copy of a contract, we will send you a blank Sales Note (or Pro-forma Invoice) duly signed by us.

Truly yours,

용어해설

implicit confidence : 묵시적인 신뢰(합의)
so far been in the habit of shipping : 선적해왔던 관행이 있었다.
take an exception to the practice : 관행에 이의를 제기하다.
the various charge : 은행수수료
Revolving credit. : 회전신용장

model letter 3-8 [신용장 발행 독촉]

Dear Sirs,

We call your attention to the fact that the letter of credit covering your order No. 1031 has not reached us in spite of our repeated requests.

We urged our suppliers to execute an early delivery of products at higher prices to meet your request, which we trust you will approve.

As we have not received your L/C, we may be forced to cancel your order.

However, we would prefer you to establish your L/C by the end of October, so that we can continue our cordial business relationship.

용어해설

call your attention to~ : ~이하에 주의를 요청합니다.
in spite of our repeated requests : 여러 번 요청에도 불구하고
meet your request : 귀사의 요청에 부응하기 위하여

model letter 3-9 [은행간 신용장 발행 문의]

Dear Sirs,

Your client, AHRTKA CO., has signed a purchase agreement with our customer, GHRUD Co., to import USD 25,000.00 of sporting goods.

AHRTKA Co. stated they would issue a letter of credit through your bank.

Please provide us with the information on status of issuance for the letter of credit.

Please quote our Ref : LMS-1031 when replying.

Yours truly,

model letter 3-10 [은행간 신용장 발행 문의에 대한 회신]

Dear Sirs,

This is a reply to your query dated Oct. 31, 2011. Your ref : LMS 1031. The letter of credit requested by AHRTKA CO. has been delayed due to problems with the import quotas.

The letter of credit will be issued and sent to your institution as soon as the problem is resolved.

model letter 3-11 [보증신용장 발행]

UNION BANK OF CALIFORNIA
114 Irving Street
Los Angeles, California, U.S.A.
Oct. 31, 2011.

Dear Sirs,

We hereby establish our irrevocable standby letter of credit No. STB1212 in your favor for account of AHRTKA CO. Ltd., California, USA, up to an aggregate amount of USD4,750,000.00(Say US Dollars Four Million Seven Hundred and Fifty Thousand Only) or the Korean Won equivalent to this amount as security for your loan plus its interest extended to AHRTKA Co., Ltd, Seoul Branch, CPO Box 23467 Seoul, Korea("the Borrower") to purchase materials and equipment for the execution of the Seoul Sunset-holder Project No. 10-31.

The interest rate of the loan extended under this credit shall not exceed the rate of zero point five percent per annum over the six months Libo rate. This credit is available against your sight draft drawn on us, accompanied by your simple receipt in duplicate, and your signed statement certifying that the Borrower has failed to repay your loan and interest effected under this credit.

This credit expires on December 12, 2011, after which date it shall become null void.

This letter of credit is subject to Uniform Customs and Practice for Documentary Credit, 2007 Revision, International Chamber of Commerce, Publication No. 600.

당행은 귀사를 수익자로 하는 신용장번호 STB1212 취소불능보증신용장을 아래와 같이 개설합니다.

1. 개설의뢰인 : AHRTKA CO., Ltd. California, USA
2. 보증금액 : US$ 4,750,000.00 또는 동액상당의 한국원화 이내
3. 목적 : AHRTKA CO., Ltd. 서울지사("차주")가 서울 Sunset-holder 프로젝트 번호 10-31을 이행할 수 있는 자재 및 장비구입을 위하여, 귀하가 공여한 대출금 및 동이자에 대한 담보조
4. 본 신용장에 의하여 공여되는 대출금의 이자는 6개월 Libo rate에 연 0.5%를 초과하지 아니하는 이율을 가산함.
5. 본 신용장은 귀하의 단순영수증 2통 및 차주가 본 신용장에 의거 공여 받은 대출원금과 이자를 상환하지 못한다는 귀하의 증명서와 함께 귀 발행 일람출급어음으로 지급됨.
6. 본 신용장은 만기가 2011. 12. 12이고, 익일부터는 무효이다.

   ※ 본 신용장은 국제상업회의소 2007년 개정발행번호 600 신용장통일규칙을 준수함.

model letter 3-12 [신용장 접수 통지]

Dear Sir or Madam

Thank you for your arrangement of the L/C.
We have received today the L/C No. 45678 of The Royal Bank of Singapore through The Ace America, USA.

We have already started arranging shipment of your order No. 321.

As soon as we finish shipping your order, we will let you know the name of the steamer and the estimated time of arrival.

Thank you again for your attention.
Your faithfully,

estimated time: 추정시간, 예정시간

model letter 3-13 [진위확인이 안 된 신용장의 내도 통지]

Dear Sirs,

Re : L/C No. SGH 82634 for USD25,000 issued by Midland Bank plc, Singapore

We are pleased to advise you that we have received the subject L/C on 31st October, 20## by e-mail as a non-negotiable copy enclosed herewith for your information only, but have been contacting the Issuing Bank due to incorrect test key number therein.

We will formally advise you the original L/C as an operative instrument after checking with the Issuing Bank of authenticity of the L/C In the meantime, in order for us to receive prompt reply to our inquiry of the incorrect test key number, we would like to suggest that you contact the Applicant directly for them to request the Issuing Bank to confirm correct test key number to us immediately.

Your faithfully.

model letter 3-14 [내용이 불확실한 신용장의 내도 통지]

Dear Sirs,

Re : L/C No. SGH 82634 for USD 25,000 issued by Midland Bank plc, Singapore

We are pleased to advice you that we have received the subject L/C on 31st October, 20## by e-mail as a non-negotiable copy enclosed herewith for your information only, but have been contacting the Issuing Bank as the e-mail appears to be unclear or incomplete.

We shall formally advise you the original L/C as an operative instrument on receipt of further information.

In the meantime, in order for us to receive prompt reply to our inquiry, we would like to suggest that you contact the Applicant directly for them to request the Issuing Bank to clarify to us immediately.

model letter 3-15 [신용장 조건변경 요청]

개 요

수입업자의 주문서 6948호에 대한 신용장을 수취한 수출업자가 중국으로부터의 대량주문과 부신항의 혼잡으로 인한 선복예약의 어려움 등으로 인하여 적기 선적이 불가능하다는 생산업자의 통지를 받은 수출업자는 신용장의 선적일자를 4월말까지 2주 연장해 줄 것을 요청하는 내용.

Dear Sirs, March 4th, 20##

We have sent our e-mail today asking for two week extention of the shipping date until April 30① for the L/C covering our order No. 6948 for 400 units of auto camcorder model No. SAM-21C. The e-mail we sent today reads as follows:

L/C CAME IN YESTERDAY BUT OUR SUPPLIER CAN NOT SHIPMENT BEFORE SHIPPING DATE APRIL 30 PLEASE EXTEND L/C TWO WEEKS MORE.

Please note that it is not available to ship the goods at present time because volume orders have been rushed② from China. Also it is not easy to arrange ship's space③ for your orders due to congestions in Busan port④. We need lots of time for shipment particularly during March and April as the production and transportation conditions are worse.

Your prompt attention to this matter would be much appreciated.

Yours very truly,

Pheonix Audvisul Industrial Co., Ltd.

용어해설

① extention ~ until April 30 - 4월 30일까지 연장하다.
② volume orders ~ rushed - 대량주문이 쇄도하다.
③ arrange ship's space - 선복을 예약하다, 선복을 확보하다. 약정된 날자에 선적하기 위해서는 선박회사에 미리 선복을 예약하여야 한다.
④ congestions in Busan port - 부산항에서의 혼잡, 화물을 선적하거나 양륙하기 위한 시간이 많이 걸릴 경우 선박들은 항구에서 대기하고 있어야 한다. 만약 이러한 대기기간이 길어지면 선박은 동 항구에 기항하는 것을 기피하게 되며 또한 운송을 위한 기간도 함께 길어지게 마련이다.

model letter 3-16 [신용장 조건변경 요청]

Gentlemen:

As we faxed this morning, we have to ask you to extend the shipment time of your order No. 123 for the following reasons:

A few days ago, we received an advance sample from the manufacture and noticed that it was not quite satisfactory in finish.

We instructed them to examine the whole lot again and they asy that they will deliver perfect goods by 20th September. This will make it impossible for us to ship the goods by s.s "Calla" sailing on the 23nd of September.

The next available vessel is m/s "Frisia" scheduled to sail on 5th October.

We are sorry to trouble you, but shall be obliged if you will amend the L/C to extend the shipment time and validity for two weeks respectively.

We believe that it is worth while to wait for better goods and trust that you will comply with our request.

Yours faithfully,

용어해설

① extend – 연기하다, 연장하다
② advance sample – 선발견본품
③ in finish – 마무리, 마감처리
④ whole lot – 전제품
⑤ available vessel – 이용가능한 배
⑥ validity – 유효기일

model letter 3-17 [신용장 조건변경 통지]

개 요

수입업자가 CIF가격으로 된 봉제완구의 오파를 받고 자신이 이미 발행한 FOB 가격에 추가로 운임과 보험료를 증액시키도록 발행은행에 지시한 사실을 알리면 시 빠른 기간 내에 선적해 줄 것을 요청하는 내용.

Dear Sirs, 21st June, 20##

We received your letter of 16th June in which you quote us a CIF price① for our order for stuffed toys②.

We have arranged with our bank to amend the Letter of Credit US#2,273.00 to cover freight and insurance③ as we have opened FOB price instead of CIF. All other conditions (delivery date, transhipment permitted) remain unchanged④. You should receive an L/C⑤ near in the near future.

Thanking you for your kind cooperation and looking forward to receiving the merchandises in due course⑥.

Yours faithfully,
Auckland Supplies Ltd.

용어해설

① CIF price - CIF 가격, 원칙적으로 하면 CIF 뒤에는 수입항구명이 명시되어야 하나 실무거래에서는 이를 생략하는 경우도 있는데 이는 동일한 국가내의 항구까지의 운임은 모두 동일할 경우 이러한 표현을 사용한다.

② stuffed toy - 봉제완구

③ to cover freight and insurance - 해상운임과 보험료를 부담하다, 해상운송료는 freight로, 육상운송의 운임은 carriage로 표시한다.

④ remain unchanged - 변경되지 않은, 효력을 발생하는

⑤ an L/C - letter of credit으로 사용할 때의 부정관사는 a가 되며, L/C로 사용할 때는 an을 사용하여야 한다.

⑥ in due course - 머지 않아, 순서를 밟아서, 불원간

model letter 3-18 [신용장 조건 변경 통지]

개 요

수입업자는 선적일자가 2월 10일, 금액 40,220달러인 신용장을 발행하였으나 수출업자가 2월 12일까지는 선적을 하겠다고 약속을 했음에도 불구하고 약정된 일자에 선적을 하지 못함에 따라 신용장의 선적일자를 3월 1일까지 연장하면서 이번에는 선적일자 이내에 선적하지 못할 경우 주문을 취소하겠다는 사실을 통지하는 내용.

Dear Mr. Choi, February 20, 20##

We have issued letter of credit No. AR/BG-2947-4857 on December 20, in the amount of US$40,220 with an shipping date of February 10th and forwarded to you through advising bank, Cho Heung Bank Ltd., Seoul Korea. A copy of this letter of credit is enclosed to verify same①.

Not having received shipping documents from you②, we e-mailed you February 1st asking for exact shipping date. And then you e-mailed a reply stating estimated shipping date③ is February 12. We had requested you to ship two days earlier because of shipping date but the goods were not shipped.

Anyhow we have today requested our bank as per copy of credit enclosed to extend shipping date until March 1, 20##. This amendment will be forwarded to you through advising bank. Please ship the goods within shipping date, otherwise④ this order will be cancelled.

We trust there will be no further delay in shipment⑤.

Sincerely yours,
Duro Art Supply Co., Inc.

용어해설

① verify same – 그러한 사실을 입증하기 위하여, 신용장이 발행되었다는 사실을 입증하기 위하여
② Not having received from you – 귀사로부터 아무런 소식을 듣지 못하다, 귀사로부터 아무런 서류를 받지 못하다.
③ estimated shipping date – 예상선적일자, estimated time of ship- ping
④ otherwise – 아니면, ～을 하지 않으면
⑤ no further delay in shipment – 더 이상의 선적지연이 없도록, 선적이 더 이상 늦어지지 않도록

model letter 3-19 [신용장 조건변경 통지]

개 요

신용장을 양도가능으로 변경시켜 줄 것을 요청 받은 수입업자가 자신의 은행에 조건변경을 요청하였다는 사실을 알리면서 선적일자도 11월 15일로 연장시켰으나 다른 조건은 변경되지 않았음을 알리면서 빠른 시일내에 상품을 입수하기를 바란다는 내용.

Gentlemen: July 23, 20##

We received your e-mail of July 14th in which you requested to allow the Letter of Credit transferable.

We have arranged with our bank to amend the letter of credit transferable covering for our order for viscosity measurement① and also extend shipping date② by November 15. All other conditions, shipping port, transhipment and partial shipment clause remain unchanged③. You should receive the L/C shortly.

Thank you for your assistance and we look forward to receive④ the goods.

Yours faithfully,
Auckland Supplies Ltd.

용어해설

① viscosity measurement – 점도측정기
② extend shipping date – 선적일자의 연장, 유효일자의 연장을 요청할 경우 선적일자의 연장도 함께 요청하여야 한다.
③ other conditions remain unchanged – 다른 조건은 변경되지 않는
④ look forward to receive – 회신을 기대하다. look forward to 다음에는 명사 또는 동명사가 와야 함에도 가끔 동사를 사용하는 경우도 발견된다.

model letter 3-20 [조건변경 통보 및 회신]

개 요

수입업자 자신이 원하는 도안의 장식용 양초의 견본 3개를 보내면서 양도불능신용장을 양도가능으로 정정하겠다고 통보하면서 수출업자가 제시한 가격과 수입업자가 은행에 신용장 발행을 요청한 금액에 차이가 생기게 됨에 따라 동 금액은 신용장을 증액시킬 경우 불필요한 시간을 낭비하게 됨으로 차액을 수표로 송금하겠다고 알리면서 수입업자가 취득한 수입허가서상의 단가와 상업송장상의 단가를 일치시켜 줄 것을 요청하는 내용.

Dear Sirs, 10th October, 20##

We are in receipt of your letter of the 2nd inst①.

As requested we are enclosing you herewith a copy of our order No. 1561. We have sent three samples of decorative candles, under separate mail, for each color just as we want to have same design.

We are today instructing our bankers to amend② the L/C replacing the clause③ "Non transferable L/C" by the clause "Transferable".

With regard to the price difference④, in order to avoid applying for a new import licence, which would mean to waste some months more, we think the best way is to send you a cheque for US$500 amount of the difference in question. We have already applied for this cheque and we hope to be able to send it to you in the next days. However you have to take into consideration that the invoice must be issued according to the price as per our order, at US$19.00 per gross, otherwise⑤ we should have difficulties with customs⑥ if the price would not be the same as the one in the import licence.

Looking forward to your news, we are,

Yours faithfully,
Noguera Y Vintro, S.A.

용어해설

① inst. – 이달, instant의 약어
② to amend – 정정하다, 신용장 조건을 변경하다.
③ replacing the clause – 조건을 변경하다, 양도가능 조건으로 바꾸다.
④ price difference – 가격차, 원래 매매계약을 체결한 가격과 수입업자가 신용장을 발행했을 때의 가격 차
⑤ otherwise – ~ 이 아니면, 즉, 송장금액이 US$19.00/gr로 기재되지 아니하면
⑥ customs – 세관, 통관은 customs clearance

model letter 3-21 [신용장 조건변경 통보 및 회신]

Dear Sirs,

We are happy to say that we have agreed to your request for a 60day extension to pay the $875.60 due on your account. We understand that you are currently having problems with your own collections, and we can certainly sympathize with that problem.

We are pleased to hear you say that these conditions are temporary and that you feel certain that you will be able to meet the extended payment date of October 31. 20##.

We agree that you will settle your account in full on or before that date.

We want to emphasize that granting this extension constitutes an exception to our usual credit terms.

We are granting this exception because GHRUD Co., Ltd. has been a good and valued customer for many years, and we want to do whatever we reasonably can maintain that good relationship.

However, you should not expect that we will be able to grant any additional extensions in the future.

We thank you for your cooperation and we wish you well.

Yours sincerely,

02 신용장 외 대금지급서신

model letter 3-22 [송금 통지]

개 요

수입업자가 주문을 추가하면서 증액된 만큼의 금액을 이미 발행된 신용장에 추가하기로 약속을 하였으나 발행은행 측의 잘못으로 조건변경서의 내역에 추가금액에 대한 증액이 누락되자 새로운 신용장을 발행하는 것보다는 송금하는 것이 더 유리할 것으로 판단하고 동 금액을 수출업자에게 송금하는 내용.

Dear Sirs, 21st October, 20##

As promised by fax, we enclose a copy of receipt of remittance for US$2,680 to cover the balance of our order No. 24/251.

We are very sorry for the misunderstanding to amend the letter of credit No. 8991/12958. We have instructed our bankers to increase the value① and to include order No. 24/251 in the description of L/C. But unfortunately, when they sent the amendment of the relative L/C to advising bank by fax, they omitted to increase the value of L/C for US$2,680.

The value of additional order② No. 24/251 has now been remitted to your account No. 056-0250-002-659 in Seoul Bank, MyongDong office by T/T③ instead of amending letter of credit again. This remittance④ costed much cheaper than the opening of a new L/C.

Let us wish your company a successful operation.

Yours faithfully,
Anastasios Tsilogiannoglou

용어해설

① increase the value – 금액을 증액시키다.
② value of additional order – 추가 주문에 대한 금액
③ T/T – Telegraphic Transfer의 약어, 전신환
④ this remittance – 이러한 송금방식, 새로운 신용장을 발행하는 것보다는 송금을 하는 쪽이 금융비용이 더 저렴한 경우가 많다.

model letter 3-23 [송금 통지]

개 요

수입업자 자신의 주문서 07643에 대한 대금 US$7,000을 수출업자에게 수표로 발송하면시 면수긴 No.7171SEQ를 신속히 선적해 줄 것을 요청하면서 서류원본은 자신에게 발송하고 사본은 신속한 통관을 위하여 자신의 통관대리인에게 발송해 줄 것을 요청하는 내용.

Dear Sirs, December 21, 20##

Enclosed you will find Ace Novelty Co., Inc. check No. 2845, for US$7,200.00 in payment for our purchase order No. 07643①, that confirmed by our confirmation No., 827360C.

Please make earliest shipment of the 7171SEQ, cotton towel with imprint of "Sequoia and Kings Canyon National Parks" design② to Los Angeles, California.

Please send original documents③ covering your shipment to us in Belleve, with non-negotiable copies to be sent to our Los Angeles area customs broker : Arthur J. Fritz & Co. P.O. box 548, Inglewood, California 90307 for prompt customs clearance ④.

We look forward to your response.

Very truly yours,
Ace Novelty Co., Inc.

용어해설

① in payment for our purchase order No. 07643 – 구매주문서 07643에 대한 대금으로
② imprint of "Sequoia and ~ National Parks" design – "Sequoa and ~ National Parks" 디자인이 인쇄된
③ original documents – 네고서류 원본, 운송서류의 원본 .
④ customs clearance – 통관, 여기에서는 수입통관, 통관은 전문적인 지식이 필요하기 때문에 수입업자가 직접 통관절차를 밟지 아니하고 통관회사에 대행을 하는 경우가 대부분이다.

model letter 3-24 [송금방식에 의한 수출]

개 요

수입업자가 타자용 리본 2,400박스에 대한 대금으로 U$2,047.20의 어음과 한국 영사의 배서를 받은 통신문 번호 2431의 사본을 동봉하면서 선적을 서둘러 줄 것을 요청하는 내용.

Dear Sirs, May 26, 20##

Please find enclosed hereto our draft① #109324 for the amount of $2,047.20 (Two thousand Forty Seven Dollars and 20/100)② in full settlement of our order for 2,400 boxes of ribbons for typewriter.

Also attached for your easy reference is a photo copy of our letter No. 2431, addressed to the Korean Consulate with their endorsement③ as requested.

Upon receipt of this letter, please let us know when we should receive this shipment because it is urgently needed in the market.

Thanking you in advance④ for your cooperation, we remain,

Very truly yours,
Liberian Office Equipment Corp.

용어해설

① draft - 어음, 수표 등의 총칭으로 사용된다. 수표는 check, 개인수표는 personal check, 약속어음은 promissory note, 환어음은 bill of exchange.

② Two thousand Forty Seven Dollars and 20/100 - 어음, 수표 등에 금액을 기재할 때 사용하는 용어 가운데 一金은 say, 整은 only를 사용한다. 예를 들면 say US dollars two thousand only로 표기된다.
20/100은 달러 단위 이하 즉, 센트를 나타낼 때 사용한다. 그러나 금액이 아라비아 숫자와 문자로 이중으로 표시될 경우 문자에 의한 금액이 숫자에 의한 금액에 우선한다.

③ their endorsement - 배서(背書), 한국영사가 배서한

④ in advance - 에 대해 미리 감사를 드린다, ~을 반드시 해줄 것으로 믿고 미리 감사를 드린다는 의미임.

model letter 3-25 [대금지급의 통지와 결제방법 변경제의]

Lynch & Co., Ltd.

(Head Office) Nesson House, Newell Street, Birmingham B3 3EL
Telephone No. 021 236 6571Fax: 021 236 8592 E-mail: ahrtka@lynch.com

Satex S.p.A. Your Ref.:
Via di Pietra Ppa Our Ref.:Order 14463
00146 Roma 16th June, 20##

ITALY

Dear Mr. Causio,

Thank you for being so prompt in sending the documents for our last order, No. 14463. We have accepted the sight draft, and the bank should be sending you an advice shortly.

We have been dealing with you on a cash against documents basis for over a year and would like to change to payment by 40days bill of exchange, documents against acceptance.

When we first contacted you last February you told us that you would be prepared to reconsider terms of payment once we had established a business relations. We think that sufficient time has elapsed for us to be allowed the terms we have asked for. If you need references, we will be glad to supply them.

As we will be sending another order within the month, could you please confirm that you agree to these new terms of payment?
Yours sincerely,

L. Crane
Chief Buyer

용어해설

① sight draft – 일람출급어음
② cash against document(CAD) – 서류인도 현금지급
③ references – 신용조회처

model letter 3-26 [대금수령 통지]

Dear Sirs,

We have duly received your remittance for our invoice No. KCC-1111.

Thank you for your prompt action and we look forward to the pleasure of doing business with you again in the near future.

Yours faithfully,

용어해설

① prompt – 신속한, 빠른

② look forward to~ – ~를 고대하다, 바라다.

③ in the near future(in no distant future = in the not too distant) – 가까운 장래에

model letter 3-27 [D/P에 의한 결제 제의]

개 요

수출업자가 매매대금의 결제를 위해 신용장을 발행해 줄 것을 요구하자 수입업자는 자신의 confirming 회사가 더 이상 극동지역의 상품에 대해서는 확인을 해 주지 않으며 또한 신용장을 발행하기 위해서는 은행에 100%의 담보를 제공하여야 하기 때문에 이번 거래는 D/P 조건을 받아들여 시즌 전에 상품을 입수할 수 있도록 해 줄 것을 요청하면서 수출업자의 가격에 수수료 10%를 추가하여 오퍼해 달라고 요청하는 내용.

Dear Sirs, 30th June, 20##

We acknowledge with thanks for your kind and interesting letter dated 12th June, 20##, and all the contents therein were duly noted.

Please note that we have some difficulties in opening L/C for the proforma invoice because our confirming house have informed that they cannot open an L/C for any Far East goods. Further more if we will open an L/C in our country, 100% deposit is required before it can be done①. And we have been doing business on D/P basis② with other source③, so please try to consider to accept a D/P terms for this business.

If you agreed to this, please add 10% commission to your D/P amount④ and send us proforma invoice in order to get form "M"⑤ for the contract. Kindly consider this explanation and try to give us your earliest information on this line.

Be note that these products were highly demanded by our customers and the sales season is coming soon, so please try to accept D/P basis in order to have the goods before the season.

Looking forward to having your earliest information on the matter.

Yours faithfully,
Binutiri(Nigeria) Company

용어해설

① be done – ~하기 전에, 신용장을 발행하기 전에
② on D/P basis – D/P(document against payment)거래, 지급도 조건, 수출업자가 상품을 선적한 후 네고서류를 발행은행에 제시하여 서류와의 상환으로 대금을 수취하는 형태의 결제 방식, 선수출계약서 방식이라고도 한다.
③ other source – 다른 거래선, 타 공급선
④ D/P amount – D/P금액, D/P거래에 의한 금액
⑤ form M – 나이지리아에서 사용되는 일종의 외환사용 신청서

model letter 3-28 [기한부 환어음 발행통지]

Messrs., Jonson & Co. 30th August, 20##
London

Dear Sirs,

We have the pleasure to advise you of shipment of your order of 50 cases of Rayon Goods by the m.s. 'Arirang', which left here for London yesterday.

We now request you to note that in settlement of the above, we have drawn a draft for £ 1,211 at 60 d/s on Korea Exchange Bank, London Branch, under their L/C No. 2932.

Particulars are as per copy of invoice enclosed.

Yours faithtully,
SEOUL TRADING COMPANY

용어해설

① note – 통지하다(notify, give attention to~).
② in settlement – in payment
③ 60 d/s – 60 days after sight
④ on Korea Exchange Bank – 한국외환은행을 환어음의 지급인(drawee)으로 하여, 'on' 다음에 나오는 은행이 환어음에서 최하단에 있는 'To' 다음에 기재하는 어음의 지급인이 된다.

model letter 3-29 [환어음 발행통지]

Seoul Trading Co. 9th July, 20##
Seoul, Korea
Dear Sirs,

We have pleasure in advising you that we have shipped 600 pcs. Worsted Suitings by the M.S. "Empress of Asia", which left London yesterday, the particulars of which please note on the invoice No. 2356 enclosed.

We trust that they will reach you safely in due course and will prove satisfactory. We, therefore, e-mailed you to that effect on the same day as per enclosed confirmation.

For the amount of the invoice, viz., £ 106.10, we have drawn on you at sight under L/C No. 1225, with documents attached, Bill of Exchange No. 101, payable to Korea Exchange Bank here, or order, which we ask you kindly to protect.

We thank you for your order and hope the goods will arrive in first class condition.

Yours faithfully.
T. J. Wilson & Co.

용어해설

① in due course – 곧(soon)
② to that effect – 그와 같은 취지로
③ viz – namely
④ to protect – 환어음을 지급하다(to honor).
⑤ in frist class condition – 최고의 상태로

model letter 3-30 [환어음의 수락통지]

Dear Sirs,

Your letter of the 30th of July, advising us of your drawing on us at 60 d/s, has been received. The bill was just presented by The Bank of Pusan and was accepted by us, and also we have received the bill of lading.

The "Arirang" will reach here safely in a few days, and we wish to be able to write to you as to the safe arrival of the goods before long.

Yours faithfully,
Mijin & Co.

용어해설

① your drawing on us at 60 d/s – 당사 앞으로 일람후 60일 귀사의 환어음 발행
② the bill – the bill of exchange

model letter 3-31 [수입업자의 환어음 인수거절]

Dear Sirs,

When I received your letter of the 18th of September enclosing invoice No. W. 562, I was surprised to find you had included in your letter a draft for £ 671.20 with the request that I would accept it to clear my account with you.

In all previous dealings I have settled my accounts with you promptly by banker's draft and at no time have you raised any objection to this method of payment. I therefore see no reason why a method that has proved satisfactory in the past should now be changed and unless there are special reasons for the change, I am afraid I cannot accept your draft. I am therefore returning it with this letter.

Unless I hear further from you, I will think that you agree to continue our former arrangement and will settle your account punctually by banker's draft when payment becomes due at the end of next month.

Yours faithfully.

용어해설

① to clear my account with you – 귀사와 계산을 결제하다.
② banker's draft – 어음의 지급인이 은행으로 되어 있는 경우, 즉 은행도 어음
③ raise any objection to – ~에 이의를 제기하다.
④ see no reason – 이유를 알 수 없다.

model letter 3-32 [환어음의 지급거절]

Dear Sirs,

To our surprise a bill drawn by you for the goods shipped by S.S. "Ambassador" was presented to us today for acceptance. We naturally refused to take up the bill since we particularly asked for the goods to be sent on consignment and gave no authority for you to draw on us. Moreover, the goods are still on our hands as we have been unable to find buyers at anything like the prices invoiced. We are at a loss to understand why in these circumstances you should draw on us and can only conclude that an error has been made.

We shall continue to do our best to sell the goods though we may have to do so at prices below those stated. Meanwhile, we are returning your unaccepted draft with this letter.

Yours faithfully.

용어해설

① take up the bill – 어음을 인수하다.
② on the consignment – 위탁판매조건으로
③ give authority – 수권하다.
④ like the prices invoiced – 송장에 기재된 가격과 같은
⑤ at a loss – 어찌할 바를 모르고
⑥ meanwhile – 한편, 우선

model letter 3-33 [환어음 지급기일의 연장요청]

Dear Sirs,

You informed me on the 25th of November that you intended to draw on me at two months after sight for the amount due on your invoice No. S.256, namely £ 461.54.

Until now I have had no difficulty in meeting my obligations and have always settled my accounts promptly. I could have done so now had it not been for the bankruptcy of one of my most important customers. I should therefore be most grateful if you could draw your bill at three months after sight instead of the proposed two. This would enable me to meet a temporarily difficult situation forced upon me by circumstances that could not be foreseen.

Yours faithfully.

용어해설

① settle – 결제하다.
② had it not been for the bankruptcy of one of my most important customer – If it had not been……(가정법 과거완료)

model letter 3-34 [어음지급 거절]

개 요

수출업자가 수입업자를 지급인으로 하는 어음을 발행하였다는 사실을 알리면서 동 어음을 발행했을 때는 아무런 통보가 없던 수입업자가 그 이유를 설명하지 아니하고 지급을 거절하자 수출업자는 이에 대한 항의를 하면서 은행에게 동 어음을 재차 제시하도록 하였으니 이에 대해 지급해 줄 것을 요청하는 내용.

Gentlemen:

We have written you on August 15, announcing that we had drawn on you① for US$38,900 at sight for your order No. OH/150 through the Seoul Trust Bank Ltd.

The banker have just informed us that you refused to accept our draft without giving any reasons. We e-mailed you on August 12 that drfat will be drawn on you for the amount of our order No. OH/150 as due date② is coming. At that time, you did not informed us any comment about drawing, we can not understand the reason why you refused acceptance of our draft③. If you preferred some other mode of payment④ or due date, you ought to have written us to that effect.

We have instructed the banker to present the draft once more, and trust that you will protect⑤ our draft.

Yours very truly,
Numea Trading Inc.

용어해설

① drawn on you – 귀사를 지급인으로 하는 어음을 발행하다.
② due date – 만기, 어음의 지급일
③ acceptance of our draft – 어음의 인수, 어음의 인수라 함은 환어음 거래에서만 발생하는 어음행위로 환어음의 지급인을 확정시키는 어음행위를 말한다.
④ other mode of payment – 다른 지급방식, 추심 이외의 결제 방식
⑤ protect – 어음을 지급하다, 인수하다.

model letter 3-35 [어음부도에 대한 소송통보]

Dear Sirs,

I regret to say that our bill No. 325 for £ 962.72 of the 15th of December was not met when we presented it to the bank today.

In view of your earlier promise to meet your obligations on the bill, we are both surprised and disappointed that payment has not been made. We should like to feel that there has been some misunderstanding and ask you to be good enough to explain why the bill was not honoured.

At the same time, we are making a formal request for payment of the sum due and shall be glad to receive your remittance. Should payment not be made, then I am afraid we shall have no choice but to start proceedings for dishonour.

Yours faithfully,

용어해설

① was not met – was not paid
② was not honoured – was not paid
③ the sum due – 받을 금액
④ Should payment not be made – If payment should not be made

model letter 3-36 [지급기한 연기요청]

D. van Basten SA
Heidelberglaan 2, Postbus 80. 115, NL3508 TC, Utrecht
Telephone: (31)30532044 Telefax(31)30581 617

The Director
DVB Industries GmbH
Correnstrasse 250
D4000 Mnster

15th January, 20##

Dear Mr. Schubert,

I am sorry that we were not able to clear your November statement for $ 3,850 and December invoice, No. 7713 for $ 289. We had intended to pay the statement as usual, but in a large cash shipment to one of our customers in Australia was part of the cargo destroyed in the fire on the SS Tippa when she docked in Bombay in late November.

Our insurance company has promised us compensation within the next few weeks, and once we have received this the account will be paid in full.

We know you will appreciate the situation and hope you can bear with us until the matter is settled.

Yours sincerely,

D. van Basten
Director

① as usual – 전과 같이
② a large cash shipment – 대량 현금베이스 선적
③ compensation – 보상
④ paid in full – 전액 변제되다.

model letter 3-37 [지급기한 연기요청에 대한 회신]

DVB Industries GmbH

Dear Ms. Van Basten,

Thank you for your letter of the 15 of January regarding our November statement and December invoice No. 7713.

We are sorry to hear about the difficulties you have had, and understand the situation, but would appreciate it if you could clear the account as soon as possible, as we ourselves have suppliers to pay.

We look forward to hearing from you soon.

Yours sincerely,

D. Schubert
Director

model letter 3-38 [지급지연 이유 설명]

개 요

수출업자로부터 지급일이 경과되었음에도 불구하고 아직 지급이 이루어지지 아니하였다는 통보를 받은 수입업자가 이러한 자금부족은 계절적인 판매감소의 영향으로 인한 것이며, 이는 9월말 경이면 해소될 수 있을 것이라고 알리면서 9월 28일 전신환으로 송금하겠다고 통지하는 내용.

Dear Sirs,

We have received your letter reminding us① that our payment is overdue② on September 16. It is our intention to clear this obligation③ before the end of September, but the seasonal trade depression④ here has resulted in extremely slow payment.

This flat business⑤ has caused us a temporary financial difficulties but this problems will be solved not later than the end of September. The amount US$ 4,500 will be remitted on or about September 28 through The Bank of Tokyo by telegraphic transfer ⑥ and you will receive it within a couple of days.

We hope that you will realize our awkward situation⑦ and give your assistance in our business.

Yours faithfully,
Doninion Kessler Enterprise

용어해설

① reminding us – 생각나게 하다, 깨닫게 하다.
② our payment is overdue – 지급이 지연되다, 지급 기한을 넘기다.
③ this obligation – 이러한 채무, 지급채무, obligation은 거래로 인하여 발생하는 채무를 지칭한다.
④ seasonal trade depression – 계절적인 거래의 감소,
⑤ flat business – 불황, 거래의 침체
⑥ by telegraphic transfer – 전신환으로, 지급을 전신환으로 하다.
⑦ our awkward situation – 당사의 곤란한 처지

model letter 3-39 [대금지급 청구]

Dar Sir or Madam

Enclosed is a statement of your account up to August 3 totaling U.S. $ 220,000. We shall thank you for a remittance in due course of time.

Yours faithfully,

용어해설

① a statement of account – 계산서
② up to August 3 – 8월 3일까지
③ in due course of time – 즉시
④ remittance – 송금, 송금액

model letter 3-40 [대금지급 독촉]

Dear Sir or Madam

We enclose a Statement of Account. On-time payment is essential to on-time delivery of your order. Your payment has been delayed since April 20 and we cannot guarantee the delivery in time if we do not receive your payment by April 30. Moreover we have no choice but to report this matter to Credit Checking Company.

An earliest payment would be appreciated.

Yours faithfully,

용어해설

① be essential to~ – ~에 있어 가장 중요하다. ~에서 필수적이다.
② guarantee(affirm) – 보증하다. 장담하다. 약속하다.
③ Have no choice but to~ – ~할 수밖에 없다.

model letter 3-41 [대금지급 독촉]

Dear Robert Brown:

Please be informed that you account is long overdue. We cannot accept further delay in payment.

Won't you send us a check to settle the account or at least a substantial amount to enable us to help you cover the ultimate amount in the near future?

If you have any reason can not pay at this time, please call my office as soon as possible so we can find an alternative.

Thank you.

Sincerely,

용어해설

① check – 수표, 회계전표, 수표를 떼다.
② substantial amount – 실질적인 금액, 상당한 (양의), 사실상의 금액
③ alternative – 달리 취할 길, 다른 방도

model letter 3-42 [대금지급 재독촉]

Dear Robert Brown:

We have written to you several times and have received no response so far.
We at a loss to understand your attitude.

We hope you can appreciate our position, for we now must think of turning your account over to our attorneys for court action.

I understand that you have been one of our valued customers for years with a fine credit reputation. That's why I am afraid of sending this matter to our lawyers. For you it means the payment of not only the sum due but also substantial court costs, in addition to the time and trouble involved.

If we do not hear from you by May 30, your account will be sent to our lawyers for legal action.

Cordially yours,

용어해설

① at a loss – 당황하다.
② attorney – (위임장으로 정식 위임받은) 대리인
③ credit – 신용, 신뢰
④ legal action – 법률상 행위, 법적인 조치

model letter 3-43 [대금지급 재독촉-30일 연체]

Dear Sirs,

Our records show that payment for your October bill is late.

The bustle of the end-of-year holidays often interrupts one's normal routine, so perhaps you forgot or even misplaced your last statement. That's why we're enclosing another one for your convenience.

Please accept this reminder that payment is now due.

If your check is already on its way to us, disregard this notice.

Thank you for your cooperation.

Sincerely,

용어해설

bustle : 부산하다. 바쁘다.
interrupts one's normal routine : 일상을 망각하다.
last statement : 지급명세서라고 해석

model letter 3-44 [대금지급 재독촉-60일 연체]

Dear Sirs,

Our records show that your account is now 60 days past due.

A statement of outstanding invoices is attached for your records.

To keep your account in good standing, payment must be made immediately.

If you have any questions or wish to make special arrangements for payment, please contract our accounts receivable department at (123) 456-7890.

Your attention to this matter will be greatly appreciated.

Sincerely,

To keep your account in good standing : 우수한 신용상태를 유지하고 싶으시다면
special arrangements : 다른 결제방법
accounts receivable department : (미)수금 계정 담당

model letter 3-45 [대금지급 재독촉-90일 연체]

Dear Sirs,

We still haven't heard from you regarding the outstanding balace owed on your account. A statement is enclosed.

To avoid having your account closed, please remit payment immediately.

Failure to respond could result in damage to your credit rating and additional legal action.

We urge you to send us a check before February 10. If you wish to discuss special arrangements for payment, please contract us at (123) 456-7890.

Sincerely,

용어해설

Failure to respond : 송금하시지 않으면
in damage to your credit rating : 귀하의 신용등급에 손상을 받게 된다.
legal action : 법적 조치

model letter 3-46 [대금지급 재독촉-최후통첩]

Dear Sirs,

Your account is now in arrears $987.65. Copies of outstanding invoices are attached.

If we do not receive payment in full by March 10, your account sill be closed and service will be canceled. In addition, this matter will be turned over to our collection agency.

Please call us within the next three business days to discuss how we can resolve this matter.

Sincerely,

arrears : 체납금
account sill : 계정창구
collection agency : 채권추심대행기관

model letter 3-47 [대금지급 재독촉-최후통첩]

Dear Sirs,

We have submitted our statement for your January account three times and have asked you for settlement of the overdue amount of US$ 501,080.20 in our letters of 15th and 29th April.

We are surprised that we have not even had a reply to our letters.

No item of the account is in dispute and we must now insist on an immediate settlement.

Please note that we shall have to hand this matter to our solicitors if your check is not received by the 20th May.

We need not tell you how much we should regret such a step after the long and friendly connection with your firm and we hope that you will help us to avoid it by giving this matter your immediate attention.

Your faithfully,

solicitors : 변호사(법률자문)
how much we should regret : 상당히 유감스럽게 생각하고 있다.

model letter 3-48 [대금지급 재독촉-최후통첩]

Dear Sirs,

Neither our repeated statements nor our letters of 15th March and 2nd April have met with any response on your part and we must reluctantly conclude that you are nor facing your responsibilities in a correct manner.

We have to inform you accordingly that we shall place the matter in other hands unless we receive payment of the balance of US$ 34,560.00 within 5 days.

We are very sorry to have to write you in this way but your attitude does not leave us any choice. We still hope that you will settle this account without further delay and thus save yourself the inconvenience and considerable costs of a legal action.

Yours faithfully,

facing your responsibilities in a correct manner :
온전한 태도로 책임을 회피하다.

model letter 3-49 [대금지급 재독촉]

Dear Sirs,

Here is a list of the seven most expressive words in the English language according to Dr. Wilfred Funk, dictionary publisher :

1. The most reverent is 'mother'
2. The most beautiful is 'love'
3. The most tragic is 'death'
4. The warmest word is 'friendship'
5. The coldest is 'no'
6. The most bitter is 'alone'

And the 7th and saddest word is 'forgotten' that is where we come in, for apparently you have sadly 'forgotten' all about us, as you have apparently forgotten to pay your overdue account. You probably put the statement on one side intending to pay it promptly, and then have forgotten all about it.

Won't you please let us have your check by return mail?

Most sincerely yours,

용어해설

most expressive words : 매우 의미 있는 영어단어
The most reverent : 가장 존경받는
The warmest word : 가장 따스한
The coldest : 가장 냉정한
The most bitter : 가장 비참한

model letter 3-50 [대금수령 영수증]

RECEIPT
US$ 5.000 2nd October, 1999

Received of Daehan Trading Co., Ltd., Seoul, the Sum of US$ five thousand dollars only in settlement of our account up to 31st September, 1999.

Rainbow Trading Co., Ltd.
(signature)
James Hogan, Export Manager

용어해설

① received of ~ - ~로부터 받다, 수령하다.
② in settlement of - 정산으로
③ up to~ - ~까지

model letter 3-51 [물품의 결함을 이유로 지급거절]

Dear Mr. Green:

On July 20, we received a third and "final" collection notice for $27.95.

As I mentioned in my letter of March 12, we believe that we should not pay this sum, since the merchandise for which you're charging us was so defective as to be worthless.

If you wish, you may send your representative to pick up the unused portion of the material. Our Mr. Antrim will be glad to return it.

We respectfully suggest that you adjust your billing records accordingly.

If you'd like to discuss the situation, please call me or Mr. Antrim.

Sincerely,
The Curiosity Shop

용어해설

① so defective as to be worthless - 무가치할 정도로 하자가 있는
② pick up - 물건을 가지러 가다.
③ billing record - 청구서 기록
④ accordingly - 그것에 따라(to that effect)

model letter 3-52 [환율제도의 변경 안내 통지]

개 요

칠레의 수입업자가 자국의 정부가 변동환율제로 전환시키되 수입을 자유화하여 수입허가를 받을 필요가 없게 되었다는 발표가 있자 환율이 약 35% 상승하였음을 수출업자에게 알리면서 환율제도의 변경에 따른 수입업자의 추가비용에 대하여는 정부가 해결책을 강구한다는 발표를 하였으나 현 시점까지 아무런 조치가 취해지지 않았기 때문에 환율이 안정되지 못하고 있다는 사실을 알리는 내용이다.

Circular letter

Gentlemen: August 11, 20##

At the end of last month our government decreed① a floating rate② for all foreign exchange transaction. In consequence the exchange rate for foreign exchange immediately went up③ about 35%.

The government has promised to partially help importers with their increased debts that must be paid in local currency, but nothing is certain till now.

Now in Chile, everything concerning import is free, so no import licenses are required but foreign bills④ have to be paid at the rate of exchange of the days of payment⑤.

No doubt, the situation will be settled down⑥ soon, but one of our difficulty is that there is no market for foreign exchange in Chile nor any way to stabilize the exchange rate⑦.

Yours sincerely,
Altebe Chile Company

용어해설

① decree - 정하다, 포고하다, 변동환율제로 전환하다.
② floating rate - 변동환율제, 환율의 변동을 시장원리에 맡겨 자유롭게 변경될 수 있도록 허용하는 환율제, 현재 우리나라에서는 시장평균환율제를 채택하고 있다.
③ went up - 오르다, 상승하다, 환율이 상승하다.
④ foreign bills - 외국화폐로 표시된 어음, 어음과 수표를 총칭할 때에는 draft라 하며, 수표는 check, 약속어음은 promissory note, 환어음은 bill of exchange라 표기한다.
⑤ days of payment - 지급일자, 변동환율제 하에서는 수입업자가 수입상품에 대하여 결제를 할 때에는 지급일자의 환율에 의하여 자국 화폐로 지불하여야 하는 것이 원칙이다.
⑥ settled down - 해결하다, 상황이 좋아지다.
⑦ stabilize the exchange rate - 환율을 안정시키다, 변동환율제 하에서의 급격한 환율변화는 무역업자의 기대이익을 정확하게 산출할 수 없다는 문제 때문에 수출입이 위축된다.

model letter 3-53 [물품의 결함을 이유로 지급거절]

To : Abc bank Singapore(attn : l/c dept)
From : Korea commercial bank, Seoul

Re : your l/c no. 87064 dated 12 Jun a/c

Further to your cable dated 02 Sep advising us of non-payment of our bill for USD 42,000.00 under our ref cbu90875 due to the discrepancy "commodity descriptions of commercial invoice differ from those of sales contract no. 41880"

We are not agreeable to the discrepancy indicated by your based on art 4,1. of UCP 600 which stipulates that "A credit by its nature is a separate transaction from the sale or other contract on which it may be based."

We reconfirm that the documents were presented in compliance with the terms and conditions of the credit.

As instructed in our covering schedule, please urgently pay us the bill amount of USD 42,000.00 together with delayed interest from 02 Sep to the date of your payment at 4.25 pct p.a plus this cable cost of USD 30 under cable advice to us.

urgently : 조속히
4.25 pct p.a : 연리 4.25%

model letter 3-54 [서류 하자를 이유로 지급거절]

Re: your ref. kcb20876 dated 9 Dec. for usd 45,000 under our L/C no.3004 f/o GHRUD Trading Co., Ltd. documents were refused due to the following discrepancies:

1. B/L do not show "freight prepaid"
2. commodity description in B/L was altered without authority
3. B/L were nor endorsed as instructed.

Please refund the reimbursement you obtained from our New York branch on 10 Dec. together with interest from 10 Dec. to the date of your refund at 4.5 pct p.a. by crediting our account no.31607 with our New York branch under advice to us immediately.

We are holding the documents at your disposal please instruct.

용어해설

discrepancies : 불일치
altered without authority : 권한 없이 변경되었음
nor endorsed as instructed : 지시대로 배서되지 않았음.
our account no.31607 with our New York branch :
우리의 뉴욕지점 31607 계좌로
your disposal : 귀하의 처분

제4절 선적(shipment)

01 선적

수출상품의 조달이 완료되면 수출업자는 약정기일내에 선적을 할 수 있는 선박을 수배하여 선박회사(또는 운송주선인)와 운송계약을 체결하거나 항공운송의 경우에는 항공화물대리점(도는 운송주선인)과 운송계약을 체결하게 된다.

일반적으로 수출항의 사정을 모르는 수입업자는 특정 선박회사에 선적할 것을 지정하고 나머지 구체적인 사항은 묵시적으로 수출업자에게 위임하는 경우가 많다. 이러한 경우 수출업자는 지정된 선박회사의 선박을 수배하고 운송계약을 체결하게 된다.

02 선적통지

선적이 완료되면 수출업자는 수입업자에게 가능한 조속히 팩시밀리나 이메일(스캔이미지 포함) 등을 통하여 선적된 사실과 선박명, 출항일자, 도착예정일자, 상업송장 금액 등을 통지하여야 한다. 이는 인코텀즈에서 매도인이 매수인에게 제공하여야 하는 정보제공의 의무이다. 특히 FCA, FOB, FCA, CFR, CPT 등의 조건은 수입업자가 해상보험에 부보할 수 있도록 지체없이 선적에 관한 사항을 통지하여야 한다.

한편, 수출업자는 선적정보의 간단한 내용을 팩시밀리, 이메일 등으로 통지하였다하더라도 상업송장, 선하증권 등의 운송서류 사본 1부씩을 스캔하고 선적완료된 물품의 이미지를 디지털 카메라로 촬영하여 수입업자에게 제공하게 되면 신뢰관계를 굳건히 하는데 도움이 될 것이다.

03 선적과 선적통지에 관한 주요어구

1) 선적시기 안내

- ❑ At the present time it appears that we may not be able to effect shipment before the 15th of September and therefore we request that you make a space-booking at some date later than the 15th.
- ❑ As regards the time of shipment, we are unable to indicate a definite date since we have no exact knowledge of your requirements.

> "The 'PUSAN', sailing from Pusan in early April, would be the most favorable shipping opportunity. We are therefore counting on effecting shipment by that vessel provided the Letter of Credit reaches us in time."
> "The Pusan, scheduled to leave Ulsan in early April, would be the most opportune vessel available for the shipment. So, we are expecting to make shipment by that steamer if we receive the Letter of Credit in time."

2) 선적확인

- ❑ We have the pleasure to confirm our e-mail just despatched informing you that we have shipped the following goods by M/S "MILKYWAY" of the US Lines which left here today.
- ❑ We have pleasure in confirming that your Order No.333 has been shipped today on board (the) S.S. Elise which is due to arrive at your destination on the 5th May.
- ❑ With reference to your letter dated November 10, we are pleased to advise that a part of Order No.556 is already en route to New York from the factory.

> "We are pleased to confirm our e-mail just despatched informing you that we have shipped the following goods by M/S Inchon of the Korean Shippers which left here today: 5 cases of Imitation Pearls completing your Order No.100 of January 20, 20##."
> "We confirm with pleasure our e-mail just sent to inform you that the following goods have been shipped on board M/S Inchon of the Korean Shippers which sailed from here today:
> Five (5) cases of Imitation Pearls,
> the final portion of your Order No.100 of January 20, 20##."

3) 선적지시

- ❑ With reference to our Order No.555, we do not appear to have received the shipping advice from you yet.
- ❑ Under this contract, 1,000 yards of S/N. 231 have been shipped to you by "KUNGWON" today. For the balance of quantity, we are waiting for your instructions as to the carrying vessel.

> "The goods are nearly ready for shipment. Please give us Your shipping instructions by e-mail. We can improve on the Shipping date by two weeks, if you give us instructions at once."
> "Now that the goods are almost ready to be shipped, please e-mail us your shipping instructions at once. If you do to so, we will be able to advance the shipping date by two weeks."

4) 선적통지

- ❑ We are pleased to report that your Order of October 20 has been shipped as previously arranged. The shipment consisting of four(4) crates of "CROWN" Typewriters left New York on November 3 on the

M.S. "SWEDEN" which is scheduled to arrive at Bombay on or about December 25.

- ☐ We are pleased to advise you that we have forwarded by airshipment one package of samples, as follows:
- ☐ We have shipped today the September portion of your Order by the Pacific Queen, which will arrive in your port around November 10.

> "We are pleased to inform you that we have shipped today, as per copy of our e-mail enclosed, by the Geumkang-ho, 1,000 doz. Ladies' Rubber Shoes ordered by your e-mail of August 15. This boat is scheduled to arrive at your port on November 10."
>
> "We are happy to let you know that as shown by an enclosed copy of our cable, 1,000 dozens of Ladies' Rubber Shoes which you ordered by e-mail have been shipped today on board the Kyungwon-ho, which is to arrive at your port on November 10."

5) 선적기일

- ☐ We are sorry to inform you that it has become impossible to complete shipment during November of the captioned order.
- ☐ We regret to have to inform you that during the final stage of executing your Indent No.222 one of our manufacturers erroneously despatched to us some substitutes and thus it took us some time to classify and remove them from those of the right specifications according to your instruction.

"We have your letter dated the 6th April and are very sorry that reasons completely beyond our control have made it impossible for us to keep the delivery date of 30th March. Under such circumstances we have no alternative but to accept your cancellation with regret, but we would ask you to believe that the delay was in no way caused by any fault on our part."

"We have received your letter of April 6 and regret very much that for reasons totally beyond our control, it has become impossible for us to meet the delivery date–March 30. This circumstance gives us no alternative but to accept your cancellation with regret. However, we hope you understand that we are not directly responsible for the delay."

6) 선적인사

- ❑ We are looking forward to a continued and increasing business with you.
- ❑ We also enclose samples currently in demand and hope that they will meet your customers' requirements and lead to large orders.
- ❑ We shall be pleased to receive your further orders; they will always have the most careful attention.
- ❑ Let us congratulate you upon the completion of this initial business and please accept our best wishes for a Merry Christmas to you all.

"We thank you for your order and trust the goods will reach you promptly and in good order. Should the contents of the parcel not be in perfect condition when it reaches you, please let us know immediately. We are looking forward to the continuation of our pleasant business relations."

"Many thanks for you order and we promise that you will receive the goods promptly and in good condition. Should you find the contents of the parcel not in perfect order when it reaches you, please tell us so at once. We are looking forward to continued pleasant business relations with you."

7) 선적지연

- ❑ We are sorry that the delay in shipment has caused you much inconvenience, but it was really beyond our control as you will see in the enclosed Certificate issued by The Korea Chamber of Commerce and Industry.
- ❑ We regret the delay in shipment that caused you much inconvenience, but ask you to understand it was in fact beyond our control as indicated in the enclosed Certificate issued by The Korea Chamber of Commerce and Industry.

model letter 4-1 [선적 예약]

Gentlemen,

Will you be kind enough to reserve space of 10CBM on the m.s. 'Calla' which is scheduled to sail from Pusan on June 20.?

The goods are 5 cases of our Table Ware which will be warehoused by June 10 by our shipping agents, Daesung Co., Ltd.

We are informed that there is a rising tendency in freight rate, and we are grateful to you for giving us your usual rate of US$ 45.00 per CBM.

Your immediate confirmation would be greatly appreciated.

Yours faithfully,

용어해설

① CBM – Cubic Meters(㎥)의 약어, 입방미터
② warehouse – 창고, 저장소, 창고에 넣다
③ M.S.(multi-purpose ship) – 다목적선
④ reserve – (훗날을 위하여)남겨두다, 예약해 두다, 지정하다, 확보하다.

model letter 4-2 [선적 준비 완료]

Gentlemen,

We are pleased to confirm that the Jackets under your order No. 305 are now ready for shipment.

The Frisia Shipping Lines, which you nominated, is expected to arrive in Pusan August 2. We will ship the goods by m/s Speed Queen and will fax you shipping advice as soon as shipment is completed.

Yours very truly,

용어해설

① Shipping Lines – 해운회사, 선박회사 (=Shipping Agent)
② nominate – 지명하다, 임명하다, (날짜 등을) 지정하다.
③ complete – 완성하다, 완료하다.

model letter 4-3 [선적 요청]

개 요

수출업자가 서명한 주문서 부본(副本)을 수취한 수입업자는 수입허가를 받는 즉시 신용장을 발행하겠다고 알리면서 동 주문서의 유효기간이 3월말이므로 3월 중순까지는 선적해 줄 것과 원 견본과 선발견본을 가능한 한 빠른 시일내에 보내 줄 것을 요청하는 내용.

Dear Sirs,

We have also received your signed duplicate order sheets① No. WA-460, WA-461 and we will open the letter of credit as soon as obtained the permit from authority.

The validity of customer's import licences② for the above two orders for the knitted wears are 30th March 20##, so we would ask your very careful attention for the shipment date and you must definitely ship the goods at mid March as contracted with you.

Our customers③ are now requesting us to send back the original knitting samples④ which we sent to you in November 20##, therefore would you please send them back to us together with your advance samples⑤ at earliest possible date.

Thanking you,

Yours truly,

Tecnia & Gestion International, S. A.

용어해설

① duplicate order sheets – 주문서 부본(副本), 2번째 원본, 수입업자가 발송한 주문서 2통 가운데 한 통에 수출업자가 서명하여 수입업자에게 반송하면서 이를 지칭하는 용어임.

② import licences – 수입허가, 수입승인, I/L

③ our customers – 우리의 고객, 이 문구로 보아 수입업자는 자신의 계정(計定)으로 수입하는 것이 아니라 국내의 도매상 등을 대리하여 수입을 대행해 주는 회사임을 알 수 있다.

④ original knitting sample – 편물견본 원본, 수입업자가 보내 준 편물제품 견본

⑤ advance samples – 선발견본, 수입업자가 보내 준 견본으로 수출업자가 새로 제작한 견본, 수입업자의 확인을 받기 위하여 제작된다.

model letter 4-4 [선적 요청]

개 요

수출업자가 CIF가격을 제시한다는 것이 잘못으로 FOB가격을 제시하게 되었으나 잘못 통지된 가격을 받아 들여 주문을 수락한다는 통지를 받게 된 수입업자는 작년에는 상품의 조달이 늦어져 영업에 지장을 주었기 때문에 빠른 시간내에 선적을 해 줄 것을 요청하면서, 선적 후 선박명을 통지해 줄 것과 또한 5%의 관세를 적용 받기 위하여 서류 작성에 만전을 기하여야 함으로 세관송장을 미리 작성하여 보내 줄 것을 지시하는 내용.

Dear Sirs, 31th October, 20##

We acknowledge receipt of your letter No. 80045 of the 24th January advising that you have made a mistake to offer① on item No. L-36 and your corrected price is US$3.07 per gross CIF or US$2.78 per gross FOB. But you will accept and ship our initial order under letter of credit No. 2010606 at US$2.78 per gross CIF even though which is FOB price②.

We thank you for your kind collaborations in this respect. We are anxious to take delivery of this consignment③ in the near future as we have failed last year business due to delayed procurement of the goods④. Kindly nominate⑤ the name of the carrying vessel by return and let us have advance shipping documents⑥ ensuring that the customs invoice form 59A will be duly prepared and presented properly in order to apply 5% customs duties⑦.

Awaiting your early reply,

Yours faithfully,
Alice and Law Co., Ltd.
Bruice K. Grant, Director

용어해설

① a mistake to offer – 가격을 잘못 제시하다, 잘못 오파하다.
② which is FOB price – FOB 가격, 수출업자가 제시한 가격은 실제로는 FOB가격이지만 이를 CIF가격으로 잘못 제시하였기 때문에 CIF가격으로 수락하고 있다.
③ this consignment – 이번 선적분, consignment는 위탁매매에 사용되는 용어로 위탁된 물품을 의미하지만 여기에서는 매매상품을 의미한다.
④ procurement of the goods – 상품의 조달, 상품의 구입
⑤ nominate – 지정하다, 여기에서는 "알려 주다"라는 뜻으로 사용하고 있으나 advise, inform, announce 등의 동사를 사용하는 것이 더 적절하다.
⑥ advance shipping documents – 선적서류의 선발견본, 상품을 선적하기에 앞서 수출업자가 선적서류를 작성하여 발송하면, 수입업자는 서류상에 이상이 있는 지의 여부를 점검하여 이상이 발견될 경우 이를 정정할 수 있게 된다.
⑦ apply 5% customs duties – 5%의 관세를 적용 받다.

model letter 4-5 [직항로 선박수배 요청]

개 요

수입업자가 발행한 신용장의 조건 가운데 환적이 금지된 데 대해 수출업자는 그러한 조건을 변경해 줄 것을 요청하였으나, 수입업자는 자신의 고객이 이를 허용하지 않으므로 직항선에 선적해 주기를 요구하면서 선적일자를 7월 5일, 매입일자를 7월 21일로 연장시키고 또한 양도가능 조건도 추가하였음을 알리면서 선적일자내에 선적해 줄 것을 요청하는 내용.

Dear Sirs, 31th October, 20##

Re : Your offer sheet No. 800768, our L/C No. MUT/32132 dated April 19, for US$5,060

With response to① your letter ref. No. 0159 dated October 7, 20##, we regret to inform ② you that our client is not ready to accept the transhipment of the goods③ for the above mentioned L/C. So, we request you to ship all the goods by direct vessel④ from Korea to Muscat. Please arrange to ship the goods by direct vessel before the expiry of the above L/C and oblige.

Further we have to inform you that for your convenience we have arranged to extend the shipment date up to July 15, and negotiation date⑤ up to July 21, and made the same L/C transferable.

Thanking you for your kind cooperation and we remain,

Yours faithfully,
AL-AZHAR TRADERS.

용어해설

① With response to – 에 대한 회신으로, 에 대한 답장으로
② regret to inform – ~을 알리게 되어 유감입니다.
③ transhipment of the goods – 상품의 환적, 상품을 운송하는 도중에 한번 이상 다른 배에 옮겨 싣게 될 경우 이를 환적이라 한다.
④ direct vessel – 직항선, 선적지에서 최종 목적지까지 환적을 하지 아니하고 직접 운송하는 선박
⑤ negotiation date – 매입일자, 네고일자. 신용장의 규정에 따라 신용장을 매입할 수 있는 최종 일자, 최종일자가 공휴일인 경우 최초의 영업일까지 자동으로 연장된다.

model letter 4-6 [선적예정일자 문의]

개 요

수출업자로부터 요청하였던 견본을 입수한 수입업자는 견본의 품질에 만족을 표시하고 있으나, 수출업자가 원하는 수량의 상품을 전량 구매할 수는 없으나 자신이 구입할 수 있는 최대한의 수량을 주문하고 이를 받아들일 수 있는지의 여부를 문의하면서 승낙할 경우에는 곧 신용장을 발행하겠다고 알리면서 자신의 주문을 11월 말까지 선적을 할 수 있는지의 여부를 문의하면서 CARICOM 송장 작성에 유의해 줄 것을 요구하는 내용.

Dear Mr. Chung, 31th October, 20##

Your ref. No. K-103

Thank you for your letter of 26th March in reply to our letter of 13th March.

We have received the samples as requested①, and find the quality be good. However, in view of the quantities required, we have decided to place an order in the hope that② it will make our order easier to handle.

We now require :

500 dozen battery operated toy, item No. BA-007
1 dozen to a box at US$18,00 FOB per dozen.

We require these toys for delivery by the end of November 20##. Can you please confirm as soon as possible for the following:

(1) Whether you are able to accept the order.
(2) Whether you are able to effect delivery to us by the end of November.

If you are in a position to③ accept our order, please proceed with④ the order, using CARICOM invoice form⑤ in your documentation⑥, and forward an account for the goods. When we receive your advice, we shall arrange a letter of credit in your favor as per your instructions.

We shall look forward to hearing from you soon.

Yours sincerely,
Establishment Albert

용어해설

① as requested - 요구한 대로, 자신이 원하는 대로
② in the hope that - ~ 이라는 것을 기대하면서, ~을 기대하다.
③ are in a position to - ~ 할 수 있는, can
④ proceed with - 진행하다, 주문을 진행시키다, 생산을 개시하다.
⑤ CARICOM invoice - CARICOM(Caribbean Community) 가입국에서 사용하는 송장
⑥ in your documentation - 서류, 네고서류, 신용장 대금청구를 위하여 신용장에 명시된 서류

model letter 4-7 [선적 통지]

개 요

수출업자가 15일 선적된 상품에 대한 선적통지를 텔렉스로 한 후 선적서류 사본 1세트를 동봉하면서 자신의 텔렉스를 확인하고, 또한 18,000달러의 신용장을 사용하였으니 서류가 은행에 제시될 경우 이를 지급해 줄 것을 요청하는 내용.

Gentlemen:

We are pleased to confirm our shipping advice by e-mail① of yesterday, reading as follows :

ORDER 120 TV SETS SHIPPED PER FUJI MARU
15TH 18,000 DOLLARS ELGEE

Your order No. HGFR-294 for 120 TV sets was shipped by the m/s② Fuji maru, which left here 31th October, 20##. Enclosed you will find a set of copies of shipping documents, viz. a non-negotiable③, clean bill of lading④ made out to order⑤ and copies of commercial invoices.

Against this shipment, we have drawn for $18,000⑥ under your L/C No. JGTF/394585/JA through our bankers, for which we ask the favor of your kind protection⑦ on presentation.

We trust that the goods will reach you in good order and give you complete satisfaction.

Yours very truly,
Korea Exporting Co., Ltd.

용어해설

① shipping advice by e-mail – 이메일로 알리는 선적통지, 선적내용을 이메일로 통지하다.
② m/s – motor ship의 약어, 선박을 지칭한다.
③ non-negotiable bill of lading – 유통불능 선하증권,
④ clean bill of lading – 무고장 선하증권, 선하증권상의 비고란에 상품의 포장이나 외관에 이상이 있음을 나타내는 문구가 기재되지 아니한 선하증권
⑤ made out to order – 지시식으로 작성된, 선하증권의 수하인을 수입업자 또는 그 대리인이 될 수 있도록 표기된
⑥ have drawn for $18,000 – 18,000 달러를 사용하다, 물품대금 18,000달러를 지급받기 위하여 신용장을 사용하다.
⑦ favor of your kind protection – 대금을 지급해 주는 귀사의 호의, 대금결제를 해주는 사실

model letter 4-8 [선적 통지]

개 요

수출업자가 약정한 기일인 3월 31일에 마찰계수 시험기를 청구무역(주) 앞으로 항공 우송한 후 늦어도 4월 2일 이전에는 김포공항에 도착할 수 있을 것이라고 통지하면서 수입업자의 새로운 문의에 대해 가격을 제시하는 내용.

Dear Sirs, 31th October, 20##

With thanks we received your letter of March 20.

We are glad to inform you that fortunately we were just in time for the appointed time to deliver by Tokyo Air Service for your order of friction coefficient tester① with copper plate polishing machine② addressed to③ ChongKu Trading Co., Ltd. Seoul, on March 31, which you needed so urgently. The consignment will arrive at Kimpo Airport on April 2, at the latest.

Thank you again for your pattronage⑥ and cooperation, we remain,

Very truly yours,
Marubishi Scientic Instrument Co., Ltd.

용어해설

① friction coefficient tester - 마찰계수 시험기
② polishing machine - 금속광택기
③ addressed to - ~명의로, ~에게 보내다.
④ your pattronage - 귀사의 후원, 귀사의 찬조

model letter 4–9 [선적 통지]

개 요

10월 14일 출항하는 Richmond Bridge호에 주문서 SW 99251을 선적한 수출업자가 송장, 포장명세서, 선하증권, 원산지 증명서 등의 사본 1부씩을 동봉하면서 수입업자에게 선적을 통지하는 내용.

Dear Sirs,

We are pleased to inform you that your order No. SW 99251 has been shipped on board① the vessel M/V②. Richmond Bridge v. 38③ on October 14, 20##. Enclosed you will find the following documents:

1 copy - commercial invoice
1 copy - packing list
1 copy - ocean B/L No. 0724930
1 copy - certificate of origin

Again we thank you for your esteemed order④. We are confident that the shipment will reach you in good time and excellent condition.

Sincerely yours,
American Colloid Company

용어해설

① shipped on board – 에 선적하다, 선박에 적재하다, on board는 생략을 해도 선적한다는 뜻에는 변함이 없다.
② M/V – 선박, motor vessel의 약어, motor ship (M/S), steam ship (S/S)이 사용되기도 한다.
③ v. 38 – 38항차(航次), voyage의 약어, 정기선의 경우, 동일한 선박이 동일한 항로를 년간 수차례씩 왕래함으로 각 항해를 구분하기 위하여 붙인 번호
④ your esteemed order – 귀사의 주문, esteemed는 상대방을 존중하는 뜻에서 사용하고 있으나 구태의연한 표현이다.

model letter 4-10 [선적지연 상황통지]

개 요

수출업자가이 상품을 제조하는 과정에서 기계의 고장으로 인하여 약정된 날짜인 8월 15일까지는 선적을 할 수 없다는 사실을 수입업사에게 알리면서 8월 31일까지는 선적할 수 있음으로 이를 양해해 줄 것을 요청하고 신용장의 선적일자는 8월 31일로 되어 있음으로 별도로 조건변경을 하지 않아도 무방하다는 사실을 알리면서 다음부터는 이러한 사고가 발생하지 않도록 노력하겠다는 내용.

Gentlemen: August 5, 20##

We regret to inform you that a temporary derangement of machinery① in our maker's factory has rendered us② unable to ship the goods of your order No. AS-241/P by 15th August as arranged.

We have sent you a e-mail, asking for your understanding for this accident because the shipment will be delayed to August 31. But you do not need to amend L/C because of shipping date is August 31.

Every effort, of course, is being made③ to quicken the shipment, and we believe that we can effect our shipment by August 31 to next direct steamer.

Please accept our deep apologies for the inconvenience to which you have been put, and we assure you that we will take every precaution against such an incident④.

Yours very truly,

용어해설

① derangement of machinery – 기계고장
② has rendered us – 우리가 ~하도록 만들다, ~하지 않을 수 없다.
③ every effort is being made – 노력을 기울이다.
④ take precaution against such incident – 그러한 사고를 예방하기 위한 조치를 취하다.

model letter 4-11 [선적지연 양해]

개 요

철도 노조의 파업으로 인하여 연료와 원자재의 수송이 제대로 공급되지 못하여 선적일자에 선적을 하지 못한 수출업자는 선적을 위하여 최대한의 노력을 기울였으나 자신의 통제를 벗어난 원인으로 인하여 발생하게 된 불가항력의 사태이지만 수입업자가 주문을 취소할 경우 이를 감수하겠다는 사실을 알리면서 앞으로도 계속 자사를 애용해 줄 것을 요청하는 내용.

Dear Sirs, 27th October, 20##

Re: Your order No. K-384

We acknowledge the receipt of your letter of 18th October and are extremely sorry that causes completely beyond our control① have made it impossible for us to keep the delivery date② of 15th October. The recent railway strike③ held up supplies of coal and raw material and resulted in delays of 6 weeks. We have made every possible effort to speed up delivery but unforfunately without success.

In the circumstances we have no alternative but to accept④ your cancellation with regret, we would ask you to believe that the delay was in no way caused by any negligence on our part⑤.

Whilst offering our sincere apologies we trust that you will under- stand the position and that you will continue to place your orders with us.

Yours faithfully,
Weavewell Woolen Co., Ltd.

용어해설

① beyond our control – 우리가 통제할 수 있는 범위를 벗어난
② keep the delivery date – 선적일자를 지키다.
③ railway strike – 철도의 파업으로, 철도노조의 파업으로
④ no alternative but to accept – 수락하는 것 이외에는 방법이 없다, 받아들일 수밖에 없다.
⑤ no way caused by any negligence on our part – 당사 측에서는 아무런 잘못이 없이, 당사의 태만으로 인하여 발생된 것이 아닌

model letter 4-12 [선적지연 상황통지]

Dear Gentlemen,

We have completed processing your order No. KP-1111 for five hundred units of Blue Umbrella and the consignment is now on board 'Speed Queen' which was scheduled to leave Hong Kong tonight.

Unfortunately, however, all vessels at the Hong Kong Port are under an embargo due to typoon in the Hong Kong area and over the course on the way to Pusan. The embargo is expected to be lifted in three days according to the Port Authority.

We very much regret that this unforeseen circumstance has arisen, which might put you to inconvenience. However, we are going to try to send them by airplane by tomorrow if we can.

Yours truly,

용어해설

① be under an embargo -(선박이) 억류되어 있다. 봉쇄되어 있다. 또는 (수출이) 금지되어 있다.

② on the way - ~로 가는 도중에

③ in three days -'사흘 이내로'의 뜻이 아님. '사흘 이내로'라는 표현은 "within three days"이며, "in three days"는 '사흘이 지난 후'라는 뜻으로 '사흘 뒤에나'라는 뜻임.

④ put you to inconvenience(cause you inconvenience) - 어려움(불편)에 처하게 하다.

model letter 4-13 [선적지연 상황안내]

Dear Gentlemen,

We have completed processing your order No. KP-1111 for five hundred units of Blue Umbrella and the consignment is now on board 'Speed Queen' which was scheduled to leave Hong Kong tonight.

Unfortunately, however, all vessels at the Hong Kong Port are under an embargo due to typoon in the Hong Kong area and over the course on the way to Pusan. The embargo is expected to be lifted in three days according to the Port Authority.

We very much regret that this unforeseen circumstance has arisen, which might put you to inconvenience. However, we are going to try to send them by airplane by tomorrow if we can.

Yours truly,

용어해설

① be under an embargo – (선박이) 억류되어 있다. 봉쇄되어 있다. 또는 (수출이) 금지되어 있다.

② on the way – ~로 가는 도중에

④ in three days – '사흘 이내로'의 뜻이 아님. '사흘 이내로'라는 표현은 within three days이며, in three days는 '사흘이 지난 후'라는 뜻으로 '사흘 뒤에나'라는 뜻임.

⑤ put you to inconvenience(cause you inconvenience) – 어려움(불편)에 처하게 하다.

제5절 보험(insurance)

01 1. 보험서류

해상보험은 보험자가 피보험자에게 해상운송에 수반되는 손해를 보상해 줄 것을 약속한 계약이며, 해상 보험증권은 보험계약내용을 자세히 표현한 증서를 말한다.

보험서류로는 해상보험증권(marine insurance policy)과 보험증명서(certificate of insurance)가 있다.

보험증권은 피보험자(assured, insured)와 보험자(assurer, insurer)가 보험계약을 체결한 사실에 대한 증거로서 계약의 내용을 명백하게 하기 위하여 보험자가 피보험자에게 발급하는 증서이다. 증권의 약관은 대개의 경우 영국의 로이즈(Lloyd's)가 사용하던 표준양식을 그대로 사용하거나 이를 모체로 약간씩 변경하여 과거부터 사용하던 구양식과, 구약관의 본문약관을 협회화물약관에 수용하여 1982년부터 사용해 오고 있는 신양식이 있다.

보험증명서는 주로 포괄보험(open cover)에서 사용하는 증서로 큰 무역업자는 매수입시마다 보험계약을 체결하지 않고 사전에 보험회사와 기간을 정하고 각 화물의 적재선명, 수량, 금액 등 중요사항이 미상・불명한대로 포괄하여 보험계약을 체결하고 후일에 이들 사항들이 확정되는 대로 통지하는 조건으로 보험계약을 체결한다. 이러한 방법은 보험료가 저렴하고 선적시마다 계약을 체결하는 번거러움을 덜 수 있다. 수출업자가 부보할 경우에는 선적에 대하여 적당한 시간내에 적화의 명세, 보험금액, 선박명, 출항일, 선적지, 도착지 등을 보험회사에 통지(declaration)하여 보험증명서(certificate of insurance)를 발급받지만 수입업자가 보험회사와 포괄보험계약을 체결하고 있을 경우에는 그 사실을 수출업자에게 알려서 수출업자는 선적시마다 포괄보험확정통지서(declaration under open policy)에 의하여 그 명세를 수출지소재의 보험회사 지점 또는 대리점에 통지하고 그 승인서인 보험증명서를 입수한다.

02 부보 및 해상보험 클레임에 관한 주요어구

1) 보험자에게 부보요청

- ❑ We request that you will effect insurance on 50 sacks of ABC, marked BBB, shipped per S. S. "Sea Dragon," sailing on July 29 from Inchon, for Won 950,000.
- ❑ Please insure for Won 120,000 including particular average and send shipping specifications and invoices by air mail (without delay).

> "We have been instructed by our buyer to make a marine insurance contract with you on 100 cases of our Cotton Sewing Threads we are shipping to New York by the s/s 'Daeyang' scheduled to leave Pusan on the 25th July."
> "Our buyer has instructed us to effect marine insurance with you on 100 cases of our Cotton Sewing Threads destined for New York on board s/s 'Daeyang' due to sail from Pusan on July 25."

2) 매도인에게 부보요청

- ❑ Please insure against all risks, value Won 3,000,000, for 30 bales cotton, 1/30, each bales @ Won 100 per cent, shipped at Bombay for our account on board s.s. 'India'.
- ❑ Kindly insure the above goods, which will be shipped by s.s. 'Jeju-do', to Seattle, against all risks, for Won 300,000.

"We should be obliged by your insuring against all risks $1,000 value for 100 cases of Canned Provisions, marked AAA, shipped at Inchon, on board m.s. "Keumkang," sailing for San Francisco on Nov. 9."
"Please be so good as to close the insurance against all risks for $1,000 on 100 cases of Canned Provisions, marked AAA, by m/s "Keumkang," sailing from Inchon on Nov. 9 for San Francisco."

3) 부보결과 통지-1

- ❑ We have effected the insurance you ordered on the goods per s.s. 'Eastern Glory' from your port to this island, at Won 100 percent.
- ❑ We have insured them for $50,000 with the London Insurance Company.

"As instructed have effected insurance with the ABC Insurance Company on W.A. terms including War Risk."
"In compliance with your instruction, we have opened insurance W.A., inclusive of War Risk terms, with the ABC Insurance Company."

4) 부보결과 통지-2

- ❑ We have opened insurance for £100,000 on oats at 10s. 5d. per cent, better being quite impossible.
- ❑ The rate of 8s. ld. per cent, we think you will agree, is a fine one; it includes all risks on the wheat while waiting shipment on the other side, and on this side till taken over from you by the purchasers.

> "Pursuant to your instructions dated November 8, we have insured your shipment of 100 cases of Canned Provisions, marked AAA, shipped at Inchon on board m.s, 'Keumkang' sailing for San Francisco on November 15, as per the Policy enclosed. We hand you herewith our account for $50.00, which amount please pass to our account."
> "As you instructed us on Nov. 8, we have covered the insurance, as certified by the Policy enclosed, on your shipment of 100 cases of Canned Provisions, marked AAA, shipped by m.s. Keumkang due to sail from Inchon for San Francisco on Nov. 15. Enclosed we send you our account for $50.00, the amount of which please carry to our account."

5) 부보조건

- ❑ Any extra freight and/or war risk insurance premium to be on Buyer's Account.
- ❑ Insurance to cover marine and strike, riots and civil commotions risk for a specific period of 60 days after discharge of cargo.

> "All shipments shall be covered W.A. for a sum equal to the amount of the invoice plus ten (10) per cent, unless any other conditions are specifically agreed upon."
> "All shipments are subject to insurance on W.A. for a sum equivalent to the invoice amount plus 10%, unless otherwise specified by agreement."

6) 추가보험료 안내

- ❑ We have now received the Letter of Credit covering Oranges under your Order K-1234, and note that the buyer is asking for All Risks insurance on this shipment, which is not possible as we have previously advised you more than once.

- ❑ Please bear in mind that all credits should state "All-Risk Coverage for the account of Buyers."

"With reference to your letter No.1234, we wish to call your attention to the fact that we do not often figure 'All-Risk Insurance' in our CIF prices. We do cover, if need be, and charge our buyers with the additional premium."
"Referring to your letter No.1234, we wish to note that our CIF prices do not often cover 'All-Risk Insurance'. However, we do effect such insurance, if necessary, and have our buyers take charge of the additional premium."

7) 부보조건 변경요청

- ❑ Enclosed is the policy on the Ocean Marine Co., Ltd., for Won 500,000. But Won 200,000 of this has been shut out through shortage of space, so please have the policy altered and send us a credit note for the short interest.

"Please cover us on W.A., including War Risk terms, for the amount of $1,150.00 at the rate you gave us by telephone yesterday, and one copy of our invoice is enclosed herewith. In payment of premium, we enclose a check for Won 30,000.00 on the Bank of Seoul."
"Kindly insure us for $1,150.00 on W.A. terms, including War Risk, at the rate you quoted over the telephone yesterday. Enclosed we send you one copy of our invoice and a check for Won 30,000.00 on the Bank of Seoul in payment of premium."

8) 손해보상청구

- ☐ We, therefore, claim Won 55,000 according to the award of Captain Cook, Marine Surveyor, whose certificate we enclose together with the relative policy of insurance.
- ☐ We enclose you the Stevedore's certificate respecting loss of the two cases, for which we claim from you Won 600,000.

> "According to the notice given by A Shipping Company, m.s. 'Asia' with 1,000 bags of Rice for us has met with a heavy storm during the voyage, and in consequence 600 bags were damaged by sea water. Enclosed we hand you the Survey Report and the Policy, for Which your kind and amicable settlement will oblige."
> "A Shipping Company has notified us that 600 out of 1,000 bags of Rice for us on board m/s 'Asia' were spoiled by sea water as the vessel was caught in a heavy storm while on voyage. We enclose the Survey Report and the Policy for your kind and agreeable settlement."

9) 손해보상

- ☐ In view of this, you will fully agree that we are in no position to assume any responsibility, as the shortage and damage occurred during transit. We suggest, therefore, that you file a claim with your insurance company.
- ☐ Kindly furnish us with a Statement of Accident drawn up by the lighterman, also inform us whether there were any more goods besides the above on the barge.
- ☐ Please send us all the documents necessary to support your claims for particular average loss on the ten cases goods, lost in s.s. 'Aurora'.

> "We are in receipt of your letter of May 26, regarding 600 bags of damaged Rice per m.s. "Asia." We have pleasure in enclosing a cheque for $4,000 in settlement of your claim. We shall be glad to have your receipt in due course."
> "We have received your letter of May 26 on the damage caused to 600 bags of Rice on board m.s. "Asia," for which we enclose a check for $4,000 in settlement of your claim. Please send us your receipt in due course."

model letter 5-1 [보험자에게 부보요청]

Dear Sirs,

We are instructed by our buyer to make marine insurance contract with you on 10 cases of our TV Set which we are shipping to New York by the m/s 'Korea Maru' due to set sail from Pusan on September 25.

Please cover us on W.A. including War Risks for the amount of $23,100 at the rate you gave us by telephone yesterday, and one copy of our invoice is enclosed herewith. In payment of the premium, we enclose a cheque for us$125. on Korea Exchange Bank.

We hope you will send us your Insurance Policy in duplicate and three copies, and at the same time your receipt for the premium we enclose.

Yours faithfully,
KOREA EXPORTING CO., LTD.

Inclos. Invoice
Cheque

용어해설

to make(effect) marine insurance contract with you - 귀사와 해상보험계약을 체결한다.

model letter 5-2 [보험자에게 부보요청]

October 31, 2011

Koryo Marine and Fire Insurance Co., Ltd.

Gentlemen :

In confirmation of our conversation by telephone this morning, we enclose as application for Marine Insurance Contract on four hundred(400) dozen of our Under wears TRY(TB).

We hope that you will be good enough to make out the Insurance Policy and copies as mentioned in the Application Form and send them to us as soon as possible.

Yours truly,

KYUNGWON TRADING CO.

Forest Lim

Export Manager

Inclos. Application for Marine Insurance Contract

용어해설

In confirmation of : ~에 대한 확약으로
Be good enough to make out : ~을 기꺼이 작성하다
As mentioned : 언급한 바와 같이

model letter 5-3 [해상보험 견적요청]

Kent, Clarke & Co. Ltd.
Chairman:Lord Matherson Directors:B. Kent ACA. C.D. Clarke HND. R.P. Diller
South Bank House, Borough Road, London SE10AA
Reg. No.:London 3395162 Telephone:071 928 7716
VAT No.:41 618231 59 E-mail.ahrtka@kentclarke.com
Fax:71 928 7111

Worldwide Insurance Ltd. 15th May, 20##
Worldwide House
Vorley Road
London N19 5HD

Dear Sirs,

We will be sending on behalf of our clients, Delta Computers Ltd., a consignment of 20 computers to N.Z. Business Machines Pty., Wellington, New Zealand. The consignment is to be loaded on to the SS Northern Cross which sails from Tilbury on the 18th of May and is due in Wellington on the 25th of June.

Details with regard to packing and values are attached, and we would be grateful if you could quote a rate covering all risks from port to port.

As the matter is urgent, we would appreciate a prompt reply. Thank you.

Yours faithfully,

J.D. Simpson
Supervisor

용어해설

① on behalf of – 의 대신에
② is due in – 도착예정일
③ a rate – 요율
④ covering all risks – 전위험을 담보하는

model letter 5-4 [보험자에게 포괄보험 부보요청]

Gentlemen :

We shall be regularly receiving shipments of Iron and Steel from the United States, and wish to take out an Open Policy.

Please quote your best rate if you can arrange to cover this shipment.

Yours truly,

KYUNGWON TRADING CO.
Forest Lim
Export Manager

To take out an Open Policy : (to issue an Open Policy, to get an Open Policy issued) 포괄보험증권을 발행한다.

※ "보험증권을 작성한다"는 표현은 'to make out a policy' 또는 'to draw up a policy'

model letter 5-5 [해상보험 견적요청에 대한 답신]

WORLDWIDE INSURANCE Ltd.
Worldwide House, Vorley Road, London N19 5HD
Telephone:071 263 6216
E-mail.ahrtka@winsurance.com

Chairman:A.L. Galvin ACA FIS
Managing Director:P.R.Erwin CIS
Directors:L. Swanne, T.R. Crowe MC,
H.B.Sidey MA

Registered in England
No. 6 915614
VAT No. 56341 27

Your Ref.: Our Ref.: M1\C167932 Date: 16th May, 20##

Mr. J.D. Simpson
Kent, Clarke & Co. Ltd.
South Bank House
Borough Road
London SE10AA

Dear Mr. Simpson,

Thank you for your letter of the 15th of May, in which you asked about cover for a shipment of computers from Tilbury to Wellington.

We note from the details attached to your letter that the net amount of the invoice is £22,000, and payment is by Letter of Credit. We would therefore suggest a valued policy against all risks for which we can quote £4.35p%.

We will issue a Cover Note as soon as you complete and return theenclosed declaration form.

Yours sincerely,

D. Adair
Manager

용어해설

① Cover Note - 보험인수증, 부보각서. 보험증권으로서의 효력이 없음.
② theenclosed declaration form - (보험계약)신고서 양식

model letter 5-6 [보험계약체결에 대한 수출업자의 수입업자에 대한 통지]

Dear Sir,

We have made an arrangement with the American Marine Insurance Company here that all goods exported for our account are covered by the Open Policy taken out from the said insurance company. You need not therefore have the goods ordered by us insured, and in consequence the prices quoted are CFR only. When goods are shipped, please send us invoice by air mail and a e-mail, the name of vessel. Moreover if you have any questions in future, please contact us by fax.

Yours very truly,

① CFR – 배가 목적항까지 도착할 때까지의 모든 경비를 수출업자가 부담하지만 보험료는 수입업자가 부담.
② taken out(issued) – 발행된

model letter 5-7 [보험계약체결에 대한 수출업자의 수입업자에 대한 통지]

Gentlemen:

In compliance with your instruction of July 8, we have effected insurance with The Globe Marine Insurance Company for U.S.$ 2,500 on 5 cases Cotton Goods, to be shipped from this port to New York per S.S."Oriental" on W.A. terms at $2\frac{1}{2}$% including non-delivery and theft/pilferage risks, which is the lowest rate of premium we can procure at present.

Enclosed is the policy and we shall be obliged by your remitting us the amount of the annexed account soon.

Yours truly,

용어해설

① we shall be obliged by your remitting us – 송금해 주시면 대단히 고맙겠습니다.
② annexed account – 첨부된 계산서

model letter 5-8 [보험료 문의]

Gentlemen,

Please quote us your rate for Marine Cargo Insurance, ICC(B) including war risk, on a shipment of 20 cases of wool goods, valued at US$50,000 by the s.s. "Calla" from Pusan to Singapore.

The ship will sail from Pusan on 3rd August, and we hope to have your reply by return.

Your prompt attention to this matter would be much appreciate.

Yours truly,

용어해설

① Marine Cargo Insurance - 해상 적하보험
② value at - 가격에 대해
③ by return - 회신편에, 받는 즉시로

model letter 5-9 [보험료 문의 대한 답신]

Gentlemen,

In response to your inquiry of 23rd of this month, we wish to quote you the rate of Marine Cargo Insurance at 0.321 percent, ICC(B) including war risk, on the shipment referred to in your letter.

This is exceptionally low rate, because many of the insurance companies will hesitate to take the risk at any premium whatever dreading the heavy average to which they are exposed on the South China Sea.

We hope that you will pass us your business.

Yours very truly,

용어해설

① referred to in - ~에서 언급한
② take the risk - 위험을 감수하다, 위험을 무릅쓰다
③ dreading the heavy average - 대해손(大海損)을 두려워하여

model letter 5-10 [보험료율 문의]

Gentlemen,

Please quote us your lowest rate for marine Insurance FPA, on a shipment of 200 cases Canned Goods, valued at $5,000.00 by the S/S "Arirang" from Pusan to Los Angeles.

Your prompt reply would be greatly appreciated.

Yours truly,

Gentlemen,

As to our rate for a Floating Policy U.S. $60,000 AAR, on general merchandise, in wood only, per U.S. Liners from Pusan or Incheon to any ports in the eastern coast of the United States, we can quote you U.S. $2.50 per thousand.

Yours truly,

용어해설

① Floating Policy - 선명미상보험증권

② AAR - Against All Risks(전위험담보조건)

model letter 5-11 [보험료율 문의]

The Koryo Fire & Marine Insurance Co., Ltd.

Gentlemen :

Please quote us your lowest rate for Marine Insurance ICC(B), on a shipment of 400 dozen under wares, valued at US $3,800 by the m/s Masan from Pusan to New York.

Your prompt reply would be highly appreciated.

Yours truly,

KYUNGWON TRADING CO.
Forest Lim
Export Manager

용어해설

Quote : 금액, 가격을 제시하다.
Lowest rate : 최저율, 최저요율
Valued at : ~의 금액에 해당하는
Would be appreciated : 감사히 여기다.

model letter 5-12 [보험료율 문의]

Gentlemen :

Please quote us your lowest rate for marine insurance, W.A., including War Risk on a shipment of 10 cases of dyed cotton velveteen, valued at US $23,000 per s/s "White Bear" from Pusan to Manila.

The ship will set sail from Pusan on the 15th of August and we hope to have your reply at your first convenience.

Yours truly,

KYUNGWON TRADING CO.
Forest Lim
Export Manager

용어해설

W.A.(With Average) : 분손담보조건.
War Risk : 전쟁 보험
Dyed : 염색한

model letter 5-13 [보험료율 통지]

Gentlemen:

As to our rate for a Floating Policy U.S. $60,000 A.A.R., on general merchandise, in wood only, per U.S. Liners from Pusan or Incheon to any ports in the eastern coast of the United States, we can quote you U.S. $2.50 per thousand.

Yours truly,

model letter 5-14 [보험료율 통지]

KYUNGWON TRADING Co.
65, Bokjeong-dong, Seongnam Si, Sujeong-gu, Gyeonggi-Do
Post 461-701 Korea

Dear Sirs,

Answering to your letter of October 31, 2011. We would like you to quote 2.5 percent as our best rate for 400 dozen under wares to be shipped to New York on the m/s Pusan.

Yours very truly,

The Kyungwon Fire & Marine Insurance CO., Ltd.

Answering to : ~에 대한 답신으로
Would like to : (have a mind to~, feel like ~ing, feel inclined to) ~하고 싶다.

model letter 5-15 [보험료율 통지]

Gentlemen :

In reply to your inquiry of October 31, 2011. We quote you the rate of marine insurance at 30 cents per one hundred dollars A/R including War Risk on the shipment referred to in your letter.

This is an exceptionally low rate, because many companies hesitate to take the risk at any premium whatever, due to the heavy average to which they are exposed in the China Sea owing to the present hostilities between….. and….

We look forward to doing business with you.

Yours truly,

The Kyungwon Fire & Marine Insurance CO., Ltd.

용어해설

30 cents per one hundred dollars : 100불당 30센트. 즉, 0.3%의미
Hesitate to take the risk : 그 위험 부담을 주저하다.
Heavy average : 극심한 해손
Present hostilities : 현재의 전쟁상태
Owing to : ~ 때문에

model letter 5-16 [특정담보조건 부보요청]

Lloyds Insurance Co.

Dear Sirs,

We wish to insure the following consignment against all risks for the sum of USD 925 : ※ 4 c/s Fancy Leather Goods, marked 1-4 Ⓢ

These goods are now lying at No. 2 Dock, Liverpool, waiting to be shipped by S.S. Raiputana, due to leaving for Bombay on Friday, the 31st of October. We require immediate cover as far as Bombay and shall be grateful if you will let us have the policy as soon as it is ready. In the meantime please confirm that you hold the consignment covered.

Yours faithfully,

KYUNGWON TRADING CO.
Forest Lim
Export Manager

용어해설

To insure(to effect insurance on, to cover insurance on, to make insurance on, to open insurance on, to undertake the insurance of) : 부보하다
Fancy leather goods : 잡화피역상품
Immediate cover : 즉각적인 담보

model letter 5-17 [특정담보조건 부보요청]

Gentlemen:

We have just received your letter of July 16 and would ask you to effect insurance at the rate quoted, say 0.36 percent, W.A. including T.P.N.D. on the goods stated below:

Ten Cases of Dyed Cotton Velveteen, valued at U.S.$3,000 going to Manila from Pusan by the S/S 'Arirang' which is to set sail from Pusan on the 2nd September.

These goods are packed in strong tin\lined wooden cases with iron-hoop, and marked and numbered.

Please let us have the policy by return.

Yours truly,

용어해설

① W.A. - [With Average(분손담보조건)

② at the rate quoted - 견적한 요율대로

③ T.P.N.D. - [Theft, Pilferage and Non-delivery(도난, 발화 및 불착)

④ packed in tin₩lined wooden case with iron₩hoop - 석판을 깔고 쇠테로 묶은 목상자에 포장하다.

model letter 5-18 [특정담보조건 부보요청]

31st October 31, 2011

THE KYUNGWON Marine & Fire Insurance Co., Ltd.

Dear Sir,

We are instructed by our buyer to make marine insurance contract with you on 10 cases of our TV set which we are shipping to New York by the m/s "Korea Maru" due to set sail from Pusan on September 13.

Please cover us on W.A. including War Risks for the amount of $23,100 at the rate you gave us by telephone yesterday and one copy of our invoice is enclosed herewith. In payment of the premium, we enclose a cheque for U.S.$125 on Korea Exchange Bank.

We hope you will send us your Insurance Policy in duplicate and three copies, and at the same time your receipt for the premium we enclose.

Yours faithfully,

KYUNGWON TRADING CO.

Forest Lim

Export Manager

Inclose Invoice

Cheque

To make marine insurance contract with you - 귀사와 해상보험을 체결하다
including War Risks - 전쟁위험을 특약으로 하여
Insurance Policy - 보험증권

model letter 5-19 [특정담보조건 부보요청]

Dear Sirs,

Please insure against all risks to the value of USD 1,500 on five cases of cotton piece goods, marked,

Singapore, No. 1-5.

and shipped for account of Kurt Richard & Sons, Singapore, on s.s. "AHRTKA" sailing from Inchon on 17th November.

Be good enough to effect this at once, and let us have the policy together with a note of the charges.

Yours faithfully,

KYUNGWON TRADING CO.

Forest Lim

Export Manager

Cotton piece goods : 면제품
On board s.s. "AHRTKA" : 정기선 "AHRTKA"호에 적재하여
Sailing from : ~에서 출항할
Effect this : to effect insurance로 변경하여 쓸 수 있으며, 뜻은 '부보하다' 의미
A note of the charges : 소요 계산서

model letter 5-20 [부보 통지]

Dear Sirs,

We are in receipt of your letter of 31st October, and as requested we have effected insurance for USD 1,800 on five cases of silk piece goods from Pusan to Manila per s.s "AHRTKA" sailing on 17th November at the low rate of 9/-percent A.R.

We enclose the policy and our account for USD 8-2-0, for which amount kindly send us a check at your earliest convenience.

Yours sincerely,

The Kyungwon Fire & Marine Insurance CO., Ltd.

용어해설

The low rate of : ~이라는 최저이율로
9/-percent : nine cents per 100.이라는 말로 100달러당 9센트를 말한다.
A.R. : All Risk, 전손위험담보조건
Our account for 8-2-0 : 8달러 2센트의 별지 계산서

model letter 5-21 [선적화물의 손해발생 통지]

Gentlemen:

Re: 10 sets of Diesel Engine per s.s. 'President Taft'

We regret to inform you two sets out of the captioned goods for our Order No. NN-400 shipped per S.S. "President Taft" which reached here yesterday have been found damaged by sea-water.

The matter is now put under inspection of Lloyd's surveyor, and we will let you know when the details have been clarified.

Yours very truly,

용어해설

① damaged by sea-water – 해수로 손상이 되다.
② under inspection of Lloyd's surveyor – Lloyd's 감정인의 검사중이다.

model letter 5-22 [보험금 청구권유]

Dear Sirs,

The goods insured on ICC(A) by your insurance policy No. 8156 have been lost during transportation from New York to Pusan and the loss is requested to be covered by insurance. We enclose, therefore, the insurance policy and papers in connection with the sling loss of two hundred cases, by M/S 'President' out of one thousand cases. Please adjust the claim and remit the amount of US$8,500 as soon as possible.

Yours sincerely,
MOKSAMS Co., Ltd.

model letter 5-23 [보험구상장]

Seoul, 31st October, 2011

Messrs. The Kyungwon Fire & Marine Insurance Co. Ltd. Seoul.

Dear Sirs,

We hereby file a claim with you for damage to Raw Wool, carried by M.S. "AHRTKA CARRIER", from Lyttelton, New Zealand and arrived at BUSAN on 25th September, 2011.

The details and the amount of the claim are as follows.

-Shipper : MOKSAMS Co., Ltd.
-Consignee : KYUNGWON TRADING CO.
-Description of Goods : Greasy Wool
-Marks & No. : NZ 18 in Circle 22 bales. Net 7083 lbs. 848 PUSAN
-B/L No. & Date : LY-13 Dunedin 27th August, 2011.
-Damaged Quantity : 4 bales Net 1300 lbs.
-Invoice Amount : US$ 4681-2-4
-Insured Amount : US$ 5154-0-0
-Insurance Policy No. : CH/10355/51
-Allowance for the Damage : 4 bales 3%
-Damage Amount : US$ 28-7-9(Details as per attached statement)
-Survey Fee : US$ 3-1-6
-Total Claim Amount : US$ 31-9-3

You are requested to investigate the matter immediately and your earliest payment will be appreciated highly.

Yours faithfully,

KYUNGWON TRADING CO.

Attachment :

-Lloyd's Survey Report
-Statement of Claim Amount
-Receipt of Survey Fee
-Invoice copy
-B/L copy
-Insurance policy
-Letter from carrier

용어해설

구상장(Claim Letter) : 배상 또는 상환을 요구하는 문서
Greasy : 기름진, 매끄러운
Bales : 꾸러미
lbs : 파운드
Per : ~에 의해서, ~에 따라서
Survey : 조사하다, 설문조사를 의미하기도 함.
Requested : 요청하다, 부탁하다
Investigate : 조사하다

model letter 5-24 [보험금 청구]

Gentlemen:

Cotton Piece goods per S.S. "AHRTKA" Pusan to Manila

We are holder of Policy No. 2081 issued by your Tokyo office on the above shipment valued at US$ 1,800.

During the voyage the vessel encountered heavy seas and in consequence one case was damaged by sea-water. We enclose the Lloyd's Surveyor' certificate of damage and also the policy, which covers all risks.

Kindly adjust the claim and forward us the cheque on settlement at your earliest convenience.

Yours truly,
KYUNGWON TRADING CO.

용어해설

Holder : 소지자
Encounter heavy seas : 해난을 만나다.
Surveyor : 검사인
Damaged by sea-water : 해수로 누손되다

model letter 5-25 [보험금 청구]

Messrs. The Kyungwon Fire & Marine Insurance Co. Ltd. Seoul.

Dear Sirs,

We have received your forms and instructions to make an insurance claim with you and have completed the necessary procedures. According to your instructions we have enclosed the average certificate by Lloyd's surveyor here and the other papers required together with the marine insurance policy and relative shipping documents. Please furnish us with your remittance immediately on your adjustment of this claim.

Yours sincerely,
KYUNGWON TRADING CO.

model letter 5-26 [보험금 청구]

Gentlemen :

Concerning 109 drums of Turpentine Oil shipped by the S.S. "AHRTKA" which reached Singapore on October 31, we regret to notify you that 3 drums out of them were found leaking when they were delivered here. Under the circumstances, we have to claim for the loss caused by the said leakage.

Claim Amount : US$ 51-5-9
Reference : Your Policy No. 51/1621
Lloyd's Survey Report attached hereto.

Your prompt attention will be greatly obliged.
Yours very truly,

KYUNGWON TRADING CO.

model letter 5-27 [보험금 독촉]

Dear Sirs,

Please refer to our letter of October 31, 2011 in which we have enclosed the relevant documents in connection with the captioned claim. We are still awaiting your early settlement of loss on rust damage in the sum of US$ 95,700.-, but have received no reply yet. Considering our heavy loss, we kindly request you to pay attention to this matter and send us a check for the claimed amount soon.

Your kind attention would be highly appreciated.

Yours faithfully,

KYUNGWON TRADING CO.

용어해설

settlement : 결제
Pay attention : 배려하기를 바랍니다.

model letter 5-28 [보험금 지급]

Gentlemen,

We have received your letter of August 22, regarding 20 cases damaged Pocelain by s.s. 'Calla'. We have pleasure in enclosing you a check you US$20,000 in settlement of your claim. We shall be glad to have your receipt in due course.

Yours very truly,

용어해설

① damaged – 손상된
② in settlement of~ – ~의 지급을 위하여, 정산하기 위해
③ claim – 손해배상금
④ receipt – 영수증, 인수증
⑤ in due course – 정히, 지체없이

model letter 5-29 [보험금 지급]

Dear Sirs,

Re : Your Rusted Steel Pipe Claim

With regard to the above, we are pleased to accept your proposed claim amount and have pleasure in enclosing you're a check for USD 95,700.- in settlement of your claim.

We shall be glad to have your receipt in due course.

Yours faithfully,

The Kyungwon Fire & Marine Insurance CO., Ltd.

in due course : 지체없이

model letter 5-30 [보험자에 대한 클레임]

Dear Sirs,

We wish to inform you that we have submitted our claim to the carriers, AHRTKA Co., Ltd. in accordance with the policy instruction. However, our request for the compensation of rust on our cargo has been rejected as per enclosed photostat copy.

Under these circumstances, we have to transfer the matter to your attention and shall be much obliged if you could kindly arrange a cheque for the sum of US$ 95,700.- to our favour in settlement of our 4 debit notes at your earliest convenience.

Meantime, the following supporting documents for the said case are enclosed :

1) Marine Insurance Policy.
2) Shipping Invoice with weight notes.
3) Bill of Lading.
4) Survey Report.
5) Correspondence exchanged with carriers.
6) Debit Notes.

Thanking you for your kind attention, we are,

Yours faithfully,

KYUNGWON TRADING CO.

용어해설

the compensation : 보상금
photostat copy : 사진 복사본
Correspondence exchanged with carriers : 운송인의 통신교환서신
Debit Notes : 차변표(지불금 계정)

model letter 5-31 [위부]

LETTER OF SUBROGATION

To the Assurance Maritimes

In Consideration of your paying to us a loss of U.S. Dollars One hundred thirty-eight and cents twenty-three only in respect of the undermentioned goods insured with you under Policy No. 42461 we hereby assign and transfer to you all our rights, title and interest in respect of the said goods, and all rights or claims against any person or persons in respect thereof.

And we also authorise you to use our name in any action or proceedings you may bring in relation to any of the matters hereby assigned and transferred to you, and we undertake for ourselves to concur in any matters or proceedings which you may deem expedient or necessary in any such action or proceedings, and to execute all documents which may be necessary, and generally to assist therein by all means in our power.

We further undertake, if called upon by you to do so, ourselves to undertake any such action or proceedings that you may direct on your behalf; it being understood that you are to indemnify us and any other persons whose names may necessarily be used against an costs, charges or expenses which may be incurred in respect of any action or proceedings that may be taken by virtue of this Agreement.

Schedule of Property

-As per Bill of Lading No. 2125366 and Invoices per S.S. "AHRTKA"

-From Antwerp To Busan

-Description of Interest : Sugar

-Marks and Numbers F10

-Raffinerie at : Sucreries du Grand Pont Hoegarde Belgique

As witness our hand this 31st day of October 2011.

KYUNGWON TRADING CO.

용어해설

In Consideration of~ : ~를 약인(約因)으로 하여
authoris(z)e : 위임하다.
concur in~ : ~에 동의하다
expedient or necessary : 정당하거나 필요적인
assign and transfer : 양도하다.
further undertake : 추가적으로 이행할 것이다.
call upon : 요청하다.
indemnify : 보상하다
virtue of this Agreement : 이 협약서에 의하여
Raffinerie : (프랑스) 정제공장
Sucreries : (프랑스) 제당공장
du Grand Pont Hoegarde Belgique : 벨기에의 호가든 Grand Pont(大橋)에 있는
As witness our hand : 본인서명

제6절 그 외의 네고서류

상업송장(invoice), 포장명세서(packing list), 검사증명서(inspection certificate), 중량 또는 용적증명서(weight measurement list), 검역증명서, 위생증명서, 선적서류발송확인서 등이 네고서류로서 제공될 수 있다.

상업송장과 포장명세서는 '제1부 제3장 수출입거래 관련 서류'를 참조하여 수출업자가 스스로 작성하여야 하고 검사증명서, 중량 또는 용적증명서, 검역증명서, 위생증명서, 선적서류발송확인서 등은 전문기관에 의뢰하여 제공받아야 한다.

검사증명서는 수출국의 검사기관에 의해 검사를 받는 경우, 검사합격서가 운송서류와 함께 제출되어야 한다. 만약 당사자의 합의에 의하여 수출국에 소재하는 수입업자의 대리인 또는 공공검사기관이 검사를 하도록 합의된 경우에는, 동 대리인이나 검사소에서 발급한 검사증명서를 운송서류에 첨부하여야 지급 받을 수 있다. 특히 일부 개발도상국에서는 외국의 전문 검사기관과 계약을 체결하고 수입시에는 반드시 동 검사소의 검사를 받아야 수입 통관을 허용하도록 규제하는 경우도 있다. 이러한 경우 동 검사소는 상품의 품질 뿐 아니라 수입가격을 통제하는 경우도 있으며, 검사 신청은 선적일 1주일 이전에 해야 하는 경우가 있으므로 유의하여야 한다.

원산지 증명서는 수출물품이 수출국에서 생산되었음을 입증하는 서류이다. 이 증명서는 특정 국가에 대한 수출・입의 금지, 협정세율의 적용, 특혜관세의 부여 등을 목적으로 발급하고 있다. 일반관세 적용국으로 수출할 때 사용하는 원산지 증명서는 상공회의소가 발행하며, 특혜관세를 적용을 목적으로 하는 특혜관세용 원산지 증명서(Genralized System of Preference Certificate of Origin; GSP C/O form A)의 경우에는 각 시・도에서 발급한다.

다음은 네고서류에 관한 관련 시신이다.

model letter 6-1 [선적에 관한 안내]

개 요

수입업자가 수입통관과 관련된 서류의 작성에 대하여 수출업자에게 설명을 하면서 수입업자의 지시가 있을 경우에 한하여 선적을 하도록 지시하면서 특히 수출용 포장비용은 상업송장상에 명시되어 있어야 하며 선적이 완료된 후 선하증권, 송장, 포장명세서 등을 텔렉스 또는 팩시밀리로 알려 줄 것을 요구하면서, 선적이 유효기간을 경과하여 10일 이상 지연되는 경우에는 선적을 하지 못하도록 요구하는 내용.

Dear Sirs, October 31, 20##

For customs formalities and early clearing of the cargo①, we must receive the copies of transport documents② such as invoices, bill of lading, packing list③ etc. before the arrival of the steamer④.

Immediately upon shipment, please forward us complete set of documents and notify us by e-mail or facsimile the name of vessel, bill of lading number, invoice value, number of packages and the amount of all charges as appeared on the commercial invoice such as ocean freight⑤ etc. And most important thing is to be disclosed the amount of export packing charges in the commercial invoice.

The amount of export packing charges are required by our customs for formality, please indicate about 0.005($\frac{1}{2}$%) of the invoice value for example:

"Export packing charges US$15.00 included",
if the commercial invoice value is about US$3,015.00.

Do not ship anything without our permission other than those specified in the proforma invoice. Unit prices as appeared in the proforma invoice must be strictly indicated in the commercial invoice.

Do not make any shipment 10 days after L/C is expired⑥. Shipping marks must be printed on at least two sides of the cartons or wooden cases. If two shipments are made at the same time in one vessel, be sure that numbers and markings of commodities are clearly indicated on each cartons or cases as appeared in the packing list together with L/C numbers.

Very truly yours,
Alresford Crafts Ltd.

용어해설

① clearing of the cargo – 화물의 통관
② transport documents – 운송서류, 선적서류 shipping documents라고도 한다. 신용장에 명시된 서류로서 선적 후에 신용장 대금을 청구하기 위하여 은행에 제출하는 서류, 매입서류(negotiation documnets)
③ packing list – 포장명세서, 상품의 포장과 관련하여 포장내용, 수량 등이 명시된 서류로서 수출업자가 작성하여 수입업자에게 교부한다.
④ arrival of the steamer – 선박이 도착하기 전에, 상품을 선적한 선박이 수입항구에 도착하기 전에
⑤ ocean freight – 해상운임, 해상운임을 나타낼 때에는 freight란 용어를, 기타의 운송운임을 나타낼 때에는 carriage를 사용한다.
⑥ 10 days after L/C is expired – 유효기간이 열흘 이상 경과하다.

model letter 6-2 [상품통관에 관한 문제점]

개 요

수출업자가 선적한 상품을 통관하기 위하여 C표시가 되어 있는 상자 속에 미터법×미터법으로 표시된 상품이 들어 있는 것으로 착각을 하고 검사를 받기 위하여 도량형국에 제출하여 검사를 받는 도중 수입이 금지된 척관법×미터법이 인쇄된 자가 발견됨에 따라 동 상품이 수출업자에게 반송될 우려가 있다는 사실을 알리면서 이에 대한 결과가 확정되는 대로 다시 연락하겠다고 통보하는 내용.

Dear Mr. Choi, October 31, 20##

We have cleared your shipment against your invoice No. 9536 few days ago and it has caused some troubles.

As you did not advised us and not marked the sign① clearly on the cartons, we assumed the cartons marked "C" are all metric × metric ruler② and sent them to the Bureau of Weight & Measures③ for inspection.

Unfortunately, from the bottom of some cartons, the inspector discovered the ruler T.M. x metric④. As you know this kind ruler is prohibited for importing to Taiwan. We wonder⑤ some hundreds pieces of T.M. × metric rulers, found by them, maybe shipped back to you. However, this matter is still not finalized, if there is any conclusion, we will inform you soon.

Thanking you for your kind cooperations.

Yours very truly,
Kogina International Ltd.

용어해설

① marked the sign – 표시가 된, 명시된
② metric × metric ruler – 미터법×미터법이 인쇄된 자, 자의 양쪽면 모두에 미터법이 인쇄된 자
③ the Bureau of Weight & Measures – 도량형국, 도량형기를 취급하는 관청
④ T.M. × metric – 한쪽에는 대만의 척관법과 다른 쪽은 미터법이 인쇄된 자, 이러한 자는 수입이 금지되어 있다.
⑤ wonder – 염려하다, ~하지 않을까 우려하다.

01 운송서류에 관한 서신

model letter 6-3 [상업송장 요청]

개 요

수입업자가 관세를 회피할 목적으로 신고가격을 실제 거래가격보다 낮추어 세관에 신고하기 위하여 계약가격의 일부에 대해서만 신용장을 발행하고 나머지는 은행수표를 동봉하면서, 계약금액, 신용장금액 및 은행수표 금액 등을 산출하여 이를 명시한 후, 송장상에는 상품번호나 상품의 종류를 명시하지 않도록 부탁하는 내용.

Dear Sirs,

Please find attached invoice forms① covering our order No. PO-450 for rubber balloons.

Your invoices must be made out according to the enclosed sample form as we made an under valued invoice② for our client due to the high rate of customs duties which must be paid on rubber balloons. You will receive an L/C for the amount of US$7,500.00 and the balance of US$ 3,750.00③ will be paid per bank check.

The calculations are as follow :

$12,500 (2,500gr.×@$5.00/gross) - total amount of order
− $7,500 (2.500gr.×@$3.00/gross) - L/C amount to be opened
− $1,250 (our 10% commission)
= US$3,750 (amount to be paid by bank draft)

Please note that the description of invoices④ to be mentioned “rubber balloons” only without mentioning the type or article number for customs security basis⑤.

We hope to receive your commercial invoice per return mail and confirm the receipt of the enclosed checks, we remain,

Faithfully yours,
Geroge Der Gaspar

용어해설

① invoice form – 송장양식, 상업송장은 수출업자가 서식을 미리 인쇄한 후 필요한 사항만을 타자하여 발행한다.
② under valued invoice – 실제가격보다 낮은 금액을 명시한 송장, 실제거래가격보다 낮은 금액을 세관에 신고하면 동 금액에 대한 관세만큼의 금액을 지출하지 않게 되어 수입가격이 낮아진다. 그러나 이러한 행위는 관세포탈에 해당되는 범죄행위임으로 개발도상국 등에서만 주로 이용되고 있을 뿐이다.
③ balance of US$ 3,750.00 – 차액 3,750달러, 거래금액에서 신용장금액, 수표금액, 수입업자의 수수료 등을 공제한 나머지 금액
④ description of invoice – 송장상의 명세, 송장의 상품란에 명시된 상품에 대한 설명
⑤ customs security basis – 세관이 알지 못하도록

model letter 6-4 [새로운 세관송장 요청]

개 요

뉴질랜드의 수입업자가 자국의 세관송장 서식이 변경되어 9월 1일부터 사용됨으로 옛 서식을 이용할 경우 통관이 불가능할 뿐 아니라 대금지급도 불가능하다는 사실을 알리는 내용.

Dear Sirs, October 31, 20##

As from 1st September 20##, the new certified customs invoice form 59A① is required by New Zealand Customs Administration for the statistical data②. And the old forms③ are no longer acceptable. Therefore unless your draft is accompanied by the correct certified customs invoice as per enclosed sample form, then we will not be able to pass customs clearance④ and can not protect your draft.

Your prompt and urgent attention would therefore be appreciated.

Yours faithfully,
Ultra Jade Imports Ltd.

용어해설

① customs invoice form 59A – 세관송장 서식 59A, 뉴질랜드의 세관에서 요구하는 세관송장의 서식번호는 59A
② statistical data – 통계수치
③ old form – 구 서식, 개정되는 서식 59A가 아닌 종전의 서식
④ pass customs clearance – 통관하다.

model letter 6-5 [선적서류 사본 요청]

개 요

수출업자로부터 상품이 선적되었다는 사실을 통보 받은 수입업자는 선적된 상품의 운송서류 원본이 도착하지 않아 이를 통관하지 못하고 있으므로 운송서류의 사본에 발행은행의 서명을 받아 L/G를 작성한 후, 이를 운송인에게 제출하면 물품의 인수가 가능함으로 선적서류사본을 급히 발송해 줄 것을 요구하는 내용.

Dear Sirs,

We have received your e-mail of March 17, urging us① immediately to take the delivery of the goods② ex③ S.S. California Bay, which are at present kept in the customs shed④.

The reason of delay in our taking delivery of the goods is that the bank has not yet received the original bill of lading of the goods in question. Under these circumstance, we can take the delivery if we tender a letter of guarantee⑤ on which signed by the bank and the copies of shipping documents. Therefore we should like to have one sets of copies of the shipping documnets which we shall have to hand the carrier⑥ in order to receive the goods.

We hope you will treat this matter promptly.

Yours faithfully,
G.U.T. Moolsan Co., Ltd.

용어해설

① urging us – 주장하다, 통보하다, 알리다.
② take the delivery of the goods – 물품의 인수, 선적된 상품의 인수
③ ex – ~편으로, 상품 등을 발송할 때 운송선박 또는 항공기 등의 명칭 앞에 붙이는 전치사. per, by 등과 함께 사용된다.
④ customs shed – 세관의 창고
⑤ tender a letter of guarantee – 수입화물 선취보증서의 제출.
⑥ to hand the carrier – 운송인에게 제출하다, 운송인에게 보내다.

model letter 6-6 [GSPCO form A 독촉]

개 요

영국의 수입업자가 상품은 부두에 도착하였으나 특혜관세용 원산지 증명서가 도착하지 아니하여 상품이 부두에 묶여 있어 매우 불편할 뿐 아니라 비용도 많이 든다는 사실을 알리면서 항공우편으로 신속히 보내 줄 것을 요청하면서, 2차 선적분에 대하여는 원산지 증명서를 제출하도록 신용장 조건을 변경하였음을 알리면서 원산지 증명서가 통관시 제출하게 되면 무관세로 통관이 가능하다는 사실을 알리는 내용.

Dear Mr. Park, October 31, 20##

We refer to our exchange of e-mails and to our today's telegram① regarding the GSP form for the first shipment② and we hope that this has been airmailed. The goods are now held up at the docks③ which is very inconvenient and also rather costly.

Please make sure that certificate of origin is not forgotten for the next shipment and we have in fact amended our letter of credit④ to require presentation of this document together with all the other documents.

As you probably know on presentation of the GSP form, we can import goods from ROK duty free⑤, otherwise we have to pay full duty. This matter is very important and we are most anxious to get this settled without delay.

With kindest regards,

Yours very truly,
Chandler & Co., Ltd.

용어해설

① telegram – 전보, wire
② first shipment – 첫번째 선적분
③ held up at the docks – 부두에 묶여 있다, 상품이 통관되지 못하고 부두에 묶여 있다.
④ amended our letter of credit – 신용장을 변경하다, 신용장의 조건을 정정하다.
⑤ duty free – 면세, 무관세, 수입할 때 관세를 전혀 물지 않는

model letter 6-7 [원산지 증명서 발급 요청]

개 요

미국의 수입업자가 은행을 통하여 선적서류를 받아 점검한 결과 특혜관세용 원산지 증명서 대신에 일반 원산지 증명서가 첨부된 사실을 발견하고 이 사실을 생산업자에게 직접 알리면서 특혜관세용 원산지 증명서가 없으면 정당한 관세율을 적용받지 못하므로 이를 속달우편으로 발송해 줄 것을 요청하면서 발행은행이 이러한 신용장조건 불일치를 이유로 지급을 거절하였으나 자신이 은행에 지급을 지시하였다는 사실을 알리는 내용.

Dear Sirs, October 31, 20##

We have received via our bank① today transport documents and invoice from HanKook Products Co., Ltd②. against our order No. 4042 given to you③, and goods have been despatched in accordance with our order.

However, there is a very important error that Hankook Products Co., Ltd. has sent a certificate of origin issued by Korea Chamber of Commerce and Industry④ which does not permit us to import these goods at the correct rate of duty.

As clearly stated on our order, it is essential to have certificate of origin Form A, and since you had already previously done this⑤. We presumed that you know all about it. So would you please contact Messrs. HanKook Products and quite clearly explain this position, and send it by special delivery, so that they arrive here before the arrival of goods.

We wish to point out that our bank has refused to pay the letter of credit because of this discrepancy⑥. But we have instructed them to pay the full amount today as we are sure that, by the time you receive this letter, you have acted in accordance with our e-mail and sent same one to us.

Thanking you in advance for this matter.

Yours truly,
Dalanco Ltd.

용어해설

① via our bank – 우리의 은행을 통하여, 즉, 발행은행을 통하여
② HanKook Products Co., Ltd. – 한국산업주식회사는 생산업자를 대신하여 수출을 대행해 주는 회사에 불과하다.
③ you – 이 서신을 받는 회사가 바로 생산업자이다.
④ despatch = 발송하다.
⑤ correct rate of duty = 정당한수입관세율
⑥ by special delivery = 속달로
⑦ done this – 일반 원산지 증명서 대신에 특혜관세용 원산지 증명서를 발급받고 이를 수입업자에게 발송하는 일.
⑧ this discrepancy – 이러한 신용장 조건 불일치, 특혜관세용 원산지 증명서 대신에 일반 원산지 증명서를 제출하도록 규정한 신용장의 조건을 위반한 사실.

model letter 6-8 [GSP원산지증명서의 기재내용 통지]

Gentlemen,

We thank you for your letter of the 8th of May, concerning our various orders for plastic spoon.

We note your remarks concerning the 'country of origin' and we can advise that no country of origin is required for importation to Canada in the case of this item.

The GSP C/O form 'A' which you have sent to us is correct;

however, we wanted you to complete its specimen copy showing ex-factory prices and the breakdown of charges to FOB, so that we can make any corrections required before the actual shipment is made. We would appreciate if you would do this and forward it to us as soon as possible.

We have not as yet established our L/C and would appreciate if you would advise by return your expected shipping date, so that we may guide ourselves accordingly.

Very truly yours,

용어해설

① ex-factory price – 공장도가격(매도인의 부담으로 귀속되는 비용에 물품의 제조원가, 희망이익, 품질 및 수량에 관한 검사비 및 증명료와 관습적 포장비가 합쳐진 가격. 예, Ex Works, Ex Origin, Ex Mine, Ex Mill, Ex Stove)

② breakdown of charges to FOB – 가격의 항목별 명세

model letter 6-9 [GSP C/O 정정 요청]

개 요

수입업자가 송장과 매입서류를 수취한 후 이를 검토한 결과 특혜관세용 원산지 증명서가 실제의 선적일자보다 늦게 발급되었기 때문에 무관세 통관이 어렵다는 사실을 수출업자에게 알리면서 원산지 증명서의 4번란을 공란으로 두지 말고 소급해서 발급했다는 사실을 서류발행 관청에서 붉은 스탬프로 날인되어야 하며 이 일을 긴급히 처리해 줄 것을 요청하는 내용.

Dear Sirs, October 31, 20##

We thank you for your invoice and documents against our Letter of Credit No. OC-10776 for an amount of US$18,250.00.

We would like to point out however that although we have received the GSP C/O Form A No. SC-186418, this is not in accordance with the necessary details① which enable us to obtain the goods duty free.

The difference② is that once GSP Form A is stamped by the Ministry of Commerce ③ at your end after the date of shipment (ie. you have shipped 31st January, 20## and this certificate issued 2nd February, 20##) therefore it become necessary to insert in the column No.4④ the words "issued retrospectively⑤" in red official stamp by the Ministry of Commerce instead of blank.

The reason for this, we would not be able to obtain these goods duty free and would be compelled to pay⑥ the very high rates of duty.

Since we are very old friends we have immediately instructed our bank to pay this amount in full, and we leave it to you to despatch the corrected forms⑦ by return.

Please attend to this matter by return post⑧ and e-mail us accordingly.

Thanking you,

Yours faithfully,
Korner &Co., Ltd.

용어해설

① necessary details – 필요한 내용, 원산지 증명서에 기재할 내용
② difference – 차이점, 특혜관세용 원산지 증명서가 요구조건을 만족시키지 못하는 점.
③ Ministry of Commerce – 통상부, 종전의 상공부
④ to insert in the column No.4 – 4번 항목에 ~을 삽입하다.
⑤ issued retrospectively – 소급하여 발급하다.
⑥ compelled to pay – 지급하도록 강요하다, 높은 수입관세를 납부하도록 하다.
⑦ corrected forms – 특혜관세용 원산지 증명서의 4번 항목에 "소급발급"이라는 통상부의 붉은 색 스탬프가 찍힌 증명서
⑧ by return post – 회신으로

model letter 6-10 [검사신청 요청]

개 요

수입국의 규정에 따라 상품이 수출되기 전에 검사를 행하는 검사소에서 수출업자에게 수입국의 규정을 설명하면서 상품의 생산이 완료될 즈음에 미리 검사소에 검사를 예약하여야 하며 가능하다면 생산업자의 주소, 주문서 번호, 담당자 등 주문에 대한 상세한 정보와 함께 주문서 사본 2부, 상품의 명세, 가격표와 동봉된 신고서를 발송해 줄 것을 요청하면서 검사가 끝나면 선하증권, 세관송장, 신용장 사본을 보내 주면 검사증명서를 발급할 것이며 동 검사증명서가 없으면 매입은행에서 지급을 하지 못한다는 사실을 알리는 내용.

Dear Sirs, October 31, 20##

Re : Your shipment to Nairobi, Kenya
Importer : Ling Medical Ind. Corp.
Quantities/Commodity : 6,000 pieces of blood pressure tester and 1,125 dozen of thermometer
Value : US$17,013.75
Licence No. 583423

No doubt, you know about the regulations① in the country of destination prescribed by their authority② that all of the imports are subject to inspection③ by our organization before shipment. The above-mentioned license bears special instructions to this effect④.

Action 1: In consequence, please advise your suppliers⑤ accordingly and instruct them to contact us in good time before shipment in order to make an appointment for our inspector⑥ to attend as early as possible.

Action 2: Merely to enable us to cooperate from our side, it will be helpful if you provide us with the full address of your supplier together with order number, person responsible⑦ and telephone number as well as the details of the order.

Action 3: At this time, we require you the following decuments pertaining to this sale:

- 1 attached declaration form duly completed and signed by you

－2 two copies of sales contract, proforma invoice, indent⑧ or order
－3 specifications of goods
－4 seller's/manufacturer's price lists

Action 4: After inspection we will require the following documents pertaining to each shipment:

－1 one dated and signed non-negotiable copy⑨ of Bill of Lading
－2 two signed copies of your final customs invoice
－3 one copy of packing/weight list
－4 one copy of letter of credit (if opened by buyer)

After receipt of forementioned documents, a clean report of finding⑩ will be issued, provided the inspections can not reveal any discrepancies. Without this clean report of inspections the bank (XXX) will not permit transfer of foreign exchange⑪.

This report will be forwarded to you, unless you notify us to the contrary.

Yours faithfully,
Societe Generale De Surveillance S.A.

용어해설

① regulations－규정, 여기서는 수출하기 전에 검사소의 검사를 받아야 한다는 규정
② prescribed by their authority－수입국에서 규정한, 수입국에서 제정한 규정
③ are subject to inspection－검사를 조건으로 하다, 검사 받는 것을 조건으로 하다, be subject to는 다음과 같이 사용된다. “This offer is subject to our final confirmation” (이 오퍼는 당사의 최종 확인을 받는 것을 조건으로 한다).
④ to this effect－이 규정과 관련하여, 이런 취지의
⑤ your suppliers－귀사에게 상품을 공급하는 공급업자, 수출업자에게 수출을 위탁한 생산업자
⑥ our inspector－당사의 검사원, 당 검사소의 검사직원
⑦ person responsible－담당자, 책임자
⑧ indent－매입위탁서, 주로 주문(order)이라는 뜻으로 사용된다.
⑨ signed non-negotiable copy－서명된 유통불능 사본, 유통불능 사본은 유통이 불가능하기 때문에 서명이 필요치 않다.
⑩ clean report of finding－무고장 검사증명서, 아무런 하자없이 검사에 합격된 후에 발행되는 검사증명서, 일종의 검사합격증
⑪ transfer of foreign exchange－외환의 이전, 여기에서는 수출업자에 대한 외환의 지급을 의미한다.

제7절 클레임과 해결(claims and adjustments)

01 클레임(claim)

무역거래는 언어, 관습, 법률 등을 달리하는 이질국가간에 이루어지기 때문에 거래당사자간의 이해가 상반된다. 이러한 형태는 국내 거래에서는 볼 수 없는 여러 가지 유형으로 나타나게 되며 그로 인하여 상호간의 불만이 발생하고 이러한 불만은 분쟁으로 발전되기가 쉽다.

넓은 의미의 무역클레임은 손해배상을 구체적으로 요구하는 적극적인 경우는 물론이고 불평(complaint)이나 경고(warning) 등도 이에 포함될 뿐 아니라 불만이 있으나 이를 외부로 표현하지 않는 잠재불만도 이에 포함시켜야 한다. 그러나 우리가 흔히 클레임이라고 하는 것은 무역거래에 있어서 매매계약당사자 일방의 계약위반으로 인하여 손해를 입는 측이 손해를 입힌 측에게 물품이나 금전 등의 구체적인 손해배상을 요구하는 적극적인 것을 말한다.

클레임이란 '손해를 입은 당사자'(Claimant)가 '손해를 입힌 당사자'(Claimee)에게 계약위반에 의하여 자신이 입은 손해에 대하여 손해배상을 청구하는 것을 말한다.

국제무역에서는 매매계약의 성립으로부터 물품이 인도되기까지 많은 시간이 걸리며, 또한 국내매매와 같이 물품의 인도와 지급이 동시에 이루어지지 않기 때문에 상품의 변질이나 수송의 지연, 은행을 통한 결제 등으로 당사자간에 종종 클레임이 발생하게 된다. 클레임의 전단계로서 Complaint(불만호소, 고정)는 클레임을 제기하기 전 경고(Warning)의 단계라고 할 수 있다.

02 무역클레임의 발생원인(cause of occurrence)

무역클레임이 발생할 때에는 여러 가지 특수한 사정이 복합요인으로 작용하게 되는데 계약상의 클레임과 상황에 기인한 클레임으로 나누어 살펴보기로 한다.

1) 계약상의 클레임

(1) 품질불량(inferior quality)

계약에서 약정한 물품의 품질과 실제 선적된 상품의 품질이 다를 경우에 일어나는 클레임으로 무역클레임의 가장 큰 원인이 된다. 품질불량으로 인한 클레임은 해결에도 어려움이 있을 뿐 아니라 수출업자의 명성이나 신뢰도를 크게 떨어뜨리는 결과를 초래하게 됨으로 수출업자로서는 이점에 가장 유의하여야 한다.

이때 선적된 상품의 품질이 아주 나쁜 경우는 적으며 주로 계약당시의 품질에 비해 약간 차이가 나는 경우가 대부분이다. 만약 수입업자가 불량상품을 반송하고 신상품으로 교체해 주기를 요구하면 그에 따라야 하지만, 대부분의 경우 불량품에 대한 감액을 요구하게 된다.

이때는 대금을 직접 송금하거나 또는 상대방과의 거래가 빈번할 경우, 다음 주문에서 클레임 금액만큼을 공제한 나머지 금액을 결제하는 방법으로 해결할 수 있다. 품질과 관련된 클레임은 비록 우의적으로 해결되었다 할지라도 품질에 대한 상대방의 불신은 그대로 남아 있기 때문에 수출업자는 이러한 클레임에 가장 신경을 많이 써야 한다.

(2) 수량부족(shortage)

송장상의 수량과 실제 선적된 상품의 수량이 다를 경우에 발생한다. 이는 선적담당자의 착오로 발생하는 경우가 대부분이며 고의적으로 수량을 부족하게 선적하는 경우는 많지 않다. 따라서 부족한 수량을 선적해 주거나 부족량만큼의 금액을 감해 주는 방법으로 간단하게 해결할 수 있다.

(3) 선적지연(delayed shipment)

수출업자가 선적을 지연시키면 상품의 도착이 지연됨으로 인하여 수입업자의 판매계획에 차질이 생겨 수입업자는 자신의 고객인 소비자나 도매업자로부터 손해배상청구를 받게 된다. 이러한 경우 수입업자는 수출업자를 상대로 클레임을 청구하지 않을 수 없다.

이러한 경우 해결방법은 계약을 위반한 자가 모든 비용을 부담하는 수밖에 없다.

(4) 기타의 경우

위의 세 가지 경우를 제외한 클레임은 그다지 많이 발생하지는 않는다. 포장이 불완전하거나 결함이 있는 경우 발생하는 포장불량(defected packing)클레임, 상품의 규격이 상이한 경우에 발생하는 규격상위, 대금결제 지연으로 인하여 대금을 청구하는 클레임, 계약상의 가격과 송장의 가격과의 차이로 인하여 발생하는 클레임, 운임, 지정된 선박 이외의 선박에 적재한 경우 등으로 인하여 발생하는 클레임 등이 있다.

2) 상황에 기인한 클레임

(1) 마켓 클레임(market claim)

상거래에서 실질적인 손해가 없거나, 있어도 손해가 경미함에도 불구하고 시황의 변동 등으로 화물을 인수하면 자신이 손해를 입을 것을 우려하여 사소한 과실을 구실로 삼아 클레임을 제기하는 경우가 있는데 이를 마켓 클레임이라 한다.

이러한 클레임은 가격인하를 목적으로 하는 경우가 많다.

(2) 의도적인 클레임

수입업자가 계획적으로 함정을 만들어 놓고 수출업자가 이를 어길 경우 클레임을 제기한다. 이러한 클레임 역시 가격인하를 목적으로 하지만, 요구하는 인하폭이 터무니없는 경우가 많다. 이러한 클레임을 제기한 자는 수출업자와 거래를 재개하지 않을 것을 염두에 두기 때문에 클레임을 당한 쪽에서도 강력하게 대처하여야 한다.

03 클레임의 제기(request for claim)

선적된 물품에 이상이 있음을 발견한 경우, 클레임 제기자는 어느 상대방이 가장 책임이 있는가를 신속히 판단하여 클레임 상대방을 확정하여야 한다. 클레임 제기 대상자가 확정되면 클레임의 원인에 따라 적절한 보상을 요구하여야 한다.

클레임을 제기할 때에는 청구내용이 무엇인가를 명확하게 밝혀야 하며, 손해배상청구 또는 감액의 요청인 경우 이를 입증할 수 있는 객관적인 서류 또는 증거물 등을 함께 제시하여 빠른 시일내에 해결할 수 있도록 하여야 한다. 클레임은 상품을 수령하면 즉시 검사를 시작하여 상품에 이상이 있음을 발견하면 지체없이(without delay) 제기하여야 한다.

무역거래 당사자들은 클레임 제기가 목적이 아니기 때문에 부당한 요구를 하는 경우, 상대방과의 거래관계가 중단될 뿐 아니라 동종업체 사이에 나쁜 이미지를 심어 주게 되어 후일의 거래에 지장을 주게 됨으로 이점을 유의하여야 한다.

04 해결방법(method of settlement)

클레임을 해결하는 방법으로는 당사자간의 직접적인 교섭만으로 해결하는 방법과 제3자를 개입시켜 해결하는 방법이 있다.

1) 화해(amicable settlement)

클레임을 해결하는 가장 좋은 방법이며 화해는 당사자간의 자주적인 교섭으로 해결하기 때문에 추후의 거래관계도 지속시킬 수 있다는 장점이 있다.

2) 조정(mediation)

당사자가 공정한 제3자를 조정인으로 선임하고 그가 제시하는 해결안을 받아들임으로써 해결하는 방법이다. 그러나 양 당사자가 조정안을 받아들이지 않으면 조정은 실패로 돌아간다.

3) 중재(arbitration)

조정의 경우와 마찬가지로 공정한 제3자를 중재인으로 선임하여 중재인이 제시한 판정에 복종함으로써 분쟁을 해결하는 방법이다. 무역거래에서는 중재에 의한 해결 방법이 비교적 바람직하다.

4) 소송(litigation)

당사자간의 분쟁을 국가의 공권력을 개입시켜 법원의 판결에 따라 해결하는 방법을 말한다. 그러나 이 방법은 시간이 너무 많이 소요될 뿐 아니라 변호사 비용 등이 과다하게 지출되어야 하기 때문에 무역거래의 분쟁을 해결하는 데에는 그다지 바람직한 방법은 아니다. 그러나 선진국에서는 소송을 대행하여주는 대행기관이 전문화되어 있어 이를 적절히 활용한다면 과다한 비용의 지출이 오히려 줄어들 수도 있다.

05 상사중재

중재는 위의 네 가지 클레임 해결방법 가운데 가장 일반화되어 있고 또한 가장 권장할 만한 방법이다. 중재가 재판보다 좋은 점은 국제무역전문가의 공정한 판정, 절차가 공개되지 않으므로 당사자의 비밀보장, 단심제(單審制)에 의한 신속처리, 변호사비용 및 기타 부대비용의 절감 등이다. 또한 중재판정의 결과는 'New York Convention' (United Nations Convention on the Recognition and Enforcement of Foreign Arbitral Awards, 1958)에 의해 그 확정력과 집행력이 이 협약에 가입한 외국 내지 외국인에게 미친다.

이러한 중재는 매매당사자간의 분쟁해결을 중재에 의한다는 취지를 사전에 매매계약서나 협정서에 '중재조항'(Arbitration Clause)을 약정해두거나 분쟁발생 후 중재로 해결한다는 합의가 있으면 그 활용이 가능하다. 그러므로 중재조항을 계약서나 협정서에 설정할 때에 중재의 3요소인 중재기관, 중재장소 및 준거법(governing law)에 대하여 명확히 약정해 두어야 한다. 이에 따라 대한상사중재원은 다음과 같은 표준중재조항(Standard Arbitration Clause)을 계약내용에 포함시키도록 권고하고 있다.

06 클레임에 대한 주요어구

1) 수량부족

- ❑ From case A-34 we found 3 magnifiers missing. As the case was damaged, it is possible that they may have been pilfered.
- ❑ Case A-35 was 4 magnifiers short. As the case was in good shape and does not appear to have been tampered with we surmise that they must have been short packed. Please do not trouble to send replacements but adjust your invoice.
- ❑ To cover this shortage in weight totalling 5 kilos., please let us have your credit note.

"Your consignment arrived yesterday and has been found correct with the exception of Art. No.444 Table Cloth of which 50 doz. were ordered and invoiced whilst the package contained only 40 doz. Please examine the matter and send the missing 10 doz. by airfreight."
"We received your consignment yesterday which we found in order except that it contained only 40 doz. of Art.444 Table Cloth, whereas we ordered and invoiced 50 doz. Please look into the matter and dispatch the missing 10 doz. by airfreight."

2) 견본과 다른 물품에 대한 클레임

- ❑ Upon unpacking this shipment, we found the goods were much inferior in quality to your counter sample and slightly different in shade also.
- ❑ We have duly received on June 20 your prompt shipment of 200 pieces of worm gears, and 100 motors, but regret to find on unpacking that of the latter consignment, 50 pieces do not quite correspond to the sample motor as specified in our Indent No.1234.
- ❑ You will agree that this kind of irregularity can be a good reason for cancelling this order unconditionally or reshipping goods at your expense.

"The material does not seem to be the same as that of the sample. Such goods are really of no use to us, and you will recognize that we ought to reship them to you, but in view of our long connections such a drastic step would be most unpleasant to both of us. However, it is also clear that we are entitled to some compensation."
"The material does not seem to match that of the sample. We have really no use for such goods. So you will realize that we should ship them back to you. That would be a drastic step most unpleasant to both of us in the light of our long relations. Nonetheless, let it be understood clearly that we have the right to claim some compensation."

3) 선적지연에 대한 클레임

- ❑ We therefore have to inform you that, if the Toys do not arrive here by November 28, we shall have to refuse delivery of the order, as after that date they will be utterly useless to us.
- ❑ We request you to effect delivery of, at least, part of our order by the date stipulated.

"This delay has caused us great inconvenience, for the Toys are, of course, required for sale during the Christmas Season, and our shop display is being held up by this delay. You will understand that we would lose much of our chance of selling them if their delivery were put off any further."
"This delay has put us to great inconvenience by holding up our shop display. Since the toys are definitely intended for sale during Yuletide, you will no doubt understand that any further delay would deprive us of much of our chance to sell them."

4) 클레임에 대한 회신

- ❑ We reserve the right to claim compensation from you for any damage.
- ❑ Should you fail in your obligations, we shall be compelled to cancel the order.

"We ask you, therefore, to examine the cutting enclosed so that you will admit the reasonableness of our claim, and we shall be glad to hear of the allowance you are prepared to make to meet the case."
"We, therefore, enclose the cuttings for your examination which we trust will convince you of the validity of our claim. We will be pleased to know about the allowance you agree to make for the case."

5) 양해요청

- ❑ We at once looked into the matter, and we frankly admit that in this particular instance your order did not get our usual careful attention.
- ❑ We are, of course, very eager to make amends.
- ❑ Please let us know what settlement you consider fair in the circumstances.
- ❑ We are extremely sorry this mistake occurred. You may be sure that we will make every effort to see that it does not happen again.

> "We sincerely regret any inconvenience you may have suffered as a result of this clerical mistake, and wish to report to you that the necessary steps have been taken to prevent its recurrence."
> "We are extremely sorry for any inconvenience this clerical mistake may have given you, and wish you to know to that we have taken adequate steps to preclude any similar errors."

6) 합의안 제안

- ❑ Under these circumstances, you will agree that we cannot bring ourselves to give you a free replacement of the damaged goods.
- ❑ We are, however, willing to compromise by replacing them at a reduced price of $1.20 each.

> "While we find no reason no our part to entertain your claim, we do not fail, either to realize the difficult situation you are in. We have decided to meet you halfway by offering a discount of 10%, and e-mailed you today to that effect. We hope you will approve this solution."
> "We see no reason on our part to meet your claim. But we are not unaware of your difficult situation. As a compromise, we have decided to allow a discount of 10%, and e-mailed you accordingly. We hope you will find this solution agreeable."

7) 클레임 수리거절

- ❑ We immediately looked into the matter, and yet we are unable to explain the shortage and damage since all the goods underwent a thorough inspection at the time of shipping, which you may be sure of from the inspection certificate we obtained.
- ❑ In view of this, you will fully agree that we are in no position to assume any responsibility as the shortage and damage occurred during transit. We suggest, therefore, that you file a claim with your insurance company.

> "On receiving your telegram of October 3, we carried your claim to the makers, who flatly denied its acceptance, insisting that there could be no such difference between the shipping sample and the duplicate sample. They even consider your demand to be a so-called "market claim," which is, of course, impossible for us to believe in view of our long pleasant relations with you."
> "No sooner did we receive your telegram of October 3 than we forwarded your claim to the manufacturers. But they categorically refused to accept it on the grounds that there could not be any such difference between the shipping sample and the duplicate sample. They even interpret your demand as a sort of "market claim," which of course is to- tally unbelievable to us in view of the long pleasant course of our relations with you."

8) 보상제의 및 합의제안-1

- ❑ We now submit the above-mentioned claim amounting to US $250.45 as per Debit Note No.222 attached, and shall be glad to receive settlement at your earliest convenience.
- ❑ We would remind you that the above-mentioned claim is still outstanding, and we shall be glad to receive settlement as early as possible.

> "We appreciate your fairness in informing us that you hold yourselves responsible for the part of the damage done. In these circumstances, would you be satisfied if we were to take over 50% of the cost of reconditioning?"
> "We are grateful for your being fair in telling us that you take responsibility for some of the damage wrought. In this case, would it be satisfactory to you if we were to cover half of the repair cost?"

9) 보상제의 및 합의제안-2

- ❑ Should you insist on an allowance of 20% for the damaged goods, we shall have to put the matter before the Chamber of Commerce for arbitration.
- ❑ We are sorry to have received your letter of October 5, requesting us to make a 20% allowance on account of the quality not being the same as the sample.

> "Hence we may say that if mistakes did occur, they were made on both sides. We are therefore prepared to pay a full 50% of the cost which the shipment of the machine will involve."
> "So, we would rather say that if mistakes occurred at all, both sides are responsible for them. Hence we are willing to take over exactly 50% of the cost of shipping the machine."

10) 재발송

- ❑ In the meantime, we are duplicating your order.
- ❑ If the first shipment should be received by you, you may either keep the toy sand remit for them at the regular price, or return them at our expense.

"Although our responsibility ceases as soon as the goods have left us, we are most eager to help you out of your difficulties. We shall try to obtain redress from the carriers. Meanwhile, if you will please return to us the defective parts, we will replace them and ship them to you by airfreight."

"We are no longer responsible for the goods once they have left us. Nevertheless, we are most anxious to help you out of the trouble. We will seek redress from the carrying company. In the meantime, if you will please reship the faulty parts to us, we will send you replacements by air."

11) 과실 인정

- ❑ We admit that we are at fault in so far as we should have provided for this special case.
- ❑ But, may we add, this does not constitute a proper liability because these extra precautionary measures would have increased packing costs quite considerably, and the price increase would probably not be acceptable to your customers.
- ❑ This variation, however, is a thing which cannot be avoided, for it is due to the fact that our shipment was newly manufactured while the counter sample we sent you before the shipment was an old one.

"The investigation has revealed that have undoubtedly misread certain details of your instructions but that this misinterpretation was at least partly due to the ambiguous instructions we received from you."

"Through investigation we have found that we have obviously misunderstood some details of your instructions. But this was at least partly because of the ambiguity of the instructions you gave us."

12) 조정안 제의

- ❑ The goods have proved to be unsalable and we suggest that you make us a reduction of 10% in price.
- ❑ In reply to your letter of July 21, we are most willing to compensate you for the shortage by offering you an allowance 10 percent.

> "But our customers say that they would oblige us by accepting the defective goods at a reduction of 20% on the invoice amount. We consider it quite a reasonable proposal and ask to make a prompt settlement by placing the same amount to our credit."
> "However, our clients are willing to do us a favor by accepting the defective goods if a discount of 20% is made off the invoice amount. Since we consider their offer quite reasonable, we ask you to settle the matter promptly by putting the corresponding amount to our credit."

13) 과적에 대한 양해

- ❑ While we presume that this overshipping was occasioned by a clerical mistake on the part of your manufacturer, we would request you to contact them immediately to a certain if this was actually the case.
- ❑ Inasmuch as it was apparently an overshipping and not a shortshipping, we are not seriously worried about it, but are concerned as to how to handle this matter.
- ❑ Upon checking them against our original order, however, we have found that there was an overshipment of 42 yards of the material on this order.

"Since the overshipment was made through no fault of yours, we would suggest, by way of apology, that you take this overage without any additional cost. Please accept our sincere apology and be assured that we hope to be of service to you."
"As you are in no way at fault for this overshipping, we suggest, along with our apology, that you take this overshipment at no extra cost. Kindly accept our deep apology and please rest assured that we will continue to be of service to you."

14) 배상액 지불

- ☐ We enclose our check for $86 which will cover the shortage of 50 yards.
- ☐ Please debit us with any expenses you may have incurred and hold the damaged goods at our disposal.
- ☐ We make you an offer of $2.50 per qr. as allowance for inferiority of the quality.

"We are very much pleased to enclose a credit memo for $100.50 as payment in full of your claim for damages to your Order No.111."
"We enclose with pleasure a credit memo for our payment of $100.50 to meet your claim in full for the damage done to your Order No.111."

model letter 7-1 [제품성능에 대한 클레임]

We took delivery of your conveyor system Speed-Power on March 2 and your technical representatives completed the installation of the said system on April 5. However we hadn't enough time for test running while your technicians were with us.

However next day while test running the machine our mechanics found out the machine inoperative. Ever since the installation, both our mechanics and your representatives have been trying unsuccessfully to fix the equipment. Struggling in vain with the good-for-nothing machine for the last two weeks has caused us serious hassles in our production line and has consequently cost us a great deal in additional labor expenses.

Therefore we would like you to immediately take the machine back at your expense. In addition, we are going to separately send in a claim for the loss caused by this. Please note that the way you cope with this problem will have a lasting effect on our future relationship.

용어해설

① take delivery of - ~을 인수하다, 인도받다.
② trying unsuccessfully(struggling in vain) - 노력했지만 허사다.
③ good-for-nothing - 아무 쓸모 없는
④ hassle - 혼란, 혼전, 싸움, 법석
⑤ send in a claim - 클레임을 제기하다.

model letter 7-2 [잦은 조건변경에 대한 클레임]

개 요

수입업자가 수출업자에게 정부입찰에 대하여 강판을 공급할 수 있는지의 여부를 물은 후 가능하다는 회신을 받고 수입업자가 이를 근거로 하여 입찰에 응찰하여 낙찰된 후 신용장을 발행하자, 수출업자는 수입업자의 주문이 최지주문량에 미치지 못한다는 사실을 들어 이를 늘려 줄 것을 요청하자 이에 응하고 또한 품목수가 너무 많다고 수출업자가 재차 이를 줄여 줄 것을 요구하여 품목 수를 다시 줄였으나, 또다시 신용장을 양도가능으로 변경해 줄 것과 환적을 허용해 줄 것을 요구함에 따라, 수입업자가 이에 항의하면서 주문을 승낙하거나 거부하는 것은 수출업자의 권리이지만 자사에게 너무 많은 요구를 자주 해 오기 때문에 주문을 취소하겠다는 내용의 서신.

Dear Gentlemen,　　　　27th November, 20##

We have received your letter of 7th November and have to advise that the e-mail arrived at the 22nd of this month.

In answer to the points raised①in your letter, we would acknowledge that your company, like all other manufacturers reserve the right to accept or reject any order. However, we must point out that when we approached you to enquire whether you can supply the rasp files② for a government tender, you did not mentioned of any minimum quantity per one order③. When we were successful in④ government tender, you informed us that the value of the order was less than your minimum. We then increased the value of the order to bring it up to your required minimum. After this you made a further change in your conditions of supply by informing us that the numbers of items on the order were too great⑤. Once again we complied with⑥ your request and reduced the numbers while retaining the total value⑦ required.

Now you make a further request to amend the letter of credit allowing transferable and transhipment. Because of constant request for change of conditions and the subsequent delay in any action on your part, we have called your attention that you will have to refer the letters and endeavor to speed the matter up⑧.

It would appear from your letter that because of our contact with the KOTRA and Chamber of Commerce, you have no desires to have a business relationships with us. In the circumstance we would inform you that our feelings⑨ are the same as yours.

Would you kindly therefore regard our order as cancelled⑩.

Yours faithfully,

용어해설

① the points raised – 제기된 문제점
② rasp files – 이가 거친 줄, 강판
③ minimum quantity per order – 최저주문량, 주문을 함에 있어서 일정한 양 이상의 상품을 구매하도록 최소 주문량을 지정하는 것.
④ be successful in – ~에 성공하다, 정부에서 행한 입찰에서 낙찰을 받다.
⑤ numbers of items were too great – 주문하는 상품의 품목수가 너무 많은, 상품의 종류가 많은
⑥ complied with – ~에 응하다, 수출업자의 요구에 따르다.
⑦ retaining the total value – 총 금액은 그대로 둔 채, 총 금액을 그대로 유지한 채
⑧ endeavor to speed the matter up – 이 일을 신속히 처리하도록 노력하다.
⑨ our feeling – 우리의 느낌, 수출업자가 너무 많은 요구를 하는데 대하여 더 이상 거래를 하고 싶지 않다는 수입업자의 느낌
⑩ regard our order as cancelled – 우리의 주문을 취소된 것으로 간주하다, 주문을 취소하다.

model letter 7-3 [견본과 다른 품질에 대한 클레임]

Gentlemen,

We have received the Kintting Sweater on our Order No. 78 but we are regretful to say that its quality is inferior to the sample and it is slightly different in shade also on which we passed you the order.

You will find enclosed a culling sample from the goods we received. Please compare the cullings enclosed and you will readily admit the resonableness of our claim.

Please look into the matter and let us know what you can do about it.

Yours truly,
Jack Brothers CO., INC
(signature)
Jhon Siller, Import Maneger

용어해설

① come up to the sample – 샘플(견본)과 일치하다.
② culling – 추려낸, 발췌한, 골라낸.
③ inferior to – ~보다 못한, 열등한.
④ look into – 자세히 조사하다, 연구하다.

model letter 7-4 [규격상이에 따른 클레임]

개 요

12월 20일 선적된 평면 스프링을 통관한 수입업자가 상품을 점검해 본 결과 스프링의 두께가 주문서의 규격과 일치하지 아니하고 또한 스프링의 폭도 0.3m/m이 더 큼에 따라 선적된 상품의 30%를 전혀 쓸 수 없다는 사실을 알리면서 원래의 견본과 선적된 상품의 견본을 각각 1개씩 수출업자에게 보내면서 두개를 비교하면 문제점을 쉽게 알 수 있을 것이라며 수출업자의 비용으로 상품을 대체해 주던가 아니면 다른 해결 방법을 물색해 줄 것을 요청하는 내용.

Dear Mr. Stevens,
Re: Plate spring shipped per Queen Star on December 20.

We have received the above order and regret to inform that the goods are unsatisfactory due to the following reasons..

First of all, the thickness of all plate springs① are 10.5m/m while we asked for 10.2 m/m in our order. It is impossible for us to fit your spring tightly in the machines. And in checking with 7 cartons, we found that the width of the plate spring vary from 20.5 m/m to 20.8 m/m②. As a result, about 30% of your shipments could not really use due to variation of thickness and width③. If you will refer to our order, you will note that the width we required is 20.5 m/m.

For your reference, we are enclosing herewith 2 samples. The blue one is our original sample, from which you will understand that our original spring fit very well to the machine. The yellow one is yours and not fit to the machines properly. Please compare these two samples in thickness and width.

You might understand our problems on your different sized spring. We have to say that we are really disappointed with your first shipment, and shall appreciate receiving your immediate suggestion on settlement④.

We are ready to return the whole lot⑤ at your charges for replacement⑥ of right sized ones. If you have a better way to settle, please let us know immediately.

Awaiting your immediate reply.

Very truly yours,
National Hardware Ltd.

용어해설

① plate springs – 평면 스프링
② vary from 20.5 m/.m to 20.8 m/m – 20.5밀리에서 20.8밀리까지의 편차
③ variation of thickness and width – 두께와 폭의 편차
④ suggestion on settlement – 해결을 위한 제안, 클레임 해결을 위한 수출업자의 제안
⑤ whole lot – 전체상품, 선적된 상품의 전부
⑥ at your charges for replacement – 교체에 소요되는 비용을 귀사가 부담하는

model letter 7-5 [품질불량에 따른 손해배상금 청구]

개 요

벽시계 상품번호 K-303에 대한 클레임을 해결하기 위하여 수출업자가 30%의 할인을 제의하자 수입업자는 품질불량으로 상품을 한 개도 판매하지 못하였기 때문에 클레임 해결에 대한 제의를 거절하면서 상품번호 K202와 K31도 며칠 전에 통관을 하기 위해 세관에서 이를 검사한 결과 품질불량으로 수출국으로부터의 벽시계 수입이 금지되었다는 사실을 알리고 이는 모두 수출업자가 책임을 져야 한다는 것을 알리면서, 상품을 전량 반송하겠으니 자신이 지불한 운임, 관세, 보관료, 판매세 등을 부담해 줄 것을 요청하는 내용의 클레임.

Gentlemen: March 13, 20##

A fax was received from you for the wall clock K-303 that you allow 30% discount in order to setttle our claim①. But we regret to inform you that we are not ready to accept your proposal as the goods K-303 have not been sold, not even one piece owing to cracked cabinet.

We have cleared the shipment② of our order RT-216 few days ago. The shipment of wall clock K-202 and K-31 were tested by our customs and they have concluded to reject and stop importing these items from your country no more because of poor quality. You must be responsible③ for the very bad quality of wall clock.

The charges we have paid for these orders are the freight, duty④, sales tax and tremendous storage charges⑤ which occured while waiting for the decision to finalize ⑥. Enclosed you will find here an invoice for the surchages that we paid. We would return the goods upon receipt of the charges⑦ from you.

Thanking you in advance for your earliest reply.

Sincerely yours,
Regal Agencies Corp.

용어해설

① setttle our claim – 우리가 청구한 클레임을 해결하기 위하여, 당사가 청구한 손해배상을 해결하기 위하여
② cleared the shipment – 선적된 상품을 통관하다. 여기에서는 shipment는 선적이라는 명사가 아닌 "선적된 상품"이라는 뜻으로 사용되고 있다.
③ responsible – ~에 대하여 책임을 지다.
④ duty – 의무, 관세, 여기에서는 수입관세를 의미한다.
⑤ storage charges – 보관료, 창고료, 불량상품을 반송하기 위하여 보관하는 보관료를 의미한다.
⑥ to finalize – 확정하다. 클레임을 해결하다.
⑦ upon receipt of the charges – 비용을 받는 즉시, (운임, 관세, 영업세, 보관료 등의)비용을 수출업자로부터 받는 즉시

model letter 7-6 [수량부족에 따른 클레임]

Gentlemen,

We have just received the four cases of goods ordered by us on September 28, our order #49A6. In checking the goods against your invoice, B205, we discovered a considerable shortage in the number of stainless steel knives and spoons sent us. Twelve dozen stainelss steel knives were ordered; we received six dozen. Ten dozen spoons were ordered; we received only three dozen.

The packing cases were received in good order and bore no evidence of having been tampered with in transit. Apparently, the shortage is due to omission in packing.

Please investigate the matter and ship us the goods to make up the deficiency as soon as you can.

Yours very truly,

용어해설

① a considerable shortage – 상당한 부족
② tamper with – 부당하게 변경하다.
③ the deficiency – 부족량

model letter 7-7 [포장불량에 대한 클레임]

개 요

수입업자가 도착한 화물을 인수한 결과 화물이 많이 부서지고 수량도 부족한 상자가 많이 발견되었다는 사실에 대하여 불평을 하면서 앞으로는 이러한 일이 발생하지 않도록 자신의 주문품은 컨테이너에 적재하거나, 나무상자로 포장하거나 또는 이번에 사용한 종이상자보다 더 두꺼운 종이상자를 사용하여 화물을 선적해 줄 것을 요청하는 내용.

Dear Sirs, 12th September, 20##

Re : Your proforma invoice No. 8158-PI

We thank you for having shipped our order per s.s. Silver Star.

We very regret to point out that when unloading the goods① we have discovered quite a number of broken cartons. We have also discovered some cartons which were short of quantities. We believe this must be attributed to② the main factor that you had packed the goods of our order in cartons③.

Perhaps you would agree with us that claim is not at all a nice thing by itself. It would certainly cause us a great deal of undue inconvenience④ if we export the goods to our customers abroad. To obviate similar unpleasant recurrence in future may we please suggest the following :

1. Please arrange to ship our order by container.
2. Would you pack the goods in wooden cases.
3. In the event you should be unable to pack the goods in wooden case, please use more thicker carton than the carton you shipped per s.s. Silver Star.

We thank you very much for your kind co-operation.

Sincerely yours,
T. Loydd Trading Corp.

용어해설

① unloading the goods – 상품을 양륙하다, 짐을 내리다.
② be attributed to – ~로 추정하다, ~의 탓으로 돌리다.
③ packed ~ in cartons – 을 골판지 상자에 포장하다.
④ undue inconvenience – 대단히 불편한, 매우 불편한

model letter 7-8 [포장불량에 대한 클레임]

Attention: Mr. Nam-In Kim, Export Manager

Dear Sir or Madam,

We have just received 20 cases Table Ware you shipped on our Order No. 56 of 10th January, but regret to have to inform you that the cases Nos. 15, 16 are broken and their contents badly damaged evidently through faulty packing. The stuffing inside the case was so loose that some cups and plates have been broken. Some photos are enclosed as evidence.

Therefore, we ask you either to send us a credit note for the amount of these cases together with the duty paid on them, US$2,000, or to pass the duty to our credit and send us a replacement at your expense.

I will appreciate your immediate attention to this matter.

Yours faithfully,
ACE TRADING COMPANY
(signature)
Mark Heign, Director
Enc. Photographs

용어해설

① Table Ware – 식기류 (접시, 컵, 포크, 스푼 등)
② contents – (~안의)내용물, 속 알맹이
③ through faulty packing(on account of wrong packing) – 포장을 잘못하여, 포장결함으로
④ credit note – 대기표(貸記票), 지불통지서(debit note는 차기표(借記票), 받을 통지서)
⑤ the duty – 수입관세(import duty)
⑥ at your expense – 귀사의 비용으로, 귀사비용부담으로
⑦ replacement – 대체품, 대용품

model letter 7-9 [운송 중 손상된 물품에 대한 클레임]

Gentlemen,

We have received your shipment covering our order No. 212 for 200 pieces of Model NC-66 camera, but have found that several of the cases are in a badly damaged condition and the quantity is 10 pieces short. Among the goods, seven pieces are broken and the mechanisms are exposed beyond repair. We see to it that the goods might be damaged in transit on account of some accident.

We are possibly unable to supply our customers with the products received from you.

There we would ask you to ship the good replacement for the broken goods as soon as possible.

It is the first time in all these years of business that we have to lodge our claim with you. We trust that you will pay your immediate attention to this matter.

Yours faithfully,

용어해설

① in a badly damaged condition – 심하게 손상된 상태로
② mechanism – 기구, 기능
③ beyond repair – 수리할 수 없는, 손보기가 불가능한
④ good replacement – 훌륭한 대체품
⑤ the broken goods – 손상된 상품, 망가진 물품
⑥ in all these years of business – 거래를 하는 수년 동안
⑦ lodge our claim – 클레임을 제기하다.(lodge는 고소장, 신고서 등을 제출하다)
⑧ immediate attention – 조속한 배려, 신속한 관심과 처리
⑨ in transit – 운송 중, 운반 중

model letter 7-10 [지연선적에 대한 클레임]

개 요

수입업자가 방적기의 수출업자와 112대의 방적기에 대한 구매계약을 체결함에 따라 이 계약에 의거하여 기계가 8월말에 선적될 것으로 예상하고 방적기 증설에 따른 생산, 판매, 자금 등에 관한 계획을 수립하여 공장을 확장하였으나, 선적이 지연됨에 따라 판매, 고용, 생산, 금융 등에 대한 계획에 차질이 발생하여 막대한 재정적인 손실을 입게 됨에 따라 이를 그대로 묵과할 수 없으므로 상세한 비용명세서를 동봉하여 배상을 요청하는 내용.

Dear Sirs, 3rd November, 20##

Re: Claim for the Delivery Delay of Machines

This is to refer our contract with OSK International Ltd. for the purchase of 112 sets of "Spinomatic" ring frames①.

Based upon your confirmed shipping schedule, we established the production schedule, sales forecast, and cash forecast. Accordingly, we commenced the expansion of facilities② too. These all preparation works are based on the installation of 112 sets of ring frames but you advised us that the shipment would be delayed.

The delayed delivery of M/C has brought us various problems, that the delay not only upsets our production schedule③, but also drives our marketing④, financing, employment forecasting into the great confusion. In fact, we have greatly suffered from the considerable amount of the financial loss cumulated day by day⑤.

If you have notified the delay of the shipment more earlier, we would re-adjust the business plan. And the situation would have been less serious or not so chaotic like now. From the fact that you did not inform us of the delay upto the previous day of the estimated shipping date, we can hardly accept your excuse for the delay of the shipment.

We have requested you several times to provide the reasonable counterplan⑥ for the delay, but you have not shown us any noteworthy efforts, any responsibilities for the better solution.

Attached please find our financial loss list⑦ caused from the delivery delay of M/C ⑧. We are not in a position to understand the delay of your compensation so please arrange the compensation within the most immediate short term.

We would like to warn you that it should be totally your responsibilitiy for whatever trouble happens in future from the delay of the compensation.

We regret to write the above but keep in mind that the delivery delay of M/C now threatens our viability⑨ in future business.

Yours faithfully,
Three Star Enterprise
Encl : financial loss list

용어해설

① ring frames – 방적기
② expansion of facilities – 시설의 확장, 생산설비의 확장
③ upsets our production schedule – 생산계획을 망치다, 생산스케줄에 혼란을 초래하다.
④ drives our marketing into the confusion – 우리의 마케팅 활동을 혼란에 빠뜨리다.
⑤ financial loss cumulated day by day – 나날이 증가되는 재정적인 손실, 매일매일 늘어나는 재정적인 손해
⑥ reasonable counterplan – 적절한 대응전략, 타당한 대체계획
⑦ financial loss list – 재정적인 손해 명세서,
⑧ M/C – machine의 약어
⑨ threaten our viability – 우리의 적응력을 위협하다, 생존능력을 협박하다.

model letter 7-11 [인도지연에 대한 클레임]

Dear Mr. Zetman,

Order No. VC 58391

We are writing to you with reference to the above order and our letter of 22nd May in which we asked you when we could expect delivery of the 60 dynamos(Artex model 55) you were to have supplied on 3rd June for an export order.

We have tried to contact you by phone, but could not get anyone in your factory who knew anything about this matter.

It is essential that we deliver this consignment to our Greek customers on time as this was an initial order from them and would give us an opening in the Greek market.

Our deadline is 28th June, and the lorries have been completed except for the dynamos that need to be fitted.

Unless we receive the components within the next five days, the order will be cancelled and placed elsewhere. We should warn you that we are holding you to your delivery contract and if any loss results because of this late delivery we will be taking legal action.

Yours sincerely,
M. Blackburn

용어해설

① on time – 정시에
② an opening – 진입
③ deadline – 마감시간
④ lorry – 화물자동차
⑤ dynamos – 발전기

model letter 7-12 [인도지연 클레임에 대한 회신]

Dear Mr. Blackburn,

Thank you for your letter of 20th June concerning your order(No. VC 58391) which should havc bccn supplicd to you on 3rd June.

First let me apologize for your order not being delivered on the due date and for the problems you have experienced in getting in touch with us about it. But as you may have read in your newspapers we have experienced an industrial dispute which has involved both administrative staff and employees on the shop floor, and as a consequence has held up all production over the past few weeks.

I can tell you that the dispute has been settled and we are back to normal production. There is a backlog of orders to catch up on, but we are using associates of ours to help us fulfil all oustanding commitments; your order has been given priority, so we should be able to deliver the dynamos before the end of this week.

May I point, with respect, that your contract with us did have a standard clause stating that delivery dates would be met unless unforeseen circumstances arose, and we think you will agree that a dispute is an exceptional circumstance. However, we quite understand your problem and will allow you to cancel your contract if it will help you to meet your own commitments with your Greek customers. But we will not accept any responsibility for any action they may take against you.

Once again let me say how much I regret that inconvenience this delay has caused, and emphasize that it was due to factors we could not have known about when we accepted your delivery dates.

Please phone or fax me letting me know if you wish us to complete your order or whether you would prefer to make other arrange\ments. I look forward to hearing from you within the next day or so.

Yours sincerely,
R. Zeitman
Managing Director

① on the due date – 약정된 일자에
② get in touch with – ~와 접촉하다.
③ to hold up – 중지하다.
④ backlog of order – 주문의 누적

model letter 7-13 [선적과실을 인정하는 회신]

Gentlemen,

We regret to learn from your letter of March 5 that you received inferior goods against your Order No. 23.

We find that our shipping clerk shipped the goods of Item No. 8 Knitting Sweater instead of those of Item No. 3 for which your order was given in our records.

We admit the error of our shipping clerk. We were temporarily understaffed and had to hire new men, but all this is no excuse. We only wish you to understand that this is really as exception.

In order to adjust the matter, we would like either to send you the right goods as soon as possible or to give you a special allowance of 20% for invoice amount.

Please accept our apologies for the inconvenience we have caused you and let us know which of the above two adjustment is preferable to you.

Yours very truly,

용어해설

① allowance – 할인
② Please accept our apologies – 당사의 잘못(사죄)을 받아주십시오.
③ adjustment – 조정,
④ temporarily – 일시적으로
⑤ understaffed – 인원 부족의.(overstaffed는 인원초과)
⑥ exception – 예외, 제외

model letter 7-14 [과실인정 및 재발방지의 약속]

Re: Canned Saury

Dear Sir or Madam

Thank you for your letter of 27 June 20## regarding complaints about broken iron in canned saury shipped to you under our invoice No. QE23485.

As soon as we received your letter, we asked the canner to looks into the matter. Now, the canner is investigating the matter, and will inform you of the results as soon as they are available.

In order to clarify the matter and to help the canner to prevent the recurrence of the problem, we should appreciate returning the broken iron, if possible.

We assure you that the canner regards this matter as seriously as you do and is taking every step to see that it does not happen again.

Yours faithfully,

용어해설

① complaints – 불평, 불만
② canner – 통조림 제조업자
③ saury – 꽁치(류)
④ investigate(look into) – 조사하다, 연구하다.
⑤ prevent – 예방하다, 미리 막다.
⑥ recurrence – 다시 일어나다, 재발하다.
⑦ take every step – 갖가지 방법을 취하다, 모든 수단을 강구하다.

model letter 7-15 [클레임 처리 촉구]

Your promise to settle my claim has never been carried out. And my repeated requests for confirmation of your settlement plan have never been answered.

I'm very much disappointed in myself for assuming your company would be respectable. I firmly claim an immediate payment from your company of $4,000 for the loss of my property and time.

Should your company fail to comply with this request, I shall have to bring an action against your company. We hope we don't reach this point.

용어해설

① settle the claim – 클레임을 처리(해결)하다.
⑥ carry out – 실행하다. 수행하다. (약속을) 이행하다.
⑦ assume – 추측하다. 추정하다. (권력을) 쥐다(assume the chair). (태도를) 취하다(assume the offensive). 귀머거리인 체하다(assume to be deaf).

model letter 7-16 [클레임에 대한 보상 수락]

개 요

수입업자가 청구한 클레임 2,065.21달러에 관하여 수출업자가 클레임 금액을 송금하는 대신에 새주문을 하면서 재주문 금액에서 클레임 금액을 공제한 나머지 금액에 대한 신용장을 개설하는 방법으로 클레임을 해결하자는 제안을 하자 이를 승낙한 수입업자는 클레임 금액을 제외한 2,134. 79달러의 신용장을 개설하겠다고 통지하는 내용.

Dear Sirs, August 11, 20##

We acknowledge receipt of your letter dated July 19, 20## with reference to our claim for US$2,065.21.

We are pleased to inform you that we accept your suggestion for settlement of our claim, by means of placing second order with you for weaved elastic rubber tape. And from which the amount of our claim will be deducted for compensation.

Consequently, we are enclosing to this letter, our order No. 1182-1 for 2,000 meters of weaved elastic rubber tape①. Please return us the original and pink copy of above order with your signature② and also send us your proforma invoice③. We are instructing to④ open the letter of credit for US$2,134.79, that result of:

2,000M of weaved rubber tape	US$ 4,000.00
Less our claim	US$ 2,065.21
Value of the letter of credit	US$ 2,134.79

Waiting for your reply, with our best regards, we remain,

Sincerely yours,
Eberhard Fabcr Inc.

용어해설

① weaved elastic rubber tape – 고무와 실을 혼합하여 짠 신축성이 있는 고무 테이프
② with your signature – 귀사의 서명이 있는, 귀사가 서명한
③ proforma invoice – 견적송장, 수입허가를 신청할 때 오파 대신에 견적송장을 제시해야 하는 국가도 있다.
④ are instructing to – ~에게 지시를 하다, 신용장의 개설은 수입업자가 할 수 없으므로 자신의 은행에 신용장 개설을 지시한다는 뜻으로 사용되었다.

model letter 7-17 [클레임에 대한 회신]

개 요

수입업자의 주문서 2546-B에 의거하여 수출한 진주에 대한 품질이 불량하다는 것을 이유로 클레임을 청구한 수입업자에 대하여 수출업자가 천연진주의 품질에 대한 표준을 정하기 어렵기 때문에 진주 수입업자는 진주를 구입할 당시 태양빛 아래에서 진주의 색깔, 크기, 광택 등을 상세히 점검한 후 이를 구입한다는 사실을 알리면서 수입업자가 상품을 품질을 제대로 검사하지 않은 것은 수입업자가 책임져야 할 문제이기 때문에 수출업자는 아무런 책임도 질 수 없다는 사실을 알리는 내용.

Attention : Mr. Henry Feldmann, Chairman

Your May 18, 20## request for adjustment① on Necklace (Opera 7mm- 6.5 mm, Your order 2546-B)

We have carefully studied your e-mail request of May 18, and have concluded that we cannot honor② your request under the circumstances of the pearl trade.
As for the quality of our products, we have been handling carefully-selected material only, and our polishing and processing skills have been ranked③ very high. Yet, natural pearls are quite difficult to standardize in④ color, size and luster. Pearl traders, therefore carefully examine every pearl under daylight before shipment so as to confirm its quality. Since you did not carefully examine the entire lot dispite our repeated suggestions⑤, we have no choice but to turn down your request.
As the appreciated Korean won⑥ and this year's exceptionally harsh weather⑦ have co-incidentally worked to push up the export prices of pearls, all pearl traders in here including us, have been suffering serious drops in exports. Attached is a copy of our "Monthly Pearl Climate"(the April issue), which report the strained climate in detail.
We do hope this case will not hurt our newly-established business relationship.

Sincerely yours,
Masan Jewelry Co., Ltd.
Attachment

용어해설

① for adjustment – 조정, 분쟁해결요청
② honor – 인수하다, 지급하다, 여기에서는 "귀사의 요청을 받아들이다"라는 의미로 사용되었다.
③ have been ranked – 높은 등급, 우수한 품질로 평가되다.
④ to standardize in – ~에 대하여 규격화하다.
⑤ repeated suggestions – 반복적인 요청, 검사를 좀더 면밀하게 할 것을 요청하다.
⑥ appreciated Korean won – 원화의 절상, 환율의 하락
⑦ exceptionally harsh weather – 극심한 악천후, 아주 나쁜 날씨

model letter 7-18 [수출상의 클레임 거절]

개 요

수입업자의 클레임 청구에 대하여 상세한 이유를 들어 거절하는 내용이다.

첫째, 수입업자가 진주목걸이를 구입하면서 비가 오는 날 저녁때 수출업자의 공장에 도착하였기 때문에 검사가 완벽하지 못할 것을 우려하여 다음날 재검사를 하도록 권유하였으나 귀하의 여행일정이 빠듯하다는 이유로 10여분에 걸쳐 간단한 검사만을 하였다.

둘째, 수입업자는 동 제품을 수출하면서 최고의 품질로 업계에서 인정받아 왔으며 지난 18년간 단 한건의 반품요청도 받지 못하였다.

셋째, 수출업자는 최저가격으로 판매하였을 뿐 아니라 원화가치의 상승과 인건비 상승 등으로 인하여 더 이상의 저렴한 가격으로 구입할 수 없으며 채취된 진주의 품질은 이상기후로 인하여 최악을 기록함에 따라 진주시장의 상황이 매우 나쁘다는 사실을 들어 수입업자의 요구를 거절하면서 판매에는 지장이 없을 것이라고 통지하는 내용이다.

Masan Jewelry Co., Ltd.

Date : May 19, 20##
From : G I. President, Masan Jewelry Co., Ltd.
To : Henry Feldmann, Feldmann & Braun Inc.
Subject : Your e-mail May 18, 20##
Pearl Necklace : Opera 7mm-6.5 mm, order #2546-B

Dear Mr. Feldmann,

We have studied your e-mail request of May 18. First of all, please review the following circumstances to understand our position.

(1) Your inspection at our office (May 8)

All seasoned buyers in the pearl trade we have been dealing with① have one thing in common: they inspect under daylight each pearl of the entire lot they intend to buy, paying maximum attention to the color, luster, size and clips②

This takes a lot of time, but they all plan their visits to our office so that they can finish the inspection during daytime. At the time of your visit, it was already past 5:30 p.m. and it was raining. Although we urged you to come the following morning to examine the entire lot, you spent scant ten minutes③ for a random sampling④ under electric light because, we were told, of your tight itinerary⑤.

(2) Our business reputation and integrity

Because of your casual inspection⑥, we had to examine all the rest of your shipment with care on the following day to make sure that your necklaces were the best buy at the price you had agreed. As a member of the Korean Jewelry Export Association, we have kept our reputation high⑦. We have never -since we established 18 years ago- received a single request for adjustment regarding quality.

(3) Market climate

Because of the high value of Won⑧, together with a labor cost and poor harvest⑨, most buyers buy, as you did, economy-type necklace, which we have exported at rock-bottom prices⑩. Please ask other pearl buyers in Los Angeles about the market situation (we shall be glad to give you the names of several such buyers we regularly do business with).

Because of these facts, we regret we can not grant your request for a refund. If you have any question, please let us know by telefax. Enclosed is our newsletter "Monthly Pearl Export Climate" which tells about the still gloomy pearl market⑪. We hope you will drop in our office next time you visit Seoul.

With best regards,

Yours sincerely,
Masan Jewelry Co., Ltd.

용어해설

① dealing with – 거래하다, 다루다, 처리하다.
② clips – 보석 따위의 장식 핀
③ scant ten minutes – 겨우 10여분, 간신히 10분을 넘긴
④ random sampling – 무작위 표본, 의도적으로 특정 견본을 추출하는 것이 아니라 무작위로 견본을 추출하는 방식
⑤ your tight itinerary – 귀하의 빠듯한 일정, 여행일정
⑥ casual inspection – 통상적인 검사, 주의를 기울이지 않고 건성으로 행하는 검사
⑦ kept our reputation high – 우리의 높은 명성을 유지하다, 좋은 평판을 듣다.
⑧ value of Won – 원화 가치, 원화의 대외구매력
⑨ poor harvest – 형편없는 수확, 진주는 진주조개에서 채취하게 되는데 기후가 나쁘면 수확하는 진주의 품질이 떨어진다.
⑩ rock-bottom prices – 최저가격, keenest, lowest, best price
⑪ gloomy pearl market – 시황이 나쁜, 시장의 전망이 좋지 않은, recession, dull market, inactive market, flat market

model letter 7-19 [수출상의 클레임 거절]

Dear Sir or Madam,

Your letter of 12th May on the 20 cases Table Ware of your order No. 96 has received our most careful attention.

However we are unable to account for the breakage, since the shipping company received the whole lot in perfect condition as is evident from the clean B/L we obtained. And at the time of packing, the goods were in a perfect condition.

And the goods have been covered against the risk of breakage. We suggest you that you file your claim with the insurance company.

We understand the inconvenience you have been put to, and shall be glad to do anything in our power to assist you in pushing your claim.

Yours faithfully,

용어해설

① account for – 설명하다, 책임을 지다.
② clean B/L – 무하자(무고장, 무사고) 선하증권
③ file(lodge, advance, enter) your claim with~ – ~에 클레임을 제기하다.
④ breakage – 파손, 파손물, 파손 예상액, 파손 배상액
⑤ obtain – 얻다, 손에 넣다, 획득하다, 달성하다.
⑥ pushing – (목적, 요구)를 추구하다.

model letter 7-20 [주문취소]

Dear Sirs:

Your Order No. 3301

We have your letter dated the 6th of April and are mighty sorry that reasons completely beyond our control have made it impossible for us to keep the delivery date of the 30th of March. The recent railway strike had held up supplies of coal and raw materials and resulted in a delay of 6 to 8 weeks.

Under such circumstances we have no alternative but to accept your cancellation with regret, but we would ask you to believe that the delay was in no way caused by any fault on our part.

We sincerely hope that you will understand the position and that you will continue to favor us with your orders.

Yours faithfully,

용어해설

① be mighty sorry – 매우 유감이다.
② hold up – 방해하다.
③ result in – 를 초래하다.
④ favor with – supply with

model letter 7-21 [선적유보요청]

Gentlemen,

Thank you very much for your letter of December 30, 20××. Please be advised that we cannot authorize shipment of blister carded items from Korea until we get samples of some completely blister carded items. Unfortunatley the blister carded samples that we received from both yourself and other people were cracked. We have lost considerable amounts of money already on wrongly blistered items from Korea and we cannot authorize shipment of blistered items until this problem has been solved. In regards to the reduced order No. 1115, we appreciate about your problem of not being able to ship less than $ 1,000.00 at a time. Under the circumstances we are preparing to pay you a premium to cover the extra expenses on the shipping charges. Please inform us how much it is and we shall forward our cheque to you. In the meantime, we have already established a Letter of Credit for the reduced amount of $638.00 at the higher price so you have some cushion there. If you are still short of money, please send us your bill and we will send you a cheque to cover that. We do want you to ship the reduced order 1115 as scheduled in our Letter of Credit.

Thanking you, we are.

Very truly yours,

용어해설

① authorize – 허락하다.
② blister carded item(blister) – 포장된 상품
③ crack – 깨어지다.
④ the extra expenses on the shipping charges – 선적비에 대한 초과 지급
⑤ cushion – 여분의 금액

model letter 7-22 [클레임 해결 약정서]

개 요

수출업자와 수입업자가 매매거래를 시작하면서 거래를 추진하는 과정에서 또는 그 결과로 인하여 발생할지도 모르는 클레임 및 중재에 관한 해결방안을 약정하는 내용.

This contract is made and enter into the 24th day of March, 20##, between Samdo Ind. Co., Ltd. Seoul, Korea (Hereinafter called "Samdo") and McMillan Corporation, Osaka, Japan (Hereinafter called "McMillan")

McMillan agree to sell to Samdo and Samdo agree to buy the contracted goods as detailed in this contract subject to terms and conditions contained herein.

All disputes①, or complaint by buyer of whatever nature② arising under this contract shall be made in e-mail or facsimile within 10 days after arrival of the cargo in the destination port. Full particular of such claim③ shall be made in writing and forwarded by airmail so as to reach seller within 30 days after e-mailing, buyer must submit with such particulars as public surveyor's report, when the quality and quantity of merchandise is in dispute.

A claim made after the said 30 days period shall not effect and seller shall not be obliged to honor it. Seller shall not under any circumstances be liable for indirect or consequential demages④.

All disputes, controversies⑤, or differences⑥ which may arise between the parties out of or in relation to or in connection with this contract or for the breach⑦ thereof, shall be finally settled by arbitration in Seoul, Korea in accordance with the Commercial Arbitration Rules of Korean Commercial Arbitration Board⑧ and under the law of Korea. The award⑨ rendered by arbitrators shall be final and binding upon ⑩ both parties concerned.

용어해설

① disputes – 분쟁
② whatever nature – 어떠한 형태라도, 어떤 종류라도
③ particular of such claim – 그러한 클레임의 상세한 내용
④ consequential demages – 결과로 인하여 발생하는 손해
⑤ controversies – 논쟁
⑥ differences – 의견의 차이, 견해의 차이
⑦ breach – 위반, 계약의 위반
⑧ Korean Commercial Arbitration Board – 대한상사중재원
⑨ award – 중재판정, 중재인이 내리는 판정
⑩ binding upon – 구속하다, 당사자에게 적용되다.

저자 소개

강 호 경

- 경영학 박사(중앙대학교)
- University of Hawaii PAMI 수료
- Oklahoma City University 객원교수
- 경원대학교 경상대학 교학과장
- 영남공업교육학원 부이사장
- 현재 경원대학교 무역학과 교수
- 한국국제상학회 상임이사

➜ 저서
- 무역세미나(박영사, 1985)
- 무역법강의(대왕사, 1988)
- 대외무역법(대왕사, 1991)
- 무역학연습(국제무역연구소, 1991)
- 국제무역실무연습(도서출판 두남, 1996)
- 국제통상연습(도서출판 두남, 1996)
- 최신무역영어(도서출판 두남, 1994)
- 무역신용장(도서출판 두남, 1997)
- 국제무역법규(도서출판 두남, 1998)
- 최신무역결제론(도서출판 두남, 2007)
- 신국제무역법규(도서출판 두남, 2008)

임 목 삼

- 경영학 박사(성균관대학교)
- 현재 성균관대학교 경영연구소 연구원

➜ 저서
- 최신무역결제론(도서출판 두남, 2007)
- 신 국제무역법규(도서출판 두남, 2008)
- 수출입통관의 이해(도서출판 두남, 2008)
- 관세법의 이해와 활용(도서출판 두남, 2010)
- 인도의 이해(도서출판 법현, 2010)

인 지

무역실무영어 -개정판

초 판 1쇄 발행 —— 2010년 8월 25일
개정판 1쇄 발행 —— 2011년 3월 7일
개정판 2쇄 발행 —— 2013년 1월 30일
지은이 —— 강 호 경 · 임 목 삼
펴낸이 —— 전 두 표
펴낸데 —— 도서출판 두남
서울시 강동구 성내1동 455-12 두남빌딩
신 고 : 제25100-1988-9호
(구 제2-624호, 1988. 7. 21)
TEL : 02) 478-2065, 2066, 2067, 2311
FAX : 02) 478-2068
E-mail : dunam1@unitel.co.kr
http://www.dunam.co.kr

정가 24,000원

ISBN 978-89-6414-211-0 93320